JOHN CONNOLLY

STAN

ROMAN

Aus dem Englischen
von Gottfried Röckelein

ROWOHLT HUNDERT AUGEN

Die Originalausgabe erschien 2017
unter dem Titel «he»
bei Hodder & Stoughton, London.

1. Auflage September 2018

Redaktion Katharina Rottenbacher
Abbildung Vorsatz Skodonnell / iStock
Satz aus der Quadraat, InDesign
Gesamtherstellung
CPI books GmbH, Leck, Germany
ISBN 978 3 498 00946 5

In Liebe für Jenny

Und der Mut ist so müde geworden
und die Sehnsucht so groß

— RAINER MARIA RILKE, *Der Cornet*

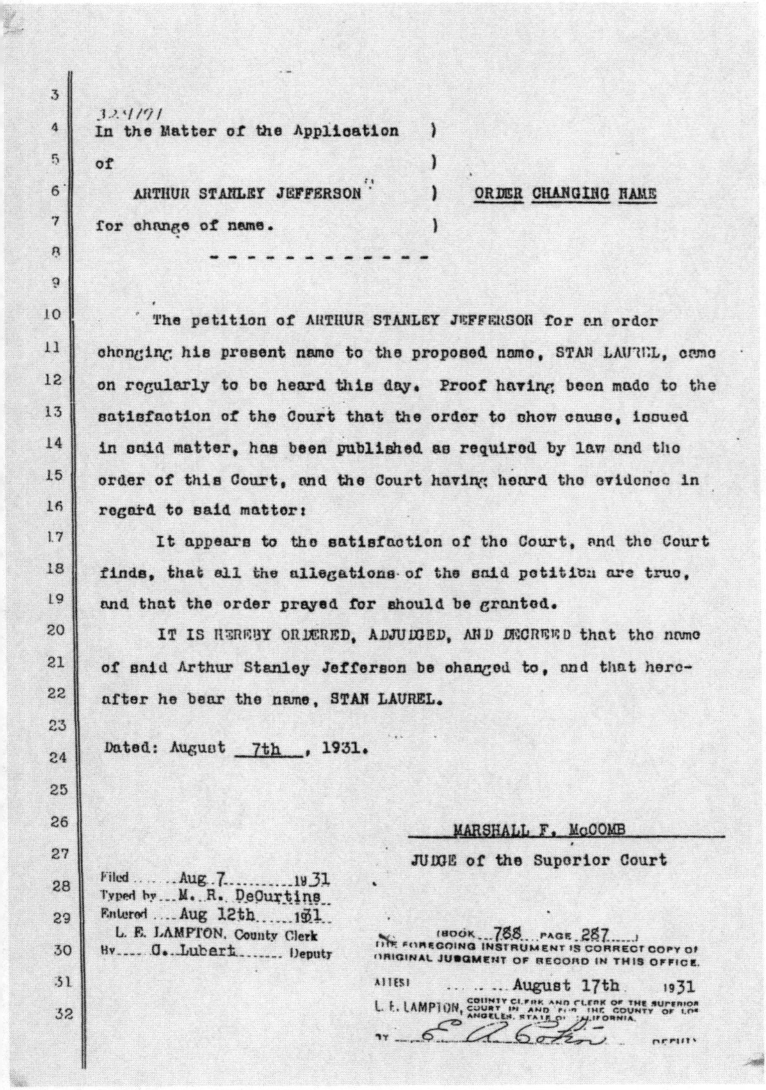

324191

In the Matter of the Application)
of)
ARTHUR STANLEY JEFFERSON) ORDER CHANGING NAME
for change of name.)

- - - - - - - - - - - -

The petition of ARTHUR STANLEY JEFFERSON for an order changing his present name to the proposed name, STAN LAUREL, came on regularly to be heard this day. Proof having been made to the satisfaction of the Court that the order to show cause, issued in said matter, has been published as required by law and the order of this Court, and the Court having heard the evidence in regard to said matter:

It appears to the satisfaction of the Court, and the Court finds, that all the allegations of the said petition are true, and that the order prayed for should be granted.

IT IS HEREBY ORDERED, ADJUDGED, AND DECREED that the name of said Arthur Stanley Jefferson be changed to, and that hereafter he bear the name, STAN LAUREL.

Dated: August 7th, 1931.

MARSHALL F. McCOMB
JUDGE of the Superior Court

Filed Aug 7 1931
Typed by M. R. DeCurtins
Entered Aug 12th 1931
L. E. LAMPTON, County Clerk
By C. Lubert Deputy

(BOOK 788 PAGE 287)
THE FOREGOING INSTRUMENT IS CORRECT COPY OF ORIGINAL JUDGMENT OF RECORD IN THIS OFFICE.
ATTEST August 17th 1931
L. E. LAMPTON, COUNTY CLERK AND CLERK OF THE SUPERIOR COURT IN AND FOR THE COUNTY OF LOS ANGELES, STATE OF CALIFORNIA.
BY E. A. Coker DEPUTY

Namensänderungsurkunde von Stan Laurel, 7. August 1931

1

Im Oceana Apartment Hotel jagt er, während die letzten Tage anbrechen, Erinnerungsschmetterlingen nach.

Durch das offene Fenster kommt das Geräusch sich brechender Wellen. Er hat das Meer immer geliebt, ist Langzeitgefangener seines mütterlichen Sogs gewesen. Deshalb lebt er hier in diesem kleinen Apartment,

lebt er hier in Santa Monica,

lebt er hier mit seiner Frau,

lebt er hier mit dem Traum von dem, der er war, und der Wirklichkeit dessen, was aus ihm geworden ist.

Er ist alt. Er wird nicht sehr viel länger leben, weder hier noch irgendwo anders.

Hier, am letzten Set seines Lebens – den vier Wänden und dem Ozean dahinter –, verfehlt er seine Markierungen. Er verstolpert die letzten Schritte des Tanzes. Die in seinem Bewusstsein verankerten Reminiszenzen seines Lebens kommen ihm zusehends abhanden, und bald wird er nicht einmal mehr fähig sein, sich seines eigenen Namens zu entsinnen. So versucht er, sich an seine Erinnerungen zu klammern, denn jede einzelne, die ihm – unwiederbringlich – entgleitet, stellt eine weitere Auflösung seines Ichs dar.

Wenn die letzte Erinnerung von hinnen geht, wird auch er es tun.

Tote können sich nicht erinnern.

Er ist einmal berühmt gewesen.

Nein, er und Babe sind einmal berühmt gewesen. Aber Babe ist jetzt tot, und er ist allein.

Babe.

In allem, was er in seinem Leben bereut, hallt ein Echo dieses Namens nach.

Er kann sich erinnern, wie er Babe kennengelernt und wie er Babe verloren hat, doch die Ereignisse dazwischen sind wie unvollständig vermischte Farben, wie Wirbel von Nuancen und Texturen, von denen jeder Einzelne einen bestimmten, wunderbar normalen Tag repräsentiert, eine in ihrer kruden Logik vollkommene Unterhaltung, einen Moment kurzlebiger Freude, deren Substanz zwar erhalten, aber kaum definierbar ist.

Diese Erinnerungen sind Edelsteine, die zu Boden fallen und beim Aufschlag zerspringen. Er bemüht sich, die Bruchstücke einzusammeln, die Kontrolle über sie zu behalten und ihre verschiedenartigen Bedeutungen zu erfassen.

Diese Erinnerungen sind Schneeflocken, die tanzend seinen Weg kreuzen. Im Augenblick des Kontakts zerschmelzen sie in seiner Hand, und ihm bleibt nur das Frösteln des Verlusts.

Diese Erinnerungen sind flimmernde Bilder auf einer Leinwand.

Zwei Figuren in einem immerwährenden Tanz.

Er und Babe.

Jetzt nur noch *er*.

2

Der menschliche Geist ist ein Theater. Man darf nicht zulassen, dass das Licht ausgeht. Der Betrieb muss aufrechterhalten werden.

Das ist es, was sein Vater tut. Arthur Jefferson, sein Erzeuger; Retter, Restaurator, Besitzer von Sälen in britischen Städten. Er trägt A. J.s Namen mehr als ein halbes Leben lang und A. J.s charakteristische Züge noch viel länger. Er wird zu A. J.s Ebenbild, und A. J.s Enttäuschung über ihn ist die logische Konsequenz.

Er ist ein Kind und lebt im Schlagschatten seines Vaters.

Jetzt beobachtet er, dieses Kind, wie A. J. in Bishop Auckland im Eden steht, die neue Beleuchtung bewundert, die gepolsterten Sitzreihen, die goldfarbenen Malerarbeiten, ganz so, wie A. J. auch im Royal in Consett stehen wird,

im Royal in Blyth,

im Tynemouth Circus in North Shields,

im Metropole in Glasgow

(weil, wie A. J. ihm erklären wird, Namen einen Rhythmus haben und Orte eine Poesie).

Jeder einzelne Theatersaal vor dem Lichtaus bewahrt durch A. J., den Impresario, A. J., den Dramatiker, der sich Stücke ausdenkt, um die Massen zu seinen Veranstaltungsorten zu locken, und aus dem die Wörter so schnell herauspurzeln, dass A. J. kaum schnell genug schreiben kann, um sie zu Papier zu bringen, bevor sie sich verflüchtigen. Doch A. J.s Einfälle sind seicht, und nur ihre Wortfülle verleiht ihnen Gewicht. Langsam lernt A. J. dazu. A. J. ist kein Stückeschreiber. Die Dramen werden abgesetzt, an ihre Stelle treten Sketche und Parodien.

Von alldem wird er Zeuge, als Knabe und als junger Mann, dieser Mond der Sonne A. J., der auf dem Dachboden seine Bühnenauftritte vor leeren Sitzen und unter den prüfenden Blicken von Gliederpuppen probt.

3

Es ist das Jahr 1906.

Pickard's Museum, das Panopticon; die einstige Britannia Music Hall und der Stammplatz der Huren. Alt, sogar nach den Maßstäben dieser Örtlichkeiten, und abweisend obendrein, aber so war Glasgow schon immer.

A. E. Pickard, mit Van-Dyke-Bart und Cutaway, wird im Panopticon ein Wachsfigurenkabinett einrichten und eine Volksfestetage. A. E. Pickard, mit seinen Zerrspiegeln und chinesischen Folterkupferstichen, wird im Panopticon eine Freakshow einrichten und einen Zoo. Im Schatten des Panopticons, im Volksmund *The Pots & Pans* genannt, wird es nach Heu und Scheiße riechen, nach der Verzweiflung von Mensch und Tier gleichermaßen.

Er ist die Zugabe an diesem Abend, die Sondereinlage, die nicht angekündigt ist. Er ist sechzehn Jahre alt und trägt Kleider, die A. J. abgelegt hat. Er kürzt und flickt, er säumt und schneidet, alles im selben Raum, in dem er auch seine Auftritte perfektioniert. Nur den Gehrock lässt er unverändert, weil er das beste Stück seines Vaters ist.

Er blinzelt gegen die Lampen dieses primitiven Ortes an. Keine Sitzgelegenheiten in einem Raum, in dem man zur musikalischen Begleitung nur ein Trio unterbringt, das noch dazu aus dem Bodensatz von Glasgow besteht, aus Damen, die angetrunken sind und nach Sherry und Mottenkugeln riechen, die zu kämpfen haben, um ihren Instrumenten über den Lärm des Publikums hinweg Gehör zu verschaffen, und denen ein Klavierspieler assistiert, der von Symphonien träumt.

Er beginnt. In diesem Augenblick geht er völlig in seiner Darbietung auf und ist nie wieder derselbe.

Und das Publikum lacht: nicht über ihn, sondern mit ihm; es ist wie ein Windstoß, der in ein gut gesetztes Segel fährt, und er nimmt Fahrt auf, und das Gelächter bricht über ihm zusammen, als die vielen zu einem werden, zu einer einzigen Harmonie der Freude.

Erst als er sich verbeugt, sieht er seinen Vater.

Es ist der Abend der Amateure. A. J. ist gekommen, um mit A. E. Pickard zu Abend zu essen und vielleicht auch, um nach Frischfleisch für seinen eigenen Fleischwolf Ausschau zu halten. Wovon A. J. Zeuge wird, ist, wie sein Sohn in geborgten Klamotten – einem wohlvertrauten Gehrock, einem nagelneuen Zylinder – unerwartet auf einer staubigen Bühne Faxen für die Betrunkenen und Krakeeler macht.

Zwar kann der Sohn die Miene seines Vaters nicht erkennen, doch weiß er, dass A. J. keine Geheimnisse duldet, dass er Disziplinlosigkeit keinen Vorschub leistet. Er läuft davon, aber nicht zu seiner Mutter, nicht zu Madge.

(Und später, als er sich an ihren Duft und ihre Schönheit erinnern will; und als er vergeblich ihre letzte Ruhestätte sucht, deren Grabstein verschwunden ist; und am Set des Oceana Apartment Hotel, wird er denken, dass er viel öfter zu Madge hätte laufen sollen, denn während er auf der Bühne von Pickard's Museum steht, rieseln bereits die letzten Sandkörnchen durch das Stundenglas des Lebens seiner Mutter, und sie wird binnen zweier Jahre tot sein.)

So sucht er also nicht die Sicherheit von daheim, hinter Madges Röcken. Er wagt sich ins Metropole, in A. J.s Höhle. Er wird dem alten Löwen in dessen eigenem Bau gegenübertreten.

A. J. erwartet ihn schon, erwartet von ihm eine Erklärung wegen der ruinierten Hosen, erwartet eine Erklärung wegen des entwendeten Gehrocks. Der Zylinder ist nicht mehr zu retten;

er verliert ihn auf seiner Flucht von der Bühne, und der Klavierspieler zertritt ihn unter seinem Stiefel und zeigt dem Publikum die Überreste zu dessen Gaudium, in der Annahme, es handele sich um eine Requisite, um eine Schabracke und nicht um A. J.s heißgeliebten, handgefertigten Zylinderhut.

A. J. zitiert ihn ins Büro. A. J. trinkt bereits Whisky mit Soda. Das lässt nichts Gutes ahnen.

Die Gags, sagt A. J. Woher hast du diese Gags?

Und so erzählt er A. J. vom Dachboden, von den Stunden, in denen er an jeder Zeile, an jedem Schritt gefeilt hat, kontrolliert nur von einem staubigen Spiegel und den toten Augen von Puppen. Und er erzählt A. J. von den skurrilen Einfällen, die er von Boy Glen und Nipper Lane gestohlen hat. Und er erzählt A. J. von den Nummern, die er sich allein ausgedacht hat, von diesen armseligen Imitationen, diesen vorgetäuschten Ansprüchen.

A. J. hört zu. A. J. sagt kein Wort.

Er möchte A. J. daran erinnern, dass sie gelacht haben. Das Publikum, diese abweisenden Männer und Frauen von Glasgow, das die Akteure regelmäßig mit allem möglichen Unrat bewirft, hat gelacht.

Über ihn.

Wegen ihm.

Ich habe sie gehört, sagt A. J., obwohl er A. J. noch nichts von dem Gelächter erzählt hat. Ich war da. Ich habe alles mitbekommen.

Er beginnt zu weinen.

Er unterschreibt einen Vertrag bei A. J.s Truppe für 1,50 Pfund pro Woche.

A. J. sagt, dass er ihm noch einen Zylinder schuldet.

4

Im Oceana Apartment Hotel ist er bei Babe.

Babe ist gestorben.

Aber Babe ist immer bei ihm.

Es ist lange vor den todesleeren Tagen; er und Babe spazieren gemeinsam durch New York. Babe bleibt stehen und spricht den Sohn eines Schuhputzers an; Babes Gesicht strahlt vor Freude wie ein Leuchtfeuer. Babe kann jetzt seinen Gag anbringen.

Babe erzählt dem Jungen, dass auch er, Babe, in Harlem geboren wurde, und der Junge – bereits vollständig im Bann dieses Mannes, den er von den Leinwänden der «Nur für Schwarze»-Kinos kennt – kann nicht anders, als in fortgesetztem Staunen Babe anzustarren, wie dieser ihm die Pointe serviert.

– Harlem, Georgia!

Wie man es in die Carnegie Hall schafft? Übung, Übung, Übung.

Babe lacht, und der Junge lacht mit ihm, und Babe gibt dem Vater einen Dollar Trinkgeld und gibt auch dem Sohn einen Dollar, weil der Gag es wert war.

Andererseits ist Babe schon immer ein Mensch mit einem weichen Herzen gewesen.

Er und Babe spazieren weiter.

Ob der Schuhputzer und sein Sohn wohl genauso angestrengt oder genauso laut gelacht hätten, fragt er sich, wenn sie gewusst hätten, dass Oliver Hardy – Babes Vater, sein Erzeuger – drunten in Harlem, Georgia, begraben liegt, Seite an Seite mit seiner zweiten Frau, der Schwester der Erben der Magruder-Plantagen, die folglich auch Sklavenhalter waren; oder dass Babes Vater ein Aufseher war, ein Mittelsmann, den sie eingestellt hatten, damit er die Neger zur Zufriedenheit ihrer Herren gefügig hielt, ein ehemaliger Soldat, der bereitwillig unter Captain Joshua Boyd als Angehöriger von Ramsey's Volunteers in der Konföderiertenarmee diente, nur um als Lohn für seinen Einsatz in der Schlacht von Antietam verwundet zu werden?

Oliver Hardy starb kurz vor Babes Geburt, weshalb Babe ihn nie kennenlernte; doch im Leben eines jeden Mannes finden sich Hinweise auf den Vater, ganz besonders bei Babe, denn in Gestalt und Auftreten ist Babe der Sohn seines Vaters. Babe hat ihm eine Fotografie des Patriarchen gezeigt; die Ähnlichkeit ist eindeutig. Er hat den sorgsam aufbewahrten Ausschnitt aus der Columbia-Publikation gelesen, in dem Babes Vater so beschrieben wurde: «offen, fröhlich, spaßig ... der ganze Mann ein einziges Lächeln ... lebt, um zu essen, oder isst, um zu leben ... diese Falstaff-Figur».

Babe hätte Falstaff spielen sollen, denkt er. Ist jetzt unwichtig.

Also lacht Babe herzlich, gibt jedem reichlich Trinkgeld, gleich welcher Hautfarbe, nur damit keiner Babe fälschlich für einen Konföderierten hält, auch dann noch, als Babe den Vornamen seines Vaters annimmt, während sein eigener – Norvell – in seiner Unterschrift auf einen einzigen Buchstaben reduziert wird, auf ein halb vergessenes N.

Nachträgliche Betrachtung:

So viel von Babe ist hinter diesem N verborgen, denn Babe –

wie alle Komiker

wie Chaplin

wie er selbst –

existiert in Wirklichkeit gar nicht. Babe fügt sich jenen Mythen, die nach und nach von diversen Filmstudios in Umlauf gebracht werden, genau wie Babe, bei entsprechender Befragung, seinen Status herabstufen wird: vom Bühnenkünstler zum Gagman, Golfspieler und guten Kerl. Babe wird von einem Vater erzählen, der Anwalt war, und von Vorfahren, die Lord Nelson kannten, ohne bei diesen Unwahrheiten rot zu werden. Babe wird es zulassen, dass man ihn als Absolventen der juristischen Fakultät der University of Georgia feiert, auch wenn Babe ebenso wenig Jura studiert hat wie sein Vater, alles, um seiner Existenz einen weiteren Überwurf umzuhängen. Babe wird dick sein, weil Babe dick sein muss, und fröhlich, weil er es sein muss, und Babe wird Ammenmärchen spinnen wie Zuckerwatte und die Massen damit füttern.

Aber da gibt es auch einen anderen Babe, einen jüngeren: den dicken Knaben – bereits Oliver genannt nach seinem Vater, den schwerfälligen Brocken von zweihundert Pfund, der sich als Sandwichmann die Straßen von Milledgeville, Georgia, entlangschleppt wie Christus auf dem Weg zur Kreuzigung, vorn und hinten Reklametafeln trägt, die die Tagesgerichte im Baldwin Hotel anpreisen, das von seiner Mutter geführt wird, von Miss Emmie. Wenn Babe von dieser Zeit spricht, was er selten tut, wird der Tag zur Nacht, und Babes Lider fallen wie Hauben über seine Augen, um das Glitzern darunter zu verbergen.

Ich hätte, sagt Babe, genauso gut eine Zielscheibe spazieren tragen können.

5

Fred Karno, Fred Karno, was für ein Biest bist du?

Ein Anarchist auf der Bühne, ein Lieferant von Farcen und Mummenschanz; aber zugleich ein autoritärer Mensch, ein rigoroser Prinzipienreiter. Der größte Impresario der britischen Music Halls und ein Genie auf dem Gebiet der pantomimischen Burleske, aber zu geblendet von seiner eigenen Legende, um zu erkennen, dass das *Karsino*, sein exzentrischer Hotelbau auf der Themseinsel Tagg's Island, zusammen mit ebendiesen Music Halls untergehen wird und dass *Das Haus, das Karno baute*, sein berühmter Stammsitz an der Camberwell Road in Southwark, ihn in den Bankrott treiben wird. Ein Ehemann mit einem Auge für andere Frauen, um den Gerüchte über häusliche Gewalt wabern wie der Londoner Nebel.

Aber er liebt Fred Karno, den Guv'nor. Als er bei A. J. den Dienst quittieren möchte, ist es Fred Karno, zu dem es ihn hinzieht. A. J. missbilligt es – Fred Karno gehört nicht zu der Sorte Mensch, die A. J. sympathisch wäre –, aber A. J. hält ihn nicht auf.

Du bist also komisch?, bemerkt Fred Karno. Sagt wer?

– Sie lachen über das, was ich mache.

– Wer lacht?

– Das Publikum.

– Was versteht denn schon das Publikum? Das Publikum lacht auch, wenn du eine Katze anzündest. Das Publikum lacht, weil andere lachen. Trau niemals dem Publikum.

– Das Publikum lacht, weil ich komisch bin.

Falls es Fred Karno gestatte, wolle er es Fred Karno demonstrieren, sogar hier in dem kleinen – eher trostlosen als grandiosen – Theaterbüro, das noch beengter ist als das von A. J. Er werde es Fred Karno zeigen, und er werde Fred Karno zum Lachen bringen wie alle anderen auch.

– Glaubst du?, sagt Fred Karno.

– Jawohl.

Fred Karno überlegt. Fred Karno stellt Betrachtungen an über die langsame Anlagerung von Sand am Strand und über Entstehung und Zerfall von Gebirgen. Die Uhr in der Ecke zählt die Sekunden von Fred Karnos Leben, und ausschließlich die von Fred Karnos Leben.

Na schön, ein Mann, der weiß, was er will, soll mir recht sein, sagt Fred Karno schließlich. Melde dich bei Mr. O'Neill. Er soll dir erklären, was wir von dir erwarten.

Was sie erwarten, ist Slapstick. Was sie erwarten, ist hinfallen und wieder aufstehen. Was sie erwarten, ist, dass man sich nicht an Malerfarbe und Vanillepudding verschluckt. Hinauf nach Manchester mit *Mumming Birds*, 2 Pfund die Woche, als Fußsoldat in *Fred Karno's Army*, lediglich aufgrund seiner Behauptung, dass er komisch sei.

Aber Fred Karno ist vom Fach. Fred Karno hat Augen und Ohren: seine eigenen und die von anderen.

Und Fred Karno hat Chaplin.

Für Fred Karno ist bereits klar – für alle ist klar –, dass Chaplin anders ist: ein von Gott Begnadeter, aber von welchem Gott? Chaplins Anarchie beruht auf Disziplin, genau wie die von Fred Karno, doch Fred Karno ist ein Mensch, in seinen Stärken wie in seinen Schwächen, wohingegen Chaplin in beidem übermenschlich ist. Chaplin glaubt an sich selbst und an nichts anderes. Chaplin wird nicht bei Fred Karno bleiben. Chaplin ist nur auf der Durchreise und wird es immer und überall sein.

Chaplin ist der und das Beste, was er je gesehen hat.

Und Chaplin ist der und das Schlimmste.

Da ist kein Frohsinn in Chaplin, jedenfalls keiner, der über den hinausreicht, den er bei anderen bewirken kann.

Chaplin liefert und liefert, aber Chaplin bleibt selbst auf ewig hungrig.

Chaplin, der Künstler, muss perfekt sein, weil Chaplin, der Mensch, mit so vielen Makeln behaftet ist.

6

Im Oceana Apartment Hotel beschwört er Babe vor seinem geistigen Auge: die Anmut, das sanfte Wesen, die Fähigkeit eines so korpulenten Menschen, sich auf eine Weise zu geben, als wäre diese Masse aus Fleisch innen hohl, als hätte er den Bodenkontakt ausschließlich seiner Willenskraft zu verdanken.

Babe erzählt Geschichten, in denen er selbst schlecht dasteht: wie er als Teenager aus nicht nachvollziehbaren Gründen kurzzeitig aufs Georgia Military College ging, und verwandelt beim Erzählen den Horror in einen Sketch, sieht ihn als günstige Gelegenheit, eine jener Szenen zu perfektionieren, in denen er sich als Trottel blamiert. Doch sobald ihm eine Stimme einflüstert, dass das einen feinen Zweiakter ergäbe, steuert Babe sofort um und erzählt von jener Zeit, in der er in Florida in Nachtclubs gesungen hat – sein massiger Leib wie ein Anker, den er überallhin hinter sich herschleppen muss.

Fatty Hardy, Die lustige Tonne.

Babe: Denk dir die Geschichte von einem Barbier aus, der dir auf die Backen klatscht und dich mit einem Baby vergleicht. Die erzählst du den Leuten wieder und wieder, weshalb sie beim Erzählen immer konkreter wird und dir einen neuen Namen verleiht.

Babe Hardy.

Babe.

Nicht Dickie oder Pummel, nicht Mops oder Klops, nicht Schwarte oder Ballon oder Fettkloß.

Nur Babe.

Keep smiling, und die anderen werden ebenfalls lächeln.

Keep laughing, und sie werden ebenfalls lachen.

Keep moving, hüpfe und tänzele weiter durchs Leben, füge deiner vielschichtigen Legende ständig Neues hinzu, und keiner von ihnen wird deine Wahrheit entdecken, weil alles, was sie zu sehen bekommen, nur das ist, was du ihnen einredest, dass sie es sehen.

7

Chaplin starrt auf den Namen des Schiffes.

Die *Cairnrona*, sagt Chaplin. Wir sind alle dem Untergang geweiht.

Es ist September 1910. An den Docks von Southampton geht er hinter Chaplin her, versucht, mit dem Älteren Schritt zu halten, denn Chaplin kennt die Welt, und auch er will sie kennenlernen. Chaplin war mit Fred Karno in Paris und spricht von den Fickereien in Bordellen, von den Tänzerinnen des Folies Bergère, die von der Bühne weg in sein Bett gelockt wurden – beziehungsweise die angeblich gelockt wurden, weil Alf Reeves sagt, dass man nichts von dem glauben könne, was über Chaplin gesagt werde, nicht, wenn es aus dessen eigenem Mund komme. Er aber möchte Chaplin glauben, möchte wie er sein, möchte er sein. Chaplin kleidet sich wie ein Star und erzählt der Welt von dem Star, der Chaplin ist, und von dem noch heller leuchtenden Star, der Chaplin werden wird, dem strahlendsten Bühnenstar aller Zeiten. So hat es Chaplin verfügt, so soll man es aufschreiben.

– Wieso? Was ist mit dem Schiff?

Es ist Fred Karno junior, der spricht. Fred Karno junior und Alf Reeves haben die Aufgabe, die fünfzehnköpfige Herde für die USA-Tour einzupferchen. Fred Karno junior wird seinem Vater Rechenschaft über jeden ausgegebenen Penny ablegen müssen, und der Guv'nor hat dabei ausdrücklich vor Chaplin gewarnt. Hätte es die Möglichkeit gegeben, hätte Chaplin für die Überfahrt eine Erste-Klasse-Kabine für sich allein gebucht und den Rest der Truppe unter freiem Himmel an Deck schlafen lassen, bei jedem Wetter.

Fred Karno junior fürchtet sich ein wenig

(sehr)

vor Chaplin.

Chaplin knipst sein Lächeln an, jenes, bei dem Fred Karno junior wieder einfällt, warum Fred Karno junior sich sehr

(ein wenig)

vor diesem Mann fürchtet.

Beachy Head, sagt Chaplin. Rums!

Und dann – in einer so schnellen Stegreifnummer, dass er sich wünscht, er könnte die Zeit anhalten und zurückspulen, nur um zu studieren, wie Chaplin den Trick ausführt – bläst Chaplin die Backen auf und reißt die Augen auf und lässt seine Mütze so hoch über seinen Kopf in die Luft steigen, dass seine Arme längst seitlich an seinem Körper herabhängen, als sie wieder auf seinem Schädel landet.

Emily Seaman wendet sich an Fred Karno junior.

– Was will Mr. Chaplin damit sagen?

Sollte Fred Karno junior die unglückliche Geschichte der *Cairnrona* kennen, so zieht Fred Karno es vor, keine Antwort zu geben. Das erweist sich als Fehler. Indem er das tut, überlässt er das Terrain noch mehr Chaplin, und Chaplin wird jeden freien Raum, der sich ihm bietet, mit Beschlag belegen, denn Chaplin graut es vor Leere und Stille. Also gibt Chaplin den Heizer auf der *Cairnrona*, der eine Schaufel rot glühender Kohle danebenwirft, und Chaplin ist selbst die Kohle, die durch die Luft und hinunter in den Kohlenbunker an Steuerbord segelt, und Chaplin ist selbst der Maschinist, der durch die Finsternis hinauf zu dem herabfallenden Licht starrt, zu dieser Niederkunft Luzifers, und Chaplin ist selbst die Luft und das Gas und der Funke und die Verpuffung, und Chaplin ist selbst die Bunkerluke, die aus dem Shelterdeck gerissen wird, und zum Schluss ist Chaplin auch der unglückselige Frederick Charles Longhurst, Hilfssteward auf der *Cairnrona*, der der Luke nachfolgt, dem Flügel wachsen, der die Hände zum Gebet faltet und so gen Himmel fährt zu seinen Ahnen.

Am 7. April dieses Jahres, schließt Chaplin. Vermutlich finden sie noch immer Teile von Longhurst vor Beachy Head.

Inzwischen hat sich eine kleine Zuschauermenge versammelt. Chaplin verbeugt sich.

Gelächter. Applaus. Emily Seaman stöhnt auf.

– Meint Mr. Chaplin das ernst?

Mr. Chaplin meint es immer ernst, sagt Alf Reeves.

– Sogar, wenn Mr. Chaplin komisch ist?

Besonders, wenn Mr. Chaplin komisch ist, sagt Alf Reeves. Das ist der Grund, warum Mr. Chaplin mich nicht zum Lachen bringt.

Im Oceana Apartment Hotel bewahrt er in einem Album ein Bild von Mitgliedern der Fred-Karno-Truppe an Bord der *Cairnrona* auf. Wenn er wollte, würde er es finden, aber er braucht es sich nicht anzusehen, um sich an alle Einzelheiten zu erinnern. Alle gleichen sie, wie er weiß, einer Gruppe von Emigranten, und keiner erschiene deplatziert, würde er in einer Schlange vor einer Suppenküche anstehen, keiner mit Ausnahme von Chaplin, der durch einen Rettungsring des Schiffes, welcher ihn wie ein Heiligenschein umgibt, in die Kamera grinst, ein Mann, der eine Klasse für sich ist. Er selbst sitzt zu Chaplins Rechten, mit einer viel zu großen Kappe auf dem Kopf.

Er bewundert Chaplin, und Chaplin will bewundert werden, aber er betet Chaplin noch nicht an, und Chaplin braucht Anbetung. Chaplin sieht in ihm keine Bedrohung, obwohl ihm zu Jahresbeginn der Guv'nor die Hauptrolle in *Jimmy the Fearless* gegeben hat. Er hält dies für einen Vertrauensbeweis des

Guv'nors, bis ihn George Seaman, Emilys Ehemann, darüber aufklärt, dass er nur deshalb vorgezogen worden sei, um Chaplin einen Dämpfer zu verpassen, und Chaplin mag es gar nicht, einen Dämpfer verpasst zu bekommen. Der Guv'nor weiß, dass Chaplin die Butter auf dem Brot und die Soße für den Braten ist, was auch den Grund dafür darstellt, dass Chaplin immer im Mittelpunkt steht, sogar auf dem Deck der *Cairnrona*, und warum Chaplins Gesicht genau so aus einem Rettungsring strahlt, wie es das auch tun würde, sollte wieder ein Stück glühender Kohle von der Schaufel rutschen und sich wieder eine Explosion ereignen, die dieses Mal das Schiff auf den Grund des Ozeans befördern würde, während Chaplin unversehrt über allem schweben und die Ertrunkenen die Sohlen seiner Schuhe betrachten würden.

8

Zwei Monate lang reisen sie und treten auf.

Montreal. Toronto. Über die Grenze in die Vereinigten Staaten.

New York. *The Wow-Wows.* («Chaplin geht so, aber mit dem Rest der Truppe ist es nicht weit her.»)

Zurück nach Toronto. Chicago. *A Night in a London Club.* («Chaplin darf inzwischen als der Starkomiker im Karno-Programm betrachtet werden.»)

Cincinnati. *Mumming Birds.* Wieder Chicago. Milwaukee. Duluth und Minneapolis, jeweils halbwöchentlich. («Die Truppe überzeugt nicht sonderlich.»)

Winnipeg.

Butte.

Spokane.

Seattle.

Vancouver.

Victoria.

Tacoma.

Portland.

Sie teilen sich Quartiere für einen Dollar pro Zimmer, inklusive Kost, aber nur, wenn sie auftreten. Wenn sie reisen, müssen sie selbst für ihre Spesen aufkommen. Um Geld zu sparen, schlafen sie in Bahnhöfen und Zügen. Sie geben nicht mehr als fünf Cent für eine Mahlzeit aus, und das nur einmal am Tag.

Sie sind müde.

Sie sind pleite.

Sie sind nicht die Stars. Chaplin ist der Star.

Sie sind keine Truppe. Chaplin ist die Truppe.

Und wenn Chaplin geht, was Chaplin gewiss tun muss, was dann?

Er und Chaplin teilen sich oft ein Zimmer. Er selbst ist stolz auf seine Reinlichkeit, wohingegen Chaplin zwischen Ungepflegtheit und Eleganz oszilliert, je nach Laune und Intensität des Geschlechtstriebs. Während er seinen Text lernt, verbessert Chaplin sein Griechisch. Während er das Skript studiert, denkt Chaplin über Schopenhauer nach. Wenn das Geld am knappsten ist, brät er verdorbene Koteletts über einer offenen Flamme, während Chaplin Geige spielt, um das Brutzeln zu übertönen, und eine Decke unter die Tür klemmt, damit der Geruch nicht nach außen dringt – als wären sie zwei Selbstmörder, die sich mit Gas umbringen wollen.

So essen sie zwar die gleichen Mahlzeiten und schlafen im gleichen Bett und stopfen die Löcher in ihrer Kleidung mit Garn vom gleichen Knäuel, aber das Gleiche ist nicht dasselbe. Chaplin beobachtet alles genau, aber nicht, um etwas zu lernen, denn Chaplin braucht nichts zu lernen.

Chaplin klaubt auf, Chaplin häuft an.

Nummern, Gags, kurze Szenen.

Frauen.

Sie fallen vor Chaplin auf den staubigen Fußböden der Pensionen auf die Knie.

Sie holen sich einen Mundvoll Chaplin, die jungen wie die alten.

Meistens die jungen.

Es ist alles, was er sich jemals gewünscht hat, aber es ist nicht so, wie er es sich gewünscht hat. Er kann nicht so leben. Er verlässt die Truppe in Colorado Springs, zusammen mit Arthur Dando, einem gleichfalls Unzufriedenen, und reist zurück an die Ostküste. Die *Lusitania* bringt sie nach Hause. Als ein U-Boot die *Lusitania* 1915 in die Luft jagt, erinnert er sich an die *Cairnro-*

na und denkt sich, dass darin wenigstens eine, nun ja, gewisse Stimmigkeit liegt.

9

Milledgeville, im Herzen von Baldwin County gelegen und einstige Hauptstadt von Georgia. Mit der Arbeitskraft der Schwarzen erbaut, die Sklaven von der Presbyterian Church auf dem Capital Square ge- und verkauft. Er vermutet, dass denjenigen von ihnen, die die Häuser errichteten, den gelernten Handwerkern, ein glücklicheres Los beschieden war als den armen Teufeln, die zum Baumwollpflücken weggekarrt wurden, doch alles ist relativ.

An der Grenze im Osten fließt schnell der Oconee River dahin. Sam Tant, Babes älterer Halbbruder, kommt beim Schwimmen im Oconee River ums Leben. Babe erwähnt manchmal, dass er versucht habe, Sam Tant zu retten. Sam Tant springt von einem hohen Ast, schätzt aber die Wassertiefe falsch ein und landet auf dem Kopf. Babe zieht Sam Tants Körper aus dem Fluss, aber Sam Tant rührt sich nicht mehr, und später stirbt Sam Tant. Babe erzählt die Geschichte oft – eine weitere Bürde, die er zu tragen hat. Er vermutet, dass Babe vielleicht sechzehn oder siebzehn war, als es geschah, hat aber das Jahr nie eindeutig herausfinden können.

Babes Rolle in der Tragödie fügt eine weitere Schicht zur Mythologie um Babe hinzu, setzt den Prozess der Überhöhung und Vertuschung fort, den Babe betreibt; Babes Kummer ist offensichtlich und darf daher nicht weiter hinterfragt werden, wirkt als Abweiser von Einmischungen. Manchmal stellt er sich vor, wie er die äußeren Schichten des Babe-Mythos abträgt, die einzelnen Flöze freilegt, sodass Babe immer dünner, immer kleiner wird, bis ganz zum Schluss nur der leuchtende, strahlende Kern des Menschen übrig bleibt.

Aber Babe ist immun gegen eine solche Erkundung, und als

schließlich durch Krankheit und Siechtum Babes Hüllen nach und nach abfallen, ist der Tod alles, was übrig bleibt.

10

Wo ist der Plot?

Die Antwort lautet: Es gibt keinen. Plots sind etwas für die Bühne. Es gibt keinen Plan, keine offen zutage tretende schicksalhafte Bestimmung. Es gibt nur eine Reihe von Ereignissen, von denen einige miteinander verbunden, andere eigenständig sind, und das nennt man Leben. Schicksal ist etwas für Götter, und er ist bloß ein Mensch.

Er ist nicht Chaplin.

Er bemüht sich. Manchmal gelingen Bühnenauftritte, manchmal gehen sie daneben. Vielleicht will A. J. ihn zurückhaben, obwohl A. J. keine Verwendung für Fred Karnos Fußsoldaten hat, diese Deserteure der *Army*. Man kann nicht zwei Herren gleichzeitig dienen.

Versager: Versager in Amerika, dann in Großbritannien und schließlich auf dem Kontinent. Hätte er Geld und Ehrgeiz, hätte er wahrscheinlich auch in Australien versagen können, doch weil er beides nicht hat, kehrt er nach London zurück.

Er erinnert sich an Waterloo Station. Er erinnert sich an Regen und Dreck. Er erinnert sich an den Spaziergang nach High Holborn. Er erinnert sich an den mitleiderregenden Klang der Hufe eines Pferdes, an das langsame Klappern durch die Nacht wie das Ticken einer alten Uhr, der Uhr in Fred Karnos Büro, Sekunde um Sekunde läuft ab, eine Vorahnung zukünftiger Gebrechlichkeit, ein Menetekel seines eigenen unausweichlichen Verfalls; und an den Geruch im *Cittie of Yorke*, nichts als Pisse und verschüttetes Bier. Er erinnert sich an die Zögerlichkeit seiner Schritte, als er sich der Wohnung Gordons nähert, seines Bruders.

Gordon ist Intendant des Prince's Theatre. Gordon weist ihm nicht die Tür. So also wird es mit ihm weitergehen: kleine Nebenrollen im Schatten seines Bruders. Er wird seine Tage in einem Hinterzimmer beschließen, umgeben von einfallslosen Skripts und Ein-Shilling-Essensgutscheinen. Um Verwirrungen zu vermeiden, wird er ein für alle Mal seinen Vornamen zugunsten des Mittelnamens aufgeben und als S. J. firmieren, als Erbe seines Vaters, und wenn der Saal leer ist und die Lichter gelöscht sind, wird er im Halbdunkel zum Gelächter von Geistern und Gespenstern umhertollen.

A. J. hatte recht.

A. J. wird seinen Willen kriegen.

Er geht die Shaftesbury Avenue entlang.

Er geht durch Soho.

Er geht über den Leicester Square.

Sein Name wird gerufen. Er dreht sich um. Alf Reeves, der Mann, der Chaplin zulächelt, aber nur mit dem Mund.

Händeschütteln, Schulterklopfen.

Was gibt es Neues aus Amerika, fragt er Alf Reeves. Was gibt's Neues vom Guv'nor?

Er weiß, dass *Karno's Comedians*, wie sie jetzt genannt werden, wieder in England sind, für eine Erholungspause vor der Rückkehr. Er versucht, über den Namen Fred Karno hinwegzulesen, aber Fred Karno ist unvermeidbar. Das Bild von abgebrochenen Brücken setzt sich in seinem Innern fest. Er hat Fred Karno dessen Großzügigkeit schlecht vergolten. Er hat die Flohbisse fast vergessen, das Schlafen in Wartesälen und dass man ihm die Schuhe gestohlen hat, weil er dumm genug war, sie draußen vor dem richtigen Zimmer, aber im falschen Etablissement hinzustellen. Er erinnert sich nur an das, was verlorenging.

Alf Reeves zeigt mit einer Geste auf all die Theater rings um sie herum, auf die Götter im Licht.

– Wo steht dein Name?

Ganz unten auf den richtigen Plakaten, erwidert er, und ganz oben auf den falschen.

Er steckt die Hände in die Taschen seiner Hose. In der linken ist ein Loch. Mit dem Zeigefinger kann er die Haut seines Beins spüren: eine Gänsehaut aus Schmirgelpapier. Er ist so dünn geworden, dass er sich wundert, warum er sich nicht schon die Knochen kratzen kann. Am liebsten wäre er an diesem Tag nie über den Leicester Square gegangen. Am liebsten hätte er Alf Reeves nie kennengelernt.

Geh mit uns zurück nach Amerika, sagt Alf Reeves beziehungsweise bildet er sich ein, dass Alf Reeves das gesagt hätte, bis er begreift, dass Alf Reeves tatsächlich etwas gesagt hat, und zwar genau das.

Man wird ihm 30 Dollar pro Woche bezahlen.

Man wird ihm 30 Dollar pro Woche als zweite Besetzung für Chaplin bezahlen.

Es ist der Herbst des Jahres 1912.

11

Der Sullivan-Considine-Theaterring.

Cincinnati, *A Night in an English Music Hall.*

Seattle, Vancouver, Portland.

Die Kälte. Mein Gott, diese Kälte.

(«Charles Chaplin ist überwältigend komisch.»)

Chaplin.

Chaplin ist jetzt anders, denn Chaplin ist schlechter. Mack Sennett meldet sich erneut. Mack Sennetts Keystone-Produktionsmaschinerie muss gefüttert werden, und Chaplin ist das Fleisch, das sich durch den Wolf drehen lässt und gutes Gehacktes ergibt. Im November 1913 ändert sich die Wetterlage, und Chaplin springt ab.

150 Dollar pro Woche – und keine Fünf-Cent-Mahlzeiten mehr.

150 Dollar pro Woche – und sein Name über dem Titel.

150 Dollar pro Woche – und alle Mädchen, die ein Chaplin ficken kann.

Es ist seine Chance. Nach Chaplins Abgang kann er glänzen. Aber ohne Chaplin gibt es keine Truppe, denn Chaplin ist, war und wird immer die Truppe sein. Alf Reeves behauptet, er habe versucht, sich für ihn einzusetzen. Alf Reeves' Version zufolge sind die Theaterbesitzer darüber informiert, dass er Chaplin ebenbürtig sei, doch das glaubt Alf Reeves selbst nicht, und die Theaterbesitzer glauben es erst recht nicht. Denen haben schon Bessere als Alf Reeves Mist verkauft und besseren Mist obendrein.

Als die Demütigung kommt, fällt sie schlimmer aus als erwartet. Die Tournee wird fortgesetzt, aber nur, wenn Alf Reeves die Mitwirkung von Dan Raynor garantieren kann, dem Hauptdarsteller in Fred Karnos Londoner Truppe, der Chaplins Stelle einnehmen soll. Dan Raynor reist quer über den Atlantik, ist das neue Rad am Wagen, aber der Wagen fällt auseinander, und es ist Winter, und der Stern Chaplins steht im Aszendenten. Wider besseres Wissen nimmt er sich die Zeit, um Zeuge von Chaplins Aufstieg zu sein.

Making a Living.

Kid Auto Races at Venice.

Mabel's Strange Predicament.

Und so ist er bei der Geburt des Little Tramp dabei.

12

Im Oceana Apartment Hotel kommen alle Tempora zusammen.

Er ist.

Sie waren.

Er war.

Sie werden nicht sein.

Er denkt: Babe, ich kann ohne dich nicht ich selbst sein.

Er denkt: Babe, ohne dich bin ich nicht mehr ich selbst.

13

Im Jahr 1913 heiratet Babe Madelyn Saloshin: ein wenig – sehr viel – älter als Babe, denn sieben Jahre sind ein ganzes Zeitalter für einen jungen Mann von einundzwanzig. Madelyn Saloshin ist nicht hübsch, aber das ist ohne Belang. Madelyn Saloshin mag Babe, und Babe mag Madelyn Saloshin, und die sehr Korpulenten sind oft sehr einsam.

Also heiratet Babe Madelyn Saloshin.

Babe heiratet eine Jüdin.

Hat das für die Scheidung je eine Rolle gespielt?, fragt er Babe, als Babe nicht mehr mit Madelyn Saloshin verheiratet ist.

– Was?

– Ihre Religion?

Babe setzt sein Stirnrunzeln auf, jenes, das das Publikum kennt: die Miene eines Mannes, der vor einer dünnen Suppe sitzt, der sie aber essen wird, weil alles besser ist als nichts.

Ja, erwidert Babe, für mich hat es eine Rolle gespielt.

– Inwiefern?

Er ist neugierig, aber ihm ist auch bang. In Hollywood gibt es keinen Mangel an Juden und auch keinen Mangel an denen, die sie hassen, doch handhabt man hier Diskriminierungen diskret und bleibt bei aller Grausamkeit Gentleman. *Nein, dieser Club ist nichts für Sie, aber ein Stück die Straße runter, vielleicht …*

– Weil sie lernen musste, in der Öffentlichkeit vorsichtig aufzutreten, genau wie ich. Weil die anderen, hätte ich gefragt, gesagt hätten, sie sei unter meinem Stand.

Ein Flackern in den Augen, Babes Stimme jetzt sanfter.

– Und ein paar von ihnen haben es ja gesagt.

Von ihnen. Wer sind die? Die Gleichen, vermutet er, die 1915 Leo Frank an einem Baum in Marietta, Georgia, aufgehängt haben, zum Teil aufgrund einer Anklage wegen Mordes an einer Dreizehnjährigen, doch hauptsächlich deswegen, weil er Jude und Direktor einer Bleistiftfabrik war.

Und Miss Emmie, die Babe abgöttisch liebende Mutter: War sie enttäuscht, dass sich ihr Sohn eine jüdische Frau ausgesucht hat? O ja, und Miss Emmie wird ihre Enttäuschung über Babe mit ins Grab nehmen, deshalb und wegen vieler anderer charakterlicher Defizite, auch wenn sich keiner von beiden so unverblümt äußern wird.

Hallo, hallo, alle mal herhören: Was ist schlimmer, als eine Jüdin zu heiraten?

Eine alte Jüdin zu heiraten.

Verbeugung.

Verbeugung und Abgang.

14

Er redet sich ein, er könne die Gründe für Chaplins Aufstieg nicht verstehen. Er sieht in ihm nur die Widerspiegelung seiner eigenen Sehnsüchte. Er kann, was Chaplin kann. Er könnte es ihnen demonstrieren, gäbe man ihm die Chance. Er hat Chaplins Grazie, Chaplins –

Selbstvertrauen?

Arroganz?

Gelüste?

Nein, er hat – jedenfalls bislang – nur wenige von Chaplins Gelüsten, von der Sucht nach mehr Erfolg abgesehen.

Von der Sucht nach irgendeinem Erfolg abgesehen.

Nach überhaupt einem.

Außerdem hört er auf die falschen Stimmen, und die lauteste ist die von A. J. Der Vater hat den Sohn nach seinem Bild und Gleichnis geformt. Wie Gott, der Herr: Am Anfang ist die Bühne, und die Bühne war schon immer, und die Bühne wird immer sein. Also stolpert er, während Chaplin durch Kinofilme schwebt, über splitterige Bretter in Lake Nipmuc, Massachusetts, und wirbelt Sägemehl in Cleveland, Ohio, auf.

Er kann, was Chaplin kann. Er hat ihn jahrelang beobachtet. Er hat die gleichen Rollen gespielt. Er ist der Schatten dieses Mannes.

Und deshalb muss er Er werden.

Er schließt sich Edgar Hurley und dessen Frau Wren an, und zusammen bilden sie das Keystone Trio von 1915.

Mangels Fähigkeit oder Gelegenheit, etwas Eigenständiges in Szene zu setzen, wird jeder von ihnen die Kopie eines Originals verkörpern.

Edgar Hurley wird Chester Conklin sein.

Wren Hurley wird Mabel Normand sein.

Und er wird Chaplin sein.

Sie bringen die Kinoleinwand auf die Bühne. Sie bieten Fleisch und Blut dar anstelle von Licht und Schatten. («Er verkörpert Charlie Chaplin bis ins kleinste Detail.») Er ist ein Erfolg, aber nur als ein anderer. Er ist ein guter Chaplin und ist folglich – per definitionem – ein Versager als er selbst.

Er spürt, dass ihm der Boden unter den Füßen wegrutscht. Das Publikum lacht, aber es lacht bereits, noch ehe er mit seiner Nummer beginnt. Es lacht bereits, wenn er die Bühne betritt. Es lacht, weil Chaplin es zum Lachen bringt. Ohne Chaplin gäbe es nicht die Andeutung eines Gelächters.

Edgar Hurley hört das Gelächter und will es für sich haben. Auch Edgar Hurley hat den Meister gründlich studiert. Wenn das Publikum über Chaplin lacht, dann spielt es keine Rolle, wer die Maske trägt.

Sie machen sich nach Norden auf, nach Pennsylvania und New York, und Edgar Hurley kocht innerlich, und Edgar Hurley sucht Streit, und Edgar Hurley will nicht hintanstehen. Schlussendlich wird Edgar Hurley zu Chaplin und steht im Mittelpunkt.

Das Publikum lacht. Es lacht, wenn Edgar Hurley auf der Bühne erscheint. Es lacht, weil Chaplin es zum Lachen bringt.

Er schaut zu, wie Edgar Hurley ihn imitiert, wie er Chaplin imitiert. Er zerbricht daran, und im Zerbrechen begreift er.

Er verlässt die Hurleys.

Die Hurleys werfen ihn hinaus.

Ändert eine der beiden Versionen irgendetwas am Plot? Es gibt keinen Plot, also ändert es nichts.

Er ist müde. Das ist zu viel für ihn. Er könnte zurück in die Heimat gehen. Wo seine Familie ist. Wo die Vaudevilletheater sind.

Wo der Krieg ist.

Er bleibt.

15

Drunten in Milledgeville, dem Zuhause von Miss Emmie und den Geistern verstorbener Brüder, ist Babe der Elektriker des Electric Theater; der Job eines Filmvorführers ist so neu, dass die entsprechende Bezeichnung erst noch gefunden werden muss, sodass es vorläufig bei «Elektriker» bleiben soll. Fünf Cent Eintritt, und das zu einer Zeit, in der der Besuch einer Musical Comedy in New York, Boston oder Chicago einen Dollar kostet, und Milledgeville kann mitnichten eine Bühne vorweisen, die sich mit einer der großen Städte vergleichen ließe, ja noch nicht einmal mit einer der kleineren. Ein- und Zweiakter: Abenteuer, Lehrfilme, Komödien, Western. Das Publikum liebt sie allesamt, aber am meisten die Western.

Abernathy Kids to the Rescue.

Bill Sharkey's Last Game.

Broncho Billy's Redemption.

Babe sieht die Filme von seinem Arbeitsplatz am Projektor, sein Gesicht in der Dunkelheit hell angestrahlt. Babe sieht John Bunny in *Teaching McFadden to Waltz* und *Captain Jenks' Dilemma*. Es heißt, John Bunny verdiene bei der Vitagraph Company pauschal 5 Dollar pro Tag. Für John Bunny gibt es keine unbezahlten Proben mehr, und mit den Übernachtungen in Bahnhöfen und dem Kampf um ein Fünf-Cent-Dinner ist Schluss. John Bunny hat das Vaudeville hinter sich gelassen und die Schuhe verbrannt, mit denen er einst auf dessen Brettern umhergestampft ist.

Wie Babe ist auch John Bunny ein korpulenter Mensch; allerdings hat die Natur John Bunny zusätzlich mit einer entsprechenden Nase gestraft. John Bunnys Visage ist von denkwürdiger Hässlichkeit und deshalb versichert. John Bunny ist ein Produkt der Bühne, das auf die Leinwand verpflanzt wurde, das massig an Leibesfülle und derb im Ausdruck ist und das Publikum auf den billigen Plätzen bedient.

John Bunny, wird gemunkelt, sei auch ein Arschloch allererster Güte. Für einen Schauspieler untypisch, trinkt John Bunny nicht. John Bunny braucht nicht besoffen zu sein, um ein Arschloch zu sein.

Babe wird nicht so sein wie John Bunny. Babe wird kein Arschloch sein.

Aber Babe wird auch kein Schauspieler wie John Bunny sein. Babe wird ein neuartiges Wesen sein, kein Kind der Bühne, sondern eines des Films. Babe wird ein Geschöpf der kleinen Gesten sein, der sparsamen Bewegungen. Babe wird da eine Braue hochziehen, wo John Bunny mit den Armen rudert wie ein Ertrinkender. Babe hat neben dem Projektor gestanden und dessen Wärme gespürt. Wenn Babe der Kamera ins Auge blickt, wird Babe keine Angst haben.

Weil sich hinter diesem Auge das Publikum befindet.

Babe verlässt das Electric Theater. Jacksonville, Florida, Heimat der bewegten Bilder, Zukunft der Filmindustrie, liegt nicht weit weg im Süden, aber Babe muss ja auch sein Essen verdienen. Cutie Pearce's Roadhouse bietet Babe einen Gesangsauftritt an als zusätzlichen Verdienst zu seiner Gage am Orpheum Theater. Mit 40 Dollar die Woche – das Geld von Cutie Pearce nicht mitgerechnet – verdient Babe vielleicht mehr als John Bunny zu Beginn seiner Karriere, obwohl John Bunny, Arschloch hin oder her, jetzt wie die Made im Speck lebt.

Babe verbringt die Abende mit Singen, Tanzen und auf den Hintern fallen, die Tage in der Lubin Manufacturing Company, einer Filmproduktionsgesellschaft beim Florida Yacht Club, wo er sich ansieht, wie Filme gemacht werden. Doch ist Babe zu weit von den Darstellern entfernt, um sie richtig sehen zu können, also bietet sich Babe als Wasserholer für die Crew an. Irgendwann wird ein dicker Junge für eine Rolle gebraucht, und Babe ist ein dicker Junge.

Outwitting Dad, April 1914.

Daran erinnert sich Babe.

16

Wie klein er neben Babe erscheint, wie schmächtig. Er registriert die Überraschung in den Mienen derjenigen, die ihm ohne seinen Partner begegnen, wenn es nur einen Schatten gibt, den seinigen. Das wirkt sich zu seinen Gunsten aus. Es bietet ihm die Möglichkeit, sich zu verstecken. Die Haare glatt nach hinten gebürstet und den Kopf gesenkt, kann er durch die Menschenmengen geistern. Bis seine Gegenwart bemerkt wird, falls sie überhaupt bemerkt wird, ist er schon weitergegangen. Er bleibt in Bewegung. Er hat gelernt, nicht stehen zu bleiben.

Ausgenommen vielleicht für Frauen.

Wie Chaplin hat nun auch er diese Schwäche.

17

Er hat Frauen kennengelernt; nicht so viele wie Chaplin – die Zahl der Männer, die nicht so viele Frauen kennengelernt haben wie Chaplin, ist Legion –, aber einige. Er hat ein Auge für sie, und sie haben eines für ihn. Er hat zudem Geld, wenn auch nicht viel, und kann trinken, und kann noch mehr trinken, falls nötig. Aber diese Frauen sind Laufkundschaft, und keine bleibt für länger.

Bis auf sie.

Aber meine Güte, sie hat etwas so Hartes an sich. Es steckt in den schaufelförmigen Wangenknochen. Er kann ihre Schädeldecke durch die Haut sehen. Sie hat einen animalischen Blick.

Sie ist eine der Hayden Sisters, obwohl es die Hayden Sisters gar nicht gibt, zumindest nicht als Geschwister.

Ihre echten Schwestern sind tot, erzählt sie ihm. Annie und Edith. Beide älter. Begraben drunten in Brunswick.

Er weiß nicht, wo das ist.

Melbourne, sagt sie. Australien.

Australien. Beinahe wäre er dort einmal hingefahren. Ist aber beinahe nicht hingefahren. Ist überhaupt nicht hingefahren.

Sie lacht. Sie tanzen. Sie ficken.

Sie ist May Charlotte Dahlberg.

Sie ist May Charlotta Dahlberg.

Sie ist May Cuthbert, Ehefrau von Rupert Cuthbert.

Doch Rupert Cuthbert ist tot. Seit 1914, ein Jahr nachdem sie und Rupert Cuthbert von der RMS *Niagara* in Seattle an Land gegangen waren. Sehr traurig, sagt sie, obwohl sie sich bereits auseinandergelebt hatten, ehe sie Australien verließen.

Nur dass Rupert Cuthbert, wie sich herausstellt, nicht tot,

sondern bloß sonst wo ist. Na und? Das ist doch Stoff für eine noch bessere Geschichte: Witwe, talentiert, geht ihren eigenen Weg, weit weg von daheim.

Es gibt einen Sohn, ebenfalls ein Rupert. Rupert junior ist neun.

Du verstehst, sagt sie.

Er versteht.

Sie ist Charlotte Mae Dahlberg.

Sie ist Mae.

18

Was war Babe vor ihm? Was war er vor Babe? Es ist, als wären sie kurz nach ihrem ersten Zusammentreffen eine Symbiose eingegangen, woraufhin alle anderen möglichen Existenzformen sofort erloschen. Ist das von Bedeutung? Selbstverständlich ist es das.

Und selbstverständlich ist es das nicht.

Jeweils eine Hälfte dieser Existenzen – Babes mehr als seine, weil Babe schon lange vor ihm vom Licht fasziniert war – ist sowieso unwirklich. Wie das Fleisch ist auch der Film ein vergängliches Medium.

Es verrottet, es verschmort.

Babe macht sich gelegentlich einen Spaß daraus zu versuchen, in alphabetischer Reihenfolge die Titel jener Filme aufzusagen, die er gemacht hat, bevor Babes altes Leben endete und ein neues begann.

A Bankrupt Honeymoon.

A Brewerytown Romance.

A Day at School.

A Fool There Was.

A Janitor's Joyful Job.

A Lucky Strike.

A Maid to Order.

A Mix Up In Hearts.

A Pair of Kings.

A Tango Tragedy.

A Terrible Tragedy.

All for a Girl.

Ambitious Ethel.

An Aerial Joyride.

– Sind das alle?

Babe ist sich sicher, dass er einen ausgelassen hat.

Along Came Auntie.

– Wie viele insgesamt?

Dreihundert, glaubt Babe.

A Sticky Affair.

Und woran kann sich Babe bei den Aufnahmen erinnern?

Aunt Bill.

An fast nichts, außer dass er in Jacksonville für die Lubin Company geschwitzt und Siegmund Lubin ihn als Babe Hardy herausgebracht hat, den *Lustigsten dicken Komiker der Welt*. Siegmund Lubin – der nie nur eine Lüge erzählt hätte, wenn zwei effektiver waren – informiert die Tageszeitung *Florida Metropolis*, er persönlich habe Babe aus einer Anzahl schwergewichtiger Darsteller ausgewählt, und fügt hinzu, dass Babe zwei Meter zwei groß sei und dreihundertfünfzig Pfund wiege. Die Zeitung entsendet einen ihrer besten und intelligentesten Mitarbeiter, der die Existenz dieser Monstrosität bestätigen soll.

Bis zu dem Zeitpunkt, da Gevatter Tod sich anschickt, sein Werk zu verrichten, ist das nach Babes Erinnerung das einzige Mal gewesen, dass sich jemand enttäuscht über seine Körpergröße geäußert hat.

Babe nimmt jede Rolle an, die ihm angeboten wird: dicker Polizist, dicker Krämer, dicke Frau, dickes Baby, dicker Liebhaber. Babe ist dick für Lubin, dick für Edison, dick für Pathé, dick für Gaumont-Mutual, dick für Mittenthal, dick für die Whartons, dick für Novelty-Mutual, dick für Wizard, dick für Vim. Wenn Babe Engagements bekommt, weil Babe dick ist – und Babe bekommt sie –, dann sagt die Logik, dass Babe noch mehr Engagements bekommen wird, wenn er noch dicker ist, also legt Babe an Gewicht noch zu.

Mit Billy Ruge wird Babe zur einen Hälfte von *Plump and Runt*. Babe hat es nur Roscoe Arbuckle von Keystone zu verdanken, dass er nicht den Beinamen «Fatty» angehängt bekommt, wofür Babe ihm dankbar ist. Bis zu dem Zeitpunkt, da Roscoe Arbuckle wegen Totschlags an Virginia Rappe vor Gericht steht – die er während einer Vergewaltigung mit seiner Leibesfülle (er hat sich seinen Beinamen «Fatty» redlich verdient) so zerdrückt haben soll, dass ihre Blase gerissen sei –, wird sich Babe aus eigener Kraft durchgesetzt haben.

Bei Roscoe Arbuckles Absturz handelt es sich – natürlich – um ein abgekartetes Spiel. Alle wissen es. Die raubtierhafte Bambina Delmont, eine berufsmäßige Erpresserin, sieht die Chance, Roscoe Arbuckle zu schröpfen – beziehungsweise größtmöglichen Vorteil aus dessen Ruf zu ziehen –, darin, dass sie der Presse eine Geschichte verkauft. Also erfindet sie eine Geschichte, in der Roscoe Arbuckles großes Körpergewicht und Roscoe Arbuckles dicker Schwanz sowie, vielleicht als zusätzliche Würze, die Einführung einer Champagnerflasche in Virginia Rappes Möse eine Rolle spielen. Doch hat Bambina Delmont eine so gewundene Zunge, dass man damit getrost eine Flasche Wein entkorken könnte, und sogar die Anklage weiß, dass Bambina Delmont als Zeugin – wie auch als Mensch – so gut wie wertlos ist. Dies hält Matthew Brady, den Staatsanwalt von San Francisco, nicht davon ab, Roscoe Arbuckle durch drei zunehmend lachhafter werdende Prozesse zu zerren, nur weil Matthew Brady für das Amt des Gouverneurs kandidieren möchte und Roscoe Arbuckles Fell einen schönen Teppich für Matthew Bradys neuen Amtssitz abgeben würde.

Und obgleich Roscoe Arbuckle schließlich freigesprochen

und ihm von der Jury eine Entschuldigung angeboten wird, ist es mit Roscoe Arbuckles Karriere aus, und Roscoe Arbuckle bleibt bis zu seinem Ende «Fatty».

Eine Vergewaltigung ist nicht komisch.

Totschlag ist nicht komisch.

Geschlechtskrankheiten sind nicht komisch.

Virginia Rappes zahlreiche Hinterzimmerabtreibungen sind nicht komisch.

Es spielt keine Rolle, dass Roscoe Arbuckle mit diesen traurigen Angelegenheiten nichts zu tun hat und vollkommen unschuldig ist. Roscoe – und damit auch «Fatty» – sind nicht mehr komisch.

Babe wird beobachten, wie sich das alles entwickelt, und sich denken: Sei vorsichtig.

Sie werden nicht lachen, wenn du endgültig fällst.

19

Im Oceana Apartment Hotel wundert er sich noch immer über diese Obsession mit den Plots.

Louis Burstein, Generaldirektor der Vim Comedy Company, Arbeitgeber des *dicken Komikers Babe Hardy*, hätte, glaubt er, sich gut mit Hal Roach verstanden, zwei Produzenten, die bei einer Sache gleicher Meinung sind. Louis Burstein erzählt angelegentlich der Zeitung *Sunday Metropolis* in Jacksonville, Florida, Louis Burstein habe «das Problem, wie man gute Komödien produziert, gründlich durchdacht». Louis Burstein sei, nach langen Stunden konzentrierten Nachdenkens, zu dem Schluss gekommen, dass «jede unserer Komödien einen Plot haben muss».

«Muss»? Warum «muss»? Vielleicht handelt es sich um das Bestreben, der Kunst eine Ordnung, einen Sinn auferlegen zu wollen, weil sich das Leben dem so entschieden verweigert. Realität ist Willkür. Realität ist Zufall. Sogar jetzt, da die Splitter seiner Existenz an ihm vorbeischweben, da Babes Geschichte und auch die seine mit dem letzten Akt geendet hat, kann er in alldem keinen Sinn erkennen. Er sieht nur Trümmer. Immerhin hat er es irgendwie fertiggebracht, siebenmal zu heiraten (oder acht? Ja, achtmal), mit vier verschiedenen Frauen.

Die falsche Frau einmal zu heiraten kann man als Missgeschick ansehen.

Sie zweimal zu heiraten sieht nach Leichtsinn aus.

Sie dreimal zu heiraten ist Irrsinn.

Das Apartment in Santa Monica, in dem er lebt, kostet 80 Dollar Miete im Monat. Sein Name steht im Telefonbuch. Sollte er je ein Star gewesen sein – und er erinnert sich, dass er einer war, also muss es der Fall gewesen sein –, dann ist dessen

Licht längst verblasst, und was bleibt, ist nur eine milde Vergreisung.

Ein Plot verlangt Konstanz, eine durchgängige Linie. Wo ist hier die durchgängige Linie?

Er kennt die Antwort, selbstverständlich.

Babe. Babe ist die durchgängige Linie.

Und wo ist Babe?

Babe ist ans Schattenreich verloren.

20

Mae, die Frau, mit der er jetzt in eheähnlicher Gemeinschaft lebt, liegt neben ihm im gemeinsamen eheähnlichen Bett. Seine Augen sind sehr blau, und Maes Augen sind sehr schwarz. Später, während ihrer schmerzensreichen Trennung, werden ihm Maes Augen wie kontaminiert vorkommen und er wird sich fragen, ob seine eigenen Augen – wäre er bei ihr geblieben – vielleicht selbst so schlammtrüb geworden wären, um sich ihren anzupassen.

Vorhin haben sie sich einen Film mit Chaplin angesehen. *The Pawnshop*. Chaplin ist gut, sogar besser, als er ihn in Erinnerung hat.

So was von gut. So was von sehr gut.

Du könntest wie Chaplin sein, sagt Mae zu ihm.

Ich war wie Chaplin, möchte er sagen, tut es aber nicht. Ich habe versucht, Chaplin zu sein. Ich konnte seinen Gang imitieren, seine Gesten nachahmen, jede seiner Grimassen ziehen, aber ich war nicht Chaplin.

Du bist genauso gut wie Chaplin, sagt Mae zu ihm.

Er war genauso gut wie Chaplin, sagt er sich, als er Chaplin riechen konnte und Chaplin berühren und das Brot mit Chaplin brechen. Aber Chaplin auf der Leinwand ist anders. Chaplin hat die Welt der Sterblichen verlassen. Chaplin ist göttlich.

Es heißt, Mutual zahle Chaplin fast 700 000 Dollar jährlich. Das ist ein Vermögen jenseits aller Vorstellung.

Maes Nippel sind hart, geburtsdunkel. Sie hinterlassen Abdrücke auf der Haut seines Brustkorbs. Ihre Brüste sind geädert, ihr Leib ist weich.

Er kann Mae nicht heiraten, weil sie bereits verheiratet ist. Er kann sie nicht verlassen, weil er an sie gebunden ist. Sie arbeiten gut zusammen. Mae ist ein alter Bühnenhase und vertraut seinen schauspielerischen Instinkten.

Im Bett vertraut er ihr.

Hier geht es um Vaudeville, und im Vaudevillezirkus schaut man nicht genau hin, wer gerade mit wem schläft, aber gemeinsames Auftreten und gemeinsames Reisen und gemeinsame Zimmer erregen Aufmerksamkeit von anderer Seite. Es gibt noch immer Gesetze gegen Unzucht und Ehebruch. Mae kann nicht seine Ehefrau sein, weil sie bereits Mrs. Cuthbert ist. Bleibt sie Miss Dahlberg, schafft das Probleme.

Er wird wach und lässt das Zimmer auf sich wirken. Das Mobiliar ist abgenutzt. Der Teppich ist mit Brandlöchern übersät. Die Matratze ist eisenhart, die Kopfkissen sind steinhart, die Laken fleckig wie Leichentücher. Chaplin mit seinen 700 000 Dollar jährlich fiele es nicht im Traum ein, hier auch nur über die Schwelle zu treten.

Als ich das erste Mal nach Amerika kam, erzählt er ihr, habe ich in der Pension meine Schuhe zum Putzen draußen vor die Tür gestellt. Als ich am nächsten Morgen aufgewacht bin, waren sie weg.

Er erzählt die Geschichte oft. Inzwischen könnte sie sogar wahr sein.

Mae lacht, obwohl sie die Story schon kennt. Sie wird jedes Mal erzählt, wann immer sie eine oder zwei Nächte am selben Ort bleiben. Er erzählt sie mit lauter Stimme, um sich an seine eigene Dummheit zu erinnern. Er erzählt sie mit lauter Stimme in der Hoffnung, eines Tages in einem Hotel von der Sorte abzusteigen, wo keine Gefahr besteht, dass seine Schuhe gestohlen werden.

Er fragt Mae nicht über ihren Ehemann aus. Er fragt Mae nicht über ihren Sohn aus. Aber er denkt über beide nach, oft. Rupert

William Cuthbert, Gemahl. Rupert Clifton Saxe Cuthbert, Sohn. Ihre unsichtbare Präsenz legt sich über jedes Bett.

Chaplin, erklärt er ihr, ist der Beste, den es je gegeben hat.

– Chaplin ist gut, aber so gut ist Chaplin auch wieder nicht. Du bist ihm ebenbürtig.

Mae hat unrecht, aber deshalb liebt er sie. Trotz aller Düsterkeit und aller Zweifel, trotz aller Unwahrheit und Leiblichkeit: Mae sieht in ihm das, was er in Chaplin sieht.

Mae sieht Genialität.

Oder vielleicht sieht Mae Geld.

Selbst Jahre später, im Oceana Apartment Hotel, kann er es nicht mit Bestimmtheit sagen.

21

Er hat das Gefühl, an einen Pfahl gekettet zu sein; er kann sich nur ein Stück wegbewegen, bevor er gestoppt wird.

Carl Laemmle ist Universal Studios. Isadore Bernstein vertritt Carl Laemmles Geschäftsinteressen an der Westküste. Isadore Bernstein errichtet Universal City. Aber Isadore Bernstein hat weitergehende Interessen, als nur die Schecks eines anderen zu unterschreiben. Isadore Bernstein möchte sein eigenes Studio gründen. Für Isadore Bernstein riechen Komödien nach Erfolg.

Es ist das Jahr 1917, und Isadore Bernstein bietet ihm eine eigene Serie von Filmen an. Er hat gewartet. Er ist geduldig gewesen. Nun wird er dafür belohnt, und Mae ebenfalls; sie unterschreiben beide zusammen.

Der Film trägt den Titel *Nuts in May*.

Eine Isadore Bernstein Production.

Drehbuch von Isadore Bernstein.

Aufgenommen in den Bernstein Studios.

Isadore Bernstein spricht von einer möglichen Zusammenarbeit mit Chaplin.

Er hätte es besser wissen müssen. Er spielt einen Buchverkäufer, der davon überzeugt ist, Kaiser Napoleon zu sein. Er spielt einen armen Irren.

Es gibt eine Preview im Hippodrome. Endlich sieht er sich selbst auf der Leinwand. Er sieht Mae. Zigarren werden angezündet. Toasts werden ausgebracht.

Es ist die einzige Vorführung des Films.

Es ist die erste und letzte Komödie seiner Serie.

Jemand erzählt ihm, dass Chaplin bei der Vorführung hinten

im Hippodrome gesessen habe. Es kann sich um eine Lüge handeln, denn im Anschluss gibt es kein Anzeichen von Chaplin. Er hofft, dass es eine Lüge ist, denn falls Chaplin gegangen wäre, ohne dass sie sich begrüßt hätten, dann kann er das nur aus einem von zwei Gründen getan haben: Entweder hat Chaplin den Film gesehen und seine frühere Zweitbesetzung als Konkurrenten betrachtet, und Konkurrenz mag Chaplin überhaupt nicht; oder der Film war so schlecht – und er ein so schlechter Schauspieler darin –, dass Chaplin ihm lediglich die Peinlichkeit eines Zusammentreffens ersparen wollte.

Aber Chaplin taucht wieder auf. Chaplin lädt ihn zum Dinner ein. Chaplin bietet ihm Arbeit an, weil Chaplin sagt, dass er besser sei als die hier, besser als Isadore Bernstein Productions.

Und er glaubt Chaplin, weil Chaplin Chaplin ist.

Aber aus der Arbeit wird nichts.

Weil Chaplin Chaplin ist.

Isadore Bernstein blinzelt ihn durch runde Brillengläser an und bittet um eine Spende für den Bau des Tempels Israel in der Ivar Street. Er sagt Isadore Bernstein, dass er kein Jude sei. Isadore Bernstein erwidert, dass das nichts mache.

– Du könntest Jude sein. Du könntest Jude sein, es aber gar nicht wissen. Du brauchst nicht den vollen Betrag zu spenden. Gib den halben. Ein Viertel.

Er hat Geld, aber nicht genug davon. Er ist wieder dort gelandet, wo er begonnen hat, mit «The Nutty Burglars» und «Raffles the Dentist», eine Stadt nach der anderen, eine Bühne nach der anderen, in Herbergen, die nach Fett und Schimmel riechen, trinkt Whisky in Küchen bei Kerzenlicht, trinkt mit Männern, die gescheitert sind, und mit Männern, die es noch vor sich haben, wünscht sich, Isadore Bernstein nie begegnet zu sein. Er bedauert, sein eigenes Gesicht jemals auf der Leinwand gesehen zu haben.

Weil er dies jetzt will.

Er will es mehr als je zuvor.

Er liegt in Maes Armen. Jenseits der Wand, jenseits des Lichts ruft jemand den Namen einer Frau.

Du warst gut, sagt Mae zu ihm, so wie sie es den ganzen letzten Monat hindurch jeden Abend gesagt hat.

Aber wenn er gut gewesen wäre, dann wäre der Film gut. Wenn der Film gut wäre, dann käme der Film in die Kinos, aber der Film wird nicht in die Kinos kommen, und deswegen kann er nicht gut sein. Er bekommt Isadore Bernstein nicht ans Telefon. Isadore Bernstein – hält er für möglich – ist vielleicht gerade im Namen Gottes unterwegs und rekrutiert spendenfreudige Juden mit Preisnachlässen.

Es wird eine zweite Chance geben, sagt Mae zu ihm, so wie sie es den ganzen letzten Monat hindurch jeden Abend gesagt hat.

Er blickt in Maes dunkle Augen und kann sein Spiegelbild nicht sehen. Er leckt mit der Zungenspitze an Maes Nippeln, um sich zu vergewissern, dass es sie wirklich gibt und dass es ihn wirklich gibt. Er küsst Maes blasses, weiches Fleisch.

Zusammen haben er und Mae eine neue Identität für ihn gefunden und einen Nachnamen, den sie beide benutzen werden.

Er bringt die Initialen auf ihren Koffern an.

S. L. und M. L.

Wie der Lorbeerbaum, sagt Mae. Wie der Siegerkranz.

Mae wechselt die Stellung. Sie blickt auf ihn hinab und fährt mit ihren Händen durch sein Haar. Sie schiebt sich auf ihn und er sich in sie.

Diesseits der Wand, diesseits des Lichts schreit er ihren Namen.

22

Im Oceana Apartment Hotel lebt er eine tägliche Routine. Beständigkeit ist ihm immer wichtig gewesen. Er braucht feste Gewohnheiten und Kontrolle, um sich richtig entfalten zu können. Das war selbst damals so, als seine Komik nur eine angemaßte Imitation war.

Ida steht morgens als Erste auf. Ida geht spät zu Bett, weil sie sich gern ihre TV-Shows anschaut; trotzdem steht sie noch immer früher auf als er. Jeden Morgen muss sein Blutzucker getestet werden, und diese Aufgabe fällt Ida zu. Zum Frühstück nimmt er Toast und Tee oder Kaffee, wenn ihm gerade danach ist. Lois, seine Tochter, stockt regelmäßig seinen Vorrat an Marmelade vom Bauernmarkt auf. Wenn er wollte, könnte er jeden Tag eine andere Geschmacksrichtung haben.

Kleine Freuden, schlichte Köstlichkeiten.

Wenn er mit dem Frühstück fertig ist, wagt er sich hinunter in die Lobby, um seine Post zu holen. Er bewegt sich langsam. Er hinkt seit seinem Schlaganfall, und dessen Auswirkungen führen bei ihm zu enormen Hemmungen. Nur hier, in der Sicherheit des Oceana Apartment Hotel, wo seine Nachbarn mit seinen Eigenheiten vertraut sind, macht es ihm nichts aus, wenn jemand Zeuge seines Verfalls wird.

Es ist immer Post für ihn da. Meistens ist es eine Handvoll Briefe, doch gelegentlich kommen sie sackweise, und gegen ein Trinkgeld hilft ihm der Portier, sie hinauf zu seinem Schreibtisch zu tragen. Und dort sitzt er dann Stunde um Stunde und entwirft seine Antworten. In seinem linken Auge ist ein Blutgefäß geplatzt. Das macht es für ihn schwierig, Bücher zu lesen, aber bei Briefen und Artikeln in der Fachpresse geht es einigermaßen. Einmal hat er ausgerechnet, wie viel er allwöchentlich für Briefmarken ausgibt, was sich als eine Rechenaufgabe herausstellte, die er lieber nicht wiederholen möchte. Es gibt Ausgaben, die man besser ignoriert. Er pausiert nur, um Anrufe entgegenzunehmen – von Freunden, von Fremden und immer wieder von seinem Anwalt Ben Shipman, der sich weiterhin um seine geschäftlichen Angelegenheiten kümmert und sicherstellt, dass er nie so viel Geld zur Verfügung hat, um womöglich zum Playboy zu werden.

Er unterbricht seine Tätigkeit fürs Mittagessen. Wenn er sich kräftig genug fühlt, gehen er und Ida zu Madame Wu's oder ins The Fox & Hounds; wenn nicht, lassen sie sich etwas liefern. Er hält seinen Mittagsschlaf. Er blickt hinaus aufs Meer. Er sieht fern. Er spielt Canasta mit Ida und ihren Freundinnen oder Poker mit Buster Keaton.

Er geht zu Bett.

Er beginnt die Routine von vorn.

So verbringt er seine Tage, die Tage ohne Babe.

23

J. Warren Kerrigan, «Jack» für seine Freunde. *Der attraktivste Mann im Filmgeschäft*: breitschultrig, sanftäugig. Sie sind sich flüchtig beim Theaterring begegnet, aber inzwischen hat Jack Kerrigan das Vaudeville hinter sich gelassen. Jack Kerrigan ist eine Größe bei Universal mit einer Starrolle als Gegenspieler von Louise Lester in den *Calamity Anne*-Filmen, obgleich gemunkelt wird, diese Western seien fehlbesetzt und Jack Kerrigan sei die wahre Calamity Anne.

Jack Kerrigan ist eine allgemein bekannte Schwuchtel. Jack Kerrigan lebt mit seiner Mutter und seinem Liebhaber James Vincent in einem Haus in Balboa Beach. Jack Kerrigan hält sich selbst für einen bedeutenden Künstler, und das ist sein Untergang. Am 10. Mai 1917 fragt die *Denver Times* Jack Kerrigan, ob Jack Kerrigan vorhabe, sich als Freiwilliger zu melden und für sein Land in den Krieg zu ziehen. Die Antwort, die Jack Kerrigan der *Denver Times* gibt, lautet:

> **Ich finde, sie sollten zuerst die große Masse jener Männer nehmen, die für sonst nichts zu gebrauchen sind oder nur für niedere Arbeiten taugen. Schauspieler, Musiker, Schriftsteller, Künstler aller Art – ist es nicht ein Jammer, wenn Leute geopfert werden, die zu solchen Dingen fähig sind, die der Welt Schönheit schenken?**

Jack Kerrigan ist am Arsch.

Er liest das über Jack Kerrigan, während Mae sich vor ihm anzieht. Er sieht ihr gern beim Anziehen zu, mag es, wenn sie ihr Make-up aufträgt, mag diese sorgsame Erschaffung des Ichs.

Mae summt während ihrer Verrichtungen vor sich hin, selbstverloren und hingebungsvoll.

Nun, da sie denselben Namen teilen, ist sie in seinen Gedanken schon beinahe seine Ehefrau, obwohl sie unverheiratet bleiben. Doch die Geschichte mit Jack Kerrigan löst bei ihm Betroffenheit aus. Anders als Jack Kerrigan ist er nicht schwul, aber manche Filmverträge enthalten moralische Klauseln. Zwar handelt es sich dabei großteils um eine Pro-forma-Wichtigtuerei – würde man die Klauseln bei jedem Fehlverhalten anwenden, würden überhaupt keine Filme gemacht werden –, aber ihr Drohpotenzial bleibt.

Er ist kein Star. Dieses Zimmer riecht noch immer nach dem Reinigungsmittel, das Mae gekauft hat und das sie in den Stunden seit ihrer Ankunft gemeinsam für jede Oberfläche verwendet haben. Sie sind hier nur für eine Woche einquartiert, aber Mae hat sich geweigert, auch nur ihre Schuhe auszuziehen, bevor nicht der Raum zu ihrer Zufriedenheit geputzt ist. Danach lieben sie sich.

In ihrem sauberen Zimmer.

In ihrem unsauberen Bett.

Aber falls er ein Star werden sollte: Was dann?

Universal hat Jack Kerrigans sexuelle Neigungen toleriert, aber sie sind ein Grund zur Besorgnis geblieben, vor allem weil sie in der Gemeinde der Filmschaffenden allbekannt sind. Jack Kerrigan hat seine große Klappe aufgerissen und dadurch Aufmerksamkeit auf sich gezogen. Jack Kerrigan mag eine Schwuchtel sein, was aber noch lange nicht bedeutet, dass er sich gegenüber der *Denver Times* wie ein Edelfräulein aufführen muss.

In der Pension dreht sich an diesem Abend nach Sendeschluss die Unterhaltung um das Ende von Jack Kerrigans Karriere. Jack

Kerrigans Niedergang wird schrittweise erfolgen und das Finale sorgsam inszeniert, doch Jack Kerrigan ist erledigt. Weil er wie eine Schwuchtel gesprochen hat, hat Jack Kerrigan dem Studio die Möglichkeit gegeben, ihn wie eine Schwuchtel zu behandeln. Zum Desaster für das Studio trägt noch bei, dass der Film den Titel *A Man's Man* bekommen hat.

Er lässt den Rest seines Drinks stehen und kehrt in sein Zimmer zurück. Mae schläft bereits, eingehüllt in ein dünnes Bettlaken.

Er setzt sich ans Fenster und beobachtet das Heben und Senken ihres Brustkorbs, als bleicher Betrachter ihrer wogenden Konturen.

24

Er und Mae gehen ins Kino. Sie sehen sich einen Kurzfilm der Rolin Film Company mit Harold Lloyd in der Hauptrolle an. Harold Lloyd hat zuvor als Willie Work eine Filmserie für Hal Roach gemacht und ist jetzt, nach einem erfolglosen Flirt mit Mack Sennett, als Lonesome Luke in Hal Roachs Stall zurückgekehrt. Er hält Harold Lloyd für gut, doch ist es für ihn offensichtlich, dass dieser Schauspieler Chaplin kopiert. Schließlich haben ja alle – und tun es noch immer – und werden es weiterhin tun – Chaplin kopiert. Sogar er.

Vor allem er.

Später, beim Kaffee, ist er still. Er glaubt, dass Harold Lloyd als Lonesome Luke nicht dauerhaft bestehen kann. Keiner kann es mit Chaplin aufnehmen. Er hat es versucht und hat versagt, und er kennt Chaplin besser als irgendjemand, denn er war in Chaplins Fußstapfen getreten.

Vielleicht solltest du Chaplin versuchsweise anrufen, schlägt Mae vor.

Mae meint es gut. Er versteht das, aber es gelingt ihm trotzdem nicht, einen stillen Zorn zu unterdrücken. Er versucht ihn zu verbergen, aber sie kennt alle Facetten seines Mienenspiels nur zu gut.

An diesem Abend lacht das Publikum nicht so laut wie sonst, und in der Garderobe spricht Mae nicht mit ihm, auch nicht auf dem Rückweg zur gemeinsamen Unterkunft, auch nicht im Bett.

Als er sie berührt, gibt sie vor zu schlafen.

25

Carl Laemmle rettet ihn.

Isadore Bernsteins Träume von einem Filmimperium mögen nichts als Hirngespinste sein, aber Carl Laemmle sieht sich *Nuts in May* an, auch wenn das sonst niemand tut.

Er bekommt den Anruf.

– Mr. Laemmle mag Sie. Kommen Sie vorbei und reden Sie mit uns.

Er poliert seine Schuhe, die Schuhe, die noch nicht gestohlen wurden, weil er sie nicht mehr nachts vor die Tür stellt. Er lässt gegen Bezahlung seinen Anzug bügeln und prüft am Ladentisch der Wäscherei nach, ob der Stoff makellos und ohne Knitterfalten oder Brandflecken ist. Er bügelt sein Hemd selbst, obwohl Mae anbietet, es für ihn zu tun. Er wird all diese Aufgaben selbst erledigen, weil er abergläubisch ist und so hart gearbeitet hat und befürchtet, dass ihm, wenn er sich nicht persönlich um jedes Detail kümmert, womöglich seine Zukunft durch irgendeinen kleinen Geweberiss entschlüpft und er dann zuschauen muss, wie sie ins Nichts trudelt und ihr Licht schließlich verlischt.

In dieser Nacht schläft er nicht.

Am Morgen nimmt er ein Bad. Der Eigentümer der Pension ist Männer nicht gewohnt, die morgens ein Bad zu nehmen wünschen. Der Eigentümer erachtet das als eine Vorliebe, die es zu kommentieren und der es argwöhnisch zu begegnen gilt, wenn ein Mann exzessiv badet – oder gar, so darf angesichts des Befundes der persönlichen Hygiene des Eigentümers spekuliert werden, wenn er überhaupt badet.

Die Kunde verbreitet sich in der Pension unter den einstigen und den künftigen Versagern. Sie warten auf ihn. Er kann hören, wie sie in den Fluren und auf den Stiegen zusammenströmen, die Krähen beiderlei Geschlechts.

Mae hilft ihm beim Ankleiden. Er zupft vereinzelte Fusseln von seinem Anzug und schnippt winzigste Staub- und Schmutzmoleküle weg, die sich verschworen haben, die gute Arbeit der Wäscherei zunichtezumachen, und Carl Laemmle den Vorwand liefern könnten, ihm den Einzug ins Studio zu verweigern.

Endlich ist er bereit. Mae kommt zu ihm, um ihm einen Kuss zu geben, hält jedoch in dem Moment inne, da ihre Lippen schon fast seine Haut berühren, als wäre sogar das zu viel für das fragile Gewebe von Gegenwart und Zukunft. Stattdessen sagt sie ihm, dass er ebenso gut sei wie die anderen und dass sie ihn liebt.

Und das tut Mae auch. Trotz der Last eines eigenen Kindes, und auch wenn die Schwangerschaft ihre Spuren hinterlassen hat, auch wenn Mae clever und ehrgeizig eigene Ziele verfolgt, so hat sie doch bereits begonnen, mit all ihrer Willenskraft den Mann zu erschaffen, der er werden soll. Ohne Mae ist er schwächer. Ohne Mae wäre er noch immer nur A. J.s Sohn.

Sie halten ihn auf der Treppe auf, die einstigen und künftigen Versager. Sie reden von Nummern, die sie anderen gestohlen haben, von Gags, die schon abgedroschen waren, ehe sie sie benutzten, von Kinofilmen und vertanen Chancen. Sie wünschen ihm Glück, nur um möglichst selbst davon zu profitieren, aber die Klügeren wissen, dass das Glück ein endliches Gut ist und dass, was immer er erreicht, auf Kosten der anderen geht. Sollte er Erfolg haben, werden an diesem Tag und in diesem Haus alle anderen zwangsläufig scheitern.

Er tritt hinaus in den Sonnenschein und nimmt das Glück seiner Kollegen mit sich.

26

Er trifft Carl Laemmle nur kurz. Carl Laemmle ist ein vielbeschäftigter Mann.

Der Angestellte, der sich mit ihm befasst, nimmt weder seine sauberen Schuhe noch seinen gebügelten Anzug oder sein blütenweiß gebleichtes Hemd zur Kenntnis. Sie sind unerheblich. Carl Laemmle hat gesprochen, also wird er engagiert.

Eine Gage wird vereinbart. Sie ist nicht hoch. Das ist sie nie.

Es ist unerheblich.

Vier Filme.

Vier Filme für die Universal Film Manufacturing Company.

Vier Filme für die Produktionsteams, die unter den Namen L-KO Motion Picture Company und Nestor Comedies bekannt sind.

Vier Filme, die schon geschrieben sind, aber ohne dass man ihn im Blick gehabt hätte. Er wird das essen, was ein anderer übrig gelassen hat.

Es ist unerheblich.

Er fragt nicht, ob es eine Rolle für Mae gibt. Wenn er Erfolg hat, wird Mae mit ihm Karriere machen. Es ist das, was er sich einredet.

Er redet sich ein, dass es unerheblich ist.

Vier Filme. Er spielt einen Verehrer, einen Farmarbeiter, einen Kellner und einen Sanatoriumsaufseher. Er spielt sie gut beziehungsweise so gut, wie man sie nur spielen kann, und darin liegt das Problem: Jeder x-beliebige Schauspieler könnte diese Rollen spielen, und bis jetzt ist er noch keine unverwechselbare Figur. Er hat noch nicht einmal mehr seinen eigenen Namen.

Und die Leute hier lieben ihn nicht gerade. Die Gesichter hier sind noch schmaler als jene beim Theater.

Rube Miller wünscht keine Konkurrenz.

Neal Burns wünscht keine Konkurrenz.

Walter Belasco wünscht keine Konkurrenz.

Sogar Charlie der Elefant wünscht keine Konkurrenz, weil es eben nur Peanuts zu verteilen gibt.

Es wird gemunkelt, Chaplin habe daran gedacht, ihn für sein Repertoiretheater zu engagieren, habe sich aber dagegen entschieden. Carl Laemmle, so trägt man ihm zu, erweise Chaplin einen Gefallen, indem er ihn einstellt, weil Chaplin Mitleid mit ihm habe. Er sei ein Sozialfall. Er sollte zurück zum Vaudeville gehen, zu den von Ratten angefressenen Popcorntüten und den Garderoben, die er sich mit Liliputanern und Gauklern und Bauchrednern teilen muss, und zu den Fünf-Cent-Mahlzeiten an den Imbisstheken in Städten, die sich erst vor einer Generation aus dem Staub erhoben haben.

Und obwohl er wie Chaplin sein möchte, ist er doch nicht wie diese anderen. Er möchte in Filmen mitspielen, hasst aber die Bühne nicht. Er ist ein Nachkomme A. J.s und hat nie Pickard's Museum vergessen und die Nummern, die er vor Puppen einstudiert hat, und A. J.s Stimme, die ihn fragt, woher er seine Gags habe, die Gags, die er sich beschaffte, die Gags, die er selbst erfunden hat. Er hat Mae. Sie können Bühnen- und Filmtheater abklappern; der Pantages-Theaterring wartet.

Die vier Filme sind im Oktober fertig. Wann werden die Premieren sein? Achselzucken. Vielleicht wird es so kommen wie bei *Nuts in May*. Vielleicht kommen sie nie in die Kinos; und Chaplin wird die Rechnung mit einem Scheck bezahlen und wird damit Chaplins Gewissen beruhigen und eine nie geschuldete Schuld zu Chaplins Zufriedenheit begleichen.

Im November liegen er und Mae erneut in fremden Betten, in Pensionen, in denen Männer einmal in der Woche baden, und das nur nachts.

27

Hal Roach wird so lange leben, dass es Hal Roach gestattet sein wird, den Biographen sein Erdenwandeln persönlich in die Feder zu diktieren, so wie Gott Sein Wort den Evangelisten übermittelt hat. Sie werden Hal Roachs Erzählungen als Heilsbotschaft niederschreiben, worin vom Muliabdecker und Goldsucher am Yukon die Rede ist, von seiner Zeit als Eiswagenfahrer und Saloonfeudel – ein Begriff, den zu erklären Hal Roach sich generell weigern wird, weil er befürchtet, dadurch die Aura des Exotischen zu zerstören, weil ein «Saloonfeudel» ein weitaus geheimnisvolleres Wesen ist als ein Hausdiener, und «feudeln» besser klingt als «Spucknapfleerer» und «Aufwischer» von Blut und Scheiße und Kotze in Toilettenkabinen.

Hal Roach, ein schillernder Mann, gefangen in einer schwarzweißen Welt, ahnt den Stellenwert des Anekdotischen voraus.

Hal Roach hat Erfahrungen auf die harte Tour gesammelt und von denen gelernt, die beim Aufstieg abgestürzt sind. Hal Roach agiert als Widerpart zu Jack Kerrigan, der Schwuchtel. Hal Roach mag Jack Kerrigan und kann nicht mit ansehen, wie Jack Kerrigan sich gehenlässt. Hal Roach ist ein freundlicher Mensch, aber besessen von einem Kultiviertheitsanspruch. Mack Sennett, Hal Roachs großer Rivale, ist ordinär; Hal Roach ist gebildet. Hal Roach legt gegenüber jedem, der es hören will, Wert auf diese Verschiedenartigkeit; folglich muss es damit seine Richtigkeit haben.

Unter Hal Roachs Anleitung beginnt Harold Lloyd zu lernen und sich zu entwickeln. Harold Lloyd will sich nicht mehr damit begnügen, Chaplin zu imitieren, und so experimentiert er mit einer neuen Figur. Harold Lloyd sucht sich eine Brille mit dunklem Gestell. Harold Lloyd setzt sich eine Kreissäge auf den Kopf.

Mit Hal Roachs Hilfe wird Harold Lloyd ein Star.

Er dagegen wird kein Star.

Er ist jetzt achtundzwanzig und beginnt, alle Hoffnung aufzugeben. Hal Roach gibt ihm Rollen in fünf Einaktern, doch wenn er sich selbst auf der Studioleinwand betrachtet, entdeckt er nur eine armselige Ausgabe von Harold Lloyd, einen blassen Chaplin, einen Irgendjemand, einen Niemand.

Es ist Sommer 1918, aber seine für Hal Roach gedrehten Filme werden im Sommer 1918 nicht in die Kinos kommen, auch nicht im Herbst 1918, noch nicht einmal im Winter 1918. Die Zeit wird verstreichen, Staub wird sich ansammeln, und schließlich werden diese Filme doch noch mit einer Art gedämpfter Begeisterung begrüßt, die alles andere als Begeisterung ist. Aber er wusste, dass es so kommen würde, wusste es in dem Augenblick, da er das Studiogelände ohne eine Zusage für weitere Filme verließ, wusste es in dem Augenblick, da er in die Straßenbahn stieg ohne das geringste Anzeichen, dass irgendeiner der Umstehenden ihn wiedererkannt hätte – was wahrscheinlich auch zukünftig nicht geschehen dürfte.

Er sieht die Blicke auf der Treppe, als er zu seinem Zimmer hinaufsteigt, sieht in die Augen der einstigen und künftigen Versager. Er hat ihr Glück und sein eigenes verschleudert. Sie haben wieder einmal auf ihn gesetzt, und sie haben verloren. Sie können nur noch hoffen, dass ein wenig von dem Glück zu ihnen zurückgekrochen kommt wie ein streunender Hund, der – geschlagen und unter Schmerzen – wieder seinen Weg nach Hause findet und dankbar für den altvertrauten Winkel ist, in den er sich verkriechen und seine Wunden lecken und sich erholen kann.

Hal Roach hat nicht verlängert, berichtet er Mae.

– Das kann ja noch kommen. Vielleicht braucht Hal einfach Zeit, um nachzudenken.

– Wenn Hal Zeit braucht, um nachzudenken: Was gibt es da nachzudenken?

Was wirst du tun?, fragt Mae, aber er hat keine Antwort für sie parat. Der Fehler, da ist er sich sicher, liegt bei ihm. Er hat Isadore Bernstein enttäuscht, Carl Laemmle enttäuscht, Hal Roach enttäuscht. Es genügt nicht, ein Star sein zu wollen. Es genügt nicht, sich danach zu verzehren. Das Feuer, das in Chaplin loderte, der Funke, der in Harold Lloyd gezündet hat – sie scheinen in seinem Innern inaktiv oder gar nicht vorhanden zu sein.

Auf Maes Frisierkommode liegt ein Terminkalender. Er enthält die Einzelheiten zu bestätigten und noch zu bestätigenden Buchungen, Details eines Lebens ohne Lebendigkeit. The Pantages Circuit. Er liest die Namen von Theatern und Städten, eine auf ermüdende Weise vertraute Litanei:

Das Regina in Brandon, Manitoba.

Das Orpheum in Detroit, Michigan.

Das Margaret in Anaconda, Montana.

Das Capitol in Logan, Utah.

A. J. hat unrecht. Manche Namen haben keine Poesie oder nur die eines Knittelverses. Er kann schon jetzt jeden Saal riechen, und alle riechen sie gleich.

Wir schaffen das, du und ich, sagt Mae.

Ich kann es nicht, sagt er zu ihr, ich kann es nicht mehr.

– Welche Alternative gibt es?

– Ich habe ein anderes Angebot.

– Davon hast du mir nichts gesagt.

– Weil ich es nicht sagen wollte.

– Warum nicht?

– Es ist ein Rückschritt. Keine Hauptrolle. Keine Namensnennung über dem Titel. Vielleicht gar keine Nennung.

– Sennett?

– Vitagraph.

Vitagraph und Larry Semon.

28

Im Oceana Apartment Hotel sitzt er an seinem Schreibtisch. Auf dem Tisch stehen eine Uhr, eine Lampe, ein schwarzes Telefon und eine Schreibmaschine, mit der er die stetig eingehenden Briefe jener beantwortet, die sich an den erinnern, der er einmal war.

Angesichts einer solchen Inanspruchnahme durch das Publikum wäre Babe aus dem Zimmer geflohen.

Babe bereitet es keine Freude, mit Fans zu korrespondieren. Babe mag noch nicht einmal Autogramme geben, nicht, wenn er gerade Wetten platzieren oder Golf spielen, Footballspiele anschauen und Pokerrunden gewinnen muss. Aber Babe schämt sich auch seines Mangels an Bildung, und Babe befürchtet, dass man diesen in seinen Schreiben erkennt.

Das hier ist wichtig, versucht er Babe klarzumachen, als ein Stapel Fotos auf dem Tisch vor ihnen auftaucht und jedes Bild zwei Unterschriften bekommen soll.

– Nicht eine. Zwei.

Das ist nicht wichtig, sagt Babe. Nur was auf der Leinwand erscheint, ist wichtig.

Babe arbeitet, arbeitet hart. Babe bleibt bis weit in der Nacht auf, lernt Texte und stellt sich Szenen im Kopf vor. Babe will bestmögliche Filme machen.

Aber sobald die Aufnahmen abgeschlossen sind, hat auch Babe damit abgeschlossen. Babe ist Pragmatiker. Babe hat nie den Wunsch, ein Star zu werden, und erwartet es auch nie. Babe will nur ein Engagement haben. Wenn dies hier alles morgen zu Ende wäre, würde Babe wieder wie früher Nebenrollen und Dicke spielen.

Und jetzt sieht er im Oceana Apartment Hotel, wie sich Babes Schatten von einem Studiotisch erhebt und seine Jacke anzieht; der Fotostapel liegt unberührt da.

Du hast Angst, sagt Babe, dass sie sich, wenn du nicht signierst, die Filme nicht mehr angucken.

– Ja.

– Sie werden weiterhin kommen. Vielleicht lieben sie uns wegen eines Autogramms mehr, aber wenn ein zweites fehlt, lieben sie uns deshalb nicht weniger. Wenn du daran nicht mehr glaubst, gehst du nächstens zu jedem Fan persönlich hin und schüttelst ihm die Hand.

– Vielleicht hast du recht.

Aber er signiert die Fotos nach Babes Abgang und weiß, dass Babe schließlich doch seine Unterschrift neben die seine setzen wird, und wenn der Presseagent des Studios dafür Babe eine Pistole an den Kopf halten muss.

Aber Babe hat recht. Er würde, wenn er es könnte, in jedes Lichtspieltheater gehen und sich persönlich bei jedem Einzelnen aus dem Publikum bedanken. Vielleicht würde er sie sogar alle auf einen Drink einladen. Denn er will nicht, dass es zu Ende geht, und befürchtet, dass – sobald seine Konzentration auch nur ein bisschen nachlässt – das ganze Gebäude einstürzen und auf seinem Grabstein stehen wird:

Ehemaliger Filmschauspieler.

Manchmal beantwortet er Briefe, während er auf seinem Balkon sitzt und auf die Ocean Avenue und den Pazifik hinaussieht. Er weiß das Glück einer solchen Aussicht – und dieses Apartments überhaupt – zu schätzen.

Jeden Morgen zieht er Hemd und Krawatte an und steckt ein sorgsam gefaltetes Einstecktuch in die Brusttasche seines Jacketts. Er achtet auf sein Äußeres, denn oftmals kommt Besuch vorbei, gelegentlich unverhofft. Jedem Gast wird angeboten, Platz zu nehmen, auch jenen, die es versäumt haben, sich telefonisch anzumelden. Es macht ihm nichts aus. Er ist froh, dass man ihn nicht vergessen hat.

So wie Larry Semon.

Viele Jahre lang hat er nicht an Larry Semon gedacht. Jetzt kommt ihm Babe in den Sinn, wenn er an Larry Semon denkt, weil auch Babe kleinere Rollen bei Vitagraph akzeptiert und dort neben dem Mann auftritt, den sie den Comedy King nennen.

Larry Semon stammt aus einer Familie von Zauberern. Sein Großvater Emanuel Semon emigriert von Amsterdam in die Vereinigten Staaten und führt seinen Sohn Zerubabel Semon, Larry Semons Vater, ins Metier ein. Zerubabel Semon tourt als Magier «Zera the Great» durch die Vaudevilletheater der Ostküste und Kanadas. Zera der Große hat ein Bein, das kürzer ist als das andere.

Für derberes Publikum übertreibt Zera sein Hinken. Keiner will sich ertappen lassen, dass er einen Krüppel verspottet.

Zera der Große.
Zera der Wunderbare.
Zera der Fabelhafte.
Zera der Unvergleichliche.

Zera Semon hat zwar mehr Namen, als ein Kriegerdenkmal aufweist, aber Zera Semon versucht, ihnen allen gerecht zu werden. Zera Semon ist Trickkünstler. Zera Semon ist Bauchredner. Zera Semon tanzt mit Marionetten. Zera Semon präsentiert mit seiner Frau Irene eine faule spiritistische Nummer. Zera Semon verspricht jedem Einzelnen im Publikum ein Präsent, und Zera

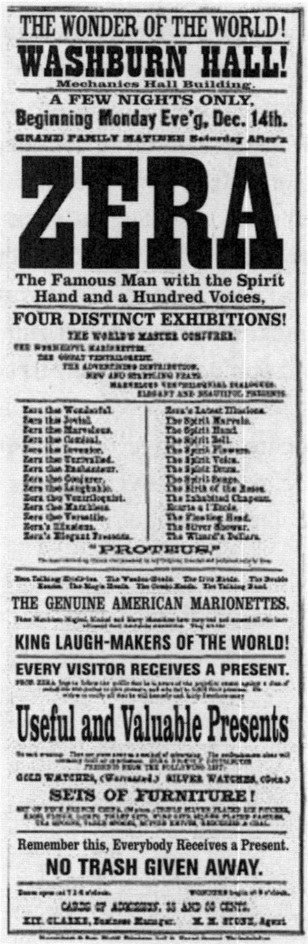
THE WONDER OF THE WORLD!
WASHBURN HALL!
Mechanics Hall Building.
A FEW NIGHTS ONLY,
Beginning Monday Eve'g, Dec. 14th.
GRAND FAMILY MATINEE Saturday After'n
ZERA
The Famous Man with the Spirit Hand and a Hundred Voices,
FOUR DISTINCT EXHIBITIONS!
"PROTEUS,"
THE GENUINE AMERICAN MARIONETTES.
KING LAUGH-MAKERS OF THE WORLD!
EVERY VISITOR RECEIVES A PRESENT.
Useful and Valuable Presents
SETS OF FURNITURE!
Remember this, Everybody Receives a Present.
NO TRASH GIVEN AWAY.

Semon hält, was er verspricht: ein Satz Küchenmesser, eine dicke Scheibe Schinken, eine Packung Mehl. Niemand hat auch nur die geringste Ahnung, wie es Zera Semon gelingt, bei solchen Auslagen auf seiner Tournee auch nur einen Dollar Gewinn zu machen. Zera Semon ist der einzige Zauberer, der sein Publikum fürs Kommen bezahlt; allerdings scheut sich Zera Semon auch nicht, seine Lieferanten zu betrügen, wenn die Zeiten hart sind.

Zera Semon stirbt, als Larry Semon noch ein Kind ist, aber Zera Semon stirbt nicht als *Der Große*. Zera Semon stirbt vergessen in Halifax, Nova Scotia, mit dem Fischgeruch aus der Fabrik in den Kleidern, in der Zera Semon gearbeitet hat. Zera Semon stirbt in Armut, und sein Sohn ist dabei, als sein Vater in Armut stirbt.

Larry Semon möchte nicht in Armut sterben.

Larry Semon möchte nicht als Vergessener sterben.

Larry Semon möchte unsterblich sein.

29

Larry Semon lernt er in den Vitagraph Studios kennen: zwei Tageslichtbühnen, unzählige Außenkulissen, alle in Betrieb. Er glaubt, noch nie eine solche Geschäftigkeit erlebt zu haben, nicht einmal am Broadway. Larry Semon macht alle zwei Wochen einen Film, weshalb das Gerücht umgeht, dass Vitagraph ihm einen Vertrag über mehr als eine Million Dollar pro Jahr anbietet. Das ist so viel, wie Chaplin verdient, aber Larry Semon lässt Chaplin wie eine Niete aussehen.

Larry Semon erlernt sein Handwerk im Schatten von Hughie Mack, und das ist kein kleiner Schatten. Mack ist ein Leichenbestatter, den Vitagraph als Zweitbesetzung für seinen hauseigenen Dicken rekrutiert hat – John Bunny, das Arschloch. John Bunny ist dick, aber Hughie Mack ist sehr dick. Hughie Mack wiegt dreihundertsiebenundsechzig Pfund. Hughie Mack kann kaum gehen.

Als John Bunny stirbt, wartet Hughie Mack darauf, an dessen Stelle zu treten, aber Hughie Mack ist kein Schauspieler. Dies ist eine Stadt, die auf Klatsch und Tratsch erbaut ist, und Klatsch und Tratsch sagen, dass Hughie Mack von Larry Semon aufgebaut wurde. Larry Semon war sein Drehbuchschreiber, sein Regisseur und Produzent seiner Filme, gab sich selbst nur kleinere Rollen, während er die ganze Zeit über beobachtete, lernte, wartete. Als Hughie Mack das Zeitliche segnet, ist Larry Semon noch da.

Jetzt ist Larry Semon ein Star.

Er ist sechzehn Monate jünger als Larry Semon und sechsstellig ärmer, aber es gibt, entscheidet er, eine flüchtige Ähnlichkeit zwischen ihnen beiden. Larry Semon trägt eine Melone, die ihm nicht passt. Der Hut betont die Größe von Larry Semons Ohren. Larry Semon bevorzugt weiße Schminke und getuschte Brauen.

Aber Larry Semon hat auch noch nie einen Dollar in der Hand gehalten, bei dem Larry Semon sich nicht genötigt gefühlt hätte, ihn auszugeben. Larry Semon mag Stunts, Verfolgungsjagden und Explosionen, obwohl das Studio die gefährlicheren Auftritte jetzt lieber anderen überträgt, aber Larry Semon ist eben ein Goldesel.

Ich habe die Rolin-Filme gesehen, erzählt ihm Larry Semon.

Er weiß nicht, wie das möglich gewesen sein soll, weil sie ja noch nicht öffentlich gezeigt wurden, aber er stellt sich vor, dass Larry Semon bekommt, was Larry Semon will.

Er wartet. Er besieht sich Larry Semon genauer. Larry Semon sieht älter aus, als er ist. Jeder, dem man in dieser Stadt eine Million Dollar zahlt, sollte drei Viertel fürs Finanzamt beiseitelegen, ein wenig für Saus und Braus und den Rest für die Krankenhausrechnungen sparen. Dieser Mann hier verdient eine Million Dollar.

Brite, stimmt's?, fragt Larry Semon.

– Engländer.

Die Unterscheidung scheint ihm wichtig zu sein.

– Du kennst Chaplin?

– Nein.

Er korrigiert sich.

– Ich habe Chaplin gekannt. Ich habe für ihn gearbeitet.

– Wo?

– Im Theater.

– In Filmen nicht?

– Nein.

– Habe ich mir gedacht. Sonst hätte ich davon gehört. Warum nicht?

Er hebt die Schultern.

– Es hat sich nicht ergeben.

– Du hast ihn nie um einen Gefallen gebeten?

– Das erschien mir nicht richtig.

Beinahe sagt er «schicklich», tut es aber nicht. Er ist sich nicht sicher, ob Larry Semon die Bedeutung von «schicklich» kennt.

– Man könnte dich für einen Trottel halten, weil du es nicht getan hast.

Er akzeptiert die Richtigkeit dieser Feststellung.

– Das könnte man.

– Stolz?

– Vielleicht.

– Ich kenne eine Menge stolzer Leute. Die meisten von ihnen sind arm. Magst du Chaplin?

– Ich habe schon eine Weile nicht mehr mit ihm gesprochen.

– Ich meine die Filme. Magst du seine Filme?

Obacht jetzt. Er macht sich bezüglich Larry Semon keine Illusionen. Larry Semon hat aus gutem Grund weiße Schminke und ein übertriebenes Lächeln im Gesicht:

Weil niemand über den wahren Larry Semon lachen würde.

Aber Larry Semon ist noch immer gut. Nicht großartig wie Buster Keaton oder Chaplin – Larry Semon hat der Hauch Gottes nicht gestreift, und Larry Semon weiß es, was den Ehrgeiz teilweise erklärt –, aber Larry Semon hat auf der Leinwand Charisma und eine klare Vision. Allerdings ist Larry Semon kein Kollege: Man arbeitet nicht mit Larry Semon, sondern für ihn.

Chaplin ist gut, sagt er zu Larry Semon. Chaplin war immer gut.

Er könnte Chaplin schlechtmachen. Er könnte mit seinem Lob sparsamer umgehen; sogar Chaplin «gut» anstatt «großartig» zu nennen bereitet ihm Pein, denn würde er die Wahrheit aussprechen, dass Chaplin der Beste ist, den es gibt und den es je gegeben hat, würde das Larry Semon erzürnen. Doch lügen will er nicht, nicht einmal für Larry Semon.

Nicht einmal für ein Engagement.

Er ist besser als gut, sagt Larry Semon. Aber drüben in Europa bringen meine Filme so viel ein wie seine. Hast du das gewusst?

Er sagt Larry Semon, dass er es nicht gewusst hat.

– Und bald werden sie mehr einbringen. Auch hier.

Er nickt, denn es gibt nichts weiter zu sagen. Wenn Geld Erfolg kaufen kann, dann wird Larry Semon Erfolg haben.

Solange das Geld nicht ausgeht.

Larry Semon trifft eine Entscheidung.

Du fängst nächste Woche an, sagt Larry Semon. Drei Filme. Wir werden sehen, wie du ankommst.

30

Larry Semon hält, was er verspricht, aber mehr nicht. Drei Filme sind alles, was er bekommt.

Im Oceana Apartment Hotel kann er sich an ihre Titel erinnern:

Huns and Hyphens.

Bears and Bad Men.

Frauds and Frenzies.

Larry Semon hat ein Schema, von dem Larry Semon nur abweicht, um Explosionen noch gewaltiger, Verfolgungsjagden noch länger und Stunts noch gefährlicher zu machen.

Er bekommt einen Kurzauftritt mit Eiern und Küken im ersten Film, hat aber im zweiten noch weniger zu tun. Für den dritten Film wird er befördert. Larry Semon macht ihn zu seinem Filmpartner. Sie sollen Kettensträflinge spielen, die in die Stadt fliehen. Larry Semon weiht ihn eine Woche vor Beginn der Dreharbeiten in die Handlung ein, und gemeinsam proben sie tagelang ihre Szenen. Jeden Abend kehrt er lädiert und erschöpft zu Mae zurück. Er könnte argwöhnen, dass Larry Semon ihn absichtlich quält, wäre es nicht so, dass Larry Semon noch lädierter und erschöpfter ist als er. Und wenn er daheim in seinem Apartment ist, daheim bei Mae, dann probt er vor einem Spiegel genau wie seinerzeit in den staubigen Dachkammern der Quartiere, die A. J. zur Verfügung stellte. Er hat das Gefühl, dies sei seine letzte, seine größte Chance, und er möchte so gut sein wie nie zuvor.

Sie beginnen *Frauds and Frenzies* zu drehen. Die Crew lacht, und lacht heftig, aber die Crew lacht nicht immer über Larry Semon.

Larry Semon entgeht das nicht.

Er lernt sehr viel, indem er Larry Semon beobachtet, der ein Gewese um jede Einstellung macht; der sich neue Gags ausdenkt, sobald er nicht hinter oder vor der Kamera steht; der diese Gags allein probt, dabei auf und ab schreitet, die Schritte zählt, die Zeit jeder einzelnen Bewegung stoppt; der, wenn er kein Gewese macht oder sich etwas ausdenkt oder probt, Zeichnungen anfertigt und Charaktere, Szenen und Stunts skizziert.

Und der nicht lacht, wenn keine Kamera auf ihn gerichtet ist, und falls doch, dann nur, wenn die Szene eine Simulation von Heiterkeit erfordert.

Larry Semon lässt ihn ziehen. Ohne jede Erklärung.

Es ist vorbei.

Später wird Babe über seine eigenen Erlebnisse mit Larry Semon sprechen, wie er den Schurken für diesen unerbittlichen Mann gespielt hat, und sie werden ihrer Dankbarkeit für die Chance Ausdruck verleihen, die er ihnen gegeben hat, auch wenn sie einräumen, dass letztlich alles nur Larry Semons Mythos gedient hat.

Und Larry Semon glaubt an diesen Mythos, obwohl Larry Semon ihn selbst erschaffen hat. Larry Semon grübelt zu viel über Chaplin nach. Das Geld ist ihm keine ausreichende Entschädigung, weil Larry Semon außerdem möchte, dass das Publikum ihn genauso anbetet, wie es Chaplin anbetet. Was Larry Semon nicht begreift, ist, dass Chaplin schon von Anfang an glaubte, dass das Publikum nur darauf gewartet hat, ihn anzubeten; dass das Publikum Chaplin nur noch nicht begegnet war und deshalb noch keinen Namen für diese nebulöse Präsenz am Rand des Gesichtsfelds hatte.

Chaplin wusste es. Larry Semon ersehnt es nur.

Larry Semon stürzt sich in immer größere Ausgaben. Wenn er es schon nicht mit Chaplins Genialität aufnehmen kann, so kann er doch Chaplins Budgets übertreffen, und auf diese Weise wird sich das Publikum vor Larry Semon verbeugen. Aber Larry Semon vergisst die Grundregel:

Lege nie die Lunte ans eigene Geld.

Larry Semon verbrennt sein Vermögen. Larry Semons Karriere geht in Rauch auf.

Er erinnert sich an Larry Semon.

Babe hat sich an Larry Semon erinnert.

Sie beide gehören zu den wenigen.

31

Im Oceana Apartment Hotel raucht er auf seinem Balkon eine Zigarette, die Augen hinter einer Sonnenbrille verborgen. Er hat sein Jackett abgelegt, denn der Vormittag ist warm, sogar im Schatten des Gebäudes.

Wie oft er doch immer wieder auf Chaplin zurückkommt. Babe ist dauernd bei ihm, wenn auch manchmal nur als gefühlte Abwesenheit, wie das Ticken einer Uhr, das jetzt verstummt ist. Aber mit Chaplin ist es anders. Chaplin war immer anders.

Chaplin liest Wörterbücher beim Rasieren.

Chaplin hat Sex mit fünfzehnjährigen Mädchen.

Chaplin probt Szenen fünfzigmal.

Chaplin holt sich Paulette Goddard ins Bett, glaubt, sie sei erst siebzehn, und ist enttäuscht, als sie ihm enthüllt, dass sie zweiundzwanzig ist.

Chaplin lässt die Saiten einer Violine umgekehrt aufziehen, damit Chaplin sie linkshändig spielen kann.

Chaplin beobachtet ihn beim Üben und Proben in den gemeinsamen Quartieren und stiehlt dann seine Gags.

Chaplin trägt eine Waffe und patrouilliert auf seinem Grundstück auf der Suche nach Männern, die mit seiner Kindsbraut schlafen möchten.

Chaplin verspricht ihm Arbeit und bricht sein Versprechen.

Chaplins Haar wird in den 1920ern weiß.

Chaplin trägt den Namen eines Mannes, der nicht sein Vater war.

Chaplins Mutter ist eine Prostituierte.

Chaplin erduldet Not, Elend und Entbehrung.

Chaplin wird als Kind sich selbst überlassen.

Chaplin lebt im Exil.

Chaplin heiratet eine sechsunddreißig Jahre jüngere Frau.

Chaplin ist der größte Komiker, den er je gesehen hat, und der größte, den er je sehen wird.

Chaplin ist ein Monster.

32

Und Babe?

Babe plagen eigene Unerquicklichkeiten: Sechsundzwanzig Filme lang als Prügelknabe für Jimmy Aubrey – dem grundsätzlich keine Einstellung gefällt, in der Jimmy Aubrey nicht vorkommt –, obwohl Babe keinen Groll gegen ihn hegt und später ein gutes Wort für Jimmy Aubrey einlegen wird, als Jimmy Aubrey Arbeit sucht. Sie werden es beide tun: Jimmy Aubrey stammt aus Lancashire, genau wie er, und steht zeitweilig in Fred Karnos Diensten, genau wie er, und ist eine ehemalige Zweitbesetzung für Chaplin, genau wie er, und arbeitet mit Chaplin zusammen in Filmen, genau wie –

Egal.

Und Jimmy Aubrey steht auch Larry Semon zu Diensten, darf aber länger als drei Filme bleiben.

Weil ich nicht *seine* Lacher haben wollte, erzählt ihm Jimmy Aubrey.

– Ich wollte *seine* Lacher auch nicht haben. Ich wollte bloß meine eigenen.

– Tja, bei Larry Semon gab es nicht genug Lacher für zwei. So viele Lacher gab es auf der großen weiten Welt nicht.

Er sollte mehr wie Jimmy Aubrey sein. Er sollte Ruhe geben und seine Schecks einlösen, aber er hat nicht Jimmy Aubreys Geduld, und er hat nicht Jimmy Aubreys Sinn fürs Praktische.

Und er will alles zu sehr.

Gut möglich, dass er mehr von Chaplin an sich hat, als ihm lieb ist.

33

Im Oceana Apartment Hotel erträumt er sich alternative Biographien. Er erstellt Stichwortlisten von Möglichkeiten.

Er hätte weniger ehrgeizig sein können.

Er hätte weniger töricht sein können.

Er hätte ein glücklicheres Leben führen können.

Aber nicht in diesem Beruf und nicht in dieser Stadt.

So erwacht er jeden Tag.

Jeden Tag, an den er sich erinnert.

Und jeder Tag ist einer, an dem man ihm Babe genommen hat.

Wieder und wieder und immer wieder.

34

Zurück auf die Bühne. Zurück zum Vaudeville.

November 1918. Das Majestic in Springfield, Illinois. Der Sketch ist bekannt als «No Mother to Guide Them», dessen Abgedroschenheit ihm im Hals stecken bleibt, jede Zeile ein Ärgernis zum Ausspeien. Zurück beim Vaudeville, zurück in Frauenkleidern. Der Kreis schließt sich: Durch «No Mother to Guide Them» ist zuerst Adolph Ramish auf ihn aufmerksam geworden, der ihn Isadore Bernstein für *Nuts in May* empfahl, aber *Nuts in May* war ein Reinfall, so wie alle seine nachfolgenden Filme Reinfälle waren. Er ist in einem fortwährenden Zyklus gefangen, der ihn zwingt, immer wieder zum Vaudeville zurückzukehren, um von vorn anzufangen, immer in Frauenkleidern, immer mit «No Mother to Guide Them», immer mit Adolph Ramish, der nach der Vorstellung in der Garderobe auftaucht, immer mit *Nuts in May*, immer mit Isadore Bernstein, immer mit Carl Laemmle, immer mit Hal Roach, immer mit Larry Semon, immer zurück ins Majestic.

Immer älter.

Michigan, Indiana, Iowa.

Immer kalt. Immer müde.

Nebraska, Minnesota, Wisconsin.

Immer mit Mae.

Der Zusammenstoß, sagt sie. Du bist zu heftig hereingestürmt.

Eigentlich eine einfache Sache: Sie von dieser Seite, er von der anderen. Sie treffen sich, sie prallen zusammen. Das Publikum lacht.

– Tatsächlich?

– Das weißt du ganz genau. Ich wäre beinahe auf den Arsch gefallen.

– Tut mir leid.

– Hast du vor der Vorstellung was getrunken?

– Was?

– Das ist eine einfache Frage: Hast du heute vor der Vorstellung was getrunken?

– Nein.

– Du lügst.

– Ich lüge nicht.

– Das tut noch immer weh.

– Es war keine Absicht.

– Ist mir egal. Du hast mir fast die Titten durch den Rücken gestoßen.

– Mae, die Leute können uns hören.

– Sollen sie doch. Was machst du da?

– Ich schenk mir jetzt einen Drink ein.

– Herrgott.

– Mae.

– Was?

– Mae. Tu's nicht.

Er trinkt. Er trinkt nicht exzessiv, aber er trinkt. Sein Problem ist, dass er es nicht verträgt. Er braucht es oder denkt es zumindest, aber schon nach einer geringen Menge ist er apathisch und benommen. Er erzählt es Mae nicht, aber er glaubt, dass Hal Roach hinter seine Trinkerei gekommen ist und dass das einer der Gründe war, warum er ihn fortgeschickt hat.

Der andere Grund, so hat er gehört, sei Mae. Hal Roach leitet ein Familienunternehmen. Hal Roach schätzt Diskretion.

Er und Mae verhalten sich nicht diskret.

Er liebt Mae, aber Mae treibt ihn in den Wahnsinn. Er kann ohne sie nicht funktionieren, aber mit ihr kann er auch nicht mehr funktionieren, es sei denn, er nimmt zuvor einen Drink oder zwei, um seine Nerven zu beruhigen. Er ist ihr gegenüber loyal, und sie ist es ihm gegenüber, aber noch loyaler ist er gegenüber sich selbst, und sie ist es gegenüber sich selbst. Mae glaubt, dass sie es noch zu einer weiblichen Hauptrolle bringen könnte. Sollte er Erfolg haben, wird Mae zusammen mit ihm Erfolg haben, wie auf der Bühne, so auf der Leinwand – das ist zumindest Maes Kalkül. Aber Mae ist nicht gut genug, und er kann sich nicht dazu durchringen, es ihr zu sagen, genauso wenig, wie er sich dazu durchringen konnte, sie als Kandidatin für eine Hauptrolle zu empfehlen, als er für Carl Laemmle und Hal Roach und Larry Semon gearbeitet hat. Mae ist keine Hauptdarstellerin – er weiß es, und die Studios wissen es, doch Mae weiß es nicht, und so bleibt es unausgesprochen –, und wenn er auf der Karriereleiter eine Sprosse nach unten steigt, um Charakterrollen für Larry Semon zu spielen, dann steigt Mae nicht mit nach unten. Charakterrollen sind unter ihrer Würde, und nach Maes Auffassung sollten sie auch unter der seinigen sein. Solche Rollen werden ihn nicht zum Star machen, weshalb sie auch sie nicht zum Star machen werden.

Aber Stars ziehen sich nicht in eiskalten Garderoben in Wisconsin aus und wärmen sich nicht mit reihum gereichten Flaschen billigen Fusels und hören sich nicht das Gezänk von Liliputanern an und das Genörgel von schwarz geschminkten Komikern, die sich über ihre Platzierungen auf den Ankündigungsplakaten beschweren. Er ist kein Star, und Mae ist kein Star, weil sie beide seinetwegen gescheitert sind.

Mae kehrt allein in die gemeinsame Unterkunft zurück. Er bleibt, wo er ist, wo er immer sein wird: im Theater. Jemand hat ein Exemplar von *Variety* in die Garderobe geschmuggelt. In einem Wutausbruch aufgrund einer eingebildeten Kränkung hat Alexander Pantages, King Greek persönlich, die Zeitschrift aus jedem Veranstaltungsort seines Theaterrings verbannt. Jeder Darsteller, der mit einer Ausgabe angetroffen wird, fliegt. Aber die *Variety* ist das Lebenselixier für sie alle. Sie bietet Beistand für jene, die von mehr Erfolg träumen und vom Scheitern anderer profitieren – mit anderen Worten: für jeden jemals geborenen Schauspieler. *Variety* bietet Hoffnung.

Variety bringt auch Sterbefälle, und im Tod liegt die Chance.

Immer mehr Theater eröffnen wieder nach der jüngsten Grippeepidemie, obwohl die meisten Bühnenringe an der Westküste geschlossen bleiben; manche Vaudevillekünstler haben sich Jobs in den Docks gesucht, um über die Runden zu kommen. Viele andere sind gestorben, auch Darsteller, und folglich wird es ein Angebot an freien Stellen.

HARRY THORNTON GESTORBEN
London, 30. Okt.
Harry Thornton, vom Duo Thornton and Delilah,
verstorben an Influenza im Alter von 35.
Thornton hat einen Preis von $ 1000 gewonnen für
22-stündiges ununterbrochenes Klavierspielen.

London. Nicht gut für ihn, nicht gut für irgendeinen hier. Selbst wenn man zweiundzwanzig Stunden lang ununterbrochen Klavier spielen könnte.

RENE ROME GESTORBEN
London, 30. Okt.
Rene Rome, Entertainerin, Ehefrau von
Fred. Rome, dem Autor und Komiker, ist verstorben.

Wieder London. Fred. Rome verfasst Sketche und Pantomimen. Sie sind beliebt bei Nachwuchskünstlern, obwohl er selbst sie nie in seinen Nummern verwendet hat.

Und jetzt: noch schlimmer.

William C. Clark, 46, vor kurzem aus Australien gekommen, starb am 28. Oktober im Hotel Marion, New York, an Influenza. Am selben Tag wollte er mit Frau und Tochter in einem neuen Vaudeville-Dramolett auftreten.

Burrell Barbaretto starb am 27. Oktober an Influenza im Haus eines Freundes in Nr. 433, St. Nicholas Avenue. Er stammte aus Larchmont. Mr. Barbaretto wurde vor 41 Jahren in Fort Wayne, Ind., geboren. Seinen ersten professionellen Auftritt hatte er 1898 mit Eddie Foy und Marie Dressier in «Hotel Topsy Turvy». Er brachte es zu beträchtlicher Popularität als jugendlicher Liebhaber und war in vielen Broadway-Produktionen prominent besetzt, u. a. in «Jumping Jupiter» und «High Jinks». Zum Zeitpunkt seines Todes stand er im Begriff, sich der erstklassigen «Oh Boy»-Truppe anzuschließen und die Hauptrolle als jugendlicher Liebhaber zu übernehmen. Der Trauergottesdienst fand am 29. Okt. in der Campbell's Funeral Church statt; von dort wurde der Leichnam zur Bestattung nach Fort Wayne überführt.

Margorie De Vere, Revuetänzerin, 19 Jahre, geboren in England, starb am 26. Oktober im Metropolitan Hospital, New York, an Lungenentzündung. Sie ist vor drei Jahren in dieses Land gekommen. Rose Gibson, ebenfalls Revuetänzerin, wohnhaft in Nr. 113, West 84th Street, welche die Verstorbene nur flüchtig gekannt hatte, sammelte Spenden und organisierte und bezahlte alle Begräbnisfeierlichkeiten.

Dr. Howe, Schwager von Bart McHugh, starb am 26. Okt. an Influenza. Mr. McHugh, der in der vergangenen Woche ebenfalls eine Schwägerin verlor, erhielt die traurige Nachricht, während am Dienstag seine Schwester in New York im Sterben lag. Er ist vermutlich der vom Schicksal am schlimmsten heimgesuchte Agent im Vaudeville. Die Todesfälle in seiner Familie hinterlassen sieben Kinder in seiner Obhut; er hat den Eltern versprochen, sich um sie zu kümmern. Vier Schauspieler, die er unter Vertrag hatte, starben am selben Tag in Philadelphia an Influenza.

Die *Oh Boy*-Truppe wird eine Neue einstellen, mindestens. An Revuetänzerinnen, die Margorie De Vere ersetzen können, herrscht kein Mangel. Bart McHugh kann davon ausgehen, dass diejenigen bei ihm vorstellig werden, die ihm in seiner Trauer Trost zusprechen und zugleich ihre eigene Brillanz als Möglichkeit offerieren werden, seine dezimierte Künstlerliste wieder aufzustocken.

Die Flasche kreist. Er genehmigt sich noch einen Drink. Er liest weiter. Er hält inne.

Margaret Devere starb am 24. Oktober in New York an Lungenentzündung. Die Verstorbene war Filmschauspielerin.

Annette Sellos starb am 23. Okt. im Lutheran Hospital, New York, an Lungenentzündung als Folge einer Influenza. Die Verstorbene war eine ehemalige Filmschauspielerin.

Die Verstorbene war Filmschauspielerin.

Eine ehemalige Filmschauspielerin.

Er stellt das Glas ab. Er legt die Zeitung zusammen und reicht sie an einen der schwarz geschminkten Komiker weiter.

– Wohin gehst du?

– Ins Bett.

– Warum?

– Weil ich Angst vor dem habe, was vielleicht passiert, wenn ich hierbleibe.

Hey, tönt es zurück, wenn du hier bist, ist es doch schon passiert.

Ja, denkt er.

Ja, es ist hoffnungslos.

Ja, es ist schon passiert.

35

Im Oceana Apartment Hotel rechnet er die Jahre mit Mae nach.

Sechs? Acht? Was denn nun?

Acht, beschließt er. Mehr oder weniger.

Wie viele davon waren glücklich?

Die meisten. Einige. Er hat gewusst, dass es nicht gut ausgehen konnte, nicht mit einem Ehemann im Hintergrund und einem Sohn und einem eheähnlichen Bett, aber Mae hat an dem Hirngespinst festgehalten, solange sie konnte. Es war alles, was Mae hatte.

Trotzdem: Es gab gute Zeiten und glückliche Jahre, und das Ende war, als es kam, nicht voll und ganz hasserfüllt, zunächst nicht.

Und Babe?

Tja, Babe hatte nicht so viele glückliche Jahre.

36

Kino-Romanze endet mit Saloshin-Hardy-Hochzeit

Macon, Ga., 8. November –(Sonderbericht)– Eine Liebesgeschichte, die ihren Anfang in einem Lichtspieltheater in Atlanta genommen hat, gipfelte heute in Macon in der Eheschließung zwischen Oliver N. Hardy, Mitglied eines Gesangsquartetts, das in einem hiesigen Lichtspieltheater auftritt, und Miss Madeline Saloshin aus Atlanta, Tochter von Mr. und Mrs. Louis Saloshin aus Atlanta.

Die jungen Leute hatten sich ineinander verliebt, als Mr. Hardy im Montgomery Theater sang, mit Miss Saloshin als Pianistin. Ihre Eltern waren gegen die Heirat, doch gestern sandte Mr. Hardy ein Telegramm an Miss Saloshin, es müsse jetzt oder nie geschehen, und bat sie, zu ihm nach Macon zu kommen. Sie kam, und die beiden wurden in der Pause zwischen zwei Gesangsauftritten getraut.

Als sie ins Theater zurückkehrten, intonierte der Orchesterleiter, dem man einen Hinweis gegeben hatte, einen Hochzeitsmarsch, just als die Gruppe den Gang entlangschritt, was nicht unwesentlich zum Unbehagen von Braut und Bräutigam beitrug.

Das Paar wird sich noch eine Woche in Macon aufhalten und dann nach Athens fahren. Die beiden warten auf einen Versöhnungsbrief seitens der Eltern der Braut. Mrs. Hardys Vater ist ein stadtbekannter Mitarbeiter in der Setzerei von The Constitution.

Babe mag nicht über die Auflösung seiner ersten Ehe sprechen. Wie viel von dem, was zu lesen war, wird wohl stimmen, fragt Babe, wenn schon die Schreibung des Namens seiner Exfrau fragwürdig ist?

Babe und Madelyn hatten einen Hund, Babe Junior, und einen Kapuzineraffen, Babe III., anstelle eigener Kinder.

Das war keine Ehe, erzählt ihm Babe. Das war ein Zoo.

Er ist über einiges aus der Beziehung informiert, meistens jedoch durch Gemunkel und das, was er, bevor er Babe persönlich kennenlernte, in den Klatschspalten gelesen hatte, als er sich noch ein klein wenig am Elend eines anderen erfreuen konnte, und sei es nur, weil es sein eigenes milderte.

Babe mag die Frauen.

Und die Frauen mögen Babe.

Madelyn weiß das oder vermutet es. Sie riecht den Geruch der anderen an Babe, ihren Schweiß, der sich mit dem ihres Mannes vermischt und die Note seines Duftwassers verfälscht. Vielleicht wäre es anders gekommen, wären sie und Babe in Georgia geblieben, wahrscheinlich aber nicht. Babe wäre letztlich ihrer überdrüssig geworden: ihrer Schlichtheit und mangelnden Attraktivität, des Tributs der Jahre, zumal sich der Altersunterschied zwischen ihnen immer deutlicher zeigte. Allerdings hätte Babe in Georgia weniger berufliche Chancen vorgefunden. In Georgia wäre er nichts als ein weiterer dicker Narr gewesen, der ein Kino betrieb.

Und sie liebt Babe wirklich, genau wie Babe sie auch einmal geliebt hat, wodurch die Demütigung umso schlimmer wird.

Das Zerbrechen der Ehe ist eine Horrorshow, ein öffentliches Spektakel. Eine Trennungsvereinbarung schlägt fehl, weil Babe mit seinen wöchentlichen Unterhaltszahlungen von 30 Dollar in Verzug gerät und schließlich gar nichts mehr zahlt. Madelyn zieht eine Scheidungsklage in Erwägung, aber Anfang 1920 verschlechtert sich der Gesundheitszustand ihres Vaters Louis. Babe, so behauptet sie, drängt sie, nach Atlanta zu reisen, um Louis in seinen letzten Stunden beizustehen. Babe bezeichnet die Scheidungsklage als Unsinn und deutet an – zumindest glaubt das Madelyn –, dass eine Versöhnung möglich sei.

Madelyn trifft gerade noch rechtzeitig in Atlanta ein, um ihren Vater beerdigen zu können, und Babe schickt ihr ein Telegramm mit der Anweisung, nicht nach Los Angeles zurückzukehren.

DU WIRST NICHT ALS MEINE FRAU BEI MIR WOHNEN.

Aber Madelyn kommt zurück, und Babe reicht Scheidungsklage ein. Babe spricht von Beleidigungen. Babe spricht von Tätlichkeiten. Babe spricht von einer vorgetäuschten Schwangerschaft, mit der er zu einer Eheschließung gedrängt worden sei. Babe bringt vor, er sei noch gar nicht volljährig gewesen, als Madelyn ihn zu einer Lebensgemeinschaft verführt habe.

Babe lügt oder gestattet es seinen Anwälten, für ihn zu lügen. Vielleicht tut Madelyn das Gleiche, aber dennoch will er sich Babe nicht als Lügner vorstellen. Gemeinsam zerstören Babe und Madelyn mutwillig alle Erinnerungen an ein Glück, das sie einst vielleicht genossen haben, und legen den Keim für künftigen Streit.

Babes Anschuldigungen setzen sich durch. Um Madelyns Erniedrigung noch zu verstärken, wird ein Kontaktverbot gegen sie erlassen, denn Madelyn ist kein Star. Madelyn ist nur eine ehemalige Klavierspielerin und Sängerin. Babe Hardy tritt in Filmen auf und muss geschützt werden.

Und in den Kulissen wartet bereits (wie lange wartet sie eigentlich schon? Auch dies ist eines von Babes Geheimnissen) Myrtle Reeves, in Bälde die zweite Mrs. Oliver N. Hardy. Babe wohnt bei Myrtle und ihrer Schwester. Nach außen hin alles korrekt: Hier gibt es nichts zu sehen.

Madelyn ist nicht auf den Kopf gefallen. Der Name Myrtle Reeves ist ihr bereits geläufig und wird ihrem Anwalt ins Ohr geflüstert. Madelyn erhebt Gegenklage und erreicht ein Zwischenurteil.

Alles Schwindel, sagt Babe später zu ihm, vermeidet dabei jedoch, ihm in die Augen zu sehen.

Madelyn bekommt ihre 30 Dollar pro Woche, beantragt aber keinen Unterhalt. Dies, denkt er, sagt viel über sie aus.

Er forscht nicht nach, wem der Hund und der Kapuzineraffe zugesprochen werden.

Ein Jahr später – die Tinte der rechtskräftigen Entscheidung ist noch nicht trocken – gibt es eine weitere Eheschließung und einen weiteren Zeitungsausschnitt:

KOMIKER HEIRATET!

BABE HARDY EHELICHT ATTRAKTIVE MYRTLE REEVES

von Grace Kingsley

Der Song, dass niemand einen dicken Mann liebt, ist völlig falsch, wenn es nach Mrs. O.N. Hardy geht, der ehemaligen Myrtle Reeves! Um es zu beweisen, ging Miss Reeves am Thanksgiving Day sogar so weit, einen dicken Mann zu heiraten, wobei es sich bei der in Frage kommenden rundlichen Person um den dicken Komiker O.N. Hardy handelt, allgemein «Babe» Hardy genannt, der in den Vitagraph-Komödien von Larry Semon international für Heiterkeit sorgt. Die Ehe wurde am o.a. Tag in der Church of Christ in Hollywood geschlossen, und das Paar wohnt gegenwärtig daheim in Nr. 2425 Russell Avenue, Hollywood.

Vitagraph sichert seine Investitionen in Babe ab und leistet ganze Arbeit.

Babe und Myrtle verbindet eine Sandkastenliebe seit ihrer Kindheit in Alabama.

Babe schickt Myrtle ihren ersten Gruß zum Valentinstag, als sie zehn ist (und Babe fünfzehn, wenn man das glauben darf).

Babe und Myrtle heiraten, nachdem Babe ihr «einige Zeit lang» den Hof gemacht hat.

Dies zumindest stimmt.

Madelyn wird nirgends erwähnt. Man hat sie finanziell abgefunden, sodass Babe seiner neuen Braut unbeschwert in die Arme sinken darf und die Geschichte seines Lebens neu geschrieben werden kann. Babe wird nun nie mehr an Madelyn denken müssen.

Falls Babe das glaubt, ist er ein Dummkopf.

37

Broncho Billy Anderson ist ein gutaussehender Mann mit einem dazu passenden Namen. Der Name ist nicht sein richtiger, aber in dieser Hinsicht ist Broncho Billy Anderson in Hollywood kein Einzelfall. Broncho Billy Andersons Ruf gründet sich auf Wildwestfilme, und Broncho Billy Anderson ist ein besserer Name für einen Cowboy als Max Aronson. Zwar mag es im Wilden Westen durchaus jüdische Cowboys gegeben haben, aber bislang hat noch niemand herausgefunden, wie man mit ihnen Geld verdienen kann.

Broncho Billy Anderson spielt nicht eine, nicht zwei, sondern drei Rollen in Edwin Porters *The Great Train Robbery*, dem ersten echten Western. Danach wird Broncho Billy Anderson ein Westernstar, der erste Cowboy der Filmgeschichte. Als Regisseur dreht Broncho Billy Anderson auch den ersten Torten-Gag. Broncho Billy Anderson ist in vielem der Erste.

Broncho Billy Anderson macht Hunderte von Filmen, indem er seine Crew Woche um Woche mit der Western Pacific Railroad durch den Niles Canyon schickt. Er ist Darsteller, Regisseur und Cutter.

Broncho Billy's Last Spree.
Broncho Billy's Christmas Dinner.
Broncho Billy's Adventure.
Broncho Billy and the Schoolmistress.
Broncho Billy's Pal.
Broncho Billy's Cowardly Brother.
Broncho Billy for Sheriff.

Allein 1915 bringt er über dreißig Broncho-Billy-Western heraus. Nach einiger Zeit wird sogar Broncho Billy Anderson der Figur Broncho Billy überdrüssig, weshalb Broncho Billy Anderson nach New York abreist, um dort Theaterimpresario zu werden. Unglücklicherweise kauft Broncho Billy Anderson das Longacre Theater. Auf dem Longacre Theater lastet ein Fluch, weil Harry Frazee, dem Mann, der es erbaut hat, auch das Team der Boston Red Sox Baseball gehört. Harry Frazee ist verantwortlich für den Verkauf von Babe Ruth, genannt Bambino, an die New York Yankees, weshalb auch sein Theater unter «Bambinos Fluch» zu leiden hat.

Broncho Billy Anderson gibt auf und kehrt nach Kalifornien zurück, um Kinofilme zu produzieren.

Jahre später im Oceana Apartment Hotel wird man ihn über die vielen Personen befragen, die ihm auf seinem Weg geholfen haben. Wann immer möglich, nennt er Broncho Billy Anderson als seinen Förderer, denn Broncho Billy Anderson tut ihm zwei große Gefallen, erweist ihm zwei große Dienste, die sein Leben für immer verändern.

Der erste ist, dass Broncho Billy Anderson an ihn glaubt.

Der zweite ist, dass Broncho Billy Anderson ihn mit Babe bekanntmacht.

38

Im Oceana Apartment Hotel wohnt er wie in einer Loge mit drei Räumen. Im Wohnzimmer steht in einer Ecke ein Fernseher und darauf der Oscar für sein Lebenswerk. Er erhält ihn 1961 für seine «kreative Pionierleistung auf dem Gebiet der Komödie». Danny Kaye übergibt die Auszeichnung.

Zu diesem Zeitpunkt ist Babe seit vier Jahren tot.

Er geht nicht zur Preisverleihung. Er macht Krankheit geltend, was nur teilweise der Wahrheit entspricht. Er kann nicht ohne Babe zurück ins Rampenlicht.

An der Wand neben seinem Schreibtisch hängt eine gerahmte Fotografie von Babe und ihm. Es ist eines seiner Lieblingsbilder. Das Foto und der Oscar sind die einzigen Hinweise, dass er jemals im Showbusiness gewesen ist.

Dass er ein ehemaliger Filmschauspieler ist.

Manchmal ist ihm seine Entscheidung peinlich, den Oscar an so prominenter Stelle zu platzieren. Er befürchtet, es sei zu prahlerisch. Er möchte nicht als Angeber gelten.

Ida sagt ihm, er solle nicht so kindisch sein. Babe hätte seinen Oscar zur Schau gestellt, sagt Ida.

Dies ist unbestritten. Babe hätte das mit Vergnügen getan.

Die Wahrheit ist doch, denkt er: Babe hätte auch ohne ihn Karriere gemacht, aber er hätte keine ohne Babe gemacht. Babe hat ihm seine Identität verliehen. Babe hat ihm ein Ziel vorgegeben.

In der Wohnung ist es still. Ida macht einen Spaziergang. Das sind die Gelegenheiten, bei denen er mit Babe spricht. Er erzählt von neu ausgedachten Gags, kleinen Stegreifnummern. Er erklärt sie Babe, geht die Einzelheiten der Umsetzung durch, hört zu, denkt über die Antwort nach, korrigiert, ergänzt letzte Feinheiten.

Er steht auf.
Er spielt die Nummer und spricht laut den Text.
Er schließt die Augen und ist nicht länger allein.

39

Das Jahr 1921. *The Lucky Dog*. Broncho Billy Anderson hat im Selig Zoo Studio beim Lincoln Park Räumlichkeiten gemietet, weil sie billig sind. Die Zootiere geben einen akustischen Hintergrund ab, und er kann ihre Ausdünstungen riechen, die ihm der Wind zuträgt.

Babe ist der Bösewicht. Babe ist immer der Bösewicht. Die Arbeit für Broncho Billy Anderson stellt für Babe wenigstens eine Auszeit von Larry Semons Ansprüchen dar. Schließlich sind die Lehren, die ein Mann daraus ziehen kann, dass er immer wieder zu Boden gestreckt wird, eher begrenzt.

Er kennt Babe vom Sehen und kennt seinen Ruf. Über Babes Neuvermählte werden Witze gerissen, die sich aber innerhalb der Grenzen des guten Geschmacks halten.

Babe Hardy ist kein kleiner Mann.

Er steht nicht in Konkurrenz zu Babe, er hat Respekt vor ihm. Babe versteht etwas von Kameraarbeit. Babe weiß um die Bedeutung von Perspektiven und Blickachsen. In jeder Szene macht Babe nur so viel, wie nötig ist: nicht, weil Babe faul wäre, sondern weil Babe sich mit Filmaufnahmen auskennt. Wo er selbst plump agiert, ist Babe subtil. Doch dies hier ist sein Film und nicht Babe Hardys. Broncho Billy Anderson glaubt an ihn. Broncho Billy Anderson hat ihm eine eigene Serie von Komödien versprochen, aber dergleichen hat er schon vorher zu hören bekommen.

Von Isadore Bernstein.

Von Hal Roach.

Sogar Mae sieht ihm dieses Mal an, dass er anders ist, sieht die Resignation. (Schließlich sind die Lehren, die ein Mann daraus ziehen kann, dass er immer wieder zu Boden gestreckt wird, eher begrenzt.) Sie haben sich für die Zeit nach dem Dreh von *The Lucky Dog* bereits auf Monate beim Vaudeville-Ring verpflichtet, für einen weiteren Winter in den eiskalten Theatern des Mittleren Westens und Kanadas.

Er unterhält sich mit Babe. Sie teilen sich ein Sandwich und Kaffee. Sie sprechen über Larry Semon, aber nur in ganz allgemeinen Floskeln. Er hegt keinen Groll gegen Larry Semon, der Babe weiterhin Gage zahlt. Die Sonne scheint. Die Tiere schnattern und heulen. Eine Szene. Zwei Szenen. Ein Tag ist vorbei, weitere werden folgen, aber nicht viele. Broncho Billy Anderson glaubt vielleicht an einen Erfolg, aber Broncho Billy Anderson investiert sein eigenes Geld. Das Longacre Theater hat ein Loch in seine Finanzen gerissen, folglich muss Broncho Billy Anderson schnell arbeiten.

Ihre gemeinsamen Szenen sind abgedreht. Er und Babe geben sich die Hand. Sie gehen ihrer Wege.

Es ist nur ein Job wie jeder andere.

40

Im Oceana Apartment Hotel bewahrt er in seinem Schreibtisch nur die wertvollsten Stücke seiner Korrespondenz auf. Einer dieser kostbaren Briefe stammt von Sir Alec Guinness, der ihm zum Oscar gratuliert. Er liest ihn, wenn er niedergeschlagen ist.

«Für mich sind Sie schon immer einer der Großen gewesen und werden es immer sein.» Weiter heißt es darin, dass Sir Alecs Darstellung des Sir Andrew Aguecheek in Shakespeares *Twelfth Night* – als Sir Alec der gerade dreiundzwanzigjährige Alec Guinness war – auf der Überlegung basierte, wie er die Rolle wohl gespielt hätte. Am Schluss wird die Hoffnung ausgedrückt, dass «ich Sie vielleicht eines Tages persönlich kennenlerne».

Nicht, dass *sie* sich vielleicht kennenlernen, sondern dass Sir Alec *ihn* kennenlernt.

Ida war in der Küche, als er den Brief zum ersten Mal gelesen hat. Er hat versucht, sie zu rufen, es schnürte ihm die Kehle zu. Er musste plötzlich weinen. Er war gerührt von den im Brief zum Ausdruck gebrachten Gefühlen, tief gerührt, aber in seinem Ausbruch steckte mehr als das.

Er hat immer jedes Angebot abgelehnt, in einem Drama aufzutreten. Seine Talente – falls ein solcher Begriff auf jene bescheidenen Fähigkeiten anwendbar ist, auf die er sich stützen kann – liegen nicht auf diesem Gebiet. Er sehnt sich nie danach, Lear oder den Narren zu spielen, und er verspürt darüber kein Bedauern, in keiner Weise.

Bei Babe ist das etwas anderes.

Jawohl, Babe hätte den Falstaff spielen sollen. Das ist schließlich nicht irgendeine Rolle. Babe hatte das Zeug dazu. Babe hatte die Freude und die Lust und die Liebe und die Loyalität in sich, und Babe hatte die Kränkung und die Ablehnung und den

Kummer und den Verfall. Babe war ehrgeizig. Babe wollte ausbrechen, mehr sein, als sie ihm zu sein gestatteten.

Da gibt es diese Geschichte:

Babe meldet sich während des Ersten Weltkriegs als Freiwilliger. Babe ist kein Jack Kerrigan. Babe wird abgelehnt wegen seines Körpergewichts. Das ist bekannt. Babe spricht gelegentlich darüber.

Doch ihm erzählt Babe eine andere Version. Es ist das Jahr 1938. Sie filmen gerade *Block-Heads*. Sie sind auf der Höhe ihres Ruhms. Hal Roach verdient mit ihnen mehr, als Hal Roach ausgeben kann, und hat einiges von diesem Geld in den Film investiert. Da gibt es jetzt Statisten in voller Uniform, und ein großer Schützengraben wurde gebaut. Wenn *Block-Heads* auf die Leinwand kommt, werden sich diese Anfangsszenen als höchst eindrucksvoll erweisen.

Sie stehen zusammen im Schützengraben und warten, dass John Bly, der Regisseur, «Action» ruft. Babe ist im Begriff, über den Grabenrand zu klettern und ihn zurückzulassen. Aber bei so vielen Personen und so vielen Details sind Verzögerungen unausweichlich. Und Babe ist nicht bei der Sache. Er fragt nicht nach dem Grund, nicht in dieser Situation, aber als sie sich am nächsten Tag die Muster anschauen, kann er sehen, dass Babe zerfahren ist. Es scheint, als wünschte Babe das Ende der Szene herbei, als wäre ihm ein bestimmter Anblick darin peinlich, obwohl sie doch verabredet haben, unbedingte Sorgfalt walten zu lassen, weil die Erinnerungen an die Gräuel des Krieges noch frisch sind.

Tage in Uniform, und dann sind sie damit fertig. Er zieht sich um. Babe sitzt in seiner Garderobe vor einem Spiegel. Er ist noch immer in seinem Rollenkostüm.

– Was ist los?

– Nichts.

– Es ist nicht nichts. Ich kann sehen, dass du was hast.

– Es ist das.

Babe befühlt seine Uniformjacke und reibt den groben Stoff zwischen Finger und Daumen.

Er sitzt da. Er wartet.

Ich wollte mich freiwillig melden, sagt Babe.

– Ich weiß.

– Ich war zu dick.

Du hast mehr getan als viele andere, sagt er. Mehr als ich.

Sie haben mich nicht nur abgelehnt, sagt Babe. Sie haben mir ins Gesicht gelacht. Zwei von denen, in Uniform. Der Erste hat seinen Kumpel herbeigerufen, bloß damit sie mich zu zweit auslachen konnten.

– Falls sie nicht tot sind, werden sie schon bald wieder über dich lachen, doch dieses Mal werden sie für das Vergnügen bezahlen.

Es ist nur ein kleiner Trost, aber er reicht aus. Die düstere Wolke reißt auf. Babe steckt seine Kränkung weg.

Ich will nicht, dass sie tot sind, sagt Babe.

– Wie wär's mit verletzt?

– Nur leicht. Ein Finger.

– Eine Zehe.

– Ein Ei.

– Ein Ei bei jedem.

– Eine Garnitur.

Er hält noch immer den kostbaren Brief von Sir Alec Guinness in Händen, als Ida aus der Küche kommt.

Was ist?, fragt Ida.

– Nichts. Nur was Nettes.

Hörst du das? Hörst du das, Babe?
Jemand hat etwas Nettes gesagt.

41

Broncho Billy Anderson, der jüdische Cowboy, setzt sich für ihn ein.

Broncho Billy Anderson verkauft *The Lucky Dog* an Metro, und Metro verpflichtet sich vertraglich, weitere Komödien um Broncho Billy Andersons Hauptdarsteller auf den Markt zu bringen. Broncho Billy Anderson sieht in ihm etwas von dem, was Mack Sennett in Chaplin und Hal Roach in Harold Lloyd gesehen haben. Broncho Billy Anderson redet auf eine andere Art mit ihm als Isadore Bernstein, auf eine andere Art als Larry Semon. Aus Broncho Billy Andersons Worten spricht eine Begeisterung, wie er sie noch nie zuvor vernommen hat, und in Broncho Billy Andersons Miene liegt Nachdenklichkeit.

Doch wenn es um Komödien geht, ist Broncho Billy Anderson kein Mann großer Ideen, und er spürt den Druck, Gags, Szenarien und kleinere Sachen für Broncho Billy Andersons Filme zu erfinden. Er ist noch immer das Vaudeville gewohnt, wo die gleiche Nummer jahrelang dafür sorgte, dass etwas zu essen auf den Tisch kam. Filme sind gefräßig und unersättlich in ihrem Appetit. Schon bald ist er gezwungen, seine alten Rollen wiederzuverwerten – die mit der Dampfwalze in *Nuts in May* und jene mit dem Hammer des Richters aus *The Handy Man* –, doch stellt er fest, dass ihm die aktuelle Herausforderung Spaß macht. Sein kreativer Geist beginnt auf neue Art zu arbeiten. Zwar sind die Ergebnisse nicht immer erfolgreich, aber das starre Korsett der Bühnenroutine fällt allmählich von ihm ab.

Und doch wachsen diese ungleichartigen Elemente nicht zusammen. Er erkennt die Ursache. Broncho Billy Anderson ebenfalls.

Chaplin hat den Little Tramp als Markenzeichen, mit Hut und Stöckchen.

Harold Lloyd hat Harold, mit Kreissäge und Brille.

Er aber hat bis jetzt noch keine Persona, keinen eigenständigen Charakter. Es gibt nichts, zu dem das Publikum eine Bindung aufbauen könnte. Es gibt nur einen Namen, und sogar der ist nicht sein richtiger. Er probiert Persönlichkeitstypen aus wie Masken, bloß um sie dann als unzulänglich wieder abzulegen. Es ist, als wollte er einen Duft oder einen Ton mit den Fingern greifen, als entzöge sich alles seinem Zugriff.

Alles in Ordnung, sagt Broncho Billy Anderson zu ihm. Wir haben Zeit.

Doch er hat keine Zeit, jetzt nicht mehr. Trotz seiner Vorbehalte, trotz seines Bestrebens, sich selbst zu schützen, hat er sich gegenüber Broncho Billy Anderson geöffnet. Broncho Billy Andersons Glaube an ihn hat ihn infiziert, aber Broncho Billy Anderson kann nur die Kamera auf ihn richten. Broncho Billy Anderson kann nur Vorgaben machen. Was immer danach kommt, was immer ihn retten soll, muss von ihm selbst kommen, und von ihm allein.

Aber er hat nichts anzubieten.

Nichts als Gags.

Und Mae ist auch noch da. Er kann nicht für Broncho Billy Anderson arbeiten und zugleich den Vaudeville-Ring bedienen. Er hat sich entschieden. Aber er und Mae bilden eine Partnerschaft. Sie sind ein Zweigespann, im Leben wie auf der Bühne. Wo er hingeht, geht auch Mae hin. Wenn er von der Bühne abtritt, muss auch sie es tun.

Was gibt es dann also für Mae?

Mae stellt diese Frage. Sie stellt sie vor jedem Film.

– Was ist da für mich drin?

Nicht dass er Mae nicht liebt. Er tut es, trotz aller Belastungen in der Beziehung. Er liebt ihren Geruch und die Nachgiebigkeit ihres Leibes. Er liebt die unwidersprochene Hinnahme seiner Entscheidung, das Vaudeville zu verlassen. Er liebt ihr Vertrauen in sein Talent.

Aber Mae will arbeiten. Mae will in Filmen mitspielen. Und wenn er eine Hauptrolle spielen soll, dann muss Mae eine zweite Hauptrolle neben ihm spielen. Dies macht er nun zur Bedingung seines Engagements.

Sucht irgendwas für Mae.

Jeder Produzent weiß es. Er wird hart und gut arbeiten, aber Mae muss mit von der Partie sein.

Das hat Broncho Billy Anderson zu seinem Leidwesen erfahren müssen, weil Broncho Billy Anderson zunächst annimmt, dass Mae seine Frau ist.

– Sie ist nicht deine Frau?

– Nein.

– Aber sie trägt deinen Namen.

– Ich weiß, aber der Name ist nicht korrekt.

– Warum benutzt sie ihn dann?

– Das mussten wir tun, damit es keine Verwirrung gibt.

– Es hat nicht funktioniert, denn ich bin verwirrt.

– Tja, du weißt ja, wie es ist.

Broncho Billy Anderson weiß, wie es ist. Broncho Billy Anderson wird sechzig Jahre lang mit derselben Frau, Mollie Schabbleman, verheiratet bleiben, aber Broncho Billy Anderson weiß, wie es ist.

– Warum heiratest du sie dann nicht einfach?

– Ich kann nicht. Sie ist schon mit jemand anderem verheiratet.

Broncho Billy Anderson denkt, das könnte einen guten Gag abgeben, wenn es nicht die Wahrheit wäre und folglich traurig.

Doch auch das hält Broncho Billy Anderson nicht davon ab, an ihn zu glauben.

Er bekommt Panik. Metro ist von dem, was sie bisher gesehen haben, nur mäßig begeistert. Er greift zurück auf Parodien. Rudolph Valentino ist weltweit der größte Star. Rudolph Valentinos neuster Film heißt *Blood and Sand*, also wird er zu Rhubarb Vaseline in *Mud and Sand*. Sechsundzwanzig Minuten, ein Dreiteiler. Selbst mit dem Metro-Deal ist das für Broncho Billy Anderson eine Menge Geld, die er investiert, aber vielleicht ist das der richtige Weg.

Und der Streifen ist gut. Er ist gut bei der ersten Sichtung der Muster, und er ist gut im Schneideraum, und er ist gut auf der Leinwand.

Nur Mae ist nicht gut. Mae ist eine achtundzwanzigjährige Frau (soll man glauben, was sie aber nicht ist, denn sie ist vierunddreißig und sieht aus wie vierzig), die davon überzeugt ist, hübsch genug zu sein, um Pavaloosky zu spielen, die Tänzerin und Verführerin, die den Helden in Versuchung bringt. Auch wenn ihr eheähnlicher Gemahl sie wegen ihres weichen Leibes liebt, die Kamera tut es nicht, und Mae spielt über die Köpfe des Publikums hinweg.

Und weil die Kamera ihre Schwachstellen unweigerlich vergrößert, fängt sie auch die ihnen zugrunde liegende Steifheit ein.

Bei der ersten Vorführung blickt er immer wieder zu Mae, während sie auf die Leinwand schaut. Mae sieht nicht, was er sieht. Mae ist begeistert von der Figur, die sie darstellt. Mae ist hingerissen von den Möglichkeiten, die sie für sich sieht. Mae könnte eine Zukunft im Film haben, aber nicht die, die sie sich vorstellt, nicht die, die ihr nach ihrer Ansicht gebührt. Mae könnte eine Statistin sein, ein Möbelstück, aber ein Star wird Mae nie.

Hinterher feiern sie mit Champagner, und er kann ihr nicht in die Augen sehen.

Motion Picture News vergleicht ihn mit Chaplin. Seine Darbietung wird als «exquisit» beschrieben, und das ist sie. Er ist nie besser gewesen.

Jetzt muss Broncho Billy Anderson versuchen, mit ihm vernünftig über Mae zu reden.

Broncho Billy Anderson muss im Leben Fehler machen. Broncho Billy Anderson kauft versehentlich ein Theater, auf dem mehr Flüche lasten als auf einem Mumiengrab, und versteht deshalb etwas von Verrücktheit, weshalb Broncho Billy Anderson weiß, dass Mae diesen Mann ruinieren wird. Mae schleppt so viel Gepäck mit sich herum, dass sie eigentlich ein paar Lastesel bräuchte.

Bei Metro glaube man, dass Mae eine Fehlbesetzung gewesen sei, sagt Broncho Billy Anderson zu ihm.

Es schmerzt Broncho Billy Anderson, das zu sagen, weil Broncho Billy Anderson sehen kann, welchen Schmerz es verursacht. Dieser Mann vor ihm beklagt sich nicht. Dieser Mann vor ihm arbeitet Tag und Nacht. Dieser Mann vor ihm ist fröhlich und liebenswert und höflich. Dieser Mann vor ihm hat innere Größe.

Aber dieser Mann vor ihm spielt nicht genug Geld ein, um Metro zufriedenzustellen, und die Provisionen decken nicht Broncho Billy Andersons Investitionen. Mae hält sich inzwischen für Mabel Normand. Broncho Billy Anderson befürchtet zusehends, Mae könnte sich als die nächste Stufe von «Bambinos Fluch» erweisen.

Mae kann die Hauptrolle nicht spielen, beharrt Broncho Billy Anderson. Sie ist gut für Charakterrollen. Charakterrollen kann sie haben. Aber etwas anderes nicht.

– Mae akzeptiert keine Charakterrollen. Charakterrollen sind was für alte Leute.

Mae ist alt, möchte Broncho Billy Anderson ihm sagen. Als Frau in diesem Geschäft ist man mit dreißig alt und mit fünfunddreißig tot. Mae ist vierunddreißig. Was ihre Filmkarriere angeht, so sollte jemand ihre Maße für einen Sarg nehmen.

Aber Broncho Billy Anderson ist zu liebenswürdig, um es laut zu sagen.

Dieser Mann vor ihm will es nicht hören. Dieser Mann vor ihm erkennt die Wahrheit – Broncho Billy Anderson ist kein Idiot, er aber auch nicht –, doch irgendeine Mischung aus Liebe, Loyalität und Angst hindern ihn daran, das zu tun, was nötig ist.

Broncho Billy Anderson dreht einen anderen Film mit ihm, eine Parodie von *When Knighthood Was in Flower*, aber dessen Einspielergebnis ist schlechter als das von *Mud and Sand*. Im Grunde seines Herzens glaubt Broncho Billy Anderson noch immer an ihn. Im Grunde seines Herzens möchte Broncho Billy Anderson gern weiterhin an ihn glauben, aber sein Portemonnaie befiehlt Broncho Billy Anderson, einen Schnitt zu machen.

Es gibt keinen Unmut. Broncho Billy Anderson liebt diesen Mann und hat das Bestmögliche für ihn herausgeholt. Broncho Billy Anderson hat *Mud and Sand* gemacht, und Broncho Billy Anderson hat dafür gesorgt, dass Hal Roach erneut auf ihn aufmerksam geworden ist.

Broncho Billy Anderson hat geholfen, ihn zu einem Star zu machen.

42

Das Studio, in das er zurückkehrt, ist nicht mehr dasselbe. Als er zum ersten Mal für Hal Roach gearbeitet hat, waren es Außenaufnahmen gewesen, auf einer einzigen primitiven Bühne. Am Abend hat er immer mitgeholfen, die Ausstattung nach drinnen zu tragen, falls das Wetter schlecht werden sollte. Doch Snub Pollard und Jimmy Parrott und Harold Lloyd haben Hal Roach wohlhabend gemacht. Jetzt befinden sich die Hal E. Roach Studios auf einem Grundstück von siebeneinhalb Hektar in Culver City, und Hal Roach hat Investoren, die willig und beflissen seine Filmproduktion unterstützen.

Das Gelände erinnert ihn an die Selig Zoo Studios. Er kann das Geheul der Affen und das Gekreisch der Vögel hören, denn Hal Roach hält sich eine Auswahl von Tieren, die er in seinen Filmen einsetzt.

Beim Vaudevillering gab es eine Nummer, die «Rhinelander's Pigs» hieß. Die Schweine verpesteten mit ihrem Gestank jedes Theater, in dem sie spielten. Niemand wollte sich «Rhinelander's Pigs» anschließen. Die Schweine spielten mit einem Ball herum, balancierten auf einer Wippe, bildeten eine Pyramide. Jedes Mal, wenn sich die Schweine widerborstig zeigten, holte Rhinelander ein langes Messer hervor und schärfte es mit einem Wetzstein, was der Hinweis für die Schweine war, all das zu tun, was sie tun sollten. Letztendlich, so vermutet er, hatten die Schweine – wegen ihres Alters oder des unberechenbaren Publikumsgeschmacks – ihren Nützlichkeitswert überschritten, weshalb man sie ins Schlachthaus brachte, wo ein weiterer Mann stand und ein Messer mit einem Wetzstein schärfte.

Er fragt sich, ob die Schweine noch ein paar Tricks zeigten, bevor sie starben, in dem Glauben, dass sie das vielleicht retten könnte.

Es gibt das Gerücht, dass einer der Strauße in Hal Roachs Zoo derselbe Vogel sei, der Billie Ritchie ins Grab brachte.

Billie Ritchie arbeitete bei Fred Karno. Billie Ritchies Gags handelten von Landstreichern und Betrunkenen.

Chaplin beobachtete Billie Ritchie sehr genau.

Jedenfalls trat der Strauß Billie Ritchie so fest und so oft, dass Billie Ritchie Krebs bekam und starb. So fest trat der Strauß Billie Ritchie. Das Schicksal Billie Ritchies macht ihn betroffen, denn einer der Filme, den Hal Roach auf seine Angebotsliste gesetzt hat, heißt *Roughest Africa*, in dem mehr Tiere vorkommen als im Bronx Zoo. In einer Szene soll er von einem Strauß quer über Santa Catalina Island gehetzt werden.

Er lässt Nachforschungen anstellen und erhält den Bescheid, dass dieser Strauß nicht derselbe sei, der Billie Ritchie den Krebs in den Leib getreten hat.

Das, so wird ihm versichert, sei ein ganz anderer Strauß gewesen.

Jimmy Parrott macht Einakter für Hal Roach unter dem Namen Paul Parrott, während Jimmys Bruder, Charley Parrott, bei Snub Pollards Komödien Regie führt und als Generaldirektor der Studios fungiert. Charley Parrott ist auch für eine neue Hal-Roach-Serie zuständig, die *Die kleinen Strolche* genannt werden soll.

Beim Vaudeville-Ring hat er von Charley Parrott gehört, aber Jimmy Parrott kennt er nur von der Leinwand. Laut Studioklatsch soll Jimmy Parrott als Jugendlicher ein schwieriger Bursche und in Baltimore Mitglied einer Straßengang gewesen sein. Charley Parrott habe seinen Bruder gerettet, indem er ihn herausgeholt, nach Kalifornien gebracht und ihm Arbeit verschafft habe. Dies war nur zum Teil ein Akt reiner Nächstenliebe. Jimmy Parrott ist ein guter Komiker. Nicht authentisch, nicht wie Harold Lloyd, aber solide. Charley Parrott leitet Jimmy Parrott an. Charley Parrotts Instinkte sind mehr als nur solide. Und Charley Parrott kann spielen. Charley Parrott ist subtil. Er beobachtet Charley Parrott, wie dieser mit seinen Mitwirkenden die Set-ups und Texte durchgeht, und denkt, dass Charley Parrott vor der Kamera stehen sollte und nicht dahinter.

Doch Jimmy Parrott ist der Grund, warum er hier ist, der Grund, dass Hal Roach ihm eine zweite Chance gegeben hat. Jimmy Parrott ist Epileptiker, und seine Anfälle behindern ihn beim Spielen. Hal Roach verlangt Ergebnisse, Epilepsie hin oder her, also wird ein weiterer Darsteller gebraucht, um den Druck von Jimmy Parrott zu nehmen und sicherzustellen, dass Hal Roach jede Woche etwas auf die Leinwand bringt.

Sein Deal mit Hal Roach beinhaltet zwölfeinhalb Prozent der Einnahmen. Das ist nicht überwältigend, aber Hal Roach kann das Verleihgeschäft und ein Charakterprofil garantieren. Dennoch: Er hat zu hart gearbeitet und kann es sich nicht leisten, jetzt über den Tisch gezogen zu werden. Er fordert einen höheren Anteil und scheitert.

Seine gesamte Karriere hindurch wird er einen höheren Anteil fordern und scheitern.

Er will Mae seine Klagen im Einzelnen erläutern, aber Mae hört sich seine Beschwerden nicht mehr an wie früher. Mae will wissen, welche Rolle sie in dem Hal-Roach-Deal spielt. Er hat seine eigene Serie und zwölfeinhalb Prozent von etwas, aber sie hat nichts. Mae kann nicht ohne ihn zum Vaudeville zurück – und würde es auch nicht tun, sagt sie, selbst wenn sie es könnte. Aber was soll sie stattdessen machen? Er muss Hal Roach bitten, ihr Arbeit zu geben.

Und er tut es, aber Hal Roach ist nicht Broncho Billy Anderson. Hal Roach braucht ihn zwar, aber nicht so dringend, dass er sinnlos Geld verschwenden würde, indem er es der Frau gibt, die das Bett dieses neuen Stars teilt. Andererseits hat Hal Roach selbst eine Ehefrau, Marguerite, und kann nachvollziehen, wie sehr die Gemütsverfassung eines Mannes leiden kann, wenn eine Frau unglücklich ist. Hal Roach erklärt sich bereit, Mae eine Rolle in *Under Two Jags* zu geben, dem ersten Film des Vertrags.

Mae spielt eine Tänzerin und tanzt gut, aber die weibliche Hauptrolle hat Katherine Grant, und Mae ist gegenüber Katherine Grant mit sechzehn Jahren, einer Ehe und einem Kind im Nachteil. Mae ist gegenüber Katherine Grant mit Jahren in halb leeren Theatern, erbärmlichen Garderoben und kalten Quartieren im Nachteil. Ein Jahr zuvor ist Katherine Grant zur Miss Los Angeles gekürt worden und ist danach bei den Miss-America-Wahlen angetreten. Es ist unerheblich, dass in der Folge Nacktbilder von ihr auftauchten und es Versuche gegeben hat, gegen die Rückgabe der Fotoplatten Geld von ihr zu erpressen. Das Problem löste sich in Luft auf, weil Katherine Grant einen Fünfjahresvertrag mit den Hal-Roach-Studios unterschrieben hat.

Mae sieht zu, wie ihr eheähnlicher Gemahl neben Katherine Grant spielt, und begreift, dass dies das Ende für sie ist.

Als er an diesem Abend heimkommt, findet er Mae weinend vor.

Sie weint und kann nicht aufhören.

43

Er arbeitet ohne Unterlass. Er ist ein Getriebener. Er weiß, dass man ihn dieses Mal nicht nach drei oder vier Filmen abschieben wird. Er bemerkt auch, dass Jimmy Parrott mehr trinkt, als ratsam wäre, und zum Frühstück Appetitzügler kaut. Je unzuverlässiger Jimmy Parrott wird, desto höher steigt sein eigener Stern.

Doch es bleibt ein Stern niederer Ordnung: niedrige Gagen, niedrige Vorschüsse, niedrige Anteile. Harold Lloyd, der bei den Hal-Roach-Studios sein eigenes Team hat, verdient so viel wie Chaplin, während er selbst noch nicht einmal 200 Dollar pro Woche bekommt.

Aber: Er hat ja auch keinen Film wie *Safety Last!* gemacht.

Er sieht *Safety Last!* in der Studiovorführung im März 1923. Er betritt den Saal und fühlt sich, als hätte er endlich auf dem Gelände ein Zuhause gefunden – begeisterte Begrüßung, Rückkehr des verlorenen Sohnes, Hal hat große Pläne für dich –, und geht nach dreiundsiebzig Minuten mit der Erkenntnis hinaus, dass seine bisherigen Ambitionen bescheiden waren und sein Talent noch bescheidener ist.

Es ist unerheblich, dass in *Safety Last!* die gefährlichsten Stunts gedoubelt werden.

Es ist unerheblich, dass Harold Lloyd, ein Kontrollfreak, es nicht über sich bringt, seinem Double bei der Arbeit zuzusehen.

Es ist unerheblich, dass es sich bei dem Zifferblatt, an dem Harold Lloyd hängt, um eine Fassade handelt, die man auf dem Dach eines anderen Gebäudes errichtet hat.

Es ist unerheblich, wie der Trick zustande kommt; es geht nur darum, dass er zustande kommt, und das gut.

Ein Höhepunkt nach dem anderen, ein Gag nach dem anderen – er kommt aus dem Staunen nicht mehr heraus, ein lebendig gewordener Traum durch einen Mann mit falschem Zeigefinger und Daumen, der auf einem Auge fast blind ist, alles nur wegen einer vermeintlichen Bombenattrappe, die er am falschen Tag in der rechten Hand getragen hat.

(Als er Harold Lloyd auf dem Gelände zum ersten Mal begegnet, fragt er ihn, ob er ihm einen nützlichen Rat geben könne. Harold Lloyd sagt ihm:

– Kontrollier immer die Sicherung.)

Er weiß, was man über Harold Lloyd sagt: dass Harold Lloyd größenwahnsinnig geworden sei; dass Harold Lloyd selbst für die einfachsten Szenen immer mehrere Takes braucht; dass Harold Lloyd noch nicht einmal eine Kamera positionieren kann ohne stundenlange Diskussionen.

Sogar wenn Harold Lloyd Lob gespendet wird, fallen die Lobeshymnen eher verhalten aus.

Harold Lloyd ist kein Komiker, informiert Hal Roach seine Zuhörer eines Nachmittags. Harold Lloyd ist ein Schauspieler. Harold Lloyd ist der beste Schauspieler, den ich je in einer komischen Rolle gesehen habe, ist aber dennoch nur ein Schauspieler, der vorgibt, Komiker zu sein.

Na und?, denkt er.

Ich bin ein Bühnenkomiker, der vorgibt, Filmschauspieler zu sein.

Mae ist eine verheiratete Frau, die vorgibt, meine Ehefrau zu sein.

Chaplin ist ein Dämon, der vorgibt, ein menschliches Wesen zu sein.

Ist das fair? Nein, selbstverständlich ist das nicht fair.

Chaplin ist, wie Harold Lloyd, ein Genie. Aber Harold Lloyd ist kein Genie wie Chaplin. Niemand ist es.

Und vielleicht ist es so am besten.

44

Mae erhebt noch immer ihre Forderungen, Mae sucht noch immer Rollen für sich, aber eine neuartige Bitterkeit schleicht sich in die Ansprüche, die sie an ihn stellt.

Mae will ihren Anteil.

Sie ficken jetzt nicht mehr so oft. Er versucht, ihr aus dem Weg zu gehen, führt seine Arbeit als Begründung an – und es ist eine stichhaltige Begründung, meistens, obwohl er noch immer gerne einen Drink nimmt, sogar einen Drink braucht, besonders ehe er nach Hause zurückkehrt zu dieser Frau.

– Warum siehst du nicht zu, dass du sie loswirst?

Es ist Jimmy Finlayson, der fragt, Jimmy Finlayson mit seinem gutturalen schottischen R und seinem falschen Schnurrbart und zwei fehlenden Zehen am linken Fuß. Jimmy Finlayson hat von Jack Blystone zu Mack Sennett zu Hal Roach gewechselt, und jetzt hat Hal Roach versprochen, Jimmy Finlayson zu einem Star wie Ben Turpin zu machen. Jimmy Finlayson glaubt Hal Roach nicht so recht, doch wie auch immer es für ihn weitergehen wird: Alles ist besser, als in einer Gießerei im schottischen Larbert zu arbeiten und zu sterben.

Sie trinken im Untergeschoss des Del Monte in Venice Beach. Seiner Ansicht nach hat sich das Del Monte positiv entwickelt, seit es – gezwungenermaßen – zu einer Flüsterkneipe wurde. Die Kundschaft ist besser geworden.

Jimmy Finlayson hat eine Frau namens Emily Gilbert geheiratet, die neunzehn ist und dachte, einen dreißigjährigen Mann zu heiraten, weil Jimmy Finlayson, wie eine alte Jungfer, die Gelegenheit beim Schopf gepackt und sich um ein paar Jahre jünger gemacht hat. Vielleicht hat Emily Gilbert auch überhaupt nichts gedacht, denn sosehr er Jimmy Finlayson mag, so entspricht Jimmy Finlayson doch niemandes Vorstellung von einem Adonis. Jetzt lebt Emily Gilbert mit Jimmy Finlayson und dessen Schwester Agnes in einem Haus in Los Angeles, das auch dann noch für alle drei zu klein wäre, wenn es zehnmal so groß wäre und sich über einen ganzen Häuserblock erstrecken würde. Das ist der Grund, warum Jimmy Finlayson hier in dieser Flüsterkneipe sitzt, genau wie er aus ähnlichen Gründen hier bei Jimmy Finlayson sitzt.

Jimmy Finlayson ist überzeugt, dass die Ehe mit Emily Gilbert nicht mehr lange halten wird. Jimmy Finlayson ist froh darüber. Jimmy Finlayson ist auch der Meinung, dass, auf ähnliche Weise, der Mann neben ihm glücklicher wäre, wenn Mae nicht länger Teil seines Lebens wäre.

Ich kann mich nicht von ihr scheiden lassen, erzählt er Jimmy Finlayson. Wir sind nicht verheiratet.

Sollte dieser Scherz jemals komisch gewesen sein, so ist er das schon lange nicht mehr.

Ich habe nicht davon geredet, dass du dich von Mae scheiden lassen sollst, sagt Jimmy Finlayson. Ich habe davon geredet, sie umzubringen.

Er erstickt beinahe an seinem Bourbon – im Del Monte ist der Schnaps gut, für diejenigen, die ihn sich leisten können –, bis ihn Jimmy Finlayson auf seine typische Weise schräg von der Seite anschielt und er sein Gesicht unter einem Taschentuch verstecken muss, weil er so heftig lacht.

Es ist der 21. September 1923. Sie führen gerade ein müßiges Leben, denn *Mother's Joy* ist fertiggestellt. Zwar taugt der Film nicht viel, aber er macht sich noch keine Sorgen. *Roughest Africa* hat demnächst Premiere, und es heißt, *Motion Picture News* wird ihn als «große Klasse» einstufen. Und er arbeitet gut mit Jimmy Finlayson zusammen, so gut, dass Hal Roach begonnen hat, sie regelmäßig als Duo zu besetzen.

Aber Mae gibt nicht nach, nicht zu Hause und nicht im Studio. Mae spielt in *Mother's Joy* neben ihm und wird neben ihm spielen, wenn am Montag die Dreharbeiten zu *Near Dublin* beginnen. Wenigstens spielt Mae in *Mother's Joy* eine namentlich benannte Figur. In *Near Dublin* wird sie nur zusammen mit Hal Roachs anderen Lückenbüßern als «eine Dorfbewohnerin» aufgeführt werden.

Warum hat sich Mae nie scheiden lassen?, fragt Jimmy Finlayson.

– Weil sich ihr Mann nicht scheiden lassen wollte.

Das ist selbstverständlich nicht der einzige Grund, warum er und Mae unverheiratet geblieben sind. Er ist sich sicher, dass Rupert Cuthbert überredet werden könnte, Mae freizugeben, und sei es auch nur des Geldes wegen. Auch Mae weiß das. Er könnte wahrscheinlich die nötigen Mittel dafür aufbringen. Er glaubt nicht, dass es eines großen Aufwands bedürfte, um Rupert Cuthberts Unterschrift zu bekommen. Doch könnte am Ende die Klatschpresse davon Wind bekommen. Hal Roach würde das nicht gefallen.

In Wahrheit würde es auch ihm nicht gefallen.

Wie schlimm steht es denn zwischen euch beiden?, fragt Jimmy Finlayson.

– Schlimm. So schlimm wie nie. Wie steht's bei dir und Emily?

– Beim letzten Fick habe ich mir Erfrierungen geholt.

Er lacht erneut.

– Wie alt ist Emily jetzt?

– Dreiundzwanzig und geht auf die hundert zu.

– Und für wie alt hält sie dich?

– Sie hält mich noch immer für dreißig. Rechnen ist noch nie ihre Stärke gewesen. Zumindest kann ich behaupten, dass ich einmal eine Neunzehnjährige gefickt habe.

Der Titel *Mother's Joy* ist unpassend. Die Dreharbeiten bestehen aus Routine: billige Situationskomik, dazu die unglückliche Mae, die eine alte Schachtel neben jungem Gemüse spielt. Immer öfter bekommt sie nur deshalb Jobs, weil damit seine Bedingung erfüllt wird, dass sie mit ihm zusammenarbeitet, auch wenn es keine passenden Rollen für sie gibt. Die Flavia in *Mother's Joy* ist eine weitere Rolle von dieser Sorte, und Mae weiß es. Ihre Distanziertheit ist auf der Leinwand sichtbar, und zwar in einem Ausmaß, dass sich nur schwer sagen lässt, ob die Kälte, die sie verströmt, echt oder nur gespielt ist.

Doch gibt es eine Szene, in der es Mae gelingt, echte Gefühle zu zeigen: in der Hochzeitssequenz, wo sie, als die Erbin, ihm vor dem Altar eine Abfuhr erteilt und verkündet, sie habe inzwischen eine Abneigung gegen ihn entwickelt, und er es ihr in gleicher Münze zurückzahlt. Als er Mae beobachtet, wie sie in ihrem Brautkleid ihren Text spricht, begreift er, dass sie in diesem Moment nicht schauspielert, ebenso wenig wie er.

Aber er wird Mae nicht gehen lassen, und Mae wird ihn nicht gehen lassen.

Noch nicht.

45

Chaplin lernt den großen russischen Regisseur Sergej Eisenstein kennen.

Chaplin erzählt dem großen russischen Regisseur Sergej Eisenstein von seiner Bewunderung für *Panzerkreuzer Potemkin*. Der große russische Regisseur Sergej Eisenstein dankt Chaplin und bittet Chaplin um 25 000 Dollar, um einen Film in Mexiko zu drehen.

Chaplin windet sich höflich heraus.

Der große russische Regisseur Sergej Eisenstein pumpt jemand anderen um Geld an, gibt 90 000 Dollar aus und kehrt mit einem Stapel von Urlaubsschnappschüssen aus Mexiko zurück.

Chaplin ist nicht auf den Kopf gefallen.

46

Er streitet sich mit allen. Er streitet sich herum, weil er keinen festen Ankerplatz mehr hat und innerlich aufgewühlt ist. Er streitet sich herum, weil er sich unterbewertet fühlt. Er streitet sich herum, weil er diese ständige Geldknappheit satthat.

Und er streitet sich mit Mae, und er streitet sich wegen Mae.

Hal Roach zahlt ihm nicht genug. Sogar Mae sagt das, und zumindest in dieser Hinsicht liegt Mae nicht falsch, denn Mae weiß um den Wert eines Dollars. Zu allem Übel ist Hal Roach ein säumiger Zahler und braucht zu lange, um Filme abzusegnen. Harold Lloyd ist ein Star, und Hal Roachs Umgang mit Harold Lloyd ist von anderer Qualität als mit den übrigen Schauspielern. Er ist kein Star, und Hal Roach lässt ihn das spüren.

Er wünschte, A. J. wäre hier. A. J. kümmert sich um seine geschäftlichen Belange außerhalb der Vereinigten Staaten, doch A. J. ist in Ealing, nicht in Hollywood. Wann immer er in seiner Frustration A. J. anruft und die Möglichkeit einer Rückkehr zum Vaudeville anspricht, rät ihm A. J., beim Film zu bleiben. A. J. hat schließlich den Sterbegeruch der Music Halls wahrgenommen und ist sich sicher, dass das Vaudeville als Nächstes folgen wird.

Was kann er tun? Er kann bei Hal Roach bleiben oder kann Rückgrat zeigen und gehen. Mae rät ihm, woanders hinzugehen, aber er mag Maes Instinkten nicht länger vertrauen.

Er mag Mae überhaupt nicht mehr vertrauen.

Freunde haben aufgehört, sie beide zu besuchen. Einladungen als Paar zu Dinnerpartys gibt es so gut wie keine mehr. Er arbeitet besser, wenn Mae nicht am Set ist, und deshalb setzt er sich auch nicht länger für sie ein.

Und Mae weiß es. Mae ist, wie Chaplin, nicht auf den Kopf gefallen.

Du hörst mir nicht zu, sagt Mae.

– Ich höre dir zu. Du lässt mir ja keine andere Wahl.

– Ich will nur das Beste für dich, das Beste für uns beide.

– Vielleicht ist das ja nicht dasselbe, nicht mehr.

– Was soll das heißen? Willst du mich verlassen?

Doch er gibt keine Antwort, denn sie ist Mae, und er hat sie einst geliebt.

47

Es ist früh am Morgen. Er schläft.

Mae, nackt, betrachtet sich im Spiegel des Badezimmers. Sie bemerkt, dass sich das weiche Gewebe ihres Körpers jetzt in Fett verwandelt, dass die Rundungen ihrer Hüften konturlos in die Taille übergehen, dass die Brüste einer alternden Mutter traurig herabhängen. Sie sieht die Dehnungsstreifen an ihrem Leib und die Pockennarben an ihren Schenkeln. Sie sieht das Grau in ihrem Haar, die Falten um ihre Augen. Sie sieht die Gelbfärbung der Zähne und die Erschlaffung des Mundes. Sie sieht den Hautlappen unter dem Kinn, die Fleischröllchen unter den Armen, die roten Äderchen im Weiß der Augäpfel.

Sie ist jetzt siebenunddreißig Jahre alt. Manchmal sieht sie zehn Jahre älter aus.

Doch ja, sie ist einmal schön gewesen.

Er sagt, dass er weiterhin Rollen für sie sucht, aber sie glaubt ihm nicht mehr, und wenn es tatsächlich welche gibt, dann solche für Hintergrundakteure. Eine Szene, eventuell zwei, kein Name, kein Charakter. Sie hört, wie die Crew hinter ihrem Rücken lacht, doch wenn sie sich umdreht, sind alle Gesichter abgewandt.

Sie erinnert sich an das erste Mal, als sie ihn auf der Bühne gesehen hat, wie gutaussehend er war, sogar als er den Clown gespielt hat. Sie erinnert sich an das erste Mal, als sie sich geliebt haben, und an das erste Mal, als sie in einer Nummer zusammen aufgetreten sind, in der beide Acts so miteinander verschmolzen sind, dass jeder Schritt auf der Bühne zu einem Kuss, jedes Stolpern zu einer Liebkosung, jeder Sturz ein Zustoßen, jede Lachsalve ein Seufzen, jeder Applaus ein Orgasmus wurde. Sie erinnert sich an frostige Bahnsteige, an grobe Bettlaken, an billige Mahlzeiten. Sie erinnert sich an das Gefühl, wie er sich an sie drängt, wie heiß er in ihr ist, wie er in ihrem Mund schmeckt. Sie kann sich an all diese Momente erinnern, aber sie kann sich nicht daran erinnern, wann sie sich das letzte Mal geliebt haben.

Er ist fünfunddreißig Jahre alt. Manchmal sieht er zehn Jahre jünger aus.

Die Hoffnung entgleitet ihr zusehends.

Er entgleitet ihr zusehends.

Und was wird ihr bleiben, wenn beides weg ist?

Die Tür des Badezimmers geht auf. Normalerweise klopft er an, bevor er eintritt. Er ist übernächtigt und hat trübe Augen. Vergangene Nacht kam er spät nach Hause: Probleme beim Schneiden des Films. Sie glaubt ihm das, denn sie hat keine Fahne gerochen, keinen ungewohnten Duft.

Er sieht sie an. Er fragt nicht, was sie hier tut. Er ist einfach verlegen, sie so vorzufinden, verlegen seinet- und ihretwegen. Er hat sie schon so lange nicht mehr nackt gesehen.

Und sie möchte, dass er zu ihr kommt, dass er sie in die Arme nimmt, dass er sagt, dass es ihm leidtut – nicht irgendetwas, das er getan hat, sondern alles das, was noch auf sie beide zukommen wird.

Stattdessen macht er die Tür wieder zu. Als sie ins Bett zurückkehrt, schläft er.

Und das Fünkchen Hass, den sie auf ihn empfindet, wächst sich zur Flamme aus.

48

Percy Pembroke, der ein großer Regisseur sein möchte und für einige Zeit sein Manager sein wird, bietet an, ihm unter die Arme zu greifen.

Der Komiker Joe Rock hat sich vom Stuntdouble zum Schauspieler und zum Filmproduzenten emporgearbeitet. Percy Pembroke kennt Joe Rock und wird bei Joe Rock zu seinen Gunsten vorstellig. Joe Rock bietet ihm einen Deal über zwölf Filme und fünfzehn Prozent an. Er informiert Hal Roach, dass er dessen Firma verlässt. Hal Roach sagt ihm, er könne ruhig gehen.

Er ist verletzt. Er versucht es zu verbergen, aber es gelingt ihm nicht.

Das war's dann?, fragt er. Du machst kein Gegenangebot?

– Nein.

– Warum nicht?

– Weil du wiederkommen wirst. Und jetzt geh und mach Schrottfilme für Joe Rock. Du weißt ja, wo du uns findest, wenn du damit durch bist.

Hal Roachs Worte gehen ihm nach.

Sie gehen ihm nach, während er *Mandarin Mix-Up* und *Detained* und *Monsieur Don't Care* macht.

Sie gehen ihm nach, während er *West of Hot Dog* und *Somewhere in Wrong* und *Twins* macht.

Sie gehen ihm nach, während er *Pie-Eyed* macht.

Als er *The Snow Hawk* macht, weiß er, dass Hal Roach recht hat. Zwölfeinhalb Prozent von einem Hal-Roach-Film ist mehr wert als fünfzehn Prozent von zwanzig Joe-Rock-Filmen. Er wird unverzüglich zu den Hal-Roach-Studios zurückkehren, sobald er mit diesen verdammten Filmen für Joe Rock aufhören kann.

Joe Rock wird Mae keine Rollen in seinen Filmen geben, noch nicht einmal als Dorfbewohnerin, noch nicht einmal als Baum. So ist es in dem Vertrag festgelegt, den er bei Joe Rock unterschreibt. Er weiß, dass er Mae weh tut, wenn er diesen Vertrag unterschreibt. Er informiert sie erst, nachdem der Deal abgeschlossen ist.

Was ist da für mich drin?, fragt sie, wie sie es immer tut.

– Ich weiß es nicht. Wir werden das mit Joe klären.

– Aber ich kenne Joe nicht.

– Joe ist ein guter Kerl.

– Aber ich kenne ihn nicht.

Im Innersten gesteht er sich ein, dass er nicht nur wegen der Prozente bei Joe Rock unterschrieben hat. Er hat wegen Mae unterschrieben. Er hat unterschrieben, weil Mae es nicht hinnehmen wird, ausgegrenzt zu werden. Mae wird sich entweder ändern oder gehen müssen. Aber Mae kann sich nicht ändern, also muss Mae gehen.

Und Joe Rock hat ihn erneut Lois Neilson vorgestellt. Er erinnert sich an sie von einem Film, den sie 1919 gemeinsam für Hal Roach gemacht haben. Lois Neilson war damals vierundzwanzig und schön. Jetzt ist sie dreißig und noch immer schön.

Der Film, den sie zusammen gemacht haben, hieß *Do You Love Your Wife?*

Er versucht, diesen Titel aus dem Kopf zu bekommen, als er zum ersten Mal mit Lois ins Bett geht.

The Snow Hawk wird am Arrowhead Lake in den San Bernardino Mountains gedreht. Mae hat darauf bestanden, mitzukommen. Sie bewohnen gemeinsam eine Hütte, und in der Hütte streiten sie sich. Joe Rock kann sie hören. Jeder kann sie hören. Besetzung und Crew von *The Snow Hawk* werden Zeugen des Tods einer Ehe. Es ist unerheblich, dass es sich um eine eheähnliche Gemeinschaft handelt. Es ist unerheblich, dass zwei Personen mit diesen Namen in Wahrheit nie existiert haben. Es ist trotzdem ein Todesfall.

Mae schreit und heult. Mae behauptet, Joe Rock habe versucht, sie zu ficken – hier, in ihrer Hütte. Mae sagt das, weil sie ihn verletzen will. Mae sagt das, weil sie ihn glauben machen will, dass vielleicht irgendjemand sie noch immer ficken möchte, auch wenn er es nicht tut.

Joe Rock hat nicht versucht, Mae zu ficken. Joe Rock will Mae nicht ficken. Selbst wenn Joe Rock tatsächlich Mae ficken wollte, würde Joe Rocks Frau es nicht zulassen.

Joe Rock schafft ihn in eine leere Hütte. Joe Rock macht eine Flasche Schnaps auf. Joe Rock gießt zwei Gläser ein und gießt dann noch einmal zwei Gläser ein, weil er die ersten beiden Gläser hinuntergestürzt hat, noch ehe Joe Rock die Flasche abstellen konnte.

Sie macht deine Karriere kaputt, sagt ihm Joe Rock.

– Ich weiß.

– Die Leute reden schon.

– Ich weiß.

– Was glaubst du, warum Hal Roach dich hat gehen lassen? Hal Roach hatte die Nase von Mae noch voller als du.

– Ich weiß.

– Es ist vorbei mit euch beiden.

– Ich weiß.

Joe Rock informiert Mae, dass ihr eheähnlicher Gemahl die Nacht in einer anderen Hütte verbringen wird. Joe Rock sagt Mae, dass sie nach Los Angeles zurückkehren soll. Nach Abschluss der Dreharbeiten von *The Snow Hawk* werde man sich gemeinsam an einen Tisch setzen und reden.

Mae argumentiert nicht. Mae hat keine Argumente mehr. Mae hat die Veränderung in ihm wahrgenommen. Mae glaubt, dass er mit einer anderen schläft, dass diese Frau seinen Geist und seinen Körper infiziert hat.

Mae weiß, dass sie ihn verloren hat.

Später werden Geschichten kursieren: dass Mae auf ein Schiff zurück nach Australien gesetzt worden sei, mit einem Ticket, für das Joe Rock ein Darlehen aufgenommen habe; dass man Mae ihren Schmuck zurückgegeben habe, damit sie ihn mitnehmen könne; dass dem Zahlmeister des Schiffes Bargeld mit der Auflage anvertraut worden sei, es erst auf hoher See zu übergeben, einfach um sicherzugehen, dass Mae die Übereinkunft nicht brechen könne.

Vielleicht gibt es kein Schiff. Vielleicht gibt es keinen Zahlmeister.

Aber es gibt das Geld – nicht so viel, wie Mae möchte, nicht so viel, wie sie wert ist, aber besser als die Alternative.

Mae nimmt das Geld und entschwindet.

Vorübergehend.

49

Im Oceana Apartment Hotel überkommt ihn ein vertrautes Schuldgefühl, als er sich erinnert, wie mühelos er sich Maes entledigt hat. Das Ablaufmuster hat sich herausgebildet: Betrug und Begehren einer anderen – aber auch die Spiegelung dieses Ablaufs.

Er und Babe; Mae und Madelyn.

Wie Babe geht er zuerst mit einer älteren Frau ins Bett.

Wie Babe trennt er sich von ihr wegen einer jüngeren.

Wie Babe glaubt er, dass Geld ihr Nimmerwiedersehen garantiere.

Wie Babe liegt er falsch.

50

Mae ist also fort, aber Joe Rock ist noch immer da. Hal Roach mag zwar ein Geizkragen sein, wie er im Buche steht, aber Hal Roach ist ehrlich. Joe Rock betrügt seine Verleiher, indem er Kosten für einen ganzen Monat budgetiert, dann aber in einer guten Woche abdreht und den Differenzbetrag einsteckt. Joe Rock müsste man in seinem Bürosessel festschrauben.

Aber die Filme, die er mit Joe Rock macht, werden besser –

Navy Blue Days

The Sleuth

Dr Pyckle and Mr. Pryde

Half A Man

– sogar während er die Drehtage bis zu dem Tag herunterzählt, an dem er wieder frei ist. Er recycelt noch immer alte Gags, aber er erfindet auch neue. Er entwickelt sich weiter.

Und Hal Roach überwacht seine Fortschritte. Er wird nicht zu Hal Roach zurückkriechen müssen, sobald er Joe Rocks überdrüssig ist.

Denn Hal Roach wird ihn wiederhaben wollen.

51

Er ist sich weiterhin der Existenz Babe Hardys gewärtig, doch nur als einer Figur in der Ferne, als einer kurzen, mittlerweile entzweigegangenen Bekanntschaft.

Genau wie er sich der Existenz Larry Semons gewärtig ist.

Und der Buster Keatons.

Und der Harold Lloyds.

Und der Chaplins.

Babe ist ein Profi. Alle sagen das.

Babe bleibt Myrtle treu und bleibt Larry Semon treu. Babe ist ein pragmatischer Mensch, und weder Myrtle noch Larry Semon stellen unzumutbare Forderungen an ihn. Aber Babe mag auch Larry Semon, und Larry Semon mag Babe, wenngleich möglicherweise nicht aus demselben Grund. Babe ist keine Bedrohung für Larry Semon und will auch keine sein, was dazu beiträgt, die Flamme von Larry Semons Zuneigung zu ihm anzufachen. Im Gegenzug gibt Larry Semon Babe regelmäßig etwas zu tun, mit viel Zeit zwischen den einzelnen Engagements, in der Babe auf dem Golfplatz seinen Schwung verbessern kann.

Doch Larry Semon ist in einer Todesspirale gefangen, was für Babe immer deutlicher zutage tritt. Larry Semon ist ein guter Gagschreiber und kennt sich mit Slapstick aus. Aber Larry Semon ist der Kurzfilme überdrüssig und möchte zu Spielfilmen übergehen. Larry Semon bekommt mit, was Chaplin und Harold Lloyd gerade kreieren, und möchte selbst Filme nach deren Vorbild erschaffen. Larry Semon strebt danach, nicht nur ein Star zu sein, sondern auch als Künstler anerkannt zu werden.

Larry Semon ist neidisch auf Harold Lloyd.

Larry Semon ist neidisch auf Chaplin.

Mit den Zweiaktern ist es vorbei, sagt Larry Semon zu Babe. Die Leute wollen mehr. Schau dir Lloyd an. Schau dir Chaplin an.

Und Babe nickt zustimmend. Babe wird Larry Semon in dessen Bemühen unterstützen, es seinen Standeskollegen gleichzutun. Doch privat, allein auf dem Golfplatz, ist Babe dieser Meinung:

Larry Semon braucht schon jetzt zu lange, um einen Zweiakter zu machen. Vitagraph hat die Beziehung zu ihm abgebrochen. Sogar das Arrangement, wonach Larry Semon auf eigene Kosten Kurzfilme auf dem Gelände von Vitagraph drehen darf, ist inzwischen unrentabel geworden.

Larry Semon hat zu kämpfen.

Dann nimmt die Truart Film Corporation Larry Semon unter Vertrag – mit einem Deal über sechs Spielfilme, über drei Jahre, für über 3 Millionen Dollar. Babe und Larry Semon feiern den Abschluss mit einer Runde Golf und anschließendem Dinner. Larry Semon reist nach New York, wo er seinen Namen mit einem goldenen Füller und mit goldener Tinte unter den Vertrag setzt und einen goldenen Anzug trägt. Zu Larry Semons Ehre werden Partys gegeben, und Larry Semon wird in den Fond eines Automobils gesetzt und über den Times Square chauffiert.

Aber Babe macht sich Sorgen. Larry Semon kann keine sechs Spielfilme in drei Jahren liefern. Larry Semon kann keine sechs Spielfilme in sechs Jahren liefern. Larry Semon wird möglicherweise nicht in der Lage sein, sechs Spielfilme in der ihm noch verbleibenden Lebenszeit zu liefern, nicht einmal dann, wenn Larry Semon hundert Jahre alt werden sollte.

Aus dem Truart Deal – unterzeichnet mit einem goldenen Füller und goldener Tinte von einem Mann im goldenen Anzug – wird nichts, weil Larry Semon seine Rechnung ohne Vitagraph gemacht hat. Zwar mag Vitagraph seines ehemaligen Stars überdrüssig sein, doch wenn Truart bereit ist, Larry Semon 3 Millionen Dollar zu zahlen, dann sollte man bei Vitagraph vielleicht noch einmal einen Blick in die eigenen Unterlagen werfen. Vitagraph tut das und stellt fest, dass Larry Semon dem Studio noch weitere Filme schuldet. Truart zerreißt den Vertrag. Larry Semon steckt in Schwierigkeiten, und wenn Larry Semon in Schwierigkeiten steckt, dann auch Babe.

Doch bei Chadwick Pictures Corporation, mit I. E. Chadwick an der Spitze, glaubt man an Larry Semon. Man glaubt an Larry Semon fast genauso sehr, wie es Larry Semon tut.

Larry Semon steckt Zeit und Arbeit, zusammen mit einem großen Teil seines eigenen Geldes, und auch mit I. E. Chadwicks Geld, in *The Wizard of Oz*.

Regie: Larry Semon.

Produzent: Larry Semon.

Drehbuch: Larry Semon.

Hauptrolle: Larry Semon.

Larry Semon heiratet sogar seine Filmpartnerin Dorothy Dwan.

Und Babe steht ihm die ganze Zeit zur Seite, weil Babe loyal ist. Babe beobachtet, wie sich Chaos und Schönheit gleichzeitig entfalten, und sieht, wie Larry Semons Ambitionen seinen Realitätssinn übersteigen. Der Termin für eine Premiere an Weihnachten wird nicht eingehalten.

Weil Larry Semon an den Mythos von Larry Semon glaubt. Larry Semon glaubt, das Talent eines Harold Lloyd, das Talent eines Buster Keaton zu haben.

Das Talent eines Chaplin.

Aber obwohl Harold Lloyd seine Filme nur mit großer Mühe fertigbekommt und dabei die Filmcrews in den Wahnsinn treibt und Hal Roachs Geduld auf die Probe stellt, schafft es Harold Lloyd noch immer, sechs Spielfilme pro Jahr zu produzieren.

Buster Keaton schafft vier.

Und Chaplin ist Chaplin.

Chaplin, der Meister, macht gerade einen Film mit dem Titel *The Gold Rush*, hat aber unter Missgeschicken und seinem eigenen Ehrgeiz zu leiden. Tausende Meter Filmmaterial wurden bei Außenaufnahmen in Truckee, Nevada, verbraucht und als untauglich verworfen, und Chaplin ist jetzt dabei, den Klondike-Goldrausch in einem Studio nachzubauen.

Es heißt auch, dass Chaplin in privaten Schwierigkeiten stecke. (Doch wann ist das bei Chaplin nicht der Fall, denn Chaplin versucht, jede junge Frau zu ficken, die den Fehler begeht, zu lange an einem Ort stehen zu bleiben.) Chaplin fickt gerade eine Schauspielerin namens Lita Grey. Lita Grey ist fünfzehn Jahre alt. Chaplin begegnet Lita Grey zum ersten Mal, als sie acht ist, und gibt ihr eine Rolle in *The Kid*, als sie gerade zwölf ist.

Chaplin gehört ins Gefängnis.

Aber Chaplin ist Chaplin.

Larry Semon ist es egal, wen Chaplin fickt. Larry Semon will nichts weiter, als Filme zu machen wie die von Chaplin, von Harold Lloyd, von Buster Keaton. Doch diese Männer haben eine Vision, und Larry Semon hat keine. Alles, was Larry Semon fertigbringt, ist, seine Slapstickgags beim Drehen zu strecken, und das ist schlicht zu wenig.

The Wizard of Oz fällt hoffnungslos durch. Die Chadwick Pictures Corporation geht bankrott. Sogar Vitagraph, nunmehr ohne Star, macht Pleite.

Larry Semon, der 1915 als Comiczeichner 35 Dollar die Woche verdient; der zehn Jahre später einen goldenen Anzug kauft, in dem er einen Vertrag über eine Million Dollar jährlich unterschreibt; der Babe Hardy Golf beibringt; der gegenüber seinen Filmpartnern großzügig ist, solange sie sich ihrer Stellung in der Hierarchie bewusst sind; dessen größter Fehler in dem Eifer besteht, besser zu sein, als es sein Talent erlaubt, ist binnen zweier Jahre pleite und binnen dreier tot. Larry Semon, der dabei ist, als sein Vater in Armut stirbt und nach Fischgedärmen stinkt, stirbt seinerseits in Armut in einem Sanatorium, geschwächt durch Lungenentzündung und Tuberkulose und geistig verwirrt.

Und Babe Hardy, jetzt ohne Mentor, sucht ein neues Zuhause. Bei Hal Roach.

52

Er sieht sich *The Wizard of Oz* an, und es tut ihm leid um Larry Semon und um Babe. Er drückt Babe sein Mitgefühl aus, als sie sich in den Studios treffen. Babe arbeitet gerade für Charley Parrott, Jimmy Parrotts Bruder, derjenige, der nicht unter Epilepsie leidet, der nicht exzessiv trinkt, der nicht von Appetitzüglern abhängig ist.

Babe zuckt mit der Achsel.

– Was kann man schon machen?

Er schaut sich *The Gold Rush* an und hat Mitleid mit sich selbst. Das, so denkt er, ist wahre Größe. Er wünschte, er könnte es Chaplin persönlich sagen, aber Chaplin kreist jetzt auf einer Umlaufbahn in höheren Sphären.

Künstlerisch zumindest.

Chaplins vor kurzem geschlossene Ehe mit Lita Grey bricht bereits auseinander, und es heißt, dass Chaplin jetzt Georgia Hale fickt, die Lita Grey als Hauptdarstellerin in *The Gold Rush* ablöste, als Lita Greys Schwangerschaft nicht länger zu verschleiern war. Chaplin fickt Georgia Hale, während Charlie junior, sein zweites Kind – sein drittes, wenn man den Jungen, Norman, dazurechnet, der nur drei Tage lang lebte – noch feucht von Lita Greys Schoß ist. Die Arithmetik im Fall von Charlie juniors Geburt ist verzwickt: Der Junge wird am 5. Mai 1925 geboren. Lita Grey wurde am 15. April siebzehn. Das Mündigkeitsalter in Kalifornien ist achtzehn, doch Chaplin heiratet Lita Grey in Mexiko mit sechzehn, hauptsächlich, um nicht ins Gefängnis zu kommen, und erst nachdem Chaplin sie vergeblich unter Druck gesetzt hat, eine Abtreibung vornehmen zu lassen.

Inzwischen fickt Chaplin auch Mary Pickford.

Diese Details aus Chaplins Leben sind verstörend.

Um über Chaplin zu lachen, muss man versuchen, sie zu vergessen.

53

Doch wer ist er, dass er – ein Sterblicher vor Gottes Angesicht – einen Chaplin brandmarken dürfte? Wer ist er, dass er Chaplins Wesensart hinterfragen dürfte?

Er wusste nichts von Chaplins Armut.

Er hat ja keine Mutter ins Irrenhaus geleitet, als kleiner Junge, der eine verwirrte Frau zur Pforte des Cane Hill Hospital führt, um sie dort den lichtlosen Bereichen irgendwelcher Abteilungen zu überantworten, in Gebäuden, deren bloßes Erscheinungsbild eine Feindseligkeit gegenüber Tageslicht demonstriert.

Er hat ja nicht das Waisenhaus erduldet oder ein Leben auf der Straße.

Er hat ja keine Not gelitten.

Vielleicht ist das der Grund, warum Chaplins Ehrgeiz den seinen so übersteigt: weil Chaplin solche Höhen erklimmen muss, um die Abgründe zu verheimlichen und damit die Erinnerung auszulöschen.

Vielleicht ist das der Grund für Chaplins unbändige Lebensgier: weil Chaplin in Mietskasernen gedarbt hat, in denen sogar die Ratten Hunger litten, und von einem umnachteten Geist bemuttert wurde.

Vielleicht ist das der Grund, warum Chaplins Verlangen so groß ist: weil Chaplin mit so wenigem so lange überlebt hat.

Und vielleicht ist das der Grund, warum Chaplin in seinem Bett junge Mädchen so gnadenlos ausbeutet: weil Chaplin keine eigene Kindheit hatte und so, als Vergeltung, zwanghaft die Kindheit anderer vertilgt.

Schmerzen, nichts als Schmerzen.

54

Mae ist also aus dieser neuen Version seines Lebens im Umbau eliminiert worden, genau wie Madelyn aus Babes. Zwar vermisst er Mae nicht, aber ihre Aura ist weiterhin vorhanden. Er spürt, dass sie auf ihm lastet, sogar wenn er mit Lois zusammen ist. Mae ist zu lange ein Teil seines Lebens gewesen, als dass man sie ohne weiteres daraus verbannen könnte. Er versucht, die Franklin Avenue zu meiden, wo er jahrelang mit Mae gelebt hat. Es hilft, dass sie so weit im Norden liegt, weit weg von Lois' Apartment.

Ein wenig.

Es hilft ein wenig.

Er ist vom Weg abgekommen, aus der Bahn geworfen. Mae hat ihn mit einem Namen zurückgelassen, der nicht sein eigener ist, und jetzt kann er ihm nicht entkommen. Er hat auf der Leinwand keinen eigenständigen Charakter und in der Realität nur eine fabrizierte Identität. Alles ist Vorspiegelung, aber wir müssen vorsichtig sein mit dem, was wir vorspiegeln, denn letztlich ist das Vorgespiegelte das, zu dem wir werden müssen.

Er begreift das.

Alles ist Vorspiegelung.

Und alles ist Charakter.

Das Publikum kommt nicht scharenweise, um Chaplin oder Buster Keaton nur wegen der Gags zu sehen. Das Publikum begeistert sich nicht nur an den Wiederholungen, sondern auch am Charakter der Figur, und dieser Charakter ist es, der sich nicht verändern darf.

Er begreift das.

Wenn sich der Charakter der Figur nicht verändern darf, dann ist das Schicksal der Figur besiegelt. Die Figur kann dem Walten des Schicksals nicht entkommen, weil der Charakter nicht sich selbst entkommen kann. Der Charakter kann nicht dazulernen, weil lernen verändern bedeutet.

Er begreift das.

Aber das ist keine Möglichkeit für einen Mann, um es im richtigen Leben auszuhalten.

Dennoch muss Chaplin, der mit jungen Mädchen schläft, *Der kleine Tramp* sein, und nichts aus seinem Leben, was das Publikum dazu bringen könnte, etwas anderes zu glauben, darf jemals ans Licht kommen.

Dennoch muss Buster Keaton, der ein Trunkenbold und Schürzenjäger ist, *Der Mann, der niemals lacht* sein, und nichts, was das Publikum dazu bringen könnte, etwas anderes zu glauben, darf jemals ans Licht kommen.

Er hat keinen eigenen Charakter auf der Leinwand, noch nicht, aber er wird ihn haben. Er bildet sich langsam heraus. Er spürt ihn. Sobald er ihn identifiziert hat, wird der Prozess beginnen. Er wird sich in ihm fest verankern und er sich in ihm. Er wird nicht in der Lage sein, ihm zu entkommen, selbst wenn er es wollen sollte, weil in dieser Persona seine Hoffnung auf Erfolg liegen wird.

Alles ist Charakter, aber der Charakter ist vorgespiegelt.

Und der Charakter seiner Figur hat schon einen Namen.

Seine Figur trägt seinen Namen, ein angenommenes Alias, dem er nicht mehr abschwören kann.

Er begreift das.

55

Er kämpft, um von Joe Rock freizukommen; sein Vertrag mit Joe Rock hat mehr Klauseln, als es Nebensätze bei Shakespeare gibt. Warren Doane, Hal Roachs kaufmännischer Leiter, geht den Vertrag zweimal durch und muss sich anschließend eine Stunde lang hinlegen.

Er ist als Schauspieler an Joe Rock gefesselt, aber in keiner anderen Hinsicht. Solange er nicht schauspielerisch tätig ist, schuldet er Joe Rock nichts. Der inzwischen wiedergenesene Warren Doane beginnt mit der Arbeit an den Knackpunkten des Vertrags. Während Warren Doane verhandelt und Joe Rock mauert, schreibt er Drehbücher für Hal Roach und führt Regie. Man gibt ihm Jimmy Finlayson als Partner.

Hast du Mae umgebracht?, fragt Jimmy Finlayson.

– Nein, ich habe sie nicht umgebracht.

– Es heißt, du hast sie auf ein Schiff nach Australien verfrachtet.

– Auch das stimmt nicht.

– Ich hoffe es. Sonst hätte ich dich nämlich gebeten, auch Emily mit an Bord zu nehmen. Dann hätten wir das Schiff versenken können.

Er arbeitet neben Jimmy Parrott, der noch immer Appetitzügler nimmt und noch immer Anfälle hat. Charley Parrott, Jimmys Bruder, gibt bei den *Die kleinen Strolche*-Filmen das Ruder aus der Hand, um eigenständiger Komiker zu werden. Harold Lloyd hat die Studios verlassen und sucht seine Unabhängigkeit, und Hal Roach muss den Betrieb seines Studios aufrechterhalten. Hal Roach ist nicht abgeneigt, Charley Parrott aufzubauen, und so wird Charley Parrott nun zu Charley Chase und macht Zweiakter fürs Kino. Charley Chase hat mit Chaplin und Roscoe Arbuckle gearbeitet. Charley Chase hat mit Mack Sennett gearbeitet. Charley Chase ist smart und kultiviert. Charley Chase versteht, dass der Charakter einer Figur alles ist.

Er besieht sich Charley Chase genau, weil Charley Chase zu kämpfen hat, um mit dem Druck zurechtzukommen. Charley Chase trinkt. Sie alle trinken, obwohl er jetzt weniger trinkt, seit Mae nicht mehr da ist, doch das Trinken behindert sie nicht in der laufenden Arbeit. Möglicherweise ist es für Charley Chase der einzige Weg, kontinuierlich zu funktionieren, mit der Hilfe von Brandy und Champagner – na gut, Brandy, Champagner und dem Sortiment handgeschnitzter Meerschaumpfeifen, die Charley Chase einzig dazu benutzt, um hinter den Kulissen Marihuana zu rauchen.

Wenn Charley Chase gerade nicht dreht oder betrunken ist, oder high, dann fickt Charley Chase kleine zierliche Blondinen, während BeBe, seine Ehefrau, ihre Töchter zu braven Mädchen erzieht. Charley Chase liest seinen Töchtern Gutenachtgeschichten vor. Charley Chase ist kein schlechter Kerl. Sogar BeBe weiß das, weshalb sie so tut, als würde sie die Blondinen nicht zur Kenntnis nehmen. Sie wünschte jedoch, ihr Mann würde sie nicht in seinen Filmen besetzen. Das macht es schwerer für sie, sie zu ignorieren, wenn sie sie in Großformat auf der Leinwand sehen muss.

Auch Leo McCarey ist oft anwesend und sitzt auf dem Regiestuhl. Leo McCarey und Hal Roach stehen sich nahe, doch Leo McCarey und Charley Chase stehen sich noch näher. Abends, bei schwarz gebranntem Fusel, komponieren Leo McCarey und Charley Chase gemeinsam volkstümliche Songs.

Beobachtet er schon Charley Chase genau, so beobachtet er Leo McCarey mit noch größerer Aufmerksamkeit, denn Leo McCarey ist der beste Regisseur der Hal-Roach-Studios. Leo

McCarey und Charley Chase bilden einen Organismus, weshalb es schwierig ist zu sagen, wo Leo McCareys Arbeit endet und die von Charley Chase beginnt. Leo McCarey ist ein Fels. Charley Chase hat die Ideen und verfügt über die technische Expertise, um sie auf die Leinwand zu bringen, aber Leo McCarey ist der ruhende Pol der Filmarbeiten. Leo McCarey fickt auch keine kleinen zierlichen Blondinen oder raucht Marihuana in Meerschaumpfeifen. Andererseits stolpert Leo McCarey über jedes Kabel, das herumliegt, und wirft jede Flasche hinunter, die herumsteht. Leo McCarey ist der einzige Mensch, den er kennt, der in einen Aufzugsschacht gefallen ist und überlebt hat. Leo McCarey ist der einzige Mensch, den er kennt, der in einen Aufzugsschacht gefallen ist, Punkt. Jimmy Finlayson sagt, Leo McCarey sei nur deshalb noch am Leben, weil Gott sich nicht richtig anstrengt. Jimmy Finlayson sagt, dies sei der Beweis, dass Gott katholisch sei.

So wartet er also, dass Joe Rock klein beigibt, und er schreibt Drehbücher und führt Regie. Er ist kein Charley Chase und kein Leo McCarey, aber wie Charley Chase kann er schauspielern und, wenn nötig, seinen Stars zeigen, was er von ihnen haben möchte. Dies tut er bei «Madcap» Mabel Normand, der «irren Mabel». Er tut es bei «Inja Rubber Idiot» Clyde Cook, dem australischen «Trottel mit den Gummiknochen», dessen Namen er einmal auf Vaudevilleplakaten in England gelesen hat. Clyde Cook bekommt Stürze hin wie Buster Keaton. Clyde Cooks Knochen verbiegen sich, aber sie brechen nicht.

Und er tut es bei Babe.

56

Es ist Anfang 1926. Er besucht eine Preview von Charley Chases neuem Film *Mighty Like A Moose*. Hal Roach ist anwesend und Charley Chase und Len Powers, der Kameramann, und Beanie Walker, der Autor, obwohl das Drehbuch zahlreiche Anleihen bei Max Linder enthält, der tot ist und sich nicht beschweren kann. Max Linder heiratet eine Frau, die halb so alt ist wie er, und überredet sie dann, am 31. Oktober 1925 in Paris mit ihm zusammen Selbstmord zu begehen. Max Linder und seine Neuvermählte nehmen Veronal und injizieren sich Morphium, bevor sie sich die Pulsadern aufschneiden. Weswegen Jimmy Finlayson bemerkt, Max Linder sei so tot, dass man ihn eigentlich dreimal beerdigen müsste. Die *New York Times* beschreibt Max Linders Ableben als einen «Todespakt mit seiner reizenden Frau», ganz so, als wäre sie eine persönliche Bekannte der Zeitung gewesen und als werde ihr Verlust deshalb von der Redaktion als viel schmerzlicher empfunden; oder weil sie reizend gewesen ist und ihr Mann nicht, was durchaus der Wahrheit entsprechen könnte. Max Linder war ein großartiger Komiker, aber, letzten Endes, ein schlechter Ehemann.

Abgesehen von Hal Roach und Len Powers und Beanie Walker und Charlie Chase und Leo McCarey und ihm selbst ist der Vorführraum mit Familienangehörigen und der Filmcrew gut gefüllt. Charley Chase hält einen Klickzähler in der Hand. Beanie Walker ebenfalls.

Der Film läuft ab: Charley Chase ist ein Ehemann, der beschließt, seine äußere Erscheinung mittels plastischer Chirurgie zu verändern. Vivien Oakland ist seine Ehefrau, die es ihm gleichtut. Sie begegnen sich und erkennen einander nicht. Sie flirten. Sie gehen auf eine Party. Charley erkennt, dass seine amouröse Begleiterin in Wirklichkeit seine Ehefrau ist, und fängt einen Streit zwischen den beiden Ausgaben von sich selbst darüber an, wie man ihr eine Lektion erteilen sollte, aber sie durchschaut den Trick. Für Charley setzt es Prügel. Ende.

Mighty Like A Moose ist vierundzwanzig Minuten lang. Charley Chase möchte sechzig Lacher in diesen vierundzwanzig Minuten haben, wird sich aber mit fünfzig abfinden. Mit Hilfe seines Klickzählers geht Charley Chase davon aus, dass der Film bereits mehr als fünfzig Lacher aufweist. Beanie Walker kommt zu dem gleichen Ergebnis, weshalb sich alle fragen, ob es in dem Film nicht bereits sechzig Lacher gibt. Sie diskutieren das beim Dinner – Leo McCarey, Hal Roach, Charley Chase, Beanie Walker, Len Powers, Max Linders Geist und er. Wir kürzen den Film um eine Minute, beschließen sie, und schon steigt die Zahl der Lacher. Sie werden nachdrehen. Nicht viel, aber ausreichend.

Er nimmt alles in sich auf: die Gewissenhaftigkeit, die Detailgenauigkeit, die Ambitionen. Er hatte versucht, diese Abläufe bei Joe Rock einzuführen, aber Joe Rock hatte weder das Geld noch den Weitblick, um ihm diese Gefälligkeit zu erweisen.

Hier geht es nicht um eine Gefälligkeit. Hier ist es eine Unabdingbarkeit.

Wie viele Filme wird Hollywood dieses Jahr herausbringen? Er schätzt vierhundert, mehr oder weniger. Im vergangenen Jahr hat Hal Roach allein über siebzig Filme produziert. *Mighty Like A Moose* wird dreiundzwanzig Minuten lang sein, wenn ihn das Publikum schließlich zu sehen bekommt. Das Publikum wird sich *Mighty Like A Moose* ansehen, lachen, den Film vergessen und mehr wollen.

Nur dreiundzwanzig Minuten.

Aber jede einzelne Minute muss perfekt sein.

Er kehrt ins Apartment zurück. Lois liest gerade.
Er geht mit Lois ins Bett, ins Dunkel.
Um sich in ihrer Makellosigkeit zu verlieren.

57

Im Oceana Apartment Hotel kommt ein junger Mann zu Besuch, ein TV-Drehbuchautor, ein Fan seiner Arbeit. Der junge Mann ist höflich, überwältigt. Er versucht, dem jungen Mann die Befangenheit zu nehmen.

Sie sprechen über seine Filme. Er hasst es, sie im Fernsehen durch Werbespots unterbrochen zu sehen. Er kann nachvollziehen, warum man das macht, aber außer den Zwängen der Werbesendezeit erkennt er keine Logik in den Unterbrechungen. Die Werbespots zerreißen Szenen und Gags. Sie machen den Rhythmus dessen kaputt, was er zusammen mit Babe geschaffen hat. Die Verleiher haben sogar die längeren Spielfilme verhunzt, um kürzere Intervalle zu bekommen, und damit den Handlungen jeden Sinn ausgetrieben. Er hat sie angeschrieben, hat angeboten, die Filme fürs Fernsehen neu zu schneiden, damit die Gags besser ankommen. Er werde es umsonst machen, sagt er ihnen. Er habe Zeit, und es werde nicht lange dauern. Er hat diese Filme oft genug gesehen. Er hat sie bereits im Kopf neu bearbeitet. Er will kein Geld. Was sollte er damit anfangen?

Die Verleiher antworten nicht. Er ist nicht überrascht. Er hat sich lediglich eine Reaktion erhofft.

Er ist nicht verbittert. Überhaupt nicht. Babe hätte gesagt, das sei es nicht wert, verbittert zu werden, und Babe hätte recht gehabt. Aber er ist betrübt, betrübt, weil sie nicht die gleiche Sorgfalt walten lassen wie er.

Und dann fragt der junge Mann, ob er Chaplins Autobiographie gelesen habe.

58

Joe Rock hält sie weiter hin.

Das ist zwar frustrierend, doch William Doane glaubt, dass es langsam Fortschritte gibt. William Doane würde sich gern mit Joe Rocks Anwälten treffen, um ihnen die Hand zu schütteln und ihnen zu ihrer Geschäftstüchtigkeit zu gratulieren, aber William Doane befürchtet auch, dabei einige Finger zu verlieren. William Doane zieht es vor, Joe Rocks Anwälte auf Abstand zu halten, um sich die Anfertigung spezieller Handschuhe zu ersparen. Einstweilen, so gibt William Doane ihm Bescheid, müsse er weiterschreiben und Regie führen und dafür sorgen, dass keine Kamera auf ihn gerichtet ist.

Doch Babes Frau Myrtle stürzt im Laurel Canyon bei der Flucht vor einer Klapperschlange und wird wochenlang bettlägerig sein. Babe beschließt, für sie zu kochen, verbrüht sich jedoch die Hand mit heißem Fett, rutscht anschließend in der Küche bei dem Versuch aus, Hilfe zu holen, und verletzt sich selbst. Er glaubt, das könnte einen denkwürdigen Sketch ergeben, ist sich aber nicht sicher, ob Babe das humorvolle Potenzial darin entdecken würde. Da niemand sonst verfügbar ist, muss er Babes Rolle in *Get 'Em Young* und *Raggedy Rose* übernehmen, während er zugleich als Aufnahmeleiter fungiert.

Ich bin du gewesen, wird er später Babe erinnern. Ich bin ein besseres Du gewesen als du.

Ich habe dir zu deiner großen Chance verholfen, wird Babe antworten. Ich habe mich verbrüht, weil du mir leidgetan hast.

Wieder zurück vor den Kameras, spürt er, wie sehr er das vermisst hat. Er hat die Nase voll von juristischen Schriftsätzen, von Joe Rock. Er will Lois heiraten, kann es aber nicht, solange ihm irgendwelche Anwälte in den Ohren liegen und seine Zukunft ungewiss ist.

Bring's zu einem Abschluss, sagt er zu William Doane. Mach einen Deal mit denen.

Joe Rocks Studio produziert jetzt abseits des Sunset Boulevards in der Poverty Row, einer billigen Gegend, in der die kleinen Studios ihre Low-Budget-Filme drehen.

Joe Rock steht das Wasser weiter als nur bis zum Hals.

Joe Rock akzeptiert den Deal.

59

Er ist erlöst worden von den Music Halls, erlöst vom Vaudeville, erlöst von Mae. Er ist erlöst worden von Fünfzehn-Minuten-Sketchen, von Parodien und Burlesken, erlöst von Joe Rock.

Und er ist von Serienproduktionen erlöst worden, nur, um sich in einem neuen Hamsterrad wiederzufinden, denn Hal Roach leitet eine Fabrik, und deren Maschinen müssen gefüttert werden. Sie sind gefräßige Konsumenten von Ideen. Sie suchen das Neue, aber nur, um es zu replizieren. Sie fordern Vielfalt, aber nur, wenn diese entsprechend den Betriebsvorgaben normiert werden kann.

Er sieht die Vaudevilleakteure kommen und gehen. Sie spüren, dass das Ende des Theaterrings bevorsteht. Wenn Vaudeville untergeht, dann geht es rasch unter wie ein Schiff, das sich gerade so lange über Wasser gehalten hat, um es denjenigen mit Selbsterhaltungstrieb zu ermöglichen, sich in die Rettungsboote zu begeben oder dem Wasser zu trotzen, das jetzt aber diejenigen, die Angst hatten zu springen, mit auf den Meeresgrund nehmen wird.

Doch das ist nicht fair. Sie können nicht alle von Bord gehen, diese Künstler. Einige hat der Theaterring bequem werden lassen; sie sind es zufrieden, endlos jene Gags zu recyceln, die sie erfunden, geerbt oder von anderen gestohlen haben. Und einige haben nur einen Gag, einen Sketch, eine kleine Nummer, und die wird nicht ausreichen, um sie zu retten. Sie sind Schweine, die im Angesicht des blitzenden Messers herumtollen.

Bei den Nummern, die überleben und es zu einem Film schaffen, begreift man gewisse Dinge, ohne dass sie ausgesprochen werden. Man begreift, dass sie sich erneuern und dabei doch scheinbar gleich bleiben müssen. Dass sie Abwechslung bringen müssen, ohne das Publikum zu verstören. Dass sie zuerst Charaktere aus Ton modellieren müssen, bevor sie beginnen, sie der Brennofenglut des Publikumsblicks auszusetzen. Vor allem aber müssen sie sich nicht nur der Kamera bewusst sein, sondern auch der Leinwand. Auf diese werden sie projiziert werden, und das Publikum wird sich seinerseits auf sie projizieren.

Babe, der Elektriker, weiß das. Babe hat das in reflektiertes Licht getauchte Publikum gesehen. Bald wird Babe von der Leinwand herabblicken und auf diesen anderen deuten, auf diesen Trottel neben sich, und diejenigen, die zuschauen, fragen, ob jemals zuvor ein Mann gezwungen war, eine solche Bürde mit sich herumzuschleppen. Babe wird um ihr Mitgefühl heischen, und sie werden es ihm anbieten, sogar während sie lachen, weil Babe im Grunde so ist, wie sie selbst sind.

Harold Lloyd blickt von der Leinwand herab und sucht Hilfe und Zustimmung. Harold Lloyd kann aus beidem keinen Nutzen ziehen, doch Harold Lloyd bewahrt sich einen Glauben an die Bereitwilligkeit des Publikums, ihm zu helfen, wenn es könnte, und an dessen Fähigkeit, ihm seine Zustimmung durch Gelächter und Applaus zu signalisieren. Es liegt im Ermessen des Publikums. Für Harold Lloyd genügt es zu wissen, dass das Publikum ihn retten *würde*, wenn es könnte, und dass das Publikum applaudieren *wird*, auch wenn Harold Lloyd gar nicht anwesend ist, um den Beifall zu hören.

Buster Keaton blickt von der Leinwand herab und bleibt teilnahmslos. Buster Keaton ist Hiob. Das Publikum kann ihm nicht beispringen, und mit dessen Applaus kann er nichts anfangen. Buster Keaton kann nur leiden.

Chaplin blickt von der Leinwand herab und erwartet Liebe. Das ist Chaplins Recht. Chaplin offeriert Lachen, aber nicht als Gegenleistung für diese Liebe. Chaplin erwartet diese Liebe als sein Recht, aber das Lachen muss zusätzlich gekauft werden. Die Währung ist Traurigkeit: Chaplin lässt sein Publikum genauso gern weinen wie lachen.

Und wie ist es bei ihm?

Er ist die Kamera und das Motiv. Er sieht und wird gesehen. Er nimmt auf und wird aufgenommen.

Und während er aufnimmt, erinnert er sich.

60

Im Oceana Apartment Hotel wartet der junge Mann auf seine Antwort.

Ja, sagt er, ich habe Charlies Autobiographie gelesen.

– Und was haben Sie dabei gedacht?

– Dass ich es nicht verdiene, in einem Satz zusammen mit Charlie genannt zu werden.

61

Hal Roach ordnet Ross und Reiter einander zu. Hal Roach hat einen ganzen Stall voller Stars. Warum setzt Hal Roach dann immer wieder dieselben Jockeys auf dieselben Pferde?

Hal Roachs Überlegungen sind nicht subtil. Dicke Männer sind komisch. Joe Rock hat *The Three Fatties* aufgrund der Logik, dass – wenn dicke Männer komisch sind – drei dicke Männer dreimal komischer sind als einer. (Deo gratias. Der Name «Fatty» hat seine Quarantäne glücklicherweise hinter sich und darf jetzt wieder gefahrlos verwendet werden, ohne sofort Assoziationen von Vergewaltigung, Mord und Totschlag auszulösen.) Fat Karr, Fatty Alexander und Kewpie Ross wiegen zusammen tausend Pfund. Babe hat mit Frank Alexander in Larry Semons Filmen gearbeitet. Babe ist gern neben Frank Alexander aufgetreten. Babe hat gesagt, dass Frank Alexander ihm ein gutes Selbstwertgefühl vermittelt habe.

Dicke Männer sind Bösewichte. Dicke Männer nennt man nicht umsonst *heavies*, was sowohl «Schurken» als auch «Hauptdarsteller» bedeuten kann. Babes Karriere hat darin bestanden, dass er vorwiegend *heavies* gespielt hat.

Sind dicke Männer Hauptdarsteller? Eher weniger. Nicht seit Roscoe Arbuckle, und Roscoe Arbuckle führt jetzt Regie bei billigen Kurzfilmen für Educational Pictures und säuft sich gerade auf Buster Keatons Kosten zu Tode.

Aber er hat Babe beobachtet, bei Babe Regie geführt, mit Babe vor der Kamera gestanden. Und er mag Babe. Jeder mag Babe.

Als Leo McCarey eine Zusammenarbeit vorschlägt, ist er nicht überrascht.

– Vielleicht könnten wir etwas für dich und Babe Hardy austüfteln?

Mit «wir» meint Leo McCarey selbstverständlich: Vielleicht könnte er etwas für sie beide austüfteln.

Und er tut es. Es ist nicht seine eigene Idee, sondern A. J.s: ein alter Music-Hall-Sketch, doch solide, wie alles von A. J. *Home from the Honeymoon*. Das ist kein schlechter Titel, aber Leo McCarey schlägt eine Alternative vor, *Duck Soup*, was ein typischer Leo McCarey-Titel ist. Er bedeutet nichts und alles. Beanie Walker wird als Autor hinzugezogen, aber das ist der leichteste Job, den Beanie Walker jemals haben wird, weil das Stück bereits vor zwei Jahrzehnten geschrieben wurde.

Ein Zweiakter, aber mit Babe als Hauptdarsteller.

Babe ist seit vielen Jahren nicht mehr Hauptdarsteller in einer Komödie gewesen, nicht seit *The Other Girl* damals in Florida, als Gott noch ein Kind war. Babe hat sich damit abgefunden, nie wieder die Hauptrolle zu spielen.

Babe kommt zu ihm, um sich zu vergewissern, dass es mit der Platzierung seines Namens auf dem Plakat seine Richtigkeit hat. Babe fällt auf, dass er sich zwar selbst mehr Gags zugeschrieben hat, nicht aber das Momentum des Films. Babe ist es, der die Handlung vorantreiben wird.

Du willst nicht die Hauptrolle spielen?, fragt Babe.

– Nein. Der Film funktioniert besser, wenn du sie übernimmst.

Babe beschwört im Geist das Gespenst von Larry Semon und versucht sich zu erinnern, ob er es je erlebt hat, dass jemand in einem Film das Rampenlicht freiwillig einem andern überließ, und befindet, dass niemand es getan hat, jedenfalls nicht für Babe Hardy.

– Und für Hal ist das okay?

– Ja, wenn der Film gut ist.

Babe nickt.

Danke, sagt Babe.

– Gern geschehen.

Babe geht wieder und sucht sich eine stille Ecke auf dem Gelände. Babe nimmt das Drehbuch mit, öffnet es aber nicht.

Babe setzt sich und sinniert.

62

Im Jahr 1915 erhält Chaplin von Essanay 1250 Dollar pro Woche.

1916 erhält Chaplin von Mutual 10 000 Dollar pro Woche und kassiert zusätzlich einen Antrittsbonus von 150 000 Dollar.

1918 erhält Chaplin 1 075 000 Dollar pro Jahr von First National.

1925 erhält er 5695 Dollar pro Jahr von Hal Roach.

1926 erhält er 12 450 Dollar pro Jahr von Hal Roach.

1927 erhält er 20 450 Dollar pro Jahr von Hal Roach.

Im Jahr 1927 kann sich kein Studio Chaplin leisten.

63

Im Oceana Apartment Hotel überprüft er den Inhalt seines Portemonnaies.

Er ist gutsituiert, aber nicht wohlhabend. Seit dem Börsenkrach von 1929, bei dem er viele Ersparnisse verloren hat, ist er mit seinen Anlagen vorsichtig. Seinen Ruhestand finanziert er mit Rentenpapieren, und was er nicht braucht, verschenkt er, obwohl er gelegentlich der endlosen Belästigungen überdrüssig ist.

Denn die Welt ist voller hungernder Schauspieler.

Ben Shipman kümmert sich um seine Geldangelegenheiten und tut dies schon seit Jahrzehnten, was vielleicht erklärt, warum er nicht wohlhabender ist. Er glaubt, dass Ben Shipmans Verhandlungsstrategie in etwa so angelegt war:

STUDIO: Wir möchten ihm einen neuen Vertrag anbieten.
BEN SHIPMAN: Prima. Wie viel verlangt ihr dafür?

Aber Ben Shipman ist ein netter Mensch, und Ben Shipman ist kein Gauner.

Und außerdem: Dank Ben Shipman ist nichts mehr übrig, was Ben Shipman stehlen könnte.

Er weiß, dass er irgendwo anders besser leben könnte, geräumiger, aber es gefällt ihm, nahe am Meer und umgeben von Leuten zu sein. Wenn er sich entsprechend wohl fühlt, kann er sein Apartment verlassen, hinausgehen und Teil des Menschenstroms werden oder in den Mercury steigen und zu einem Restaurant fahren, aber er versucht, unauffällig zu bleiben. Nicht dass er in irgendeiner Form unnahbar wäre – in diesem Fall stünde er wohl nicht im Telefonbuch; aber er fühlt sich unwohl wegen seines Aussehens und seines Alters. Im Fernsehen ist er noch immer ein junger Mann, und das Publikum hält ihn für einen solchen. Er möchte es nicht mit der Realität enttäuschen. Das ist der Grund, warum er Angebote ausschlägt, in Shows oder Filmen aufzutreten.

Und dann ist da, natürlich, noch Babe: Was ist er ohne Babe anderes als ein Mahnmal für all das, was verlorengegangen ist?

Er schließt sein Portemonnaie.

64

Hal Roach gibt Mae Busch einen Vertrag.

Hal Roach gibt Mae Busch einen Vertrag, weil Mae Busch komisch ist und hübsch.

Hal Roach gibt Mae Busch einen Vertrag, weil das Mack Sennett höllisch ärgern wird.

Mae Busch beendet 1918 Mack Sennetts Affäre mit Mabel Normand, wenngleich es Leute gibt – Jimmy Finlayson ist einer von ihnen –, die behaupten, dass Mae Busch auf diese Weise Mack Sennett einen Gefallen erweise, denn laut Jimmy Finlayson ist Mabel Normand verrückt und kokainsüchtig, und die Menschen in ihrer Umgebung haben die Angewohnheit, erschossen zu werden.

Er weiß nicht, ob Mabel Normand tatsächlich kokainsüchtig ist; er hat diesbezüglich keine Indizien wahrgenommen, als sie in *Raggedy Rose* zusammengearbeitet haben. Aber die Sache mit dem Erschossenwerden stimmt jedenfalls, weil sonst William Desmond Taylor, den man am 2. Februar 1922 im Besitz eines Medaillons mit einer Fotografie von Mabel Normand darin sowie einer Einschussöffnung im Rücken aufgefunden hat, noch immer Filmregisseur wäre, statt in der Erde zu verfaulen. Was er weiß, ist, dass Mabel Normand Chaplin nahestand: sich für Chaplin eingesetzt hat, Chaplin Mut gemacht hat, Chaplins Bett geteilt hat. Bei *Raggedy Rose* sprach sie in Drehpausen mit ihm über Chaplin und nahm dabei immer wieder einen Schluck Gin aus einer silbernen Taschenflasche.

Wie er, so hatte auch sie viele Seiten von Chaplin kennengelernt.

Wie er, so verehrte auch sie noch immer Chaplin.

Seiner Ansicht nach war Mabel Normand auf der Leinwand

eine attraktive Erscheinung, doch aus der Nähe sah sie ungesund aus. Wegen ihrer Blässe erschienen ihre Augen übergroß. Mabel Normand hat einst Drehbücher geschrieben und Regie geführt. Mabel Normand war ein Star. Mabel Normand hat gelernt, ein Flugzeug zu fliegen. Alles Vergangenheit. Bei *Raggedy Rose* war Mabel Normand im Sinkflug, und sie wusste es.

Mabel Normand war mit Lew Cody verheiratet, aber die beiden lebten nicht zusammen.

Mabel Normand hat ihm erzählt, sie habe Lew Cody eines Gags wegen geheiratet.

Von Mack Sennett heißt es, er verzehre sich noch immer nach Mabel Normand. Wenn Mack Sennett sie allerdings so sehr liebt, dann hätte Mack Sennett nicht Mae Busch in der gemeinsamen Wohnung im Ehebett ficken sollen, nur um dann in flagranti von Mabel Normand ertappt zu werden. Schlimmer noch: Mae Busch ist Mabel Normands Freundin gewesen, beziehungsweise Mabel Normand hat es geglaubt, bis Mae Busch begonnen hat, Mack Sennett zu ficken.

Hal Roach besetzt also Babe und ihn zusammen mit Mae Busch und Jimmy Finlayson für einen Film mit dem Titel *Love 'Em And Weep*. Am Tag vor Drehbeginn liest Jimmy Finlayson beim Lunch laut Auszüge aus *Hollywoods Sünden: Die Laster des Kinos enthüllt!* vor, das Jimmy Finlayson fünfzig Cent gekostet und sich wegen seines Unterhaltungswertes schon viele Male amortisiert hat. Die Namen in allen Artikeln sind Pseudonyme, doch Jimmy Finlayson bereitet es großes Vergnügen, die wahren Namen in jedem Einzelfall zu entschlüsseln.

Eines Tages – liest Jimmy Finlayson vor – erschien da auf dem Studiogelände eine attraktive Brünette. Auf Anhieb freundete sich das Mädchen – sollen wir sie Mae nennen? – mit Mabel an, und sie wurden Kolleginnen. Es war Mae, die vorgeschlagen hat, gute Freundinnen zu werden. Mabel zögerte zunächst, war dann aber einverstanden. Es war ein diplomatischer Schachzug. Im Studio gab es damals ein ziemliches Gerede. Sie wollte das Gerede stoppen. Also scherzte und alberte sie mit Mabel herum. Mack war ihr treu – das wusste das Mädchen. Natürlich sind in diesen Tagen eine Menge neuer Gesichter in den Studios aufgetaucht – was zwangsläufig der Fall war bei der Art von Filmen, die Mack machte. Aber Mabel zerbrach sich derentwegen nicht den Kopf. Ihr Mack gehörte ihr – immerdar.

An dieser Stelle seufzt Jimmy Finlayson nach Art eines weichherzigen Mannes, der ein Kätzchen beobachtet, das mit einem Garnknäuel spielt.

Und so – fährt Jimmy Finlayson fort – arbeitete sich Mabel glückstrahlend die Karriereleiter hinauf, fuhr jeden Tag ins Studio mit einem Lied im Herzen und einem glücklichen Lächeln am Abend. Stand sie denn nicht in der höchstpersönlichen Gunst des großen Filmemachers? Würde sie denn nicht schon bald ein Star sein? Bekam sie denn nicht eine wunderbar großzügige Gage?

Aber Macks Vorstellungen bewegten sich zusehends in Richtung von etwas Jüngerem. Zwar liebte Mack Mabel auf seine Weise durchaus; Mack tut es noch. Doch die Versuchung schüttelte ihre Locken und winkte ihn zu sich zu gemeinsamem Zeitvertreib auf den Highways der Unmoral. Die Versuchung in Gestalt einer wohlgeformten Maid mit verführerischen Lippen und festem, rundem Busen rief ihn, und Mack schenkte dem Ruf immer mehr Beachtung.

Jimmy Finlayson legt eine dramatische Pause ein.

– Der zweite Name der Versuchung war *Mae*.

Laut *Hollywoods Sünden*, beziehungsweise Jimmy Finlaysons Version davon, prügelten sich Mae Busch und Mabel Normand im Angesicht eindeutig befleckter Bettlaken um die Ehre, Mack Sennetts Bett teilen zu dürfen, während Mack Sennett selbst das Klügste tat und in die Berge flüchtete. Die Prügelei endete damit, dass Mae Busch Mabel Normands Kopf so lange gegen einen Fensterrahmen stieß, bis Mabel halb bewusstlos war.

Inzwischen setzt Jimmy Finlayson während des Vorlesens die Rollen der Beteiligten schauspielerisch um und hat dadurch eine beträchtliche Zuhörermenge angezogen. Als Jimmy Finlayson endet, erhebt sich Applaus.

Später fühlt er sich schuldig, dass er mitgelacht hat. Er mag Mabel Normand, weshalb er wenig Neigung verspürt, Mae Busch zu mögen, auch als es heißt, die beiden Frauen hätten ihre Differenzen beigelegt.

Am nächsten Tag sind alle vier am Set von *Love 'Em And Weep* beisammen, und Mae Busch fragt Jimmy Finlayson, ob Jimmy Finlayson auch für private Rezitationen zur Verfügung stehe, worauf er beschließt, dass er Mae Busch eine Chance geben sollte.

65

Hal Roach ist zwar ein zupackender Mogul, besieht sich aber alle und alles aus der Distanz. Hal Roach betrachtet die Leinwand, und auf diese projiziert Hal Roach dann seine Stars beziehungsweise seine Sichtweise von ihnen. Für Hal Roach ist Babe der ewige *bully*, der Rüpel, der Tyrann. Dessen ungeachtet ist Babe – abseits vom Set, abseits von der Leinwand – eine seltsame Mischung aus Sanftheit und Unsicherheit, aus frustriertem Künstlertum und ungeheuchelter Sorglosigkeit. Babe hat Jahre im Korsett des Schurken zugebracht, also muss Babe jetzt den Schurken spielen.

Slipping Wives: den *bully*.

Sailors, Beware!: den *bully*.

Aber er sieht sich *Duck Soup* erneut an, nicht in Gesellschaft von Hal Roach, sondern von Leo McCarey, und er bemerkt, wie gut er und Babe harmonieren, wenn sie nicht in Opposition zueinander agieren. Leo McCarey sieht es. Babe hat es ebenfalls gesehen. Sogar Hal Roachs Werbeagenten haben es gesehen.

Aber nicht Hal Roach.

Noch nicht.

66

8. SEPTEMBER 1927
VON: WILLIAM DOANE
AN: HAL ROACH

L [AUREL] & H[ARDY] FILM PREVIEW GESTERN ABEND BOMBENERFOLG STOPP EINE DER BESTEN LACHNUMMERN SEIT LANGEM STOPP DA FILM SEHR GUT NOCH EIN ZWEI ARBEITSTAGE GERECHTFERTIGT UM FILM NOCH BESSER ZU MACHEN …

14. SEPTEMBER 1927
VON: WILLIAM DOANE
AN: HAL ROACH

LETZTER L&H FILM AUSSERGEWÖHNLICH GUT AUFGRUND STARK VERBESSERTER LEISTUNG DER HAUPTDARSTELLER STOPP AKTUELLER FILM HAT GUTE CHANCEN GENAUSO GUT ODER BESSER ZU WERDEN STOPP MCCAREY WALKER UND ICH MÖCHTEN ANSCHLIESSEND DEINE MEINUNG ZU VORSCHLAG AN METRO IHNEN FILME MIT DIESEM KOMIKERTEAM ZU LIEFERN …

67

Im Oceana Apartment Hotel bewahrt er in einem Schrank billige Melonen auf, um sie an besonders verdienstvolle Besucher zu verschenken. Das ist etwas, das er schon immer gemacht hat. Vera, seine dritte Frau, hat ihn deshalb ausgelacht, aber Vera hat aus vielen Gründen über ihn gelacht, von denen keiner gut war.

Der Vorrat an Hüten muss aufgefüllt werden.

Er hat ein ganzes Jahr oder länger nicht an Vera gedacht.

Er versucht, nicht an Vera zu denken, aber in unerwarteten Augenblicken steht sie plötzlich wieder vor ihm. Er sieht ihr Gesicht und hört ihre Stimme.

Du selbst bist nichts, stichelt Vera. Du hast alles, was du hast, von Chaplin gestohlen. Du hast sogar seinen Hut geklaut.

Er macht sich nicht die Mühe, ihr zu sagen, dass er Chaplins Hut nicht gestohlen hat. Wenn er jemandes Hut gestohlen hat, dann George Robeys, genau wie es Chaplin getan hat, obwohl Chaplin sich auch George Robeys Gehrock und Spazierstöckchen und Dan Lenos zu kleine Jacke angeeignet hat, ebenso wie Little Tichs Schuhe. Aber das ist unerheblich. Sie sind alle Teil desselben zusammenhängenden Ganzen, Clowns mit von toten Clowns vererbter Theaterschminke, Komiker, erschaffen aus den Gebeinen vergessener Männer.

Er hört sich selbst reden. Er streitet sich laut mit seinen Erinnerungen an Vera.

Gott, diese Frauen, spricht er zu dem weichen Dämmerlicht, zu den Schatten an der Wand.

Mae.

Lois.

Ruth.

Vera.
Ida.
Was wäre er ohne diese Frauen?

68

Er weiß, dass Babe unglücklich ist. Babe hat bei *Duck Soup* gute Arbeit geleistet. Babe sollte nicht zu kleinen Nebenrollen und Rüpelfiguren zurückkehren.

Und auch er hat bei *Duck Soup* gute Arbeit geleistet. Es könnte sogar seine bislang beste Darbietung gewesen sein.

Das Dilemma sieht so aus. Er beschreibt es Lois an diesem Abend. Lois, die nun seine Ehefrau ist:

Ich wollte ein Star sein, sagt er zu ihr. Ich wollte Chaplin sein. Vielleicht will ich das noch immer. Aber in all diesen Jahren habe ich nie das geschafft, was Chaplin macht oder was Harold Lloyd macht oder was Buster Keaton macht. Ich war nicht fähig, eine Figur aufzubauen, die die Leinwand dominieren kann. Ich glaube nicht, dass ich das je fertigbringe.

– Willst du aufgeben?

– Nein, das nicht.

– Was willst du dann damit sagen?

– Dass ich es vielleicht nicht allein schaffe.

Jimmy Finlayson sitzt auf seinem Stuhl, die Füße hochgelegt und die Augen geschlossen. Hal Roachs Versprechen von einer Karriere als Star klingen noch immer in Jimmy Finlaysons Ohren, doch inzwischen leiser. Jimmy Finlayson ist klein und Schotte und garstig und hat eine Ehe mit einer jüngeren Frau hinter sich. Möglicherweise wird Hal Roach Jimmy Finlayson nicht zu einem Star machen, aber Jimmy Finlayson bemüht sich, nicht übermäßig beunruhigt zu sein, denn was heißt das schon, ein Star unter vielen zu sein, zu glänzen oder zu verblassen auf einen Wink des Meisters hin?

Es heißt: überhaupt kein Star zu sein.

Jetzt sitzen er und Jimmy Finlayson Seite an Seite, Jimmy Finlayson augenscheinlich eingeschlafen.

Aber Jimmy Finlayson ist nicht eingeschlafen.

Der Junge da, sagt Jimmy Finlayson und benutzt einen bestrumpften Fuß, um mit der Zehe in Babes Richtung zu wackeln, der gerade in der Mittagssonne Golfschwünge übt.

– Welcher Junge?

– Der Junge da.

Jimmy Finlayson ist nur fünf Jahre älter als Babe, je nachdem, welches Alter Jimmy Finlayson gerade als sein eigenes anzugeben beliebt, doch er glaubt, der Unterschied könnte ebenso gut fünfzig Jahre sein. Jimmy Finlayson wurde alt geboren.

– Was ist mit dem?

– Der Junge da hat es satt, den *bully* zu spielen.

– Habe ich bemerkt.

– Kennst du den Ursprung des Worts *bully*?

– Nein.

– Dann werde ich dich aufklären. Es bedeutet «Schatz».

– Tut es nicht.

– Wenn ich es dir sage. Es kommt aus dem Niederländischen.

Jimmy Finlayson hat die Augen noch immer nicht aufgemacht.

Dieser Junge da, schließt Jimmy Finlayson, ist ein Schatz.

Ja, das könnte stimmen.

Aber Babe ist kein Junge. Babe ist ein Mann und durchleidet die Probleme eines Mannes.

Babe hat kleine Laster. Dies sind die Dinge, die Babe tut:

Babe trinkt – ein wenig.

Babe zockt – mehr als ein wenig.

Babe spielt Golf – sehr oft.

Babe möchte – wie Larry Semon – besser sein. Babe möchte – wie Larry Semon – mehr.

Aber Babe sorgt sich um den nächsten Job. Babe möchte nicht von Hal Roach gefeuert werden und gezwungen sein, zu Joe Rock zurückzukriechen, um zur *Lustigen Tonne* der Poverty Row zu werden. Babe wird alles akzeptieren, was ihm von Hal Roach geboten wird, und seine Ambitionen zurückstellen, genau wie Babe alles akzeptieren wird, was ihm von Myrtle geboten wird, und sein persönliches Glück zurückstellen.

Weil Babe befürchtet, dass Babe – zum zweiten Mal – einen Fehler begangen, dass Babe – schon wieder – die falsche Frau geheiratet hat.

69

Im Oceana Apartment Hotel schreibt er einen Brief an einen Filmhistoriker. Er möchte zu einem Punkt Einwände anmelden. Er habe so viele Filme gemacht, von denen einige schon verschollen seien, dass er verstehe, wie Fehler passieren können. Zwar sei er dankbar für die freundliche Rezension von *Putting Pants on Philipp*, schreibt er, und erkenne die wichtige Rolle dieses Films an, weil er schließlich Babe und ihn zusammengebracht habe, aber er würde gerne auf die Bedeutung des früheren *Do Detectives Think?* verweisen. Genau dieser Film sei es gewesen, bei dem Hal Roach die Erkenntnis kam und ihm auch.

Doofheit ist alles.

Doofheit und Melonen und schlechtsitzende Anzüge.

Blicke in die Kamera.

Loyalität und Optimismus und ein riesiger, irriger Glaube an sich selbst.

Liebe.

Meistens, allerdings, herrscht Dummheit.

In der Kunst wie im Leben.

70

Im Oktober 1927 wohnt er – die hochschwangere Lois neben sich – einer Aufführung von *The Jazz Singer* bei.

Al Jolson ist kein Filmschauspieler – *Photoplay* hat das richtig erkannt –, und die Kritiker, die den Film mehr oder weniger als eine mit Bildern angereicherte Vitaphone-Scheibe abtun, liegen nicht weit daneben; aber die Reaktion des Publikums gleicht keiner, die er je zuvor erlebt hat. Das Publikum bejubelt nicht nur die Songs, sondern auch das gesprochene Wort. Das Publikum applaudiert dem Wunder von Sprache und Bewegung. Was gesprochen wird oder wie es gesprochen wird, ist ohne Bedeutung. Das Einzige, was eine Rolle spielt, ist, dass *gesprochen* wird und dass das Publikum sowohl sehen als auch hören kann, dass gesprochen wird.

Hinterher kann Lois bei Kaffee und Kuchen gar nicht genug über den Film reden, als hätte eine Nadel des Vitaphone-Aufzeichnungsgeräts eine Rille auch in sie geritzt.

Er aber grübelt. Er sinnt über das Wesen seiner Kunst nach.

Babe und er haben in diesem Jahr bereits einige ihrer ehrgeizigsten und erfolgreichsten Filme gemacht:

Do Detectives Think?

Putting Pants on Philipp.

The Battle of the Century.

Call of the Cuckoo.

The Second Hundred Years.

Und *Hats Off.*

Besonders *Hats Off* beschäftigt ihn in diesem Moment. Die neuen leichten Kameras machen den Film möglich. Mit ihnen können Babe und er gefilmt werden, wie sie in der Vendome Street in Silver Lake eine Waschmaschine eine Treppenflucht hinauftragen, in der komplett irrigen Annahme, sie Anita Garvin verkaufen zu können. Mit Ton hätte dieser Film jedoch nicht gedreht werden können. Er kann diesen Makel bei *The Jazz Singer* erkennen. *The Jazz Singer* ist an eine Bühne gebunden. Er ist gefilmtes Theater.

Safety Last! hätte in der Tonära nicht gemacht werden können.

The General hätte in der Tonära nicht gemacht werden können.

Sunrise hätte in der Tonära nicht gemacht werden können.

The Crowd hätte in der Tonära nicht gemacht werden können.

Sollten «Sprechfilme» die neue Realität werden – und, einmal aus der Flasche gelassen, könnte der Geist nie wieder zurückgeschickt werden –, würde das bedeuten, dass durch diese neue Technik ambitioniertes Arbeiten eingeschränkt werden würde, zumindest eine Zeitlang.

Hal Roach, konfrontiert mit der Aussicht auf bevorstehende Ausgaben, tut, was Hal Roach immer in einer solchen Situation tut: Hal Roach schimpft. Hal Roach jammert. Hal Roach versucht, den Kopf in den Sand zu stecken wie jener Vogel Strauß, der Billie Ritchie den Krebs beschert hat.

Doch sogar Hal Roach weiß es.

Hal Roach wird schließlich das nötige Geld ausgeben, um den Ton zu kriegen.

Er spricht mit Babe darüber. Auch Babe hat *The Jazz Singer* gesehen. Babe versteht, worum es geht.

Das Problem – falls es denn eines ist, falls es denn eines werden sollte – ist, dass jeder von ihnen beiden letztendlich, nach vielen Jahren, einen eigenständigen Charakter für seine Figur gefunden hat. Bei ihm ist es Idiotie ohne Bosheit, Doofheit ohne Arg, Liebe ohne Betrug. Bei Babe ist es eine Kombination aus dem Mythos seines Vaters und einer Version von sich selbst, losgelöst von Selbstzweifeln und befreit von einem Übermaß an Intelligenz. Jeder Charakter für sich genommen würde nicht ausreichen; nur zusammen – aneinandergebunden durch die Unfähigkeit des einen, ohne den anderen zu überleben, gefesselt von einem heftigen Streben, dieser wechselseitigen Abhängigkeit zu entkommen, bei gleichzeitiger insgeheimer Anerkenntnis der Unmöglichkeit dessen – werden sie lebendig.

Das also soll seine Identität werden – eine mit einer anderen geteilte und durch eine andere definierte. Er kann fühlen, wie sich seine Physiognomie der Maske anpasst. Er holt Atem. Er spürt nichts von einer Beengtheit oder einem Verlust.

Es ist so, wie es sein soll.

Es ist richtig.

In der Zwischenzeit, und abseits der Kameras, bereiten er und Babe sich auf den Tag vor, an dem sie sprechen dürfen – oder müssen.

71

Im Oceana Apartment Hotel erinnert er sich an *Hats Off*. Er hat den Film seit Jahrzehnten nicht mehr gesehen,

Hats Off ist verloren gegangen. *The Rogue Song*, ein Film, den er und Babe mit Lawrence Tibbett gemacht haben, ist ebenfalls verloren gegangen. Jemand von MGM informiert ihn, dass alte, in den Gewölben des Studios gelagerte Bestände an Zelluloidfilmen Feuer gefangen hätten und dabei wer weiß wie viele Filme verbrannt seien, einschließlich *The Rogue Song*.

Er hat Lawrence Tibbett gemocht. Lawrence Tibbett konnte singen.

Doch Lawrence Tibbett ist tot. Lawrence Tibbett – Arthritiker, Alkoholiker – stolpert im Juli 1960 in seiner Wohnung und schlägt mit dem Kopf gegen einen Tisch. Lawrence Tibbett besaß eine Kopie von *The Rogue Song*, die sich aber nach Lawrence Tibbetts Tod zersetzt hat.

Was bedauerlich ist, denkt er, aber irgendwie passend.

Bei anderen Filmen, die er gemacht hat, fehlen Musik und Spezialeffekte oder ganze Szenen. Als er wegen der Filme nachfragt, bekommt er – wenn überhaupt – das schriftliche Gegenstück eines Achselzuckens. Solche Sachen passieren eben, sagen sie ihm. Filme werden verlegt. Filme werden beschädigt. Filme gehen in Flammen auf. Er akzeptiert das; früher haben die Verleiher ja selbst die Kopien vernichtet, sobald die Filme nichts mehr einspielten.

Ja, sagt er, ja. Danke für Ihren Bescheid.

Die Wahrheit ist, dass es den meisten irgendwie egal ist.

Aber er würde einfach gerne noch einmal *Hats Off* sehen.

Er würde einfach gerne noch einmal *The Rogue Song* sehen.

Er hat so viele vom übriggebliebenen Rest gesehen, immer

wieder. Er sieht sie sich jedes Mal an, wenn sie im Fernsehen kommen. Doch unzählige Details dieser anderen, dieser verloren gegangenen Filme hat er vergessen. Sie jetzt anzusehen wäre wie ein Wiedersehen.

Sie anzusehen wäre wie ein Wiedersehen mit Babe.

Sie anzusehen wäre wie ein neues Beisammensein mit Babe.

72

Im Dezember 1927 bringt seine Frau ihr erstes gemeinsames Kind zur Welt. Sie nennen es Lois.

Er hält seine Tochter in den Armen, ertappt sich, wie seine Gedanken zu Chaplin zurückkehren, wie dieser einst seinen Erstgeborenen in den Armen gehalten hat, seinen kleinen Sohn.

Ganz genau so, ganz genau so, wie er jetzt Lois hält.

Und wie jenes Kind, Chaplins Kind, gerade lange genug lebte, um einen Namen zu bekommen, und keinen Tag länger.

Er möchte Chaplin anrufen. Er möchte es ihm erzählen.

Ich kann es nachvollziehen, möchte er sagen. Es tut mir leid wegen deines Schmerzes.

Aber er ruft nicht an.

Später wird er sich an diesen Augenblick erinnern. Er wird sich daran erinnern, während er seinen eigenen kleinen Sohn im Arm halten und staunen wird über die Wirrungen des Schicksals.

73

Hal Roach hat seine Fehler, deren vorrangigster ein profundes Missverhältnis zwischen der Länge seiner Arme und der Tiefe seiner Taschen ist. Jimmy Finlayson behauptet, Hal Roach lasse sich seine Hosen so schneidern, dass Hal Roach gezwungen ist, sich hinzusetzen, nur um an sein Kleingeld zu gelangen.

Welches Hal Roach dann dazu benutzt, um seine Angestellten zu bezahlen.

Inzwischen ist klar, dass Jimmy Finlayson nie ein Star werden wird. Dass es einmal dazu kommen wird, hat er, so Jimmy Finlaysons eigene Einlassung, immer für unwahrscheinlich gehalten, aber ein Mann darf hoffen, und ein Mann darf träumen. In den Hal-Roach-Studios hat sich eine neue Hierarchie herausgebildet, in der Jimmy Finlayson eine Stufe unterhalb von zwei Männern mit Melonen sitzt. Aber diese beiden Männer bleiben gegenüber Jimmy Finlayson loyal, genau wie es Hal Roach ist.

Hal Roach ist gegenüber denen loyal, die Hal Roach gegenüber loyal sind.

Solange sie nicht um eine Gehaltserhöhung bitten.

Jimmy Finlayson bittet nicht um eine Gehaltserhöhung. Jimmy Finlayson arbeitet und lächelt und akzeptiert sein Schicksal.

Aber manches Mal schmerzt es eben doch.

74

Er und Babe sind Hal Roachs neue Stars. Ihre Namen stehen in den Titelzeilen ihrer eigenen Filme. Die *Los Angeles Evening Herald* nennt sie «das aktuell vielversprechendste Komikerteam auf der Leinwand».

1928 zahlt Hal Roach dem aktuell vielversprechendsten Komikerteam auf der Leinwand insgesamt 54 316,67 Dollar. Hal Roach zahlt ihm 33 150 Dollar und Babe 21 166,67 Dollar.

Drüben bei Paramount verdient Harold Lloyd 1,5 Millionen Dollar pro Film.

Hal Roach zwingt auch Babe und ihn, ihre Verträge stets separat auszuhandeln, und stellt sicher, dass der eine Vertrag immer ein halbes Jahr vor dem anderen ausläuft. Hal Roach ist glatter als ein Fass voller Aale.

Aber er ist glücklich, und Babe ist glücklich. Hal Roach ist vielleicht knauserig, obgleich der Verleih-Deal seiner Firma mit MGM Hal Roach zum Millionär gemacht hat, aber Hal Roach mischt sich nicht ein beziehungsweise beschränkt jegliche Einmischung auf ein erträgliches Maß. In der ersten Hälfte des Jahres 1928 kann sich Hal Roach ohnehin nicht einmischen – außer durch Telegramme, die ignoriert werden können oder die kommoderweise vielleicht nie ankommen –, weil Hal Roach mit seiner Frau Marguerite auf Weltreise ist.

Innerhalb der Grenzen des Budgets kann er jetzt nach Belieben schalten und walten.

Also lässt er seiner Kreativität freien Lauf. Die Ideen sprudeln nur so aus ihm heraus. Bei seinem Leinwandcharakter ist er sich sicher. Er kämpft nicht gegen ihn an, nicht nach all diesen Jahren, die er mit dem Versuch zugebracht hat zu erforschen, welche Erscheinungsform diese Figur annehmen sollte. Er opfert Geld für Freiheit. Er erkauft sich sein Künstlertum von Hal Roach.

Dollar für Dollar, Cent für Cent.

Ich möchte chronologisch drehen, sagt er zu Hal Roach.

Hal Roach ist von seiner Reise zurück. In der Seeluft hat Hal Roach die Muße gefunden, sich mit der Unausweichlichkeit von Tonaufnahmen abzufinden. Das Studio wird bereits entsprechend zerlegt und wiederaufgebaut. Alles ist im Umbruch.

– Chrono-was?

Er wartet. Hal Roach weiß, was «chronologisch» bedeutet, aber Hal Roach argwöhnt, dass hochtrabende Wörter mehr kosten könnten als einfache.

Wie kommst du denn auf so etwas?, fragt Hal Roach.

– Weil das bessere Filme geben wird.

– Was stimmt nicht mit den jetzigen?

– Sie könnten besser sein.

Hal Roach verzieht das Gesicht, als müsste er eine Kröte schlucken. Hal Roach liebt das Geld, aber möglicherweise liebt Hal Roach die Produktion guter Filme noch mehr.

– Chronologisch ist teuer.

– Nicht so sehr. Ich kann die Kosten niedrig halten.

Die Kröte sträubt sich erheblich. Hal Roach beißt entschlossen zu. Die Kröte ist tot, aber Hal Roach hat einen galligen Geschmack im Mund.

– Du drehst einen Film chronologisch. Wir schauen ihn uns auf der Leinwand an. Danach entscheiden wir.

Mit «wir» meint Hal Roach Hal Roach beziehungsweise Hal Roach glaubt, dass es das sei, was es bedeutet. Doch Hal Roach wird sich anhören, was Leo McCarey zu sagen hat, der bei den Filmen Regie führt, und Hal Roach wird sich George Stevens'

Meinung anhören, der die Skripts verfilmt, und Hal Roach wird auch Richard Currier anhören, der die Filme schneidet.

Und möglicherweise wird sich Hal Roach auch ihn anhören. Pro forma.

Um den Schein zu wahren.

Er redet mit Babe.

– Hal sagt, wir können hintereinanderweg drehen.

Babe seufzt. Babe schaut in den Himmel. Irgendwo in der Ferne kann Babe undeutlich erkennen, wie ein neuer Satz Golfschläger davonfliegt, und Babe kann sehen, wie sein Zockerpott zusammenschrumpft, und Babe kann Myrtles Frage hören, warum sie nicht das Kleid haben kann, das sie bei Blackstone's gesehen hat – denn wenn chronologisch zu drehen Hal Roach Geld kostet, aber keinen Erfolg bringt, dann wird ihnen Hal Roach garantiert jeden einzelnen Cent wieder abknöpfen.

Okay, sagt Babe.

Sie arbeiten so:

Es gibt ein Skript, auch wenn man die Dialoge nie zu hören bekommt.

Es gibt eine Story, auch wenn sie nur einen Rahmen für Gags abgibt.

Der Unterschied zwischen ihnen beiden ist, wie er inzwischen begriffen hat, dass Babe ein Schauspieler ist und er ein Gagman. Das Skript ist mehr zu Babes Nutzen als zu seinem eigenen, obwohl es ihn zwingt, dem geplanten Handlungsverlauf eine Struktur zu geben. Die ganze Zeit über schreibt er Gags und hält sie auf Notizblöcken mit gelbem Papier fest. Seine Phantasie quillt über und produziert viel zu viele für den Eigenbedarf. Er gibt sie an andere im Studio weiter und freut sich, wenn sie umgesetzt werden.

Er und Babe proben. Beim Vaudeville hat er gelernt: Perfektion kommt aus Repetition. Babe ist gelegentlich ein widerwilliger Mitwirkender. Babe kann einen Golfschwung so lange üben, bis Babe die Arme nicht mehr heben kann, aber Babe verliert rasch die Lust, wenn es um die Wiederholung einer Szene geht. Babes Instinkte sind jedoch perfekt, und Babe kann improvisieren. Wenn der Zeitpunkt zum Drehen kommt, ist Babe mehr als bereit.

Es hat nichts mit Genie zu tun. Es hat nur mit Arbeit zu tun.

Es hat nichts mit Kunst zu tun. Es hat nur mit Handwerk zu tun.

Das ist es, was Hal Roachs Geld kauft.

75

Sie bleiben auf der Strecke, diese anderen. Das Aufkommen des Sprechfilms lässt sie verstummen.

In den Jahren, die folgen, werden die Ignoranten behaupten, Karrieren seien zugrunde gegangen, weil die Bilder auf der Leinwand inkompatibel gewesen seien mit den Äußerungen aus den Mündern der Schauspieler.

Und die Ignoranten werden, wie stets, unrecht haben.

Mary Pickford, nicht mehr in der Lage, das unbedarfte Pflänzchen im artfremden Habitat zu geben, nimmt ihren Oscar entgegen und zieht sich zurück, um eine weltabgeschiedene Alkoholikerin zu werden, die nur noch per Telefon kommuniziert.

Clara Bow ist mit den Nerven völlig am Ende, und es kursiert das Gerücht, sie leide an einer Geschlechtskrankheit.

Conrad Veidt und Emil Jannings kehren nach Europa zurück.

Pola Negri und Mae Murray schließen ungute Ehen.

William Haines, ein Schwuler, verweigert eine Eheschließung grundsätzlich.

Karl Dane wird von MGM fallengelassen, verkauft schließlich Hot Dogs vor dem Studio und bringt sich um.

Colleen Moores Karriere stirbt mit den Flappers.

Und die von John Gilberts mit dem Melodrama.

Lon Chaney stirbt einfach so.

Douglas Fairbanks stirbt einfach so.

Renée Adorée stirbt einfach so.

Ihre Stimmen, weiß er, haben also nichts damit zu tun, dass sie es nicht in den Sprechfilm geschafft haben. Mit Ausnahme von Raymond Griffith, dem Komiker mit dem Zylinderhut, der in Bestform so gut ist wie Buster Keaton oder Harold Lloyd.

Aber Chaplin überlebt.

Raymond Griffith kann beim Sprechfilm kein Engagement bekommen, weil Raymond Griffith keine Stimme hat. Raymond Griffith bringt nicht mehr als ein Flüstern hervor und ist deshalb der perfekte stumme Komiker. Raymond Griffith erstickt schließlich während eines Dinners im Masquers Club an einem Bissen, weil er sein Essen nicht ordentlich kaut.

Doch die interessieren ihn alle nicht. Nicht so sehr wie Buster Keaton und Harold Lloyd.

Nicht so sehr wie Chaplin.

Buster Keaton unterschreibt bei MGM und bereut es. Buster Keaton trinkt so viel, dass Buster Keaton eine Frau heiratet, die sich noch nicht einmal seinen Namen merkt.

Harold Lloyd wird alt und verliert seinen kreativen Ehrgeiz. Harold Lloyd wird von seinen Kapitalanlagen leben und weiterhin Tausende Nacktaufnahmen von bekannten und unbekannten Frauen machen.

Chaplin versucht, den Ton zu ignorieren, und macht *City Lights*. Der Film ist ein brillanter Fehlgriff. Aber Chaplin ist Chaplin, und für ihn gelten andere Regeln.

Und er und Babe sehen Hal Roach zu, wie dieser eine ganze Kolonie von Kröten schluckt, während das Studio in neue Tontechnik investiert, und als Hal Roach so weit ist, ihre Stimmen aufzunehmen, werden er und Babe sprechen, und die Bewegungen werden an die Dialoge angeglichen werden und die Dialoge an die Stimmen und die Stimmen an die Gesichter, und die Charaktere der Figuren werden sich nicht verändern, weil sie sich nicht verändern dürfen, weil sie festgelegt sind und es immer gewesen sind und immer sein werden.

Dies begreift er. Dies ist der Pakt, den er geschlossen hat.

76

Im Oceana Apartment Hotel schreibt er Gags, die nie umgesetzt werden, weil Babe tot ist. Aber bei jedem Gag, den er schreibt, hört er Babes Stimme, riecht er Babes Kölnischwasser, beobachtet er Babes Bewegungen. In der Stille seines Wohnzimmers stellt er sich vors Fenster, probt die Schritte, arrangiert die Szenen, testet den Text.

Und Babe ist sein Echo.

Er hat das Rauchen aufgegeben. Jahrzehntelang ist er Kettenraucher gewesen, drei Packungen täglich, zumeist Chesterfields, manchmal Pall Malls, bis seine Finger gelbbraun wurden. Eines Tages wacht er auf und kann nicht mehr rauchen, verspürt noch nicht einmal den Drang dazu. Er kann es nicht fassen. Was ihm als Einziges zu schaffen macht, ist, dass der Akt des Schreibens für ihn lange damit verbunden gewesen ist, eine Zigarette in der Hand zu halten; jetzt befürchtet er, dass der Rauchzwang mit dem Schreibzwang verknüpft gewesen sein und das eine ohne das andere aufhören könnte.

Aber er schreibt weiter.

Hol die Tür, sagt Babes Stimme.

Er verlässt das Zimmer und trägt eine Tür herbei.

Babes Schatten murmelt zustimmend.

Ja, sagt Babes Stimme.

Ja.

77

Bis zum Jahr 1929 sind aus den alten Vaudevilletheatern Lichtspieltheater geworden. Einige Besitzer halten durch, doch ihr Schicksal ist besiegelt; und einige andere versuchen, zwei Götzen zu dienen, aber auch deren Schicksal ist besiegelt.

Alexander Pantages, King Greek persönlich, wird angeklagt, Eunice Pringle in der Besenkammer eines seiner Theater vergewaltigt zu haben. Eunice Pringle ist siebzehn Jahre alt und möchte gern Tänzerin werden. Alexander Pantages, der nie lesen oder schreiben gelernt hat, ist jetzt 30 Millionen Dollar schwer, zweiundsechzig Jahre alt und möchte – trotz des Verkaufsdrucks seitens Joseph Kennedys und RKO – die Kontrolle über sein Theaterimperium behalten.

Alexander Pantages wird wegen der Vergewaltigung von Eunice Pringle zu fünfzig Jahren Gefängnis verurteilt. Alexander Pantages legt Rechtsmittel ein und wird freigesprochen, aber Alexander Pantages ist ruiniert.

Joseph Kennedy und RKO bekommen ihre Theaterhäuser.

Er mag Alexander Pantages, der Mae und ihm einen Stammplatz in seinem Theaterring gegeben und ihn mit Geschichten unterhalten hat wie der, in der Alexander Pantages, noch jünger und agiler, Klondike Kate Rockwell während des Yukon Gold Rush gefickt hat. Er findet es schwierig, sich den alternden Alexander Pantages vorzustellen, wie dieser Eunice Pringle in einer Besenkammer vergewaltigt.

Vielleicht, so wird spekuliert, wollten Joseph Kennedy und RKO jene Theaterhäuser buchstäblich um jeden Preis haben.

Im Jahr 1929 ist er Vater und ein Star. Er hat eine schöne Frau. Er hat eine Bernhardinerhündin namens Lady. Er hat ein geräumiges Haus am North Bedford Drive.

Und er fickt Alyce Ardell.

78

Alyce Ardell – vormals Marie Alice Pradel, ein weiterer Name, dessen sich jemand in einer Stadt entledigt hat, die übersät ist mit den abgestreiften Häuten früherer Identitäten – ist eine französische Schauspielerin. Er und Alyce Ardell verbindet eine gemeinsame Zeit bei Joe Rock. Vielleicht hat Joe Rock damals Alyce Ardell ebenfalls gefickt; er kann es nicht mit Sicherheit sagen. Er glaubt, dass Joe Rock zumindest in Alyce Ardell verliebt war, und wer könnte ihm das verübeln? Alyce Ardell ist schön, und ihr Akzent bringt die Männer zum Weinen, aber sie ist keine gute Schauspielerin und war es nie, folglich ist nicht ihr Talent der Grund, warum Joe Rock sie in seinen Filmen besetzt hat.

Marcel Perez war Alyce Ardells Regisseur in den Joe-Rock-Filmen. Babe kennt Marcel Perez von den Bungles-Komödien, die sie gemeinsam für Louis Burstein gemacht haben, als Marcel Perez noch zwei Beine hatte. Jetzt hat Marcel Perez nur ein Bein. Das andere Bein hat er an den Krebs verloren.

Das ist die Sorte Mensch, die schließlich in der Poverty Row landet und für Joe Rock arbeitet.

Marcel Perez erzählt Babe, Alyce Ardell sei eine ausgezeichnete Schauspielerin, solange sie sich nicht bewege. Babe erzählt diesen Witz in den Hal-Roach-Studios herum, bis Babe begreift, dass er Alyce Ardell fickt, woraufhin Babe die Witzeleien einstellt. Aber Alyce Ardell ist sehr gut im Bett, und sie scheint ihn gernzuhaben. Falls Alyce Ardell die Rolle seiner Geliebten nur spielt, ist sie eine bessere Schauspielerin, als Marcel Perez es ihr zuschreibt.

Er und Babe sind Mitverschworene. Sie kennen die Geheimnisse des anderen und bewahren sie. So wird er also Alyce Ardell ficken, und Babe wird den Mund halten, so wie Babe später eine

Geschiedene namens Viola Morse ficken und umgekehrt er den Mund halten wird.

Und warum fickt er jetzt Alyce Ardell, wo er doch Vater ist und ein Star und Ehemann einer schönen Frau und Besitzer einer Bernhardinerhündin namens Lady?

Er kann es nicht sagen.

Im Jahr 1929 ist Babe in einem Albtraum gefangen. Myrtle ist Alkoholikerin und clever darin, ihre Sucht zu kaschieren. Babe ist überzeugt, dass man jede Stunde eines jeden Tages die Wohnung nach Schnapsflaschen durchsuchen könnte und Myrtle noch immer einen Weg finden würde, eine neue zu verstecken.

Manchmal, erzählt ihm Babe, glaube ich, sie versteckt sie in ihrem Körper. Ich müsste einen Gynäkologen rufen, um sie zu finden.

Babe fürchtet sich vor Myrtle, denn ihre Wutanfälle sind maßlos, aber Babe ist ihr gegenüber auch auf eigenartige Weise fürsorglich. Während sich Myrtle in einer Abwärtsspirale befindet, verhalten sich beide immer weniger wie Mann und Frau zueinander, sondern eher wie Vater und Tochter. Wenn sie miteinander schlafen – wenn Myrtle einigermaßen nüchtern ist, obgleich sie nie nüchtern ist –, fühlt sich Babe manchmal eines Akts der Gewalttätigkeit schuldig, und dennoch kann Babe Myrtle nicht verlassen, weil Babe Myrtle liebt und sie ihn braucht; und je schlimmer es mit ihr wird, desto mehr braucht sie ihn und desto größer wird folglich die Liebe. So findet Babe Trost, indem er auf Abstand und zum Glücksspiel geht (im mexikanischen Agua Caliente gibt es nicht einen Kasinotürsteher, der Babe nicht mit Namen begrüßt), beim Golf oder beim Football, auf der Jagd und in der Arbeit.

Aber Myrtle zehrt Babes Kräfte auf.

Babes Anfälle von Schwermut werden heftiger und seine Wutausbrüche häufiger. Babe zerschlägt dem Schauspieler Tyler Brooke den Arm mit einem Billardqueue – so behauptet es jedenfalls Tyler Brooke –, weil Tyler Brooke Babe einen Kotzbrocken nennt. Geld wird gezahlt, um Tyler Brooke loszuwerden, und letzten Endes setzt Hal Roach Tyler Brooke auf die Straße. Und anschließend, weil das Schicksal sich gern einen Scherz erlaubt, heiratet Tyler Brooke eine Frau namens Myrtle, mit der Tyler Brooke noch immer verheiratet ist, als Tyler Brooke sich durch das Inhalieren von Kohlenmonoxid umbringt.

Myrtle – Babes Myrtle – beantragt die Scheidung. Sie und Babe versöhnen sich wieder.

Myrtle wird in ein Sanatorium zwangseingewiesen. Myrtle bricht aus.

Immer wieder, ein ums andere Mal.

Babe versucht, eine Ehe zu retten, während sein Partner eine andere sabotiert.

Und das Publikum lacht und lacht.

79

Im Oceana Apartment Hotel liest er Zeitung und trinkt seinen Tee. Selbst nach all diesen Jahren in den Vereinigten Staaten hat er sich eine liebevolle Zuneigung zu britischen Gewohnheiten und britischem Essen erhalten: Tee, Pudding mit Rübensirup, Rosenkohl, Leber mit Schinkenspeck und Zwiebeln, Gingerbeer, Black & White Whisky.

Er ist noch immer A. J.s Sohn.

Er schlägt die Zeit tot. Die Post des Tages ist beantwortet. Einer seiner Filme läuft am späten Nachmittag im Fernsehen. Die Ausstrahlungen folgen keiner Logik und keinem Schema. Alte folgen auf noch ältere, Stummfilme folgen auf Sprechfilme. Manchmal scheint es, als hätte man seine Vergangenheit zerschnippelt, die einzelnen Teile in die Luft geworfen und sie einfach irgendwo wieder zur Erde sinken lassen.

In der Stille seines Apartments summt er eine alte Music-Hall-Melodie.

My old man said »Foller the van,

And don't dilly dally on the way ...»

Lois, seine Tochter, hörte ihn gern diesen Song singen, obwohl er nie ein großer Sänger gewesen ist. Babe war da anders. Babe hat gesungen, um sich am Set die Zeit zu vertreiben. Babe sang aus Freude am Singen. Babe sang beispielsweise «Shine On, Harvest Moon» mit Lois auf den Knien, wieder und wieder, wurde nie des Singens und nie des Kindes müde.

Er hält es für eine Schande, dass Babe keine eigenen Kinder hatte.

Ein anderer Text drängt sich ihm auf, irritiert ihn, aber er kann ihn nicht unterbringen, jedenfalls vorläufig nicht.

I love you so

I love you so

Oh I love my darling Daddy.

Er versucht, dem Text eine Melodie zuzuordnen, was ihm aber nicht gelingt. Es muss sich gleichfalls um einen Music-Hall-Song handeln. Die Zeilen haben einen gewissen Rhythmus, obwohl er sich da irren könnte, indem er sie in eine unpassende Form zwingt. Aber sie verströmen auch diesen widerlich sentimentalen Beigeschmack, der ihm von hundert staubigen Bühnen her vertraut ist: Die Sänger – bemüht, die letzte Zeile hinauf zu den Göttern zu erheben – stemmen sich gegen ein Zuviel an zuckersüßer Rührseligkeit, wodurch der Song – wenn von einem schlechten Interpreten vorgetragen – nur noch als Objekt von Hohn und Spott zu taugen droht.

I love you so

I love you so

Oh I love my darling Daddy.

Er legt die Zeitung beiseite; er fühlt sich aufgespießt von einem Stachel der Erinnerung.

Eine in Babes Garderobe zurückgelassene Postkarte. Babe benutzt die Karte als Lesezeichen; das Buch liegt mit den aufgeschlagenen Seiten nach unten, der kartonierte Einband wird vom Spiegel reflektiert. Vielleicht handelt es sich um eine politische Abhandlung, aber er kann es nicht mit Bestimmtheit sagen.

Wann ist das gewesen: 1928, 1929? Auch das kann er nicht mit Bestimmtheit sagen.

Aber er erinnert sich, dass es eine Karte mit Myrtles Handschrift war. Er hat nicht vor, sie zu lesen (möchte er sich glauben machen), er will nur einen Blick darauf werfen, aber dieser Blick erfasst sofort alles, bevor er ihn abwenden kann.

Sogar jetzt, im Oceana Apartment Hotel, schämt er sich seines Tuns.

Er sagt sich, dass seine Neugierde der Sorge um Babe entspringt, aber falls dem so ist, dann ist diese Sorge mit einem lüsternen Kitzel behaftet. Trotz allem, was Babe ihm über sein Zusammenleben mit Myrtle erzählt und was er von Dritten über Babes Probleme erfahren hat, ist er doch in sehr weniges von dem eingeweiht, was in den vier Wänden von Babes Zuhause vor sich geht. Er und Babe verkehren selten außerhalb der Arbeitszeit. Sie pflegen ihre sozialen Kontakte am Set. Sie telefonieren regelmäßig miteinander, doch drehen sich ihre Unterhaltungen zumeist um Skripts und Gags.

Möglicherweise ist es ja so, dass sie gar nicht miteinander reden müssen. Möglicherweise genügt es ihnen, in der Gesellschaft des anderen zu sein.

Er weiß, dass dies so gewesen ist, weil er am Ende Babe bei dessen langsamem Sterben begleitet hat.

Er berührt die Karte mit den Fingern und dreht sie ins Licht, ganz so, wie er im Oceana Apartment Hotel die Hand ausstreckt, als wollte er seinen eigenen Geist davon abhalten, sich in das Leben eines anderen Menschen zu drängen, auch nicht in das eines Mannes, dessen Leben so eng mit dem seinen verbunden ist. Er sieht die Karte wieder vor sich. Warum hat sich dieser eine Augenblick so festgesetzt, wo sich so viele andere verflüchtigt haben?

Ich bin so dankbar dass ich dich all diese Jahre gehabt habe möge Gott so gut sein und uns zusammen durchs Leben gehen lassen. I love you so, Oh I love my darling Daddy.

Dein einziges Schätzchen,

An unserem siebten Jahrestag, möge es siebzig weitere geben. Und viele kleine Hardys noch dazu …

Nur einmal «I love you so». Er hatte es falsch in Erinnerung, aber nicht sehr falsch.

Das ist Myrtle, Myrtle die Trinkerin. Er fragt sich, wie viele Schnäpse Myrtle intus hatte, als sie diese Jahrestagskarte an Babe geschrieben hat. Wahrscheinlich ausreichend viele; eine oder zwei Stunden später, und Myrtle hätte Babe eine ganz andere Botschaft geschrieben, falls sie überhaupt hätte schreiben können.

Es würde keine kleinen Hardys geben. Babe muss es schon damals gewusst haben. Babe und Myrtle haben die Möglichkeit von Kindern vielleicht diskutiert, als Myrtle nach einem ihrer Sanatoriumsaufenthalte zeitweise nüchtern war oder wenn sie Babe nach einem Rückfall sagte, wie leid es ihr tue, woraufhin Babe sie anlog und seinem «herzallerliebsten kleinen Baby» sagte dass, jawohl, sie es versuchen würden und sie, jawohl, eine wunderbare Mutter sein würde und jawohl, jawohl, jawohl, aber Babe erkannte die Wahrheit. Es würde keine Kinder geben, nicht mit dieser Frau, und überhaupt keine, wenn Babe bei ihr blieb.

Doch Babe konnte Myrtle nicht im Stich lassen.

Also wird Babe zur Arbeit gehen und für die Kinder anderer Männer «Shine On, Harvest Moon» singen.

80

Hal Roach beobachtet die Ankunft des ersten Victor Trucks für Tonaufnahmen auf dem Gelände seines Studios.

Hal Roach überprüft die Mikrophone und die Schalldämmung auf den Bühnen, die den Lärm der Züge ausblenden soll, die auf den Gleisen hinter den Ateliers vorbeifahren. Hal Roach überwacht die Installation der Stromanschlüsse für die Aufnahmegeräte und kontrolliert die neuen Projektoren, die für eine Tonwiedergabe ausgestattet sind.

Hal Roach hat ein Vermögen ausgegeben, um sein Studio auf Ton umzurüsten. Das hat auch Mack Sennett getan, der Hal Roach zuvorkommt, indem er 1928 den ersten Tonkurzfilm in die Kinos bringt, doch Hal Roach glaubt, dass der Ton letztendlich Mack Sennetts Tod sein wird, weil der typische Mack-Sennett-Slapstick das Aufkommen des Sprechfilms nicht überleben wird. Gesprochene Sprache erfordert Dialoge, und Dialoge erfordern ein Thema. Die Storyline ist alles. Eine Aneinanderreihung von bloß visuellen Gags wird nicht mehr ausreichen.

Hal Roach stellt Elmer Raguse ein, der im Studio die Tonaufnahmen beaufsichtigen soll. Elmer Raguse ist Diabetiker und Perfektionist. Elmer Raguse ist möglicherweise auch ein Genie, aber niemand bleibt lange genug in Elmer Raguses Nähe, um das bestätigen zu können, denn Elmer Raguse ist kein umgänglicher Mensch, nicht bei der ersten Begegnung, nicht einmal bei späteren Begegnungen und schon gar nicht bei Schauspielern, die vergessen, wo sich das Mikrophon befindet, und bei Special-Effects-Leuten, die Explosionen zu dicht bei seinen Aufnahmegeräten zünden und dadurch die empfindlichen Röhren zerstören. Aber Hal Roach ist es egal, ob Elmer Raguse nie mehr mit irgendeinem anderen Menschen spricht, solange das Publikum hören kann, was die Schauspieler sprechen.

Es dauert nicht sehr lange, bis Hal Roach die Erfindung des Sprechens zu bedauern beginnt, und zwar jeder Art von Sprechen, insbesondere des aufgezeichneten Sprechens. Die Ausleuchtung ist schlecht, weil die Registrierkameras so groß sind, dass die Lampen nicht nahe genug herangebracht werden können, um die Schauspieler wie menschliche Wesen aussehen zu lassen. Es bedarf einer eigenen Mannschaft, um eine einzelne Kamera während des Drehens zu verschieben; andernfalls würde das Mikrophon das Geräusch des Motors aufnehmen. Hal Roach macht drei Filme, ehe jemand auf die Idee kommt, dass man das Mikrophon selbst bewegen kann. Bis dahin sind die Schauspieler gezwungen, in dessen engerer Umgebung herumzulungern wie Pendler, die auf einen Bus warten, und das in einer Haltung, als wäre jedem von ihnen ein Fuß auf den Boden genagelt. Hal Roach vermutet auch, dass die Schauspieler Angst haben könnten, ihre Positionen zu verändern, um nicht versehentlich ein Teil aus Elmer Raguses Equipment kaputt zu machen, in welchem Falle Elmer Raguse sie anbrüllen würde, und Schauspieler sind empfindsame Wesen, die es nicht schätzen, angebrüllt zu werden. Hal Roach zieht in Betracht, diesbezüglich mit Elmer Raguse ein Wörtchen zu reden, bis sich Hal Roach daran erinnert, wie viel ihn dieses ganze Equipment gekostet hat, woraufhin Hal Roach beschließt, dass es umso besser ist, je mehr alle Angst vor Elmer Raguse haben.

Er ist nicht entzückt über seine erste Erfahrung mit Sprechfilmen. Trotz aller Vorbereitung, allen Feinschliffs am Skript ist er völlig aus dem Konzept, als er die schallisolierte Tonbühne betritt, um mit dem Dreh von *Their Last Word* zu beginnen, dem Arbeitstitel für den späteren *Unaccustomed As We Are*, weil niemandem *Their Last Word* als Titel gefällt und es keinen Sinn ergibt, eine Komödie, in der sie ihre ersten Worte sprechen, *Their Last Word* zu nennen. Selbst Leo McCarey gibt das zu.

Es ist die Stille, die das Filmen schwierig macht, das Unterdrücken von Geräuschen, sobald der Ruf nach Ruhe am Set ertönt. Einen Stummfilm zu drehen ist wie das Leben abzufilmen: Da gibt es Geräusche im Hintergrund und Geräusche im Vordergrund. Gespräche werden fortgeführt, ohne Rücksicht auf die Präsenz der Schauspieler. Nägel werden eingehämmert, Bretter verlegt. Züge pfeifen, Hunde bellen.

Ein Tonfilm muss jedoch bei absoluter Ruhe gefilmt werden, und zum ersten Mal seit Jahren ist er sich der Nähe des Objektivs, der Gesichter der Crew und der durch seine Umgebung verursachten Klaustrophobie unangenehm bewusst. Eine neuartige Anspannung hat das Set infiziert, und die Schauspieler sind deren erste Opfer. Der Regisseur kann keine Anweisungen mehr per Zuruf erteilen oder Gags optimieren, während die Kamera läuft. Die Crew darf nicht lachen, und wenn die Crew nicht lachen darf: Woher soll er dann wissen, ob das, was er macht, komisch ist? Das Problem wird noch gravierender werden, wenn sie erst beginnen, an Originalschauplätzen zu drehen. Die Crew wird sich der Notwendigkeit von Geräuschlosigkeit bewusst sein, weil die Lohnauszahlung davon abhängt; doch eine vom Anblick einer Filmkamera angelockte Menschenmenge lässt sich nicht so leicht disziplinieren.

Er sieht kein Tageslicht mehr, weil der Film mit Innenaufnahmen in nur fünf Studiokulissen gedreht wird. Er sieht den Kameramann nicht mehr, weil der Operateur in den Kamerakasten klettern und diesen hinter sich lichtdicht verschließen muss. Und jetzt werden vier Kameras benötigt, wo zuvor zwei oder nur eine ausgereicht hätten: zwei für die Totalen, zwei für die Nahaufnahmen.

Zuletzt filmen sie auch noch bei Nacht, weil Hal Roach parallel gerade einen *Die kleinen Strolche*-Film dreht und Hal Roach nur eine einzige Tonausrüstung hat. Kinder dürfen nur bis fünf Uhr arbeiten, was bedeutet, dass er und Babe und Thelma Todd und Mae Busch und Edgar Kennedy gezwungen sein werden, sechs Abende für diesen Film zu opfern. Mae Busch schlägt Hal Roach vor, für *Die kleinen Strolche* Liliputaner statt Kinder zu beschäftigen und sie aus der Distanz zu filmen. Hal Roach stellt sich taub. Hal Roach muss sich taub stellen, weil Mae Buschs Stentorstimme ein Schiff ans Ufer lotsen könnte.

Lewis Foster, der Regie führt, bittet um Ruhe, und jetzt vermisst er mehr als sonst die Stimmen und den Lärm. Er und Babe sind mit ihrem Auftritt dran, und er kann spüren, wie ihm der Schweiß den Rücken hinabläuft. Sein Make-up ist geronnen und beraubt sein Gesicht jeglichen Mienenspiels, und seine Kehle ist ausgetrocknet, und er weiß, dass, sobald er den Mund aufmacht, nur ein heiseres Krächzen herauskommen wird wie der Schrei eines frustrierten Vogels. Babe sagt etwas, aber er kann Babes Worten nicht folgen. Er hat einen kurzen Text zu sprechen, aber was nützt ein kurzer Text, wenn man ihn nicht herausbringt?

Babe hört auf zu sprechen.

Babe wartet. Er macht den Mund auf, und zwei Wörter werden hörbar, seine ersten auf Tonfilm gesprochenen.

– *Any nuts?* Mit Nüssen?

81

Früh am folgenden Nachmittag. Sie sehen sich die ersten Bildmuster vom Vortag an. Noch bedeutsamer: Sie hören sich die ersten Muster vom Vortag an. Die gesamte Besetzung ist anwesend und der Regisseur, der Autor, die vier Kameraleute und Hal Roach.

Hal Roach ist unzufrieden mit Edgar Kennedys Stimme. Und Hal Roach verleiht seiner Unzufriedenheit folgendermaßen Ausdruck:

– Meine Güte, Edgar Kennedy klingt ja wie eine Schwuchtel.

Edgar Kennedy ist ein Halbschwergewichtsboxer, der einmal über vierzehn Runden gegen Jack Dempsey gekämpft hat, gegen den «Schläger von Manassa». Sollte irgendjemand jemals zuvor die Ansicht geäußert haben, Edgar Kennedy klinge wie eine Schwuchtel, insbesondere in Hörweite von Edgar Kennedy selbst, dann hat sich diese Person nicht mehr lange in der Vertikalen befunden, wenn sie überhaupt noch lebt.

Aber dies hier ist Hal Roach, und dies hier ist ein Film, und Edgar Kennedy hat sich noch nie zuvor selbst von der Leinwand sprechen hören. Hal Roach hat recht: Edgar Kennedy klingt tatsächlich wie eine Schwuchtel, sogar in Edgar Kennedys eigenen Ohren. Also verbringt Edgar Kennedy den Rest des Tages damit, sich eine tiefere Stimme anzutrainieren, und als der Abenddreh beginnt, spricht Edgar Kennedy seinen Text, als hätte er mit Schotter gegurgelt, und genau so wird Edgar Kennedy für den Rest seiner Karriere klingen, bis Edgar Kennedy stirbt, viel zu jung, an Kehlkopfkrebs.

Weil, wie bereits festgestellt, das Schicksal sich gern einen Scherz erlaubt.

Der Film ist fertig. Er hat eine gute Stimme, und Babe hat

eine gute Stimme. Sie klingen, wie sie sollen, obwohl Babes Stimme vielleicht weicher und höher ist, als es Babes äußere Erscheinung vermuten ließe, genau wie auch Babes Bewegungen graziler sind und Babes Gang beschwingter ist. Auch tritt Babes Georgia-Akzent deutlicher hervor, als Babe versucht, sich bei Thelma Todd einzuschmeicheln, die Edgar Kennedys Ehefrau spielt. Ihm fällt das während des Drehs auf, aber er sagt nichts zu Babe. Es ist ein weiteres Beispiel für Babes Brillanz und Babes Vorgehensweise bei der Erarbeitung einer Figur, indem er sie mit Bruchstücken aus der Wirklichkeit anreichert.

Seine eigene Performance ist, wie er erkennt, weniger nuanciert. Sogar nach so langer Zeit hat er noch nicht Babes Fertigkeit erlangt, mit kleinen Gesten zu arbeiten; in diesem Film tritt das Problem aber noch deutlicher zutage. Er sieht den Grund dafür in seinen Bedenken wegen seiner Stimme, doch akzeptiert er zugleich, dass er nie ein Schauspieler sein wird, wie Babe einer ist. Er wird immer ein Bühnenmensch sein, den man ins Medium Film transponiert hat. Babe hilft auf subtile und selbstlose Weise, seine Mängel zu verdecken. Babe ist der Grund, warum er ein Star ist.

Mit Abschluss der Dreharbeiten ist Babes Arbeit getan. Babe zieht sich dann immer zurück, geht zu Myrtle, auf den Golfplatz, zum Glücksspiel, wenn auch nicht unbedingt in dieser Reihenfolge, während er selbst am Schnitt weiterarbeitet.

Das Schneiden ist eine Herausforderung.

Kein einziger Schnitt kann gemacht werden, ohne die möglichen Konsequenzen für den Ton zu berücksichtigen, weshalb es schwerer ist, den Film zu straffen. Die Previews sind sogar noch schlimmer, weil das Gelächter des Publikums die Dialoge übertönt und die folgende Textzeile damit unverständlich wird. In Zukunft, beschließt er, werden sie Pausen zwischen den einzelnen Zeilen lassen müssen, damit das Publikum lachen kann, was bedeutet, die Filme werden als Folge davon vielleicht weniger natürlich wirken und mehr wie Bühnenstücke.

Und auch nach Previews und Schnitten, Überarbeitungen und Nachdrehs ist *Unaccustomed As We Are* noch immer nicht so, wie er es sich gewünscht hätte; aber die Kritiker lieben den Film, und das Publikum liebt ihn, und Hal Roach liebt ihn. Hal Roach liebt den Film so sehr, dass er die Premiere überstürzt noch vor die drei Stummfilmkomödien vorzieht, die er und Babe bereits fertiggestellt haben und die nun veraltet sind. So besessen sind die Filmtheater jetzt vom Ton, dass sie Hal Roach für diese Zweiaktkomödie mehr zahlen, als sie für einen Spielfilm bezahlen würden, weil Hal Roach bei *Unaccustomed As We Are* von seiner bisherigen Praxis abweicht, ein Paket von Filmen gleich für ein Jahr im Voraus zu verkaufen, und stattdessen damit beginnt, die Kinobesitzer immer nur für jeweils einen Film bezahlen zu lassen.

Und Hal Roach liegt richtig bei Mack Sennett. Der Sprechfilm läutet Mack Sennetts Untergang ein; Mack Sennett geht bankrott und stirbt.

82

Im Oceana Apartment Hotel erinnert er sich an eine Dialogstelle aus *Unaccustomed As We Are*. Sogar nach Jahrzehnten kann er sich ohne Schwierigkeiten die Textzeilen ins Gedächtnis zurückrufen.

Edgar Kennedy, in dem Glauben, die Jungs würden eine Frau verstecken, mit der einer von ihnen vielleicht eine Affäre hat, hilft ihnen aus einer pikanten Situation, ohne zu erkennen, dass die in einer Kiste versteckte Frau seine eigene ist.

Wir lassen wohl gerade ein bisschen die Sau raus, wie? Wenn ihr Typen ein Nümmerchen riskieren wollt, dann müsst ihr schon vorsichtiger sein.

Er feiert die Premiere des Films nicht zu Hause mit seiner Familie, sondern in Alyce Ardells Wohnung. Er feiert sie, indem er Alyce Ardell in ihrem Bett fickt.

Das Allerwichtigste ist, die Geschichte so weit von eurer Frau entfernt zu halten, wie ihr nur könnt.

Er hat mitbekommen, was man sich von Alyce Ardell erzählt. Einige sagen, sie sei hinterm Geld her, aber ihn hat sie noch nie um Geld gebeten. Er glaubt, es könnte andere Männer geben, die sie vielleicht darum bittet, aber von denen will er nichts wissen. Falls Babe argwöhnt, wo er gewesen ist – und möglicherweise tut Babe das –, so wird doch kein Wort darüber verloren.

Wir müssen zusammenhalten, wir verheirateten Männer.

83

Im Oceana Apartment Hotel wird *Unaccustomed As We Are* nie auf seinem Fernsehbildschirm erscheinen. Die Platten mit den Tonaufnahmen sind verloren gegangen, und er ist sich nicht sicher, ob noch eine brauchbare Papierkopie existiert. Stummfilme sind ihm ohnehin immer lieber gewesen, aber ein Trost ist ihm das nicht.

Möglicherweise hat sich *Unaccustomed As We Are* bei den für immer verlorenen Streifen eingereiht. Sollte das zutreffen, wird ihn das traurig stimmen. Der Film ist vielleicht nicht perfekt gewesen, doch als der erste Sprechfilm des Duos hat er einen persönlichen Stellenwert, auch wenn niemand sonst es der Mühe für wert befunden hat, ihn zu konservieren.

Er und Babe hatten Diskussionen am Set dieses Films. Oder sie stritten sich – das weiß er sicher – über einen ihrer gemeinsamen Filme, bei dem es sich sehr wohl um *Unaccustomed As We Are* gehandelt haben könnte. Er ist der Meinung, dass es vielleicht ihr einziger echter Streit gewesen ist. Es ist der einzige Streit, an den er sich erinnern kann, was bedeutet, dass es entweder der einzige Streit überhaupt gewesen ist oder ihr einziger *großer* Krach. So oder so: Wenn ein Mann meint, sich an eine Meinungsverschiedenheit mit seinem Freund erinnern zu müssen, dann sollte es eine wie diese sein.

Babe pflegt gewisse Eitelkeiten. Geringfügige zwar, doch gelegentlich wachsen sie sich zur manischen Selbstdarstellung aus. Eine von Babes Eitelkeiten ist seine Frisur. Babe mag es nicht, wenn ihm seine Haare wie Ponyfransen in die Stirn hängen. Babe hat seine Haare lieber glatt und ordentlich nach hinten gekämmt, weil Babe unter den Scheinwerfern schwitzt.

Aber das Publikum liebt es, wenn Babes Haare wirr auf der Stirn kleben. Babes Haare sind eine Art Barometer, eine physische Manifestation über den sich verschlechternden Zustand einer beliebigen szenischen Situation. Die meiste Zeit macht Babe dieses Spiel mit, nicht aber an diesem Tag. Babe verkündet, dass es heute keine Ponyfrisur geben wird. Vielleicht verspürt Babe auch die Anspannung am Set. Er versucht, Babe davon zu überzeugen, dass der Pony nötig ist. Babe weigert sich, das zu akzeptieren. Man wird laut. Man vergeudet Zeit.

Schlussendlich zeigt sich Babe mit einem begrenzten Ausmaß an Zerzaustheit einverstanden. Entschuldigungen werden ausgetauscht. Aber er erkennt immer, wann Babe niedergeschlagen ist, weil Babe dann anfängt, über seine Haare zu lamentieren.

Dies also stellt die Gesamtheit der verbalen Grobheiten dar, die sie sich in all ihren gemeinsamen Jahren erlaubt haben.

84

Hal Roach ist bis zum Äußersten angespannt. Hal Roach ist ein Mann auf einer Streckbank. Die Streckbank ist nicht unbequem und wird mit Alkohol und Zigarren beliefert, aber sie bleibt dennoch eine Folterbank. Im Jahr 1929 wird die Firma Hal Roach knapp fünfzig Filme in den Verleih bringen, was bedeutet, dass Hal Roach knapp fünfzig Filme in den Verleih bringen wird, denn Hal Roach ist die Firma.

Hal Roach versucht, den Alltag auf dem Gelände zwanglos zu gestalten. Es gibt wenige Sicherheitsmaßnahmen, und die Angestellten weisen sich nur durch das Tragen kleiner nummerierter Anstecknadeln aus Messing aus. Es ist keineswegs ungewöhnlich, dass Schauspieler Besorgungen für Hal Roachs Eltern machen, die in einer Wohnung auf dem Grundstück leben. Alle essen in der Studiokantine am Washington Boulevard.

Hal Roach hat das Ansehen der Hal-Roach-Studios aufgebaut, indem er bewusst in jedem bei ihm produzierten Film in einem gewissen Maß selbst mitwirkt: sei es durch eine originelle Idee für die Story, durch Verbesserungsvorschläge oder sogar dadurch, dass Hal Roach persönlich Regie führt. Ist das nicht der Fall, dann handelt es sich – per definitionem – nicht um einen Hal-Roach-Film.

Hal Roach macht auch keine überhasteten Filme. Sein Studio liegt nicht in der Poverty Row. Die Kreativteams bekommen Zeit für ihre Arbeit. Um Geld zu verdienen, muss man Geld ausgeben; aber zuallererst muss man Geld zum Ausgeben haben. Hal Roach hat Geld, möglicherweise eine ganze Menge davon, ist sich aber auch bewusst, wie leicht aus sehr viel Geld gar kein Geld werden kann.

Vor anderen Leuten ist Hal Roach liebenswürdig, privat aber

voller Sorgen. Manchmal, wenn ihn etwas besonders bedrückt, spielt er Saxophon oder Geige. Hal Roach findet das förderlich, wenn er nachdenken und Betrachtungen anstellen möchte. Das Studiogelände wird dann von Musik durchflutet, und jedermann ahnt, dass es am besten ist, Hal Roach in Ruhe zu lassen.

Hal Roach spielt gerade Saxophon.

Hal Roach wird in Ruhe gelassen.

Elmer Raguse beschwert sich noch immer über den Schaden an seinem Equipment. Hal Roach glaubt, dass – würde man es Elmer Raguse erlauben – dieser jede Nacht im Studio neben seinen Röhren und Mikrophonen schlafen oder einen Weg finden würde, sie mit nach Hause in sein Bett zu nehmen.

Hal Roach hat die Auswirkungen unterschätzt, die der Ton auf seine Filme haben wird. Hal Roach erkennt, dass Dialoge mehr sind als gesprochene Versionen von Beanie Walkers Texttafeln, dass gesprochene Sprache nicht nur ein Anhängsel der Pantomime ist, dass Musik und Handlung und Text nun in Einklang gebracht werden müssen. Hal Roach hat immer großen Wert auf die Story gelegt, aber der gleichzeitige Mitschnitt von Ton hat verändert, wie in Zukunft jede Geschichte präsentiert werden wird. In nicht allzu ferner Zeit, weiß Hal Roach, wird es Komödien geben, bei denen der Humor allein aus dem Dialog entspringt. Hal Roach gefiele es außerordentlich, wenn dieser Komödientyp seinen Namen tragen würde.

Und es gibt Gerüchte über Affären seiner Stars. Zwar gibt es immer Gerüchte über Affären – dieses Volk ist auf alarmierende Weise promisk –, doch muss Hal Roach darüber für den Fall auf dem Laufenden gehalten werden, dass Brände zu löschen sind.

Einige dieser Gerüchte sind besorgniserregender als andere.

Alyce Ardell ist auf dem Studiogelände gesichtet worden

– oder in dessen Nähe, oder daran vorbeifahrend und aus einem Zugfenster winkend –, von der Taille aufwärts nackt, während das Columbia Saxophone Sextette «Frogs' Legs» spielte. Die Details sind unwichtig. Dies ist eine Familienangelegenheit. Diskretion ist geboten.

Ein Wort unter vier Augen mit einem seiner Stars könnte unumgänglich werden.

Vor allem spürt Hal Roach, wie ihm die Kontrolle über sein Studio entgleitet, obwohl Hal Roach diese Befürchtung nicht laut äußern darf. Die geschäftlichen Belange des Studiobetriebs fordern ihn immer stärker, und je erfolgreicher Hal Roach wird, desto mehr gewinnen sie die Oberhand über sein Bestreben, weiterhin am kreativen Schaffensprozess beteiligt zu sein.

Hal Roach vermisst diesen kreativen Aspekt, denn je weniger Gelegenheiten es gibt, die eigene Kreativität zu erproben, desto schwerer wird es, sie aufrechtzuerhalten. Ideen und Gags gehen ihm bereits nicht mehr so spontan von der Hand wie früher. Das Studio hat durchaus noch eine Menge guter Gagschreiber, aber es kann immer neue gebrauchen. Die großzügigeren Stars vergeben Gags, die sie nicht selbst verwerten oder die von einem anderen Schauspieler besser umgesetzt werden können, an Dritte, doch ist das nicht das Gleiche, wie wenn da jemand ist, der von einem Film zum nächsten, von einem Set zum anderen gehen und Ratschläge und seine Expertise anbieten kann. Eine stetige, ruhige Hand an der Ruderpinne ist vonnöten, und jetzt kann es nicht mehr nur die von Hal Roach sein.

Widerwillig legt Hal Roach das Saxophon beiseite und ruft seinen Vater herbei. Dad Roach ist der Finanzchef der Firma, aber auch ein guter Ratgeber für seinen Sohn. Hal Roach trägt seinem Vater einige seiner Sorgen vor, will aber Dad Roach nicht mit den – halbnackten oder anderweitigen – Details zu Alyce Ardell belasten.

Was du brauchst, sagt Dad Roach, ist ein Ideenlieferant, jemand, der sich mit Komödien auskennt, aber zugleich etwas davon versteht, wie man ein Unternehmen führt, das mit komischen Geschichten handelt. Vielleicht jemand aus dem Vaudevillebereich?

Hal Roach ist anderer Meinung. Alle vom Vaudeville, die es wert sind, stehen bereits auf seiner Gehaltsliste, und auch von den Theaterbühnen hat man alle die Schauspieler eingesammelt, die in der Lage sind, geradeaus zu gehen und dabei einen zusammenhängenden Satz aufzusagen. Jeder will jetzt im Film auftreten. Bei den Vaudevillehäusern stehen inzwischen auf den Plakaten die Namen von ganz unten ganz oben, und die Auftaktshows sind jetzt die Schlussvorstellungen. Bald wird die letzte Nummer im Vaudeville die der Cherry Sisters sein.

Aber Dad Roach hat mit seiner Einschätzung recht. Sie diskutieren ein paar Namen, von denen sich aber keiner richtig anhört.

Wenn das alles ist, sagt Dad Roach schließlich, ich muss jetzt zurück zu deiner Mutter.

Hal Roach dankt seinem Vater fürs Kommen.

– Gern geschehen. Übrigens: Stimmt das, was man sich über Alyce Ardell erzählt?

85

Allein zu arbeiten hat ihm nie Spaß gemacht, und jetzt ist das auch nicht länger nötig. So wie er in Babe einen Weg gefunden hat, das Beste seiner Schauspielkunst nach außen zu kehren und damit seine Figur mit Leben zu erfüllen, so umgibt er sich nun auch mit anderen, die ihm helfen können, seine Stoffe und Einfälle in eine Form zu gießen und anzureichern.

Kommt schon, Leute, pflegt er am Ende eines Drehtags zu sagen, wenn die Crew sich zu zerstreuen beginnt, hinten in meiner Garderobe hab ich ein paar Colas.

Und es kommen Jimmy Parrott und Frank Butler und Charlie Rogers, der auf den Plakaten grundsätzlich als Charley Rogers auftaucht und offenbar niemanden dazu bringen kann, seinen Namen korrekt zu schreiben. Charlie Rogers ist gleichfalls ein Exilant von jenseits des Großen Teichs. Er hat Charlie Rogers gern um sich. Manchmal wird gemunkelt, Charlie Rogers habe nicht *eine* eigene Idee im Kopf, was nicht heißen soll, dass Charlie Rogers' Kopf ideenleer wäre; vielmehr ist es nur so, dass keine dieser Ideen Charlie Rogers' eigene sind. Aber Charlie Rogers ist in jeder britischen Music Hall aufgetreten und hat jeden guten Gag auf deren Bühnen in seinem Gedächtnis gespeichert, und an die Gags, an die sich Charlie Rogers nicht mehr erinnert, erinnert *er* sich. Sie beide zusammen sind eine wandelnde Geschichte der Bühnenkomödie.

Babe nimmt selten an diesen Konklaven teil, es sei denn, das Licht zum Golfspielen ist zu schlecht oder er hat eine Pechsträhne beim Zocken oder das Zusammensein mit Myrtle gestaltet sich gerade strapaziöser als sonst. Bei solchen Gelegenheiten schließt sich Babe ihnen an und trinkt eine Cola mit, obwohl das nur dem Namen nach Colas sind, denn hier wird von allen anständige Arbeit geleistet, und anständige Arbeit verlangt nach einem anständigen Drink. Das Hochprozentige wird freundlicherweise von Richard Currier zur Verfügung gestellt, dem Cutter, der Beziehungen hat. Sie erheben ihre Gläser und plaudern eine Weile einfach drauflos, und dann fängt es an: dämliche Ideen, halbdämliche Ideen, gute Ideen; Gags werden erklärt, Gags werden vorgespielt, Gags werden einstudiert. Die besten davon werden aufgeschrieben, die schlechtesten verworfen, der Rest weiterbearbeitet, bis man herausgefunden hat, ob man sie behalten oder begraben wird. Aber er ist es, der die Ideen ordnet und diese Männer führt und die letzte Entscheidung trifft. Normalerweise lacht Babe einfach nur mit, aber wenn Babe den Mund aufmacht, hört jeder zu.

Am Ende einer solchen Woche haben sie ein sechsseitiges Handlungsskript.

Es kümmert ihn nicht, dass sein Name nicht auf dem Skript vermerkt ist, weil ein Skript ja nur ein Leitfaden ist. Es enthält nie die besten Lacher; es informiert nur alle darüber, wo sich jeder hinstellen muss, während sie am Set darauf warten, dass Babe und ihm noch etwas Besseres einfällt. Doch sein Name steht neben Babes über dem Titel, und das ist das Ausschlaggebende. Soll doch Beanie Walker, der Chefcutter, die Lorbeeren für die Dialoge einheimsen, auch wenn Beanie Walker seit Einführung des Tons beständig todmüde ist und vielleicht gerade einmal zwei Textzeilen liefert, die es auf die Leinwand schaffen.

Falls Beanie Walker dies bemerken sollte, lässt Beanie Walker dennoch kein Wort darüber fallen.

Beanie Walker kommt nicht zu den Gagmeetings, was nicht weiter stört, weil Beanie Walker ein Exzentriker ist. Beanie Walker spricht kaum und lacht nie. Beanie Walker sagt schlicht «yeah», wenn er ein Skript billigt, was für einen unbedeutenderen Menschen Anlass genug wäre, die Champagnerkorken knallen und die Tänzerinnen kommen zu lassen. Beanie Walker raucht, als würden Zigaretten ab Mitternacht unter die Prohibition fallen, und leidet unter irgendeiner obsessiven Störung. Beanie Walker heiratet nie und hält sich Katzen als Gesellschaft. Irgendwann kündigt Beanie Walker bei Hal Roach, und ziemlich bald darauf stirbt Beanie Walker.

Autoren kommen und Autoren gehen.

Gagschreiber kommen und Gagschreiber gehen.

Regisseure kommen, und Regisseure gehen.

Nur er und Babe bleiben.

Aber es sind seine Skripts, seine Kamerapositionen, seine Schnitte, seine Regieanweisungen. Es spielt keine Rolle, wer «Kamera!», ruft, wer «Stopp!», ruft. Es sind seine Filme, seine und Babes.

Er sucht keine Anerkennung.

Er braucht keine Anerkennung.

Alles, was er begehrt, ist die Freiheit zu arbeiten.

86

Er vernimmt es aus dem Mund von Warren Doane, der es aus dem Mund von Hal Roach persönlich vernimmt, aber er weiß noch nicht sicher, ob er es glauben soll.

Hal hat wen eingestellt?, fragt er.

– Fred Karno. Deinen alten Boss.

Er sinnt einen Augenblick lang über diese Information nach.

– Aber warum?

Fred Karno nagt am Hungertuch. Fred Karno ist pleitegegangen, weil er sich auf Inseln in der Themse üppige, aber sinnlose Prachtbauten hingestellt hat, weil er Prozesse geführt und über seine Verhältnisse gelebt hat. Fred Karno hat außerdem, als Gegenleistung für versprochene Rollen, hinter den Kulissen diverser Theater sexuelle Gefälligkeiten von so vielen jungen Frauen entgegengenommen – beziehungsweise sich diese Gefälligkeiten wohl eher mit lüsternen Fingern und physischer Gewalt und psychischem Druck geholt –, dass es in ganz England nicht genügend Theaterstücke und Revuen gäbe, als dass Fred Karno seine Zusagen gegenüber seinen Eroberungen einlösen könnte, selbst wenn Fred Karno überhaupt die Absicht hätte, diese einzulösen, was nicht der Fall sein dürfte.

Also ist Fred Karno, wie mancher Halunke vor ihm, gen Westen geflohen. Aber aus den Zusagen von Geld und Arbeit wird nichts. Fred Karno ist ein Impresario, eine britische Theaterlegende, und benimmt sich auch entsprechend. Fred Karno macht seine amerikanischen Vettern bestenfalls ratlos und steht gleichfalls ratlos da. Doch Fred Karno ist ein alter Bühnenhengst und kann deshalb seine Verwirrung erfolgreicher überspielen.

Fred Karno kommt auf Chaplin zurück, welcher eine gewisse

Zuneigung zu dem Mann hegt, der ihm seinen Karrierestart ermöglicht hat, und deshalb gerne das Brot mit ihm bricht. Doch genau wie damals bei dem großen russischen Regisseur Sergej Eisenstein und dessen Bitte um eine Spende, ist Chaplin auch jetzt klug genug, Fred Karno keinerlei Beschäftigungsgarantie anzubieten. Selbst wenn Chaplin dazu geneigt wäre, so steckt er doch gerade tief im Chaos von *City Lights*, dessen Dreharbeiten schon fast ein Jahr andauern und noch über ein weiteres Jahr andauern werden. Bei *City Lights* handelt es sich – von Geräuscheffekten und Musikpartituren abgesehen – auch um einen Stummfilm, weil sich Chaplin vor Dialogen fürchtet. Chaplin ist der größte Pantomime, den die Leinwand je gesehen hat, was jedoch nicht länger der Fall sein wird, sobald Chaplin den Mund aufmacht und spricht, und Chaplin weiß das.

Also setzt Chaplin – auf der Suche nach Trost zwischen Phasen heftigster Kopfschmerzen wegen *City Lights* und nach seiner letzten Scheidung, die ihn 600 000 Dollar an Alimenten kostet und ihm den Ruf eines Perversen eingebracht hat – die Kunde in Umlauf, dass der große Fred Karno in der Stadt und für Engagements verfügbar sei.

So kommt es, das Hal Roach Fred Karno einstellt, weil Hal Roach schon so viele Jahre lang von Fred Karno gehört hat, dass Fred Karno für Hal Roach den Status einer kleinen Gottheit angenommen hat. Fred Karno wird die Lösung für alle Probleme von Hal Roach sein. Fred Karno, die Lichtgestalt, wird nach Culver City kommen, und aus der Wunde in seiner Seite werden die Gags fließen sowie auch aus den Löchern in seinen Händen und Füßen, *und alle werden gut sein, und alles jeglicher Art wird gut sein.*

Weil Hal Roach, genau wie Juliana von Norwich, von Grund auf Optimist ist.

Er freut sich, Fred Karno wiederzusehen. In mancherlei Hinsicht erinnert ihn Fred Karno an A. J., den er sehr vermisst, auch wenn A. J. wenige von Fred Karnos anrüchigen Vorlieben hat.

Hal Roach bietet Fred Karno einen Fünfjahresvertrag als Drehbuchautor und Produzent von Filmen an.

Hal Roach zahlt Fred Karno ein wöchentliches Gehalt.

Hal Roach gibt Fred Karno ein schönes Büro.

Hal Roach stellt Fred Karno den Gagschreibern vor und den Crews und Dad Roach und versucht zu ignorieren, wie Fred Karno den jungen Frauen nachschaut, die im gesprenkelten Tageslicht des Studiogeländes vorübergehen.

Hal Roach wird tierisch beschissen.

Fred Karno fabuliert von seinem Leben in den Music Halls.

Fred Karno erzählt vom untergegangenen Arkadien, von seinem «Karsino».

Fred Karno ist geil auf die jungen Frauen, die im gesprenkelten Tageslicht des Studiogeländes vorübergehen, und auch auf die jungen Frauen, die im weichen Licht des Abends vorübergehen, und zu guter Letzt auf die jungen Frauen, die – kaum wahrnehmbar – in der Dunkelheit der Nacht vorübergehen.

Aber Fred Karno produziert nicht einen einzigen Film, und Fred Karno hat nicht einen einzigen Gag anzubieten, denn mit dergleichen befasst sich Fred Karno nicht. Fred Karno hat immer Leute eingestellt, die eine merkwürdige Freude am Schreiben und Schauspielern haben, währenddessen Fred Karno sich lieber ansieht, wie die Menschenmengen hereinströmen und ihr Geld mit ihnen. In den Hal-Roach-Studios ist Fred Karno Lüstling und Ränkeschmied und Ärgernis, aber etwas Kreatives kommt von ihm nicht. Nach vier Monaten wirft Hal Roach Fred Karno hinaus. Hal Roach setzt Fred Karno auf ein Schiff zurück nach England, ab in die Heimat zu einem Tod im Elend, und kehrt zurück zu seinem Saxophonspiel, um seine Nerven zu beruhigen.

87

Im Oceana Apartment Hotel kommt eine Brise vom Pazifik auf und weht ins Zimmer. Die Balkontüren sind offen, und der salzig schweißige Geruch des Meeres ist auf seiner Haut, auf seinen Lippen und in der Luft, die er atmet. Seine Sinne sind geschärfter, seit er mit dem Rauchen aufgehört hat. Chesterfield, seine bevorzugte Marke, hat *The Stolen Jools* finanziert, und er und Babe haben mit Reklame für Old Gold ihr Einkommen aufgebessert, obwohl er selbst Old Gold nie rauchen konnte. Es ist auch unerheblich, denn die Tabakindustrie hat sich das Geld, das sie in ihn investiert hat, tausendfach zurückgeholt, und jetzt ist er ein alter Mann, der den Duft der Welt auf neue Weise wahrnimmt.

Lois, seine Tochter, ruft ihn an. Er freut sich immer, von ihr zu hören, und widmet seine Zeit gern seinen Enkeln. Er hätte, vielleicht, versuchen können, selbst mehrere Kinder zu haben, aber er hat sich dagegen entschieden. Seine Tochter soll sein einziges Himmelsgeschenk sein.

Ida sagt, sie wisse immer im Voraus, wenn Lois am anderen Ende der Leitung ist. Er braucht noch nicht einmal ihren Namen zu sagen. Ida kann es an seiner Stimme hören und es an seinem Gesichtsausdruck sehen.

Bevor ich sterbe, sagt Ida manchmal, wünsche ich mir, ich könnte diesen Gesichtsausdruck von dir nur ein einziges Mal sehen, wenn ich anrufe. Deinem Ton nach zu urteilen, ist dein Gesichtsausdruck nie so, wie wenn Lois am Apparat ist.

Er beschwichtigt sie jedes Mal. Wenn er schlechte Laune hat, sagt er ihr, dass sie wie Anita Garvin klinge.

Oder wie Vera, aber das denkt er nur und sagt es nie laut.

Er wird bald sterben. Er spürt das auf eine kreatürliche Weise.

Er hat nichts dagegen zu sterben. Er fürchtet sich nicht davor. Er wird seine Tochter vermissen, und er wird Ida vermissen; im Augenblick aber entledigt er sich nach und nach der Tage, als wären es kleine Geldscheine, die er einen nach dem anderen ausgibt, entledigt sich der Stunden, indem er Briefe schreibt und auf den Besuch von Fremden wartet. Er wird ganz aufgeregt, wenn eine neue Sendung Schreibpapier mit dem Oceana-Briefkopf eintrifft. In einem anderen Leben wäre er es vielleicht zufrieden gewesen, eine Schreibwarenhandlung zu führen mit Artikeln in aufsteigender Qualität vom Billigsten zum Feinsten, wobei er auch die minderwertigsten sorgfältig aufbewahrt hätte, um sie vor Feuchtigkeit und Verfärbung zu schützen. Er hat sich einen kleinen Vorrat an teurem Baumwollpapier zurückgelegt, den er nur sparsam aufbraucht. Er bewundert die zufällige Verteilung der eingearbeiteten Wasserzeichen, die bewirkt, dass nie zwei Bogen identisch sind.

Sein Verhältnis zum Unvorhersehbaren, zur Unordnung ist immer ambivalent gewesen. Er hat versucht, Ordnung in sein Leben zu bringen, und ist gescheitert. Er hat dem Versuch widerstanden, Ordnung in seine Kunst zu bringen, und war erfolgreich. In beiden Sphären seiner Existenz hat er sich letztlich dem Chaos hingegeben.

Dies sind die Dinge, über die er nachdenkt, wenn er allein im Oceana Apartment Hotel ist.

Er ist nicht traurig über sein bevorstehendes Hinscheiden. Er hat das Gefühl, dass der sinnvolle Teil seiner Existenz vor vielen Jahren zu Ende gegangen ist und dass der beste Teil davon mit Babes Tod abgeschlossen war. Er ist nie ein sonderlich religiöser Mensch gewesen. Das hatten er und Babe gemeinsam. Mit der Idee einer Wiedergeburt kann er sich anfreunden, aber nur, wenn er sich eine Erinnerung an die Fehler bewahren kann, die er in diesem Leben begangen hat, und folglich auch nur, wenn er sich eine Erinnerung an Babe bewahren kann.

Er vertraut nicht auf Reinkarnation allein, um mit Babe wieder vereint zu werden. Vielleicht eher auf Schicksal statt Wiedergeburt, denn es war das Schicksal, das sie zusammengebracht hat, diese beiden Existenzen, deren Biographien so eng miteinander verflochten waren wie die Gliedmaßen zweier Liebender.

88

Er und Babe arbeiten hart. Zwar haben sie schon immer hart gearbeitet, aber nun gibt es eine neue Motivation.

Sie sind, zum ersten Mal in ihrem Leben, echte Stars.

Es ist unerheblich, dass sie am Ende jedes Tages müde sind und blaue Flecken haben (Hinfallen ist keine leichte Übung, und so jung sind sie auch nicht mehr), noch spielt es eine Rolle, dass die Dreharbeiten manchmal bis in die Nacht dauern, sodass sie zwischen den Umrüstpausen in ihren Garderoben dösen müssen, um jederzeit einsatzbereit zu sein. Sie haben einen Berühmtheitsstatus erreicht, wie sie ihn sich zuvor nie hatten vorstellen können. Beide können sie am Fox Theatre in San Francisco in einer Woche jeweils 5000 Dollar verdienen, wofür sie nur willens zu sein brauchen, wohlwollend über die Einfälle ihres Gastgebers Rube Wolf zu lächeln, Amerikas Comic Valentine, ein Mann, den sogar seine eigene Publicityagentur als gemütlich bezeichnet.

Rube Wolf kann den Clown spielen und das Kornett spielen und ein Orchester dirigieren.

Alles auf einmal.

Rube Wolf kann anstrengend sein.

Im Jahr 1929 bringen sie dreizehn Filme in die Kinos und haben Cameoauftritte in *The Rogue Song* und *The Hollywood Revue of 1929*. Im Jahr 1930 bringen sie acht Filme in die Kinos, wovon die meisten jedoch längere Dreiakter sind, weil es sie unerbittlich zum Spielfilm zieht.

Wobei ihm bewusst ist, dass er die Entscheidung hinauszögert.

Über die Suppe in der Kantine hinweg sagt ihm Richard Currier, dass mit Spielfilmen mehr Geld zu verdienen sei.

Mehr Geld für Hal, sagt er.

– Wenn Hal was verdient, kriegst auch du was ab.

– Wie viel? Ich brauch fünf Cent für eine Cola.

Richard Currier lacht und sagt: Na ja, so viel vielleicht auch wieder nicht.

Er versucht, den Kopf gesenkt zu halten, während er isst. Er kommt nicht mehr gern in die Kantine. Sie liegt zu nahe an der Straße, und jeden Tag versammeln sich hier Leute in der Hoffnung, einen Star zu Gesicht zu bekommen. Die Dreisteren gucken durch die Fenster. Manche klopfen sogar gegen die Scheiben. Er ist weiterhin dankbar für ihren Zuspruch und wird es immer sein, aber ein Mann muss auch mal essen, und vor Zuschauern zu essen ist nicht einfach.

Hal Roach ist gleichfalls hin- und hergerissen. Die Kurzfilme funktionieren. Sie bringen Geld, auch wenn sich die Nachfrage beruhigt hat und die Kinobesitzer Hal Roach nicht mehr von sich aus auffordern, seinen Preis zu nennen. Spielfilme werden mehr Geld bringen, aber Spielfilme brauchen einen Plot.

Nicht alle in Hal Roachs Studio wissen etwas über Plots. Die meisten Gagschreiber erkennen einen Plot erst dann, wenn sie schon mittendrin stecken. Doch die Dreiakter sind auch unbefriedigend; sie sind zu lang für das Gagschema und zu kurz, als dass sich Dialoge entwickeln könnten, die helfen, die Qualität zu steigern. Folglich werden sich die zwei größten Stars von Hal Roach bis zur Erschöpfung anstrengen müssen. Hal Roach wird mit ihnen reden, sobald sie ihr Handlungsskript für ihren nächsten Film, eine Mordburleske, fertiggeschrieben haben.

Hal Roach ist zugeknöpft, aber nicht unsensibel.

Hal Roach ist knauserig, aber nicht geizig.

Hal Roach wünscht sich seine größten Stars als glücklichere Männer.

89

Er versucht, sich von Alyce Ardell fernzuhalten.

Versucht es, aber selten erfolgreich.

Er möchte vermeiden, dass Lois von Alyce Ardells Existenz erfährt, obwohl er glaubt, dass Lois bereits Verdacht geschöpft hat, auch wenn sie die Identität der anderen Partei noch nicht erraten hat. Er schließt das aus dem anklagenden Tonfall in Lois' Stimme, wenn sie ihn nach den ausgedehnten Dreharbeiten des Tages fragt oder nach der Skriptbesprechung, die sich ewig hingezogen hat, oder nach einem der vielen anderen Vorwände, die er in letzter Zeit erfunden hat, um bei seiner Geliebten sein zu können. Manches Mal zuckt Lois bei seinen Antworten zurück, als hätte er die Hand gegen sie erhoben und als wollte sie sich gegen den Schlag wappnen. Erst als die Situation immer schlimmer wird, begreift er, dass sie nicht auf eine bevorstehende Verletzung reagiert, sondern auf eine bereits zugefügte.

Lois weiß, dass er lügt, möchte aber glauben, dass er es nicht tut.

Lois ist im siebten Monat schwanger.

Die Schwangerschaft gestaltet sich beschwerlich für sie, viel schwieriger als bei ihrem ersten Kind. Für Lois fühlt es sich an, als würde sie einen Jungen in sich tragen, denn nur ein männliches Wesen kann ihr solche Qualen bereiten. Wenn es Lois körperlich nicht zu schlechtgeht, begibt sie sich zur Couch und starrt zum Fenster hinaus, oder sie geht ins Bett und versucht zu schlafen. Zum Lesen ist ihr zu flau und mulmig zumute, und Musik, auch ganz leise, klingt überlaut in ihren Ohren. Nur ihre Tochter macht ihr Freude.

Am Montag, dem 5. Mai 1930, beginnen er und Babe mit dem Dreh ihres neuen Dreiakters. Es ist ein gelungener Wurf, aber sobald der Film abgedreht ist, werden sie ihn noch drei weitere Male drehen für die französischen, deutschen und spanischen Märkte und dabei mühsam lernen müssen, die Dialoge phonetisch richtig zu artikulieren. Zwei Wochen Arbeit, die durch das Wissen erschwert wird, dass sie nicht genügend viele Gags für drei Akte haben, was mehr Dialog bedeutet, was mehr Holperigkeiten in fremden Idiomen bedeutet.

Am Dienstag, dem 6. Mai 1930, klagt Lois über Schmerzen.

Etwas stimmt nicht, sagt sie ihm.

Er versucht, sie zu besänftigen, aber Lois möchte nicht besänftigt werden. Ein Arzt wird gerufen und anschließend der Krankenwagen.

Am Mittwoch, dem 7. Mai 1930, kommt sein Sohn vorzeitig auf die Welt. Sie nennen den Jungen Stanley.

Die Werbeabteilung gibt eine Presseerklärung heraus. Ihm wäre es lieber, sie hätten das nicht getan, aber die Publicityleute handeln nach eigenen Gesetzen, und jemand aus dem Hollywood Hospital hat bereits die Zeitungen verständigt. Die Reporter geben sogar das Gewicht des Babys korrekt wieder – fünfeinhalb Pfund –, aber niemand kommentiert die Tatsache, dass dies eher am unteren Ende der Skala für ein Neugeborenes liegt. Ein Scherz wird hinzugefügt, etwas in der Art, dass Babe jetzt eine Weile nett zu ihm sein müsse, da er erneut Vater geworden ist.

«Einen Papa darf man nicht piesacken!», soll er gesagt haben.

Er fragt sich, wie viele tausend Quadratmeter an Zeitungspapier mit Aussprüchen voll sind, die er nie von sich gegeben hat und die inzwischen eine komplette zweite Biographie von ihm bilden, in der es nichts gibt, was eine Bedeutung oder inhaltliche Substanz hätte, außer dass es als Pointe für einen Gag dient.

Sein Sohn wird in einen Inkubator gelegt. Man informiert ihn, dass das Geburtsgewicht zwar problematisch, aber durchaus noch im Bereich einer Lebensfähigkeit liege. Die ersten vierundzwanzig Stunden seien ausschlaggebend.

Lois schont sich, er aber nicht. Er zählt die Minuten zu Stunden, und die Stunden zum Tag, und erst als der Abend in die Nacht übergeht und vierundzwanzig Stunden ohne Zwischenfall verstrichen sind, schläft er.

Danach prescht er jeden Morgen ins Studio und arbeitet. Wohlwollende Freunde erkundigen sich nach seinem Sohn. Alle wissen, dass das Kind schwächlich ist, aber er ist selbst ein schwächliches Kind gewesen, und er hat überlebt.

Jeden Abend hetzt er nach der Arbeit zum Krankenhaus, um bei Lois zu sein.

Am neunten Tag stirbt sein Sohn.

90

Im Oceana Apartment Hotel gibt er der Leere Namen und erweckt halbfertige Dinge zum Leben.

91

Er kann nicht sprechen. Der Kummer hat ihn stumm gemacht. Nur seine Tochter kann ihm Worte entlocken, und nur ihr zuliebe tut er so, als wäre Leben in ihm. Er möchte nicht, dass sie seinen Schmerz sieht, weil ihn zu sehen bedeutet, ihn zu teilen.

Und so, wie nur seine Tochter ihn zum Sprechen bewegen kann, so kann er nur bei Babe sein totes Kind beweinen.

Sein Sohn wird eingeäschert. Er möchte keine Begräbnisfeier. Er hasst Begräbnisfeiern.

Er nimmt die Beileidsbezeugungen von allen entgegen, die sie ihm entbieten.

Er kehrt zur Arbeit zurück.

Er kehrt zurück zu stummen Kulissen, zur Pflicht, komisch zu sein.

92

Er und Lois sind Geister, zwar unter einem Dach gefangen, aber einsam und allein in ihren Seelenqualen, jeder eine Heimsuchung für die leeren Herzkammern des anderen. Er weiß, dass er Lois nicht mehr liebt, jedenfalls nicht mehr so wie einst. Er möchte Lois nicht weh tun, aber er hat es bereits getan, und er tut es jetzt, und er wird es wieder tun.

Sie können sich nicht trennen. Es ist zu früh. Also weichen sie einander aus und schlafen nebeneinander, ohne sich zu berühren, und wäre da nicht das Geplapper ihrer Tochter, gäbe es im Haus nichts zu hören, was auf einen vertrauten Umgang der Bewohner hinweisen würde.

Er kann arbeiten, also tut er es.

Er und Babe verbringen einen Monat von Juni bis Juli damit, *Pardon Us* zu drehen, gefolgt von zwei Wochen parallelen Drehens für vier fremdsprachige Versionen und der Rückkehr im Oktober zum Nachdreh für alle fünf Filme. Die Produktion von *Pardon Us* wird knapp 250000 Dollar kosten, sechsmal so viel wie ein Kurzfilm, wird aber fast eine Million Dollar einspielen, was für Hal Roach einen Gewinn von fast 200000 Dollar bedeutet.

Hast du deine fünf Cent gekriegt?, wird Richard Currier ihn fragen.

– Hab ich nicht. Ich hab zehn gekriegt. Ich hab mir zwei Colas gekauft.

– Na bitte, wer sagt's denn.

Bevor das Jahr zu Ende geht, machen er und Babe *Another Fine Mess*, und *Be Big*, und *Chickens Come Home*. Zwischen den Filmen schneidet er und macht Pläne und grinst für Publicityaufnahmen und trinkt mit den Gagschreibern und fickt Alyce Ardell, fickt seinen Schmerz in sie hinein, während seine Ehe davondriftet.

Er wird auf diese Zeit zurückblicken und wird denken, dass Lois etwas Besseres verdient hätte, als in ihrer Trauer um ihr gemeinsames totes Kind alleingelassen zu werden.

93

Im Jahr 1931 bringen sie *Pardon Us* als ihren ersten echten Spielfilm in die Kinos.

Im Jahr 1931 kommt Chaplin mit *City Lights*.

Die Premiere ist im Los Angeles Theatre. Es ist das erste Mal, dass eine solche Filmvorführung im Zentrum und nicht in Hollywood stattfindet. Dr. und Frau Albert Einstein sowie Dr. und Mrs. Robert A. Millikan begleiten Chaplin.

Zwei Nobelpreisträger für Physik mit ihren Ehefrauen.

Dies sind die Kreise, in denen sich Chaplin jetzt bewegt.

Chaplin hat Georgia Hale an seinem Arm, die in *The Circus* beinahe die Hauptrolle bekommen hätte und beinahe auch in *City Lights*. Chaplin fickt Georgia Hale seit *The Gold Rush* und macht sie abwechselnd glücklich und unglücklich, je nach den Phasen des Mondes und den Gezeiten seiner Körpersäfte.

Er überlegt, wie Georgia Hale sich wohl fühlt, während sie mit ansieht, wie in *City Lights* Chaplins Kamera Virginia Cherrill umschmeichelt, und voller Ingrimm daran denkt, dass diese Rolle einst – wie kurz auch immer – ihr gehört hat, bis Chaplin einsah, dass Virginia Cherrill die dafür Würdigere war.

Georgia Hale, denkt er, kann sich wenigstens mit dem Wissen trösten, dass Chaplin Virginia Cherrill nicht gefickt hat, trotz all ihrer Schönheit. Dieser Lapsus seitens Chaplins ist in der Stadt allgemein bekannt. Die Gründe für Chaplins Versagen bleiben unklar; vermutlich läuft es auf einen simplen Mangel an sexueller Anziehung auf beiden Seiten hinaus.

Sogar ein Chaplin muss etwas fühlen.

Aber er glaubt, die Tatsache, dass Chaplin nicht mit Virginia Cherrill geschlafen hat, könnte zur Genialität von *City Lights* beigetragen haben. Für ihn ist der Film Schönheit in Reinkultur. Nach seinem Dafürhalten ist er Chaplins Meisterstück, und am Ende vergießt er Tränen, weil der Film so einfühlsam, so vollkommen, so wahr ist.

Doch sogar beim Verlassen des Kinos denkt er gesenkten Kopfes:

Ich hätte *City Lights* nicht machen können, aber ich möchte *City Lights* auch gar nicht gemacht haben.

Der Film ist Kunst, aber keine Komödie.

94

Die Halbwertszeit seiner Ehe nimmt ab; ihre Lebensgemeinschaft weist gelegentlich Züge einer Farce auf, während sie weiter zerfällt.

Am 7. August 1931 lässt er seinen Namen amtlich ändern. A. J.s Sohn hört auf zu existieren. Er ist jetzt der Mann, zu dem ihn die Titel seiner Filme erklären; aus der zusammen mit Mae erschaffenen Fiktion ist nunmehr Realität geworden. Und wenn er seinen Namen ändert, muss auch Lois ihren ändern, obwohl sie kaum mehr den Wunsch verspürt, ihn überhaupt noch unter irgendeinem Namen zu kennen.

Sei's drum. Sie wird nicht mehr lange darunter zu leiden haben.

Und mittlerweile, so denkt er, trägt sein toter Junge den Vatersnamen von jemandem, den es gar nicht mehr gibt.

95

Im Oceana Apartment Hotel erwacht er in seinem Sessel. Er hat nicht vorgehabt einzudösen, und jetzt ist der beste Teil des Tages vorbei.

Dies hier ist seine Welt, sein Studio, seine Bühne. Er geistert durch die drei Räume und kennt alle seine Positionsmarkierungen: hier für seine Korrespondenz, dort für seine Mahlzeiten, eine Drehung zu seinem Bett. Der Alltag als Vaudevillenummer.

Er nimmt seinen Stift und seinen gelben Notizblock zur Hand. Er hat eine Idee: ein Gefängnisausbruch, nur dass die Gefangene eine Frau ist. Sie hat in einem Eifersuchtsanfall die Geliebte ihres Mannes ermordet, ist aber weiterhin in ihn vernarrt. Sie hört, dass ihr Exmann wieder heiraten will und bricht deshalb aus dem Gefängnis aus, um zu verhindern, dass die Hochzeit zustande kommt.

Hal Roach hat schon immer behauptet, er habe eine makabre Seite.

Das Licht wird plötzlich schwächer: eine momentane Verdunkelung wie durch eine vorüberziehenden Wolke oder durch einen flüchtigen Schattenwurf oder durch eine Figur direkt an der Peripherie seiner visuellen Wahrnehmung, die soeben ihre Position verändert hat und ihr Unbehagen signalisiert.

Er schreibt die Idee nicht nieder. Besser, sie fallenzulassen.

Babe würde sie nicht mögen.

96

Es ist immer möglich, in einem Szenenaufbau Hinweise auf Babes Anwesenheit zu entdecken, selbst wenn Babe nirgendwo zu sehen ist, weil Babe eine Zeitungs- und Zeitschriftenspur hinter sich herzieht.

Babe liest die *Los Angeles Times* obsessiv und jeden Tag. Babe übersieht keinen Artikel und überblättert keine Seite. Wenn Babe mit der *Los Angeles Times* fertig ist, gibt es noch *Reader's Digest* oder *The New Republic*; es gibt noch «Life in These United States» oder die allgegenwärtige Bedrohung durch den Kommunismus und H. G. Wells, der mit seinem Versuch, Josef Stalin zum Liberalismus zu bekehren, gescheitert ist und sich von dieser Schlappe nur so mäßig überrascht zeigt wie jemand, der fest davon überzeugt war, dass er dieses letzte Kuchenstück auch noch schaffen könne. Babe hat kein Problem damit, sowohl *Reader's Digest* als auch *The New Republic* zu lesen. Es geht um Wissen und Erkenntnisse.

Babe lebt nicht in der Angst, bei anderen als ignorant zu gelten. Dies wäre ein Beweis für Eitelkeit. Babe lebt in der Angst, ignorant zu *sein*, und das ist ein Beweis für Bescheidenheit. Babe hat wenig Zeit für Erzählliteratur. Babes Arbeitsleben ist der Phantasie gewidmet, weshalb Babe, wenn er gerade nicht arbeitet, versucht, die Ordnung der Dinge zu verstehen, und stille Ecken des Studiogeländes können einem dafür aufgeschlossenen Mann genügend Zeit und Raum bieten, in denen er Nachforschungen über Geheimnisse des Universums anstellt und auf kluge Weise die Welt vervollkommnet.

Babe hält loyal zu Myrtle, weil sich Babe seinen Glauben an Myrtle erhalten hat. Beziehungsweise richtiger: Babe hegt weiterhin die Überzeugung, dass Myrtle doch noch gerettet – oder überredet – werden kann, ihr Verhalten zu ändern, allerdings nur, wenn Babe sie dabei unterstützt. Babe möchte auch nicht noch einmal eine Ehe abschreiben. Babe möchte einmal nicht auf seinen Lebensweg zurückblicken und nur Trümmer sehen.

Aber Babe hat die Angst vor der abendlichen Heimkehr satt.

Babe hat den Geruch von Schnaps und Pisse satt.

Babe hat die Einsamkeit satt.

Bei der Vorbereitung zu einem Dreh beobachtet er, wie Babe einen Pflasterverband von seiner Hand entfernt. Die zum Vorschein kommende Wunde ist nicht groß, aber tief: eine Furche im Handballen unterhalb von Babes rechtem Daumen, braun und mit Jod verschmiert. Babe glaubt entweder nicht, dass die Frau in der Maske den Verband kaschieren kann, oder er will nicht nach der Ursache für die Schnittwunde gefragt werden.

Babe fängt seinen Blick auf.

Ein Glas, sagt Babe. Runtergefallen.

Eine Pause.

– Also, zum Schluss runtergefallen. Nachdem es geworfen wurde.

– Gläser haben das an sich. Das nennt man *gravy-tea*.

Er schlüpft so problemlos in den Charakter seiner Figur, dass er selbst ganz überrascht ist. Nach einem Augenblick des Zögerns wechselt auch Babe in seine Rolle. Bei Babe läuft die Verwandlung mit größerer Gewandtheit ab, wie bei vielen anderen Szenen auch, die Babe ausprobiert: eine marginale Veränderung der Gesichtszüge, eine subtile Anpassung der Körperhaltung. Er ist jetzt nicht mehr Babe, sondern Mr. Hardy.

– Nicht *gravy-tea: gravity*. Es bedeutet, dass alles, was nach oben steigt –

Mr. Hardy hebt einen Finger, zeigt damit himmelwärts und lässt ihn in der Luft kreisen.

– wieder herunterkommen muss.

Der Finger stellt sich auf den Kopf und macht spiralförmige Bewegungen in Richtung des Fußbodens. Mr. Hardy lächelt ihn an; der Lehrer unterweist den Schüler.

– Du verstehst?

– Wie bei einem U-Boot.

– Ja, wie bei einem – – – Nein, nicht wie bei einem U-Boot.

Mr. Hardy überlegt. Die Gravitation könnte durchaus auch auf U-Boote wirken, aber Mr. Hardy gibt ungern etwas zu, solange er sich dessen nicht sicher ist.

Wie auch immer, das ist jetzt unwichtig, sagt Mr. Hardy. Was wichtig ist, ist, dass das Glas geworfen wurde und dass das Glas runtergefallen ist und ich mich, als ich die Scherben auflesen wollte, in die Hand geschnitten habe.

– Aber wer hat das Glas geworfen?

– Meine Frau hat das Glas geworfen.

Mr. Hardy unterstreicht dieses Detail durch ein einziges Nicken mit dem Kopf, nach Art eines Mannes, der stolz ist auf den kräftigen Wurfarm seiner Frau.

– Sie sollte Baseball spielen.

– Ich werde es ihr ausrichten, wenn ich sie das nächste Mal sehe.

– Aber warum hat sie das Glas geworfen?

Mr. Hardy zieht eine Grimasse, schiebt seine Melone nach vorn, jene Melone, die eine Nummer zu klein für den Kopf ist, auf dem sie sitzt, genau wie seine eigene.

– Sie hat mich verdächtigt, mit einer anderen Frau zusammen zu sein.

– Du meinst mit deiner Mutter?

Mr. Hardys Schultern gehen nach oben, bringen die Melone in eine solche Schieflage, dass Mr. Hardy gezwungen ist, mit seiner Kopfbedeckung zu jonglieren, um zu vermeiden, sie ganz zu verlieren.

– Mit meiner Mutter! Nein, nicht mit meiner Mutter. Warum sollte meine Frau ein Glas nach mir werfen, weil ich bei meiner Mutter bin?

– Vielleicht hat sie deine Mutter mal kennengelernt.

Mr. Hardy sieht ihn böse an. Mr. Hardy schlägt mit dem Hut nach ihm. Er tritt einen Schritt zurück und blinzelt, ist sich bewusst, dass er Mr. Hardy augenscheinlich aufgebracht hat, weiß aber angesichts der Tatsache, dass ihm sein Einwurf vollkommen logisch erscheint, nicht recht, wodurch.

– Nun lass meine Mutter aus dem Spiel. Schau, es ist total einfach. Ich komme heim, habe Schminke auf dem Anzug, rieche nach Parfüm, und meine Frau vermutet, dass ich eine andere Frau besucht habe. Die *nicht* meine Mutter ist.

– Und hast du?

– Ich habe meiner Frau zu erklären versucht, dass ich als Schauspieler immer Schminke an meiner Kleidung habe. Dass ich Schminke für die Kamera auftrage und dass etwas davon auf meine Jacke und auf mein Hemd gelangt.

– Trägst du als Schauspieler auch Parfüm auf?

– Nein, tu ich nicht, aber ich bin manchmal in nächster Nähe von Schauspielerinnen, die es tun.

– Warst du in sehr nächster Nähe bei einer Schauspielerin, die es tut?

– War ich nicht. Ich habe lediglich mit ihr zu Mittag gegessen.

– Und wer war diese Schauspielerin?

– Ihr Name ist Miss June Marlowe.

Mr. Hardy wird rot und spielt mit seiner Krawatte.

– Sie ist hübsch.

Ja, sagt Mr. Hardy, das ist sie.

– Und nett.

– Ja, auch das ist sie.

– Vielleicht möchte deine Frau sie kennenlernen.

– Ja, das wäre – – – Nein, meine Frau möchte sie nicht kennenlernen. Kapierst du denn nicht? Meine Frau glaubt, dass ich mich auf eine Tändelei einlasse, wo doch alles, was ich getan habe, bloß ein Mittagessen war. Glaubst du tatsächlich, es wäre in dieser Situation hilfreich, Miss June Marlowe mit nach Hause zu nehmen, um sie meiner Frau vorzustellen?

Er öffnet den Mund, um zu bestätigen, dass er tatsächlich dieser Meinung sei, überlegt es sich dann aber anders.

Vielleicht nicht, sagt er.

– Ganz bestimmt nicht. Und weißt du auch, warum es nicht hilfreich wäre?

– Sag's mir.

Mr. Hardy zögert. Mr. Hardy schaut zur Seite.

Und jetzt ist es Babe, der spricht.

– Weil meine Frau säuft.

Ihre Namen werden aufgerufen.

Sie treten aus den Schatten heraus und hinein ins Licht.

97

Im Oceana Apartment Hotel staunt er über die Anzahl von Filmen, welche er und Babe über Männer gemacht haben, die im Sumpf von unglücklichen Beziehungen versackten, über Männer, die in Angst vor ihren Frauen lebten, die von ihren Frauen ausgescholten, die von ihren Frauen geschlagen wurden.

Hal Roach fand schlechte Ehen komisch.

Aber nur, weil Hal Roach nie in einer gefangen war.

Er kann seine Ehen, in all ihren verschiedenen Formen, an den Fingern zweier Hände abzählen – die Daumen ausgelassen. Eigentlich hätte er der Vollständigkeit halber noch ein paarmal heiraten sollen. Er hat den Gedanken einmal Ida unterbreitet, wenn auch bloß, um zu hören, was sie dazu sagt, und Ida hat ihm gesagt, er könne es gern versuchen, falls er es schaffe, das Apartment ohne ihre Hilfe zu verlassen.

Er gibt zu, dass relative Immobilität ein Hindernis darstellt, um neue Frauen kennenzulernen.

Dies und die Tatsache, dass er bald tot sein wird.

98

Babes Eheprobleme sprechen sich immer mehr herum. Die Publicityleute des Studios versuchen, die Flammen so weit wie möglich zu ersticken, aber von den Glutresten steigt noch immer Rauch auf. Zu allem Unglück entsendet die *Los Angeles Times* einen Reporter namens Paul Moreine, der über die Produktion von ihrem jüngsten Film, *Our Wives*, berichten soll, und Paul Moreine ist die ganze Zeit über auf dem Gelände, weshalb es sich gut trifft, dass Babe gelernt hat, seine Gefühle so gut zu verbergen.

Und Babe hat – obwohl es zu diesem Zeitpunkt nicht danach aussieht – insofern doppelt Glück, als Hal Roach gezwungen ist, sein Studio sechs Wochen lang von März bis Mai zu schließen, um seine Finanzen zu sanieren. Das bedeutet, dass Babe nicht am Set ist und nicht arbeiten muss, während die Bruchlinien seiner Ehe für die Öffentlichkeit sichtbar werden.

Es ist zwar nur ein kleiner Trost, aber Babe hat sich an kleine Tröstungen gewöhnt.

Eine dieser Tröstungen ist seine Geliebte, Viola Morse.

Myrtle ist Stammpatientin des Rosemead Lodge Sanatoriums in Temple City; allerdings scheint Myrtle es lediglich als günstig gelegene Einrichtung zu nutzen, um einen Kater auszuschlafen, bevor sie sich wieder auf die Pirsch nach Hochprozentigem begibt. Für Babe ist es schwer nachvollziehbar, wie das Sanatorium in Myrtles Fall eine Politik der offenen Tür verfolgen kann; wenigstens das haben Babe und das dortige Personal gemeinsam. Aber Myrtle fände auch einen Weg, um aus einem abgeschlossenen und fensterlosen Raum zu entkommen. Dies bringt Jimmy Finlayson auf die Idee, Myrtle könnte mit dem berühmten Jack

Sheppard verwandt sein, der selten länger in einer Gefängniszelle blieb, als es brauchte, um ein Nickerchen zu machen und einen Happen zu essen, bis es die Justiz schließlich leid war, dauernd hinter Jack Sheppard herzujagen, und ihn stattdessen aufhängte.

Aufhängen, sagt er zu Jimmy Finlayson, wäre bei Myrtle doch ein wenig übertrieben.

Und Jimmy Finlayson zieht die Braue hoch, der er seine Karriere zu verdanken hat, und sagt:

– Ach ja?

Doch eines schönen Abends im Mai verlässt Myrtle das Rosemead Lodge Sanatorium in Temple City und kehrt nicht zurück. Babe wird informiert und zugleich darauf hingewiesen, dass Myrtle in ihrem Geldbeutel über 100 Dollar haben soll. Trotz der Preise für illegalen Alkohol während der Prohibition verheißen 100 Dollar einen Vollrausch großen Stiles.

Es bedarf eines Tages und zweier Kriminalbeamter, um Myrtle – bewusstlos – im St. Paul Hotel aufzuspüren.

Myrtle wird zu ihrer Schwester Mary Pense am Ben Lomond Drive gebracht, bei der sie bleiben soll. Myrtle braucht jemanden, der permanent auf sie aufpasst, und Babe ist am Ende seiner Kräfte. Ein Arzt wird bei Myrtle vorbeischauen, alles verschreiben, was nötig ist, um sie ruhig zu halten, und ihr durch die schlimmsten Phasen des Deliriums helfen.

Aber Myrtle hat andere Pläne. Myrtle schleicht sich aus dem Haus ihrer Schwester und verschwindet. Dieses Mal schafft sie es bis Balboa Island, einem beliebten Treffpunkt der Hollywoodgesellschaft. Ihr Zimmer ist hübsch und bietet einen schönen Ausblick aufs Meer, woraus sich Myrtle nichts macht, weil Myrtle vorhat, sich besinnungslos zu betrinken. Als die Polizei sie schließlich findet, droht Myrtle, aus dem Fenster zu springen, weshalb die Polizei die Feuerwehr ruft. Die Feuerwehr bereitet sich vor dem Hotel für den Fall vor, dass sich Myrtle tatsächlich entschließt zu springen, was Babe – wie dieser ihm am nächsten Tag am Telefon erzählt, nachdem er sich bei Babe erkundigt hat, ob er irgendwie behilflich sein könne – in dem Augenblick so vorkommt, als wäre die ganze Angelegenheit zu einem Plot in einem ihrer eigenen Filme mutiert.

Polizei und Feuerwehr entscheiden, dass Myrtle vielleicht auf die flehentlichen Bitten seitens einer Frau besser reagiere, weil sie keinerlei Anzeichen erkennen lässt, dass sie von Männern angesprochen werden möchte, insbesondere nicht von ihrem Ehemann. Die einzige verfügbare Polizeibeamtin arbeitet fürs Jugendamt, was sie anscheinend perfekt für die Aufgabe qualifiziert, mit einer volltrunkenen Myrtle zu verhandeln, welche der Polizeibeamtin dann auch Zutritt zu ihrem Zimmer durch die Tür gestattet, ohne dass Myrtle vorher den Raum durchs Fenster verlässt.

Im Gefängnis gibt Myrtle ihren Namen mit Myrtle Hardy an und ihre Adresse mit 3687 Fredonia, lehnt es aber ab, den ihr zustehenden einzigen Anruf dazu zu nutzen, um mit Babe zu sprechen. Stattdessen kontaktiert sie ihre Schwester Mary Pense, während draußen die Reporter zusammenströmen. Selbstverständlich möchte die Polizei erfahren, auf welchem Weg Myrtle in Besitz des Schnapses kam, den sie bei sich hatte, und stellt diese Frage Mary Pense, als diese herbeikommt, um eine Kaution zu hinterlegen. Mary Pense informiert die Polizei, dass der Alkohol von einem Arzt für ein nicht näher spezifiziertes Leiden verschrieben worden sei, welches – wie Mary Penses Miene klarmacht – nur Frauen befalle und deshalb kein Thema sei, für dessen Diskussion eine Polizeiwache der geeignete Ort wäre.

Jede Zeitung des Landes berichtet über die Geschichte. Das Studio behauptet, Myrtle leide an Melancholie und habe einen Nervenzusammenbruch, eine Aussage, die bestenfalls aus Euphemismen und schlimmstenfalls aus Lügen besteht, weshalb sie auch in dem Moment als substanzlos in sich zusammenfällt, in dem Myrtle schließlich des übermäßigen Konsums von hochprozentigem Alkohol beschuldigt wird. Myrtles Anwalt verzichtet auf eine Vorführung seiner Mandantin vor einen forensischen Psychopathologen und teilt dem Gericht mit, dass sie geistig gesund sei.

Myrtle wird unter der strikten Auflage entlassen, sich in einer privaten Einrichtung einer Behandlung zu unterziehen.

Zurück ins Sanatorium. Zurück nach Rosemead.

Der Name Rosemead – Rosenau – ist für Babe zum Witz geworden.

Aber Babe ist hoffnungsfroh, ja heiter, als Hal Roach den Studiobetrieb schließlich wiederaufnimmt. Babe sieht entspannt aus. Babe hat die Auszeit des Studios als Chance genutzt und mit Myrtle eine erholsame Kreuzfahrt nach Kuba gemacht und für jeden Barkeeper an Land oder auf See die Order ausgegeben, ihr nichts zu servieren, was stärker als Wasser sei.

Viola Morse zeigt Verständnis für Babes Lage beziehungsweise: Falls Viola Morse kein Verständnis hat, so hält sie doch um Babes willen den Schein aufrecht, genau wie es Alyce Ardell für ihn tut.

Auch er ist gerade von einer Kreuzfahrt zurückgekehrt, in seinem Fall war es Hawaii, begleitet von Lois und seiner Tochter und Lois' Mutter Ella. Seltsam, denkt er, dass er und Babe auf die gleiche Weise versuchen, ihre Ehen zu retten, selbst wenn sie beide mit anderen Frauen schlafen.

Er hat Mitleid mit Babe, aber er hat auch Mitleid mit Myrtle. Myrtle mag eine Trinkerin sein, und sie mag Babe das Leben zur Qual machen, aber ihr eigenes Leben ist schlimmer. Myrtle hat keinen Beruf, hat keine Interessen, außer zu trinken, aber sie hat eine Erinnerung an das, was verloren gegangen ist, weshalb es sie zurück nach Balboa Island treibt, wo sie einst mit dem Rest der Balboa Amusement Producing Company getanzt und getrunken hat, als Long Beach – und nicht Hollywood – Herz und Seele der Filmindustrie war.

Als sie die hübsche Myrtle Reeves war.

Als sie ein Star hätte werden können.

Jetzt hat Babe Viola Morse, aber Myrtle hat niemanden, niemanden außer Babe.

Und schon bald – hat er das sichere Gefühl – wird sie nicht einmal mehr Babe haben.

Festgenommen zu werden ist vielleicht das Beste gewesen, was Myrtle passieren konnte, sagt Babe zu ihm. Ich denke, sie hat zuerst einmal richtig Angst kriegen müssen, um sich endlich Hilfe zu suchen.

Möglich, dass Babe das glaubt. Indem er es laut ausspricht, kann Babe es vielleicht Wirklichkeit werden lassen. Babe hat ein neues Haus am North Alta Drive in Beverly Hills gekauft, und welcher Mann investiert schon in ein Haus für seine Frau und sich, wenn es für sie beide keine Zukunft gibt?

Und in ihrem gemeinsamen neuen Heim sitzt jetzt Myrtle, gerade zurück aus Kuba, gerade zurück aus Rosemead, und fragt sich, wie sie ihre Tage verbringen soll, ohne zu trinken. Babe verlässt sie jeden Morgen für seine Filmarbeit und um, wann immer möglich, Viola Morse zu besuchen. Wenn Babe auch nicht länger Myrtle treu ist, so ist Babe zumindest nach Kräften bemüht, sich seine geistige Gesundheit zu erhalten.

Ich hoffe, du tust das Richtige, sagt er zu Babe.

Jimmy Finlayson steht in Hörweite, die Augen hinter einer getönten Brille verborgen; die Ohren fangen jedes Wort auf, und er zieht wieder die Braue hoch, der er seine Karriere zu verdanken hat, sagt aber dieses Mal kein Wort.

99

Hal Roach: ist dieser Tage weniger ein Mann, der eine Zigarre raucht, als vielmehr eine Zigarre, die sich eines Mannes bemächtigt hat, über dessen Kopf sich große weiße Wolken bilden wie leere Gedankenblasen, die darauf warten, gefüllt zu werden. Hal Roach: ein Bewunderer Benito Mussolinis, mit dem Hal Roach eine flüchtige Ähnlichkeit hat, wenn man sein Gesicht, wie jetzt, durch Rauchschwaden betrachtet.

Er rutscht auf seinem Stuhl herum. Er weiß, dass er unfair gegenüber Hal Roach ist. Die Sache mit Benito Mussolini ausgenommen. Die ist zutreffend. Irgendwann wird sich Hal Roach sogar mit Vittorio Mussolini, dem Sohn des Diktators, zusammentun und eine gemeinsame Filmgesellschaft gründen, bis Hal Roach von MGM darauf hingewiesen wird, dass der Umgang mit dem Sprössling eines Faschisten möglicherweise nicht die klügste Strategie ist, wenn man in einer Stadt Geschäfte machen möchte, in der Juden das Sagen haben.

Bis vor kurzem ist Hal Roach bereit gewesen, Babe und ihm bei ihrer Arbeit freie Hand zu lassen. Hal Roach erlaubt ihnen, für *Helpmates* ein ganzes Haus zu bauen, um es anschließend abzufackeln, was nun wirklich den Gipfel der Extravaganz für die Realisierung eines Gags darstellt, es sei denn, man legt Feuer ans eigene Haus und lacht sich eins, während es abbrennt.

In letzter Zeit hat sich das Geld allerdings nicht mehr in solchen Mengen vermehrt wie zuvor, und das Studio wird möglicherweise zu einer erneuten Auszeit gezwungen sein. Edgar Kennedy ist nicht mehr da. George Stevens ist nicht mehr da. Die Bank of America kreist über Hal Roach, weil er ihr 75 000 Dollar schuldet und nicht erkennen lässt, dass er in der Lage ist, seine Schulden zu bezahlen. Folglich hat die Bank of America dem Unternehmen einen Mann namens Henry Ginsberg als Hauptgeschäftsführer vor die Nase gesetzt.

Niemand mag Henry Ginsberg. Henry Ginsberg glaubt nicht daran, dass man mit mehr Zeit und Geld bessere Filme machen kann. Vor allem anderen schätzt Henry Ginsberg Eile und Sparsamkeit. Sieht Henry Ginsberg eine Leiche, wird er ihr eine schnellere Verwesung befehlen, bevor er eine der Münzen von ihren Augen einbehält.

Nicht einmal er und Babe genießen Immunität. Zum ersten Mal haben ihre Filme Hal Roach Verluste eingebracht. Es ist die Zeit der Weltwirtschaftskrise, und nur Gangster und Schwarzbrenner machen Gewinne. Hal Roach weiß das. Dessen ungeachtet müssen jetzt alle sparen, weshalb Hal Roach ihn in sein Büro gebeten hat, um den nächsten Film zu besprechen.

Hal Roachs Büro bietet einen sehenswerten Anblick. Es ist holzgetäfelt und wird von Lüstern erleuchtet. Hal Roachs Schreibtisch steht vor einem kleinen Fenster, mit einem offenen Kamin zur einen Seite, auf dessen Sims Bilder von Hal Roachs Familie ausgestellt sind. Es könnte die Suite eines Bankiers sein, wenn man davon absieht, dass der Boden mit Tierfellen belegt ist, inklusive dem eines von Hal Roach gejagten und erlegten Bären.

Hal Roach bietet ihm einen Drink an, doch er lehnt ab. Er muss noch arbeiten und möchte lieber einen klaren Kopf behalten, vorerst. Hal Roach macht sich selbst einen Wodka mit Ginger Ale. Hal Roach sagt ihm, dass die Geldmittel begrenzt seien. Üblicherweise hört er das, wenn eine Verlängerung seines Vertrags ansteht. Es ist ein vertrauter Refrain. Würde man ihn vertonen, könnte Hal Roach ihn vorsingen.

Hal Roach zeigt ihm die Abrechnung von *Helpmates*. Er überlegt, ob Hal Roach jetzt eine Rückerstattung verlangen oder sein Wohnhaus mit einem Pfandrecht belegen wird.

Solche Stunts können wir nicht mehr machen, sagt Hal Roach.

Er erinnert Hal Roach daran, dass Hal Roach persönlich den Finanzierungsplan abgezeichnet hat. Es sei ja nicht so, dass er Hal Roachs Unterschrift auf einem Scheck gefälscht, mit dem eingelösten Geld ein Haus gebaut, dieses niedergebrannt und Hal Roach dann die Asche geschickt hätte.

Ich weiß, dass ich das abgezeichnet habe, sagt Hal Roach. Was ich sage, ist, dass wir künftig keine Häuser mehr niederbrennen können.

Er sagt Hal Roach, dass er nicht die Absicht habe, weitere Häuser niederzubrennen. Er sei ja kein Brandstifter.

– Gut. Dann wäre das so weit klar. Erzähl mir von diesem neuen Film.

– Er heißt *Top Heavy*. Er handelt von einem Klavier.

– Ich weiß, wie er heißt. Ich weiß auch, dass er von einem Klavier handelt. Currier hat mich informiert. Was ich wissen will, ist die Story.

– Das Klavier ist die Story.

Ein Klavier ist keine Story, sagt Hal Roach. Ein Klavier ist nur ein Klavier.

Hal Roach fürchtet Metaphorik. Genau wie Hal Roach bislang noch nie auf einen Faschisten gestoßen ist, den Hal Roach nicht mag, ist Hal Roach genauso wenig jemals auf eine Metapher gestoßen, die Hal Roach mag. Hal Roach ist besessen vom Feinen und Kultivierten, und das weniger Salonfähige lauert im Symbolischen.

Hal Roach entwickelt zunehmend eine Manie bezüglich Plots. Hal Roach verlangt es danach, in allem und jedem eine Struktur zu erkennen. Vielleicht, denkt er, hat es mit Hal Roachs katholischem Erbe zu tun, obwohl Hal Roach aus einer katholischen

Schule hinausgeworfen wurde. Er könnte versuchen, Hal Roach zu erklären, dass eine Komödie, wenn sie funktionieren soll, zwingend den Zerfall einer Ordnung zu Chaos braucht. Und nicht nur das; sie muss auch das Chaos als den ihr zugrunde liegenden Zustand anerkennen. Da gibt es keinen Plot. Da gibt es keine Struktur. Da gibt es nur eine Abfolge von willkürlich verknüpften Szenen, von denen die meisten streng genommen nicht lustig sind. Es ist die Aufgabe der Komiker, sie komisch werden zu lassen.

Aber er glaubt nicht, dass Hal Roach ihn herbeizitiert hat, um philosophische Betrachtungen über die Komödie oder das Dasein anzustellen. Hal Roach hat ihn herbeizitiert, um ihn daran zu erinnern, dass jetzt die Daumenschrauben angelegt werden, und da reicht es nicht aus, Hal Roach zu erzählen, dass ein Film von einem Klavier handelt.

Wir haben noch kein Handlungsskript, sagt er Hal Roach.

– Vergiss das Skript. Ihr habt keine Story. Soweit ich das sehe, habt ihr noch nicht mal Gags. Ihr habt bloß ein Klavier.

– Wir entwickeln die Gags an Ort und Stelle.

Hal Roach beginnt sich zu sorgen, dass mehr Wodka und Ginger Ale nötig werden könnten. Das Gespenst Henry Ginsberg schwebt drohend über Hal Roach, bei Tag und bei Nacht. Hal Roach möchte nicht Henry Ginsberg erklären müssen, warum Hal Roach zugestimmt hat, eine Filmcrew ohne Skript und ohne Gags zu Außenaufnahmen loszuschicken. Üblicherweise arbeitet das Personal in den Hal-Roach-Studios ausschließlich für Hal Roach. Henry Ginsberg aber verdankt seinen Arbeitsplatz der Bank of America, und was gut für die Bank of America ist, ist nicht zwangsläufig gut für Hal Roach. Henry Ginsberg hat Hal Roach bereits gezwungen, Elmer Raguse zu feuern, ohne den der Umbau der Studios für Tonaufnahmen gar nicht zustande gekommen wäre, jedenfalls nicht mit solch glänzenden Resultaten. Elmer Raguse wird gefeuert, weil Elmer Raguse seinen Job als Einrichter und Ausbilder und Feinabstimmer so gut gemacht hat, dass seine Sachkenntnis nicht länger benötigt wird. Elmer Raguse ist todunglücklich, aber weil er Elmer Raguse ist, lässt er sich nichts anmerken. Elmer Raguse bittet lediglich darum, dass sie mit seinen Geräten sorgsam umgehen.

Das soll doch ein Dreiakter werden, oder?, fragt Hal Roach.

– Ja.

– Also braucht ihr für drei Akte doch mehr als ein Klavier.

– Wie wär's mit drei Klavieren?

– Wie wär's, wenn ich aus dir und Babe Hardy ein Paar Vorleger für meinen Fußboden mache?

Hal Roach mag diesen Mann, den er da vor sich hat. Er und Babe sind noch immer die Spitzenverdiener des Studios und machen weniger Probleme als *Die kleinen Strolche*, weil sie länger arbeiten und älter werden können, ohne dass man sie diskret ersetzen müsste wie verstorbene Hamster oder Goldfische. Und weil keiner von beiden ein Neger ist, verletzen sie auch keine Südstaatenempfindlichkeiten, was ein Problem bei *Die kleinen Strolche* ist, wo Stymie Beard genauso unverkennbar ein Neger ist, wie es Sunshine Sammy Morrison und Farina Hoskins vor ihm waren; und südlich der Mason-Dixon-Line begegnet man einer solchen Verbrüderung zwischen den Rassen, wie sie in den *Die kleinen Strolche*-Filmen gezeigt wird, mit Stirnrunzeln, was letztlich bedeutet, dass Hal Roachs Hosentaschen nunmehr von weißen Dieben geplündert werden.

Doch jetzt kommt dieser Mensch, dieser Star daher und behauptet, dass ein Klavier ein Plot sein könne, dass in einer hölzernen Kiste Welten stecken könnten, und Hal Roach weiß, dass das nicht stimmt.

Er lässt Hal Roach noch ein wenig protestieren. Er stimmt Hal Roach höflich zu und widerspricht ihm noch höflicher. Es ist wichtig zu widersprechen, ohne widerwärtig zu sein, besonders gegenüber Hal Roach, der sein Boss ist und ihn sonst bei allem immer unterstützt hat, ausgenommen bei der Vergütung. Doch hat Hal Roach schon viel schwächere Ideen als diese abgesegnet, und sie haben funktioniert. Er und Babe haben dafür gesorgt, dass sie funktioniert haben.

Hal Roach, begreift er, lässt einfach nur Dampf ab.

Euer Problem, sagt Hal Roach, ist, dass ihr das ganz große Bild nicht seht.

– Es wird billig.

Hal Roach gibt nach. Der Mann, den er vor sich hat, begreift zwar nicht, worauf Hal Roach hinauswill, doch billig ist billig.

Dann macht euren Film, sagt Hal Roach. Was versteh denn ich schon?

100

Von Chaplin hat er gelernt: Jede kreative Anstrengung sollte danach trachten, Kunst zu werden. Hal Roach ist allerdings an Kunst nicht interessiert. Hal Roach wünscht sich Seriosität, aber keine Kunst, jedenfalls nicht als die vordringlichste Aufgabe seines Studios. Produktionen einer gewissen Klasse bringen Hal Roach vielleicht Geld ein, aber mit Kunst wird sich Hal Roach erneut als Ausleerer von Spucknäpfen wiederfinden. Die Komödien, die er und Babe für Hal Roach machen, sind weder seriös noch, als kurze Anhäufung von Gags, gegenüber Hal Roach auf eine diesem genehme Weise als Kunst definierbar. Wollte man eine solche Möglichkeit in Hal Roachs Gegenwart auch nur andeuten, würde man damit Hohn und Spott oder eine Zensur oder eventuell gar die Aufmerksamkeit von Henry Ginsberg auf sich ziehen, der sich dann veranlasst sähe sicherzustellen, dass mit Studiogeldern weder absichtlich noch versehentlich etwas Künstlerisches angestrebt wird, und der bereits schon jetzt über das Gelände stapft wie ein Schnitter. Selbst Babe möchte nicht von Kunst sprechen. Babe ist glücklich, dass er mehr Geld als jemals zuvor verdient und seinen Namen über dem Titel sieht.

Und so kommt es, dass er, als Komiker, ein einzigartiges Komplott schmiedet, um Kunst zu verüben.

102

Ihm gefällt *Top Heavy* als Idee für den Titel. Oder *Words and Music*. Der Titel bleibt, wie der Film, vorläufig theoretisch. Babe gefällt auch die Idee der Story: Ein in einer Kiste verpacktes Klavier muss über eine Flucht von aufwärts führenden Treppen ausgeliefert werden. Es mag sich um eine Umarbeitung des Waschmaschinengags handeln, aber die Sache ist einfach, und Einfachheit ist willkommen, wo das Leben so kompliziert ist.

Er einigt sich mit Jimmy Parrott, der Regie führen soll, auf eine Besetzung.

Als Klavierverkäufer: Bill Gillespie, der Schotte ist und leutselig eine funkensprühende Kreativität mit Jimmy Finlayson entwickelt, wenn sie beide auf dem Gelände sind, wobei Bill Gillespie eher dazu neigt, jemandem eine Cola zu spendieren, als Jimmy Finlayson, der ein bemerkenswerter Geizhals ist.

Als Polizist: Sam Lufkin, der stets verlässlich ist und – nachdem seine Ehe in die Brüche gegangen war – bis vor kurzem bei seiner Mutter gelebt hat. Sam Lufkin ist nun zum zweiten Mal verheiratet, vermisst aber seine Mutter noch immer. Sam Lufkins Biographie liest sich wie eine Texttafel von Beanie Walker.

Als Kindermädchen: Lilyan Irene, vormals Leah Goldwater. Er macht sich für Lilyan Irene stark, weil sie, wie er, aus Lancashire stammt und durch die Music Halls tingelte und alleinerziehend mit einem kleinen Sohn ist, und folglich das Geld brauchen kann.

Als Professor: Billy Gilbert, der sowohl Gagschreiber als auch Schauspieler ist und anerkannt gut und komisch niesen kann. Billy Gilbert verdankt ihm seine Filmkarriere, weil er Billy Gilbert Hal Roach vorgestellt hat, nachdem er Billy Gilbert zufällig bei einem Auftritt in einer Revue gesehen hatte.

In einem anderen Leben will sich Billy Gilbert als Boxer betätigen: Billy Gilbert erscheint auf den Plakaten als Fighting Billy Gilbert, als Mittelgewichtler, und boxt zwei Runden gegen Jack Herrick, den Erfinder der *Herrick Shift*, einer Finte mit Drehung und anschließender geschraubter Geraden, ein Abwärtshaken, nach dem man, wenn er sein Ziel erreicht, das Zeitliche segnet. Abends überschminkt Billy Gilbert dann seine Blutergüsse und tritt in einer Show mit dem Titel *Whiz Bang Babys* in einer Frauenrolle auf, was Billy Gilbert zu einer in jeder Hinsicht außergewöhnlichen Person macht. Billy Gilbert ist es ziemlich ernst mit dem Kampfsport, bis Billy Gilbert mit Al Panzer in den Ring steigt. Nach all dem, was Al Panzer mit ihm anstellt, erscheint die Schauspielerei Billy Gilbert als eine gute Möglichkeit, nicht umgebracht zu werden.

Als Ehefrau des Professors: Hazel Howell, Gattin von Ned Northworth, Broadway's Midnite Son, der Klavier spielt und schauspielert und Songs schreibt mit Titeln wie «After You Brought Me The Sunshine» und «Sweet Sue», und Hazel Howell ist es anscheinend bestimmt, auf immer in dessen Schatten zu verweilen. Doch Hazel Howell ist eine hübsche Frau und leidet in Schönheit.

Er und Babe leiden ebenfalls. Sie versuchen, eine leere Holzkiste treppauf zu schleppen, aber die Simulation von Gewicht und Balance klappt eindeutig nicht, wie tapfer sie auch vorgeben, unter einer realen Belastung zu agieren. Die einzige Lösung besteht darin, ein echtes Klavier zu nehmen, aber echte Klaviere sind schwer.

Die Kiste wird jedes Mal beschädigt, wenn sie abgesetzt wird, und sie wird so oft abgesetzt, dass ständig Ersatz bei der Hand sein muss.

Sie schwitzen, und die Sonne brennt ihnen auf die Haut.

In ihren Händen stecken Holzsplitter, und ihre Schienbeine sind voller Schnittwunden.

Der Film heißt jetzt *The Up and Up*. Das könnte funktionieren.

Die Crew verbringt Stunden damit, aufs richtige Licht zu warten, und betet, dass Henry Ginsberg es sich nicht in den Kopf setzt, herzukommen und den Pfennigfuchser zu geben. Aus Gründen der Kontinuität ist Sonnenschein vonnöten, doch niemand hat die Wolken darüber informiert. Als sie schließlich mit dem Drehen aufhören, isst und trinkt er im Schneideraum, atmet kaum frische Luft, versucht Sequenzen und Lichtstärken in Einklang zu bringen und schläft manchmal in seiner Garderobe, anstatt nach Hause und ins Bett zu gehen.

Lois beklagt sich nicht. Es kümmert sie schon längst nicht mehr.

Als der Film geschnitten ist, ruft er Besetzung und Crew im Vorführsaal zusammen, und selbst inmitten des Klickens von Zeitmessern und des Kratzens von Stiften wird klar, dass etwas Besonderes geschaffen wurde.

Drei Akte, ein Gag und die ganze Welt in einer Kiste.

Nur Henry Ginsberg ist unbeeindruckt. Henry Ginsberg möchte wissen, ob am Ende des Films ein echtes Klavier zertrümmert wird. Er klärt Henry Ginsberg dahingehend auf, dass sie eines aus Balsaholz und alten Teilen zusammengebaut hätten, doch geht er nicht davon aus, dass Henry Ginsberg ihm glaubt.

Und Beanie Walker, über dessen Haupt inzwischen Henry Ginsbergs Henkerbeil schwebt und der dessen Schimmerns immer überdrüssiger wird; Beanie Walker mit seinen Katzen und Zigaretten; Beanie Walker mit seinem erlesenen Wortschatz und knappen Anmerkungen; Beanie Walker, der Dialoge schreibt, aber zu kämpfen hat, eine normale Unterhaltung zu führen;

Beanie Walker, der nie und nirgends glücklicher gewesen ist als auf diesem Studiogelände und der auch danach nie wieder richtig glücklich sein wird; Beanie Walker schenkt ihnen ihren Titel.

The Music Box.

103

Im Oceana Apartment Hotel gehört Jerry Lewis zu seinen regelmäßigeren Besuchern.

Jerry Lewis ist – oder war – einer der Juden, die sich versteckt haben. Die Juden haben vielleicht mitgeholfen, die Filmindustrie aufzubauen, doch wenn sie in den Produktionen selbst in Erscheinung treten sollen, müssen sie das in anderer Gestalt tun. Drüben bei Columbia besetzt Harry Cohn, ein Jude, seine eigenen Leute als Indianer, und bei MGM weigert sich Louis B. Mayer, ein Jude, Danny Kaye, ebenfalls Jude, unter Vertrag zu nehmen, solange Danny Kaye sich nicht seine Nase gerader machen lässt.

Die Juden müssen so tun, als wären sie diejenigen, die sie sein wollen. Sie dürfen alles spielen, nur nicht sich selbst, im Alltag genauso wenig wie auf der Leinwand.

Also wird David Kaminsky zu Danny Kaye.

Julius Garfinkle wird zu John Garfield.

Meshilem Weisenfreund wird zu Paul Muni.

Emmanuel Goldenberg wird zu Edward G. Robinson.

Und Joseph Levitch wird zu Jerry Lewis, damit Bigotte und Antisemiten wie Father Charles Coughlin und Gerald L. K. Smith über seine Späße lachen können.

Er mag Jerry Lewis als Menschen, und dessen offene Bewunderung und Fürsorglichkeit rühren ihn an; hinsichtlich seiner Komik jedoch ist er im Zwiespalt. Sie ist ihm zu plump, sie stützt sich zu sehr auf eine Reihe von schwachsinnigen Standardmienen. Sie ist Chaos von Anfang bis Ende.

Babe gefiel die Arbeit der Marx Brothers. Ihm nicht. Er findet nur das ungewollt verursachte Chaos komisch, den schrittweisen, unvermeidlichen Abstieg in die Unordnung. Eine vorsätzlich geschürte Unordnung ist ihm zu simpel. Für ihn ergeben sich Humor und Humanität aus dem zum Scheitern verurteilten Kampf gegen sie.

Aber Jerry Lewis ist das egal. Jerry Lewis lässt sich von der Meinung anderer nicht irremachen. Jerry Lewis fürchtet sich vor gar nichts.

Jerry Lewis trägt immer einen roten Kaschmirpullover und rote Socken, wenn er das Oceana Apartment Hotel besucht. Er findet das seltsam, ist aber zu höflich, um es zu kommentieren. Entweder besitzt Jerry Lewis nur einen roten Kaschmirpullover und ein Paar rote Socken und ersetzt beides, sobald es abgetragen ist, oder Jerry Lewis besitzt ganze Schränke, die nur mit roten Kaschmirpullovern und roten Socken gefüllt sind. Manchmal fragt Jerry Lewis ihn, ob er einen Pullover brauche, aber er verneint jedes Mal. Alle Kleidungsstücke von Jerry Lewis tragen auch die Initialen J. L., und er will nicht für Jerry Lewis gehalten werden, sollte er einmal einen Unfall haben und nicht anderweitig zu identifizieren sein.

Jerry Lewis verkehrt nicht mehr mit seinem früheren Partner Dean Martin. Jerry Lewis und Dean Martin haben seit Jahren nicht miteinander gesprochen. Er hält das für eine Schande. Jerry Lewis ist wie ein jüngerer Bruder, der sich mit seinem bewunderten älteren Geschwisterteil zerstritten hat. Aber Jerry Lewis ist auch böse auf Dean Martin. Dies ist vielleicht ein weiterer Grund, warum ihn Jerry Lewis' Komik verstört.

Weil sie einem tiefer liegenden Zorn entspringt.

Habt ihr zwei, du und Babe, euch jemals gestritten?, fragt Jerry Lewis.

– Nur wegen seiner Haare.

Er kann sich keinen Zeitpunkt vorstellen, zu dem er und Babe nicht miteinander gesprochen hätten.

Eine Weile herrscht ein unterschwelliges Unbehagen, wenn Jerry Lewis zu Besuch kommt, obwohl «Unbehagen» für Jerry Lewis ein Fremdwort ist, weswegen er den diesbezüglichen Stress allein erduldet.

Die Tochter des Komikers Lou Costello, Carole, ist mit Dean Martins Sohn Craig verheiratet. Weil er mit Lou Costello befreundet ist, erwähnt er in ihren Unterhaltungen Jerry Lewis' Besuche im Oceana Apartment Hotel nicht.

In der Zeit, in der er mit Ruth verheiratet ist – nein, in der er zum *zweiten* Mal mit Ruth verheiratet ist –, kommt Lou Costello manchmal zu ihnen zum Dinner, wo Lou Costello und er sich wegen der Art und Weise, wie sie bei Fox behandelt werden, wechselseitig bemitleiden. Nach Lou Costellos Besuchen zählt Ruth immer die Teller und das Tafelsilber, weil Lou Costello dafür berüchtigt ist, dass er Sachen aus den Studios stiehlt, und weil Ruth sich Sorgen macht, Lou Costello könnte in einem Anfall von Verwirrung beginnen, auch von ihr etwas mitgehen zu lassen.

Lou Costello stiehlt Lampen und Tische und Stühle.

Lou Costello stiehlt Teppichvorleger und Kissen und ein Hirschlederkanu.

Lou Costello wartet nicht einmal das Ende der Dreharbeiten ab. Lou Costello belädt zwischen Szenenwechseln einen Lastwagen und schickt ihn los.

Es ist ein Sport, aber es ist auch Diebstahl.

Lou Costello ist ein Bewunderer Chaplins und verteidigt bereitwillig und öffentlich Chaplins Ruf, wenn Regierung und Presse ihn anfeinden. Selbst J. Edgar Hoover ist ein Fan von Lou Costello und schreibt ihm einen persönlichen Brief, in dem er Lou Costello und seinen Partner Bud Abbott zu ihrer Radiosendung gratuliert, allerdings vor der Chaplingeschichte. Im

Gegenzug lädt Lou Costello J. Edgar Hoover für das nächste Mal, wenn der FBI-Direktor gerade in Kalifornien zu tun hat, zum Lunch ein. Jeder in Hollywood findet das amüsant, da allgemein bekannt ist, dass Lou Costello im Besitz einer der seit Menschengedenken größten Sammlungen von Pornographie ist und deshalb eigentlich nicht der rechte Umgang für einen J. Edgar Hoover sein sollte.

Sie sind ungleiche Freunde, er und Lou Costello. Flüchtige Bekannte fragen sich gelegentlich, was sie beide außer ihrem Beruf und ihren Problemen bei Fox gemeinsam haben.

Doch die Leute sind vergesslich.

Sie vergessen, dass er sein Kind nach nur neun Lebenstagen eingeäschert hat, und sie vergessen, dass Lou Costellos einjähriger Sohn im Garten hinter dem Haus der Costellos in Sherman Oaks im halbmetertiefen Wasser ertrank, als Anne Costello einmal nicht hingesehen hat.

Drei Männer, drei Väter, vereint durch tote kleine Söhne.

Vielleicht ist dies der Grund, warum Lou Costello, als die Zeit gekommen ist, Chaplin öffentlich verteidigt.

Aber Lou Costello ist, wie Babe, tot. Sie haben Lou Costello im März 1959 auf dem Calvary Cemetery in einer Krypta nahe bei seinem Sohn begraben, und neun Monate später haben sie Lou Costellos Frau neben ihm begraben.

Und so gibt es jetzt kein Unbehagen mehr, wenn Jerry Lewis zu Besuch kommt.

101

Im Oceana Apartment Hotel –

Im Oceana Apartment Hotel.

Im Oceana Apartment Hotel.

Im Oceana Apartment Hotel.

Es gibt nur das Apartment und draußen die anhaltende Verheißung des Meeres.

Er könnte den Nachmittag im Freien verbringen. Ida würde ihn irgendwohin fahren. Doch ein solcher Aufbruch bedeutet Getue und Hektik: bei den Vorbereitungen und der Bewältigung der Treppen hinunter zum Wagen, dazu die Strapazen der Fahrt und des Gehens vom Wagen zum Restaurant oder zum Pier oder zum Strand.

Oder einfach nur des Spazierengehens.

Er ist zu müde dafür.

Und er möchte die Welt nicht enttäuschen, indem er sie sehen lässt, wie gebrechlich er geworden ist.

104

Bardy, Babes älterer Halbbruder, kommt aus Georgia nach Hollywood. Er mag Bardy, den eine flüchtige Ähnlichkeit mit Babe verbindet, auch wenn nicht ganz klarwird, womit genau Bardy seinen Lebensunterhalt verdient. Bardy heißt Bardy Tant, ändert aber seinen Namen in Bardy Hardy, während er in Hollywood ist, was schön klingt und Babe schmeichelt.

Bardy arbeitet ab und zu als Statist in den Hal-Roach-Studios, aber meist gibt sich Bardy damit zufrieden, seinem Bruder Gesellschaft zu leisten, und er ist auch ein angenehmer Gesellschafter. Was seine äußere Erscheinung angeht, ist Bardy ebenso penibel wie Babe, und beide essen sie gut und gern, aber dennoch kann er sich nicht des Eindrucks erwehren, dass Bardy viel eigenartiger ist als Babe. Bardy nimmt die Welt in anderen Schattierungen wahr als sein Umfeld und aus ungewohnteren Blickwinkeln. Wenn er mit Bardy redet, ist er sich nicht sicher, ob sie beide dieselbe Unterhaltung führen.

Da sich Babe und Bardy gleichzeitig in Kalifornien aufhalten, beschließt ihre Mutter, Miss Emmie, sich ihnen eine Zeitlang anzuschließen. Babe besorgt Miss Emmie eine Wohnung und einen Chauffeur. Miss Emmie kann nun aus dem Komfort eines Automobils heraus die Nase über Los Angeles rümpfen.

Miss Emmie ist eine anstrengende Person.

Gegenüber von Babe wohnt auf der anderen Straßenseite eine Witwe namens Frances Rich. Frances Rich ist eine Dame reiferen Alters, die nicht nur so heißt, sondern wirklich reich ist. Frances Rich befindet, dass sie noch nie einem so umwerfenden Musterexemplar von Männlichkeit begegnet ist wie Bardy, und schickt sich an, Babes Bruder zu umgarnen.

Die Frau ist grauenerregend, erzählt ihm Babe. Eine wie die könnte man gar nicht erfinden.

– Und wie geht es Bardy dabei?

– Bardy scheint es gutzugehen.

Andererseits, so denkt er, könnte man so einen wie Bardy auch nicht erfinden.

Woche um Woche wird er über Frances Richs Geschenke für Bardy informiert.

Edle Zigarren.

Staatsanleihen.

Ein Cadillac.

Eine Privatsuite in Frances Richs Haus, gestaltet nach Bardys Geschmack.

Eine Suite?, fragt er, als Babe ihm von dieser Entwicklung berichtet.

– So als Heiratsantrag.

– Und wie hat Bardy reagiert?

– Bardy hat ja gesagt.

– Tja, was sonst.

– Was sonst? Würdest du ja sagen?

– Nein, ich nicht, aber Bardy.

Bardy scheint von der Aussicht auf den Ehestand begeistert zu sein. Babe erwähnt gegenüber Bardy nicht, dass Frances Rich mit zweiundsechzig nur zehn Jahre jünger als Miss Emmie und allem Anschein nach ähnlich zielstrebig veranlagt ist. Bardy steht im Begriff, praktisch seine eigene Mutter zu heiraten.

Er geht nicht zur Hochzeit; angesichts des momentanen Zustands seiner Beziehung zu Lois würde seine Anwesenheit diese Eheschließung vielleicht unter keinen guten Stern stellen, aber er schickt ein Geschenk.

Am Tag nach der Trauung kommt Babe spät ins Studio. Noch bevor sie überhaupt Gelegenheit haben, sich zu begrüßen, beruft Babe eine Zusammenkunft Gleichgesinnter in seiner Garderobe ein und macht eine Flasche auf. Gläser werden gefüllt, Stühle werden besetzt, der Atem wird angehalten.

Gentlemen, sagt Babe, ich habe eine Geschichte zu erzählen.

Die Trauungszeremonie geht anscheinend glatt über die Bühne. Nach einem erfreulich verlaufenen Hochzeitsmahl werden Braut und Bräutigam zu ihrer Unterkunft im Domizil der Braut eskortiert, wonach Babe und seine Familie, Miss Emmie eingeschlossen, sich in Babes Haus zurückziehen, um sich auszuruhen.

Drei Stunden später klopft es an Babes Haustür.

Es ist Bardy.

Bardy ist außer sich.

Bardy ist so durcheinander, dass Bardy ohne Krawatte gekommen ist.

– Ich muss Mama sprechen. In einer Angelegenheit von höchster Dringlichkeit.

Babe kann sich nicht denken, was für eine Angelegenheit das sein sollte, und Babe ist sich nicht ganz sicher, ob eine diesbezügliche Aufklärung willkommen wäre, weil Babe vermutet, dass Bardy sich seit dem Augenblick von Bardys eigener Geburt noch nie in der Nähe einer unbekleideten Frau befunden hat. Doch die Neugierde siegt, und Babe folgt Bardy zum Zimmer ihrer Mutter.

Mama, sagt Bardy, weißt du, was Frances getan hat?

Miss Emmie hat selbstverständlich keine Ahnung, was Frances getan hat, und sagt das auch.

Babe bringt Bardy ein Glas Wasser. Bardy betrachtet es auf eine Weise, die nahelegt, dass etwas Stärkeres angebrachter sein könnte.

Babe gießt Bardy etwas Stärkeres ein.

Also, sagt Bardy mit dem Glas in der Hand. Ich bin in meiner Suite und ruhe mich aus, und –

Bardy nimmt einen großen Schluck für die Kraft, die er braucht, um mit der Enthüllung fortzufahren.

– Frances ist gekommen und –

Bardy schließt die Augen, erschauert und redet sich schließlich die gottlose Schandtat seiner Frau von der Seele.

– sie hat an meine Tür geklopft.

In Babes Garderobe tritt eine Pause ein, während seine Zuhörer die Einzelheiten des Falls in sich aufnehmen.

Sie hat an seine Tür geklopft?, fragt Jimmy Finlayson.

Sie hat geklopft, bestätigt Babe bedächtig, an seine Tür.

– Was hat Bardy gerade drinnen gemacht, als sie an seine Tür geklopft hat?

– Das weiß ich nicht, und ich hatte auch keine Lust zu fragen.

– Und was ist dann passiert?

Es folgte eine private Unterredung mit unserer Mutter, sagt Babe, nach der Bardy zum Schauplatz des Verbrechens zurückkehrte, seine Habseligkeiten aus der Suite holte, die Staatsanleihen zurückgab, dazu die Schlüssel für den Cadillac sowie alle ungerauchten Zigarren, und seine Absicht kundtat, die Ehe sofort annullieren zu lassen. Bei Sonnenuntergang war mein Bruder wieder ledig.

– Wo ist Bardy jetzt?

– Bardy packt gerade seine Sachen für Georgia. Bardy ist der Meinung, dass die Gepflogenheiten kalifornischer Frauen für sein Gemüt zu verstörend sind und er folglich nach einem Arrangement mit einer Dame aus dem Peachtree State Ausschau halten will, deren Wesensart mit der seinigen eher in Einklang zu bringen ist.

Sie trinken aus. Sie verlassen Babes Garderobe.

Die ganze Familie von dem Jungen, flüstert Jimmy Finlayson beim Hinausgehen, allesamt übergeschnappt.

Dies ist noch nicht ganz das Ende der Geschichte. Nicht lange nach Bardys kurzer Ehe besucht Babe Miss Emmie in ihrem Apartment, nur um festzustellen, dass sie verschwunden ist, mit all ihrer Habe. Babe wird informiert, dass Miss Emmie gleich frühmorgens in den Fond ihres Wagens gestiegen sei und dem Chauffeur befohlen habe, sie nach Hause zu fahren.

Nach Georgia.

Miss Emmie kehrt nie zurück. Der Chauffeur kommt irgendwann wieder.

Ich habe es dir gesagt, sagt Jimmy Finlayson. Allesamt übergeschnappt.

105

Er beschließt, nach England zu reisen. Sein letzter Besuch liegt fünf Jahre zurück. Er möchte A. J. wiedersehen, und er möchte sein Zuhause wiedersehen. Er wird die Reise allein unternehmen. Er bietet Lois an, mitzukommen oder in Los Angeles zu bleiben, und Lois entscheidet sich fürs Bleiben.

Aus welchem Grund sollte ich überhaupt mitkommen?, fragt Lois. Für dich ist es doch einfacher, wenn du mich nicht zu sehen bekommst, und du sparst das Geld einer Passage.

Er macht sich nicht die Mühe zu widersprechen.

Wenn du dir sicher bist, sagt er.

– Und während du fort bist, werde ich mit einem Anwalt sprechen.

Er ist nicht überrascht. Er hat bereits Ben Shipman konsultiert. Die Schriftstücke sind vorbereitet und warten darauf, dass Lois das Ende ihrer Ehe bestätigt. Er wird Ben Shipman wissen lassen, dass das Verfahren demnächst beginnt.

Es tut mir leid, sagt er.

– Tut es das?

– Selbstverständlich.

– Dann sag doch mal.

– Was soll ich dir sagen?

– Den Namen der Frau, mit der du etwas hast. Oder ist es mehr als eine?

– Hör auf damit.

– Mir kommen Dinge zu Ohren. Die können nicht alle falsch sein. Was habe ich getan, dass du mich so behandelst?

– Nichts. Du hast nichts getan.

Lois schlingt die Arme um ihren Oberkörper, aber es ist keine trotzige Geste. Wenn er sie nicht umarmen und trösten kann, dann tröstet und umarmt sich Lois selbst. Sie weint jetzt; sie schluchzt nicht; ihr Gesicht ist starr, und ihr Atem geht regelmäßig, aber ihre Wangen sind nass. Er ist sich noch nicht einmal sicher, ob sie ihre eigenen Tränen wahrnimmt. Das Bett hinter ihr ist ungemacht. Er lässt seinen Blick durchs Zimmer schweifen und erkennt es nicht wieder. Es gleicht der unvollkommenen Kopie eines Ortes, den er einmal kannte.

Wäre es anders gekommen, fragt Lois, wenn unser Kind überlebt hätte? Wärst du wenigstens dann bei mir geblieben?

– Ich weiß es nicht.

Er hat keine andere Antwort.

Es liegt in der Natur aller Ereignisse, dass Einfaches unausweichlich kompliziert wird, sobald er darin verwickelt ist. Er hat, wie Babe, das Gefühl, dass die Rolle, die er spielt, ihn infiziert hat. Wenn Lois ihn nicht nach England begleitet – und sie und ihre Tochter sind bereits unterwegs zu ihrer Mutter in Santa Cruz –, dann muss der Presse irgendeine Erklärung für ihre Abwesenheit geliefert werden. Er wird den Tod seines Kindes nicht als Ausrede benutzen, auch wenn die Publicityabteilung des Studios ihm anbietet, das – diskret – für ihn zu erledigen. Stattdessen wird es Myrtle überlassen, den Zeitungsleuten die offizielle Version mitzuteilen.

Lois möge weder Menschenmengen noch lange Reisen, werden diese von Myrtle informiert, und da Lois nicht allzu robust sei, habe sie es vorgezogen, die Reise nicht anzutreten.

Das entspricht alles der Wahrheit und ist, unter den gegebenen Umständen, zugleich gelogen.

Babe hat vor, mit Myrtle Kanada zu besuchen. Auch Babe hat einen Urlaub nötig, ist aber beunruhigt wegen Myrtle und will sie nicht unbeaufsichtigt in Los Angeles zurücklassen, obwohl ihm das erlauben würde, einige Zeit mit Viola Morse zusammen zu sein. Babe und Viola Morse könnten zusammen nach Agua Caliente fahren, ihre Tage auf der Rennbahn verbringen und die Abende in den Kasinos. Stattdessen macht Babe sich Sorgen wegen Myrtle.

Manchmal staunt er, auf wie viele Arten sich Babe selbst zerfleischen kann.

Er und Babe unterhalten sich beim Kaffee. Babe weiß um seine Probleme mit Lois, genau wie er – und, nach den Vorkommnissen auf Balboa Island, auch der Rest der Welt – um Babes Probleme mit Myrtle weiß.

In Schottland gibt es Golfplätze, sagt Babe.

– Ich glaube schon.

– Es ist ein weiter Weg bis England.

– Glaub ich auch.

– Vielleicht hättest du gern Gesellschaft.

Und die hätte er gern, weil er jetzt nicht allein und ohne Ablenkung von der bevorstehenden Scheidung sein möchte. Sollte die Anwesenheit von Myrtle zusätzliche Aufmerksamkeit auf Lois' Abwesenheit ziehen – sei's drum.

Meine Frau ist eine Trinkerin, sagt Babe.

– Weiß ich. Mr. Hardy hat mich informiert.

– Mr. Hardy hat nicht gelogen. Meine Frau könnte eine Flasche in der Wüste finden.

– Man sollte sie darauf ansetzen, Oasen zu finden.

– Das wäre sinnlos, solange in den Oasen kein Schnaps sprudelt.

– Was äußerst dehydrierend wäre.

– Das wäre es.

Babe hält kurz inne.

– Allein ist meine Frau schwer zu kontrollieren.

– Deine Frau ist höchst geschickt im Verstecken von Schnaps.

– Ich stelle mich doch nicht hin und lasse meine Frau von jemandem außer mir beleidigen.

– Dann setz dich eben. Wenn alle Sitze besetzt sind, zieh ein Ticket.

– Du klingst wie Groucho Marx.

– So schlimm auch wieder nicht.

– Also?

Ich hätte dich gern dabei, sagt er. Und ich helfe dir, ein Auge auf Myrtle zu haben.

– Danke. Myrtle ist okay, weißt du.

– Weiß ich.

– Sie hat bislang keinen Tropfen angerührt, seit Rosemead nicht.

Dennoch hat Babe Angst, Myrtle unbewacht zurückzulassen. So kann es nicht weitergehen. Sie wissen es beide. Babe kann nicht der Vater seiner Frau und der Liebhaber einer anderen sein.

Babe genießt die Abendsonne. Es ist spät. Die Kantine hat sich geleert. Niemand beobachtet sie. Ihr Tisch ist der einzige, der noch besetzt ist.

Und Lois?, fragt Babe.

– Wir lassen uns scheiden. Wir beantragen die Scheidung, sobald ich zurück bin.

In einer Ecke hat ein farbiger Bediensteter begonnen, den Boden zu wischen. Irgendwo sinniert Henry Ginsberg über Möglichkeiten nach, dem Bediensteten noch fünf Cent abzuknöpfen.

Ich vermisse Edgar Kennedy, sagt Babe.

– Kennedy kriegt's wieder hin.

Das ist Edgar Kennedys Slogan. Wenn nur Edgar Kennedy noch da wäre. Wenn nur Edgar Kennedy solche verfahrenen Situationen wie diese wieder hinkriegen könnte.

Hast du gehört, dass Jimmy Finlayson eine neue Freundin hat?, fragt Babe.

– Habe ich nicht, aber ich bin froh darüber. Es bedeutet, dass es für uns noch Hoffnung gibt, was immer auch geschieht.

– Alles wird gut, ja?

Ja, sagt er. Zu guter Letzt.

106

Alles ist arrangiert. Im Juli werden sie mit dem Zug über Chicago nach New York fahren und von dort die RMS *Aquitania* nach Southampton nehmen. Es handelt sich um einen Urlaub. Das sagen sie klar und deutlich. Sie bezahlen ihn aus eigener Tasche.

MGM veröffentlich die Daten ihrer Reise.

MGM kündigt eine Werkschau mit ihren Filmen an.

Diese Veranstaltungen werden, zufälligerweise, in Großbritannien stattfinden.

Die Daten der Veranstaltungen werden sich, ebenfalls zufälligerweise, über die Dauer ihres Urlaubs erstrecken.

Eine Vereinbarung wird getroffen: zehn Tage für die Publicity, der Rest für sie allein. Das ist weniger, als er und Babe sich für ihre freie Zeit gewünscht hätten, und weniger, als MGM sich von ihnen für Werbung gewünscht hätte.

In Ordnung, sagte Hal Roach, dann sind wenigstens alle unglücklich.

Henry Ginsberg kommt zum Bahnhof, um sie zu verabschieden. Sie haben keine Ahnung, warum Henry Ginsbergs Anwesenheit erforderlich ist, es sei denn, jemand aus der Publicityabteilung hält es für eine gute Idee, einen Vertreter der Studios vor Ort zu haben, wenn die Jungs zu ihrem ersten großen Auslandstrip aufbrechen. Babe sagt, von Henry Ginsberg auf die Reise geschickt zu werden sei so, als würde die *Titanic* von einem Eisberg mit dem Versprechen verabschiedet, dass er, der Eisberg, später zu ihr aufschließen werde.

Als das Foto irgendwann in der Presse erscheint, ist Henry Ginsberg herausgeschnitten und durch Hal Roach ersetzt worden.

Weil niemand Henry Ginsberg mag.

Er und Babe haben Kalifornien in den letzten fünf Jahren kaum verlassen. Babe fährt nach Agua Caliente zum Zocken und um mit Viola Morse zusammen zu sein, aber Mexiko ist etwas anderes.

Nach ihrer eigenen Auffassung sind Babe und er Filmstars, doch erweist sich diese Auffassung als zu beschränkt und untertrieben und vollkommen irrig.

Die Menschenmenge, die sie beim Einsteigen in den Zug der Los Angeles Limited verabschiedet, ist groß, ihnen aber von Premieren und Kinovorstellungen in der City vertraut.

Die Menschenmenge, die sie in Chicago erwartet, belagert den Bahnsteig, verstopft den Bahnhof und ergießt sich auf die Straßen davor. Tausende wollen einen Blick auf sie erhaschen, ihre Kleidung anfassen, ihre Hände schütteln. Eine solche Vergötterung, ein solches Bedürfnis nach Verehrung hat er noch nie erlebt. Es ängstigt ihn, und er beginnt in Panik zu geraten, als er und Babe zum tiefroten Teppich der 20th Century Limited geschubst und gezerrt werden, als Polizei und Bahnpersonal versuchen, die Massen zurückzuhalten. Schließlich fährt der Zug ab, und er und Babe schaffen es, zum Abschied zu winken, aber ihre Mienen sind angespannt, und als der Bahnhof hinter ihnen liegt, können sie sich nur noch anstarren und über die staunen, die sie geworden sind.

In New York ist der Auflauf so groß, dass der Broadway eine einzige Menschenmenge ist, durch die kein Durchkommen ist. Ihn wundert, dass es keine Toten gibt. Nur indem sie sich in Minsky's Music Hall verstecken, vermeiden sie, dass sie selbst verletzt werden.

Man muss sie an Bord der *Aquitania* schmuggeln.

Man hat ihnen zuvor nichts davon gesagt.

Hal Roach hat es ihnen nicht gesagt, weil Hal Roach sich dann vielleicht gezwungen gesehen hätte, ihnen mehr Geld zu zahlen. Doch selbst wenn Hal Roach es ihnen gesagt hätte, hätten sie es nicht geglaubt. Sie hätten es nicht geglaubt und nicht glauben können, bevor sie es nicht selbst erlebt hatten.

Er und Babe sind zwei der berühmtesten Männer der Welt.

107

Die *Aquitania* nähert sich dem Hafen von Southampton.

Es ist der 23. Juli 1932. Sie sind eine Woche lang auf See gewesen und während dieser Zeit kaum in Ruhe gelassen worden. Er und Babe posieren für Fotos, wenn sie darum gebeten werden, und geben Autogramme, doch nach ein paar Tagen sind sie die Aufmerksamkeit leid, weil es vor ihr kein Entkommen gibt. Sie ziehen sich in ihre Kabinen zurück und beschäftigen sich stundenlang mit irgendwelchen Aktivitäten, die ihnen zum Zeitvertreib einfallen.

Myrtle scheint zufrieden zu sein, soweit eine nüchterne Trinkerin zufrieden sein kann. Er dagegen verspürt eine gewisse Unruhe. Er schreibt sie den Problemen in seiner Ehe zu, obgleich ihm auch seine Rückkehr nach England zu schaffen macht. Er ist berühmt geworden, doch nur, weil er sein Heimatland verlassen hat. Er hat ihm den Rücken gekehrt, und jetzt befürchtet er, dass es seinerseits ihm den Rücken kehrt.

Doch während die *Aquitania* sich zur Landung bereit macht, sehen er und Babe nur Menschen am Ufer, Menschen in den Fenstern von Kaufhäusern und Büros und Menschen auf Hausdächern. Und aus dem Gedränge erhebt sich ein Geräusch, schwach zuerst, aber immer deutlicher, während der Schlepper die *Aquitania* in den Hafen zieht, während in der Ferne die Hythe-Fähre das Fahrwasser quert und ein grauer Himmel nachdrücklich seinen Anspruch auf die Welt anmeldet.

Es klingt wie der Wind in den Drähten oder wie entfernter Vogelsang.

Es sind die dreißig Noten ihrer Erkennungsmelodie, wieder und wieder aufs Neue.

Es ist das Geräusch von Abertausenden, die unisono pfeifen.

Die sie mit ihrem Pfeifen willkommen heißen.

108

Mit einem Urlaub wird es also nichts, jedenfalls nicht viel.

Sie brauchen eine Stunde, um sich einen Weg vom Schiff zum Zug zu bahnen.

An der Waterloo Station sind Polizei und Personal nicht in der Lage, die Massen zurückzuhalten, und kapitulieren folglich vor der geballten Macht eines kollektiven Willens. Am Leicester Square hat man einen Kordon gebildet, um sie von ihrem Wagen zum Filmtheater zu schleusen. Später, beim Verlassen des Kinos, stürzen sich die Horden auf sie und reißen an ihrem Fluchtwagen eine Tür ab.

Er trifft sich mit A. J. und A. J.s neuer Ehefrau, hält es aber allein in seiner alten Bleibe nicht aus.

Er hält es allein nirgendwo aus außer in seinem Hotelzimmer.

In Edinburgh: eintausend Menschen.

In Leeds: zweitausend Menschen.

In Glasgow: achttausend Menschen.

In Birmingham: zehntausend Menschen.

Babe spielt eine Runde Golf in Gleneagles. Das ist ein sehr guter Golfplatz, sagt Babe, aber mit einer langen Anfahrt.

Babe kauft sich einen Tartanschirm.

Babe kauft sich Tartansocken und Tartanhosenträger.

Babe zieht einen Kilt in Erwägung, denkt jedoch, dass es ihm an Mut mangeln könnte, ihn zu tragen.

Glücklicherweise geht die Werbetour zu Ende. Er und Babe versuchen eine Flucht aufs Festland, doch ist dort die Aufmerksamkeit – falls überhaupt möglich – noch schlimmer, weshalb sie nach England zurückkehren und das Beste aus ihrer Lage machen.

Babe spielt weiter Golf.

Er verbringt Zeit mit A. J.

Wo auch immer er hingeht, starren ihn die Leute an und rufen seinen Namen.

Ich weiß nicht, was an deinem alten Namen so falsch war, sagt A. J. Das war doch ein sehr guter Name. Mir hat er nie geschadet.

Er hat keine Erklärung für A. J., jedenfalls keine zufriedenstellende. Seine alte Identität ist abgelegt, und seine neue kann man nur auf der Leinwand finden. Im weiten Feld zwischen diesen beiden Polen liegt die Realität des Ichs.

Im September sind er und Babe zurück in Los Angeles.

Im Oktober sind sie wieder im Studio.

Henry Ginsberg begrüßt sie. Henry Ginsberg bittet sie in sein Büro.

Weil sie sich Urlaub genommen haben, zieht Henry Ginsberg ihm 19 200 Dollar und Babe 15 200 Dollar vom Gehalt ab.

Beim Hinausgehen schütteln sie sich den Staub von Henry Ginsbergs Büro von den Füßen.

Ich hätte, sagt Babe, öfter Golf spielen sollen.

109

Der Tanz, den er und Lois aufführen, dauert an, doch jeder von beiden bewegt sich zu einer anderen Musik.

Er kehrt aus Europa mit der Erwartung zurück, dass Ben Shipman schon an den Details der Scheidungsvereinbarung arbeitet, und er hat schon Überlegungen angestellt, wo er als alleinstehender Mann leben könnte. Doch von Lois' Seite gibt es keinerlei erkennbare Fortschritte im Hinblick auf eine Scheidung; sie hat noch nicht einmal den versprochenen Anruf bei ihrem Anwalt getätigt. Statt Dankbarkeit empfindet er Enttäuschung, und er hat irgendwie das Gefühl, seine Ambitionen seien durchkreuzt worden. Er möchte diese Ehe hinter sich lassen, und Lois' Nähe fügt eine neue Nuance zu der vielschichtigen Trauer um seinen Sohn hinzu. Er kann den Schmerz nachvollziehen, den Lois erleidet, aber er kann sich nicht dazu durchringen, sie zu trösten. Er kann nicht zugestehen, dass sie einen Kummer teilen, selbst wenn dies für jeden von ihnen Beistand bedeuten würde. Täte er es, könnten offen gezeigte Gefühle falsch ausgelegt werden.

Und er trifft sich weiterhin mit Alyce Ardell.

Er möchte Lois nicht wegen Alyce Ardell verlassen; seine Affäre ist nicht der Grund für das Auseinanderbrechen seiner Ehe. Er bezweifelt, dass Alyce Ardell ihn haben wollte, selbst wenn er sich anböte. Alyce Ardell ist ein Freigeist, und weil sie nichts von ihm verlangt außer seiner gelegentlichen Präsenz in ihrem Leben und in ihrem Bett, ist es ihm möglich, sich selbst zu vergessen, wenn er mit ihr zusammen ist. Aber er spricht nicht über Lois, wenn er mit Alyce Ardell zusammen ist, und Alyce Ardell stellt keine Fragen.

Wenigstens in dieser Hinsicht erweist er seiner Frau Respekt.

England zu verlassen ist schwer gewesen.

In der kurzen Zeit nach Beendigung ihrer Werbepflichtauftritte, in der Babe mit Myrtle von einem Golfplatz zum nächsten zieht und er die Straßen seiner Jugend wieder besucht, fühlt er sich wohl in seiner Haut. Er empfindet keine falsche Nostalgie für sein Heimatland. Er hat schon fast vergessen, wie klaustrophobisch dessen Städte sind, wie eingepfercht die Bürger, wie grau der Himmel, wie bleich die Gesichter. Sogar in London kommen ihm die Mode anachronistisch und die Frauen weniger farbenfroh vor in ihren Kleidern. Es ist wie der Unterschied zwischen Schmetterlingen und Motten.

Aber von diesem Ort trägt er mehr in sich als von Kalifornien. Er trägt von diesem Ort mehr in sich als von jedem anderen. Alles nicht Authentische fällt von ihm ab, und was bleibt, ist ein Junge, geformt durch den Smog und das Theater.

A.J.s Sohn.

Im Glasgow Metropole steht er auf der Bühne und weint.

Und dann ist da A.J. in eigener Person, mit versteinerter Miene, genauso unbeirrt in seiner Loyalität gegenüber seinem Sohn wie unwillig, sie sich anmerken zu lassen; sieht starren Blicks hinaus auf die Menschenmengen, die sich zu Ehren seines Jungen versammelt haben, schüttelt den Kopf, als wäre er unfähig zu glauben, wie Leute so närrisch sein können, einen ganzen Tag daranzugeben, um flüchtig die Männer zu Gesicht zu bekommen, die sie in zehnfacher Vergrößerung auf der Leinwand sehen können, und noch dazu, ohne dass man ihnen auf die Zehen trampeln würde.

Bekloppte, sagt A.J.

Dann erzählt A.J. der Presse, dass er ein guter Junge sei.

Babe mag A.J., und A.J. mag Babe. Er hätte das nie gedacht. Vielleicht, spekuliert er, liegt es daran, dass keiner der beiden so richtig versteht, was der andere sagt, auch wenn die Wörter an sich verständlich sind. Wenn A. J. – durstig – verkündet, dass er «einen Brand» habe, hält das Babe, nachdem man ihm die Bedeutung erklärt hat, für die komischste Redewendung, die jemals geäußert wurde.

An alle diese Momente erinnert er sich, während er durch die ihm so fremdartig erscheinenden Straßen von Los Angeles fährt, durch diese sonnengebleichten Geraden voll Palmen und Prosperität.

Während er von Lois wegfährt.

Während er von Alyce Ardell wegfährt.

Hielte er an, um einfach ein wenig gedankenverloren spazieren zu gehen, würde er belagert werden. Ginge er in ein Restaurant, würde er belagert werden. Selbst wenn er sich einen Tisch oder ein Séparée reservieren lässt, muss er sich höflich einer Flut von Angestellten stellen.

Also fährt er, obgleich er das Dahingleiten auf diesen Straßen nicht zuträglich für Entspannung oder Besinnlichkeit findet, weiter, bis er einen leeren Parkplatz am Ventura Boulevard erspäht. Dort parkt er im Schatten und denkt sich, dass es so weit nicht hätte kommen sollen.

Er spricht mit Ben Shipman.

Warum wartest du noch?, fragt Ben Shipman. Wenn die Ehe vorbei ist, ist sie vorbei. Versteh mich nicht falsch. Ich mag Lois sehr, und Scheidungen bereiten mir kein Vergnügen. Für mich ist das deprimierend. Ich finde viele meiner beruflichen Pflichten deprimierend, aber Scheidungen mehr als die meisten anderen. Ich habe den Eindruck, du möchtest, dass deine Frau als Erste das Band zerschneidet, doch dazu trifft sie keinerlei Anstalten. Wenn du aber so weitermachst wie bisher, dann bist du plötzlich sechzig Jahre alt, noch immer mit derselben Frau verheiratet und kommst noch immer nicht mit ihr aus. Sie hat dir doch gesagt, dass sie die Scheidung will, oder?

– Ja. Oder eine Trennung, vorübergehend.

– Dann trenn dich. Wenn dir das gefällt, lässt du dich scheiden. Wenn es dir nicht gefällt, gehst du wieder zurück ins gemeinsame Elend. So einfach ist das.

Er studiert seinen Hut. Er versucht sich zu erinnern, ob es einer ist, den Lois für ihn gekauft hat.

Wie packen wir das Ganze an?, fragt er.

– Du sagst es Lois, dann sagst du es dem Studio. Das Studio sagt es der Presse, und schon weiß es die Öffentlichkeit.

– Was, wenn wir es der Presse nicht sagen?

– Dann sagst du es Lois, sagst es ein paar engen Freunden, einer der engen Freunde wird es der Presse erzählen, und schon weiß es die Öffentlichkeit.

Oder, sagt Ben Shipman, du könntest Zeit sparen und es der Presse selbst erzählen.

Er gibt eine Erklärung heraus. Die Vereinbarung sieht vor, dass Lois das Haus behält und er verpflichtet wird, für sie und die gemeinsame Tochter in zwei Lebensversicherungspolicen zu investieren. Die Auflösung seiner Ehe wird ihn, nach Ben Shipmans Schätzung, über 200 000 Dollar kosten.

Das ist es mir wert, antwortet er.

Ben Shipman zieht es vor, keinen Kommentar abzugeben.

Er sagt der Presse, dass «so etwas eben vorkommt». Er sagt der Presse, dass er und Lois «einander auf die Nerven gegangen sind». Als er seine eigenen Aussagen schwarz auf weiß sieht, staunt er, wie nichtssagend sie klingen, wie inhaltsleer, und dennoch wurden sie gedruckt.

Wir trennen uns, weil ich mit einer anderen Frau schlafe.

Wir trennen uns, weil ich meine Frau nicht umarmen und ihr nicht gestatten kann, ihren Kummer zu äußern.

Wir trennen uns, weil wir ein Kind den Flammen übergeben haben.

110

Er und Babe machen *Their First Mistake.*

Sie machen *Towed in a Hole.*

Sie machen *Twice Two.*

Sie machen *The Devil's Brother.*

Sie machen *Me and My Pal.*

Sie machen *The Midnight Patrol.*

Sie machen *Busy Bodies.*

Sie sind nie populärer gewesen. Sie sind jetzt das dienstälteste Komikerteam des Sprechfilms.

Und dennoch hasst Henry Ginsberg sie.

Henry Ginsberg ist überzeugt, dass er und Babe vorsätzlich Zeit und Geld vergeuden, dass sie Bummelanten und Verschwender sind. Henry Ginsberg spioniert ihnen nach, und wenn Henry Ginsberg ihnen nicht nachspioniert, rekrutiert Henry Ginsberg andere, die für ihn spionieren. Henry Ginsberg macht alle wahnsinnig. Einige, wie Beanie Walker, beschließen, lieber zu gehen, als weiter mit Henry Ginsberg zu tun zu haben, was Henry Ginsberg insofern entgegenkommt, als ihnen das Studio dann keine Gage zahlen muss. Und wenn Henry Ginsberg gerade nicht damit beschäftigt ist, zu spionieren oder Autoren die Kündigung nahezulegen, beschäftigt sich Henry Ginsberg damit, Leute zu feuern.

Bald wird Henry Ginsberg die einzige Person sein, die auf dem Studiogelände übrig geblieben ist.

Er sucht Henry Ginsberg auf. Eine Sekretärin in Hal Roachs Kontor hat ihn mit ein paar Zahlen als Argumentationshilfe versorgt und gebeten, die Quelle nicht preiszugeben. Das Studio schätzt, dass *The Devil's Brother* über eine Million Dollar einspielen wird und möglicherweise sogar noch einmal halb so viel. *The*

Devil's Brother zu produzieren kostet 200 000 Dollar. Hal Roach wird bei dem Film einen Gewinn zwischen 300 000 und 600 000 Dollar verbuchen.

Warum also, fragt er Henry Ginsberg, lässt du uns nicht in Frieden unsere Filme machen?

Weil ihr Verluste macht, sagt Henry Ginsberg. Letztes Jahr haben eure Filme einen Verlust von – Henry Ginsberg schlägt einen Ordner auf und findet die Seite, die er sucht – einhundertundsechsundsechzigtausendvierhundertundsiebenundvierzig Dollar aufgewiesen.

Und achtundachtzig Cent, fügt Henry Ginsberg hinzu.

– Wie können wir Verluste machen, wenn das Studio solche Gewinne macht wie bei diesem einen Film?

– Ich weiß nicht, wo du diese Zahlen herhast, deshalb kann ich sie unmöglich kommentieren. Aber nicht alle eure Filme machen Gewinn. Aber hauptsächlich, glaube ich, macht ihr Verluste, weil wir euch zu viel zahlen.

Und das ist alles, was er aus Henry Ginsberg herauskriegt.

Er versucht, mit Hal Roach zu reden, aber Hal Roach diskutiert Geldfragen nicht gern mit Schauspielern. Hal Roach ist dann immer einer Ohnmacht nahe.

Den Rest des Tages verbringt er mit der Arbeit an einem Skript. Während er darauf wartet, von seinem Fahrer abgeholt zu werden, taucht Henry Ginsberg auf. Dessen Miene kann er entnehmen, dass Henry Ginsberg sich schon den ganzen Nachmittag lang geärgert hat. Henry Ginsberg mag es nicht, von Gehaltsempfängern in die Enge getrieben zu werden.

Weißt du, wie hoch das durchschnittliche Jahresgehalt in diesem Land ist?, fragt Henry Ginsberg.

– Weiß ich nicht.

– Es sind fünfzehnhundert Dollar. Du hast siebzigmal so viel bekommen im letzten Jahr, und du beschwerst dich noch.

– Ich habe mich nicht beschwert. Ich habe gefragt, wie Babe und ich einen Verlust machen können, wenn wir in Wirklichkeit Gewinn machen.

Wut steigt in ihm auf. Er unterdrückt sie. Wenn er jetzt beginnt, Henry Ginsberg anzubrüllen, hört er vielleicht nie mehr damit auf.

– Ihr macht keinen Gewinn. Das ist es ja, was du offensichtlich nicht verstehst.

– Da hast du recht. Ich verstehe es nicht.

Henry Ginsberg scheint sich mit diesem Eingeständnis zufriedenzugeben. Henry Ginsberg schickt sich an zu gehen, bleibt dann aber stehen.

Noch was, sagt Henry Ginsberg.

– Ja?

– Ich halte euch nicht für besonders komisch.

Abgang Henry Ginsberg.

111

MR. HARDY: Ich habe nie geahnt, dass so trostlose, bedauerliche Zustände wie in deiner Ehe auch nur denkbar sind. Warum machst du es in deiner Ehe nicht ebenso wie ich in meiner?

(aus SONS OF THE DESERT – *«Die Wüstensöhne»)*

Ben Shipman bittet ihn, für eine Unterredung im Büro vorbeizuschauen.

Das lässt nichts Gutes ahnen, denkt er. In letzter Zeit geht es immer, wenn Ben Shipman anruft, um Geld, aber es sind nie Unterredungen, aus denen er am Ende mit der Aussicht herauskommt, reicher zu werden, als er es zu Beginn gewesen ist.

Ben Shipman hat eine blaue Flasche Bromo-Seltzer vor sich auf dem Tisch stehen, als er Ben Shipmans Büro betritt. Ben Shipman fordert ihn auf, Platz zu nehmen.

Siehst du diese Flasche?, fragt Ben Shipman.

– Ja.

– Du bist der Grund, warum ich was für den Magen brauche. Jetzt erzähl mir doch mal: Was zum Teufel glaubst du eigentlich, was du da treibst?

Er treibt Folgendes:

Zwar nähert sich der Tanz mit Lois seinem Ende, doch die beiden kommen immer noch nicht voneinander los. Sie haben angefangen, wieder miteinander zu schlafen, aber ihr Liebesakt gleicht jener finalen schonungslosen Offenlegung, die man einem Sterbenden gewährt. Dennoch haben diese intimen Augenblicke eine Zärtlichkeit, wie es sie seit dem Tod ihres Sohnes zwischen ihnen nicht mehr gegeben hat. Sie sagen einander Lebewohl, aber dieser Abschied bewirkt, dass sie sich versündigen und ein Ende mit einem Neuanfang beziehungsweise mit der Möglichkeit eines solchen verwechseln. Er und Lois begeben sich auf einen Urlaub mit dem Auto nach British Columbia: vier Wochen, um wiederzuentdecken, was das war, das sie am Anfang zusammengebracht hat, nur um – weit weg von daheim – ihre endgültige Trennung zu verhandeln.

Am 25. Mai 1933 reicht Lois – kaum dass sie ihre Koffer ausgepackt hat – die Scheidung ein. In ihrer Klageschrift beschuldigt Lois ihn, er habe ihr gesagt, dass er sie nicht mehr liebe, dass er so schnell wie möglich die Scheidung verlange und dass er sie auf Partys ignoriert habe.

All das entspricht der Wahrheit, auch wenn das Detail mit den Partys eigenartig ist.

Warum hast du sie auf Partys ignoriert?, fragt Teddy, sein jüngerer Bruder.

Teddy ist aus England ausgewandert und lebt jetzt mit Frau und Kindern in Los Angeles. Teddy interessiert sich nicht für Schauspielerei oder Film, was Teddy zu einer gern gesehenen Ausnahmeerscheinung in dieser Stadt macht. Teddy arbeitet als Chauffeur für den Manager des Ambassador Hotels.

Doch Teddy wird zum Jahresende tot sein. Teddy wird sich in einen Zahnarztstuhl legen und an einer Überdosis Lachgas verscheiden.

– Vermutlich, weil das halt solche Partys waren.

Er zieht aus dem Haus seiner Familie aus und zu Teddys Sippe in eine Mietwohnung am South Palm Drive. Wenn er sich elend fühlt – und das tut er, denn obwohl er nun hat, was er wollte, leidet er unter der Verlassenheit eines Hinterbliebenen –, dann hat er Gesellschaft in seinem Elend.

Er hat Babe.

Ben Shipman ist auch Babes Anwalt. Ben Shipman bewahrt eine extra Flasche Bromo-Seltzer in einer Schublade neben Babes Akte auf. Auf diese Weise gelingt es Ben Shipman, den Überblick darüber zu behalten, welcher seiner Mandanten ihm die größeren Verdauungsbeschwerden beschert, und dies bei der Rechnungsstellung entsprechend zu berücksichtigen.

Bis jetzt liegt Babe vorn.

Oder hinten, je nachdem, aus welcher Perspektive Babe die Höhe des Betrags von Ben Shipmans Rechnung betrachtet.

Während die Tinte auf der Scheidungsurkunde seines Partners noch nicht trocken ist, reicht Babe die Scheidung von Myrtle ein, reklamiert seelische Grausamkeit und behauptet, Myrtles Alkoholismus mache ihn zum Almosenempfänger.

Was folgt, ist eine Katastrophe.

KOMIKER DAHEIM NICHT WITZIG

EHEFRAU PRANGERT IN SCHEIDUNGSKLAGE ANGEBLICHE LASTER VON OLIVER HARDY AN

LOS ANGELES, 6. Juli

Ausgerechnet Oliver Hardy, der Filmkomiker mit den schweißnassen Ponyfransen, führt auch zu Hause seine Slapsticks auf – aber keineswegs in Slapstick-Manier, wie seine Ehefrau in einer Widerklage gegen das Scheidungsbegehren des Schauspielers bei Gericht vorbringt.

In ihrem gestern eingereichten Schriftsatz heißt es, Oliver habe an einem Tag nicht weniger als $ 30 000 bei Pferdewetten im mexikanischen Grenzort Agua Caliente verloren und sei eines Abends zu Hause mit einem Freund aufgetaucht, beide mit Schrotflinten in Händen, um nach einer Handgreiflichkeit, deren

Opfer seine Schwägerin war, abzuwarten, bis sich die Situation beruhigt hatte.
Mrs. Hardy beantragt die Scheidung und monatlich $ 1400 Unterhalt, dazu $ 4000 für Anwaltskosten. Sie gab einen Einblick in die Einkommensverhältnisse des Komikers, indem sie behauptete, dass seine monatlichen Einkünfte mehr als $ 38 000 betrügen. Ihr gemeinsames Vermögen bezifferte sie auf $ 100 000.
Die – wie Mrs. Hardy eidesstattlich zu Protokoll gab – von Mr. Hardy misshandelte Schwägerin hat gegen ihn eine Schadensersatzklage in Höhe von $ 50 000 eingereicht.
In der Anschlussbeschwerde wird eine Blondine erwähnt, die offenbar im Auftrag von Mrs. Hardy von Privatermittlern beobachtet wurde, um herauszufinden, welche Rolle sie im Leben des Komikers spielte.

Babe versucht, sich der Aufmerksamkeit der Öffentlichkeit dadurch zu entziehen, dass er sich im Beverly Wilshire Hotel einquartiert. Er organisiert einen Wagen, um Babe abzuholen und ihn zum South Palm Drive zu bringen, wo Teddys Frau Betty Steaks und Kartoffeln zubereitet und Babe, sogar in seiner zutiefst miesen Stimmung, die Kinder unterhält. Nach dem Essen verlassen Teddy und seine Familie die Wohnung, um mit den Kindern zum Eisessen zu fahren, und lassen ihn mit Babe allein.

Hal hat mich angerufen, sagt Babe.

Derzeit arbeiten sie nicht gemeinsam im Studio. Er arbeitet noch immer am Skript für *Busy Bodies*, ihrem nächsten Film, und die Dreharbeiten dafür stehen erst in zehn Tagen an. *Busy Bodies*, hat er beschlossen, wird so gut wie gar keinen Plot haben. *Busy Bodies* wird eine Abfolge von Gags sein, weil dies genau das ist, was er jetzt braucht.

– Was hat Hal gesagt?

– Hal sagt, eine Frau, die eins auf die Glocke kriegt, sei nur im Film lustig, und sogar da war sich Hal nicht sicher.

– Und: Hast du Myrtles Schwester geschlagen?

– Es war ein Versehen. Ich wollte mit Myrtle reden, und Mary war da. Sie sagte, sie würde mich nur zu Myrtle lassen, wenn sie selbst mit dabei ist, also habe ich ihr gesagt, dass es sich bei dem, was ich meiner Frau zu sagen habe, um eine Privatangelegenheit handelt. Als Nächstes weiß ich nur, dass Mary direkt vor meinem Gesicht mit irgendwelchen Papieren herumgefuchtelt hat, also habe ich sie ihr abgenommen und mit ihnen zurückgefuchtelt, bloß dass ihr Gesicht nicht so weit von meiner Faust entfernt war, wie ich dachte, und so hat sie direkt eins auf die Nase gekriegt.

Babe schlürft seinen Kaffee. Babe ist nicht in der entsprechenden geistigen Verfassung, um etwas Stärkeres zu trinken, ohne dass dies Konsequenzen hätte. Jedenfalls hat Ben Shipman Babe den Rat gegeben, sich von Hochprozentigem fernzuhalten für den Fall, dass Babe es sich in den Kopf setzen sollte, etwas Unsinniges zu machen, wie zum Beispiel zu versuchen, mit Myrtle und ihrer Schwester vernünftig reden zu wollen, und am Ende noch jemand anderem eins auf die Nase gibt.

Ich habe nie zuvor in meinem Leben eine Frau geschlagen, sagt Babe. Doch sollte man mich deswegen verklagen, dann freut es mich sehr, dass es Myrtles Schwester ist.

– Hast du mit Viola gesprochen?

Unter den gegebenen Umständen hält er es für erlaubt, Viola Morse zu erwähnen, insbesondere, weil die Zeitungen bereits die Tatsache ihrer Existenz vermelden, wenn auch nicht ihren Namen.

– Sie macht sich Sorgen. Ich möchte nicht, dass ihr Ruf unter der Sache leidet. Auch Ben macht sich Sorgen. Ben möchte keinen Skandal. Es wird weh tun, wenn es um die Unterhaltszahlung geht.

Die Erwähnung des Wortes «Skandal» führt bei ihm dazu, dass er sich in seinem Sessel verspannt. Es ist nicht nur Viola Morses Ruf, der hier auf dem Spiel steht. Das Publikum will als seine Helden der Komik keine Männer haben, die als Ehebrecher und Frauenverprügler gebrandmarkt sind. Sogar Chaplins Image hat durch die Anschuldigungen gelitten, die Lita Grey während des Scheidungsprozesses gegen ihn erhoben hat, und Chaplin ist der größte Star der Welt. Niemand ist unverwundbar.

Und weder Babe noch Ben Shipman wissen, was die ganze Zeit über in seinem eigenen Privatleben vor sich geht. Er hofft, seine Aktivitäten bis zum endgültigen Abschluss seines Scheidungsverfahrens mehr oder weniger geheim halten zu können, doch weiß er, dass er wahrscheinlich Ben Shipman in dem Moment reinen Wein einschenken muss, in dem Reporter herumzuschnüffeln beginnen – Reporter beziehungsweise, schlimmer noch, weil man die Art und Weise in Betracht ziehen muss, in der Myrtle die Wahrheit über Viola Morse herausgefunden hat: die namenlosen Detektive, die in Myrtles Auftrag spionieren. Sollte sich Lois der gleichen Methode bedienen und Privatermittler anheuern, dann könnten sich seine Probleme sehr rasch vervielfachen.

Und mit dir und Lois ist es definitiv aus?, fragt Babe.

– So ist es.

– Lustig, dass wir bei der Geschichte im gleichen Boot sitzen.

Wenn es schon sein muss, sagt er, dann möchte ich es nur so und nicht anders haben.

112

Keine Versöhnung und keine Hoffnung auf eine solche.

Er sagt das allen, die fragen. Er sagt es Hal Roach in Hal Roachs Büro, die Füße auf dem Kopf des toten Bären. Er sagt es Freunden und der Familie. Er sagt es sogar Henry Ginsberg, der verstörende Anzeichen von Menschlichkeit an den Tag zu legen scheint, obgleich Henry Ginsberg vielleicht gerade nur den potenziellen Schaden für das finanzielle Engagement der Bank of America einzuschätzen versucht, der durch die Ehequerelen der zwei größten Stars des Studios verursacht wird, und bereits überlegt, ob man sie dazu benutzen könnte, eine Gehaltskürzung zu rechtfertigen.

Keine Versöhnung und keine Hoffnung auf eine solche.

Am 3. August 1933 gibt es eine Verlautbarung, dass er und Lois sich wieder versöhnen.

Und dass Babe und Myrtle sich gleichfalls wieder versöhnen.

Woraufhin Ben Shipman ihn ins Büro bestellt.

Er sitzt in Ben Shipmans Büro und bemerkt, dass Ben Shipmans Haar grau zu werden beginnt. Er beschließt, sich einen diesbezüglichen Kommentar zu verkneifen, aus Sorge, dass sich Ben Shipman dann bemüßigt fühlen könnte, die Ursache dieser frühzeitigen Ergrauung darzulegen und diese bei der Rechnungsstellung zu berücksichtigen.

Er erzählt Ben Shipman, dass Lois sich ihm aufgedrängt habe, als er seine Tochter abholen wollte. Sie hätten sich hingesetzt. Sie hätten sich unterhalten. Sie hätten etwas getrunken. Sie seien höflich miteinander umgegangen, was ja immerhin schon etwas sei.

Und jetzt ziehst du wieder bei ihr ein?, fragt Ben Shipman. Was war in dem Drink – Laudanum?

– Ich ziehe nicht wieder bei ihr ein.

Ben Shipman denkt, es könnte nötig werden, bei Bromo-Seltzer anzurufen und sie zu bitten, größere Flaschen abzufüllen.

– Aber hier in der Zeitung steht es doch.

Er hat die Zeitung noch nicht zu Gesicht bekommen. Er nimmt die von Ben Shipman und liest den Artikel. Darin ist die Rede von Friedenstauben und seiner Tochter, die maßgeblich daran beteiligt sei, Lois und ihn zurück auf den Weg vormaligen Glücks zu führen. Noch ein wenig süßlicher, und man könnte Sirup daraus machen.

Das riecht verdächtig nach Hal Roach.

– Ich habe so was nie gesagt.

– Du hast also keinerlei Andeutungen gemacht, dass auch Babe und seine Frau wieder zusammenkommen?

Auch das steht in dem Artikel. Hal Roach trägt so dick auf, weil Hal Roach die Aktivposten seines Unternehmens absichern möchte. Die Tatsache, dass seine zwei größten Stars zeitgleich in schmutzige Scheidungsprozesse verwickelt sind, bereitet ihm wahrscheinlich schlaflose Nächte.

– Falls sie das tun, so hat Babe mir nichts davon gesagt. Du weißt doch, wie sie sind. Sie leben ihr Leben gern hinter verschlossenen Türen. Ich könnte mir vorstellen, dass sie sich gerade wieder versöhnen und dass Babe und Myrtle noch immer die Details ausarbeiten.

Aber, sagt Ben Shipman, ich arbeite gerade mit David Cannon die Details der Vermögensaufteilung für ihre Scheidung aus.

David Cannon ist Myrtles Anwalt. David Cannon ist vermutlich auch der Anwalt von Myrtles Schwester. Zwar kennt er David Cannon nicht, doch gehört ihm sein Mitgefühl.

Wie, fährt Ben Shipman fort, sollen wir beide die Scheidungen für Leute vorbereiten, die nicht geschieden werden wollen?

– Hör zu, ich will geschieden werden. Für Babe und Myrtle kann ich nicht sprechen. Vielleicht fragst du die mal selbst.

– Das würde ich ja gern, wenn ich sie finden könnte. Babe hat im Beverly Wilshire ausgecheckt, und im Haus meldet sich keiner.

Ben Shipman lehnt sich zurück und grübelt. Für Ben Shipman ist es ein Rätsel, wie zwei dem Anschein nach vernünftige Männer ein derartig vertracktes Privatleben führen können, insbesondere dieser hier, der in jeder anderen Hinsicht ein so pedantischer und gut organisierter Mensch zu sein scheint. Das einzig Positive aus Ben Shipmans Sicht ist, dass die privaten Probleme seiner Mandanten zu einer Zeit an die Öffentlichkeit gelangen, in der in Hollywood Ehezwistigkeiten an der Tagesordnung sind.

Douglas Fairbanks verlässt Mary Pickford.

Douglas Fairbanks junior lässt sich von Joan Crawford scheiden.

Lottie Pickford, Marys Schwester, lässt sich von Russel Gillard scheiden.

Mae Murray lässt sich von Prinz Dave Mdivani scheiden, der behauptet, der Sohn eines georgischen Zaren zu sein, obwohl es keine georgischen Zaren gibt, weshalb es nun heißt, dass Prinz Dave Mdivani ein Betrüger sei und Mae Murray jetzt völlig mittellos dastehe. Indessen wird Prinz Serge Mdivani, Prinz Daves Bruder, von der Opernsängerin Mary McCormick auf Unterhalt verklagt. Prinz Serge Mdivani war zuvor mit Pola Negri verheiratet, hat Pola Negri aber wie einen faulen Apfel fallen lassen, nachdem diese ihr Geld beim Börsenkrach verloren hatte, woraufhin er Mary McCormick geheiratet und begonnen hat, stattdessen deren Geld auszugeben. Ein dritter Mdivani-Bruder, Prinz Alexis, umwirbt derzeit die Woolworth-Erbin Barbara Hutton und umkreist sie wie ein Hai.

Die zahlreichen Eheschließungen und Scheidungen der Mdivanis führen dazu, dass man sie als die «Marrying Mdivanis» kennt.

Eleanor Boardman lässt sich von King Vidor scheiden.

Janet Gaynor lässt sich von Lydell Peck scheiden.

Maurice Chevalier lässt sich von Yvonne Vallée scheiden.

Alice Joyce lässt sich von James B. Regan scheiden.

Lola Lane lässt sich von Lew Ayers scheiden.

Marian Nixon lässt sich von Edward Hillman junior scheiden.

Chester Conklin lässt sich von Minnie Conklin scheiden.

Und das ist noch nicht einmal die Hälfte von allen. Scheidungsanwälte haben in Hollywood 1933 Hochkonjunktur.

Wenn es Ben Shipmans Mandanten fertigbringen, keinen weiteren Frauen eins auf die Nase zu geben oder irgendwelche Versöhnungen vorzuschwindeln, sondern sich still und leise damit zu befassen, ihre jeweiligen Ehepartner loszuwerden, dann könnten sie unter Umständen mit unbeschädigtem Ruf aus dem Schlamassel herauskommen.

Ich weiß, dass du das alles hinbekommst, sagt er Ben Shipman.

– Ich bewundere deinen Optimismus. In der Zwischenzeit schaust du bitte unglücklich drein, besonders in Anwesenheit von Reportern. Je unglücklicher du aussiehst, desto weniger Alimente wirst du zahlen müssen. Und halte dich von Frauen fern. Ich möchte noch nicht mal ein Foto sehen, wie du einer Nonne über die Straße hilfst.

113

Er geht gern angeln. Er ist schon immer angeln gegangen, seit seiner Kindheit. Er empfindet dabei so etwas wie Frieden.

Es ist Hal Roach, der vorschlägt, ob er nicht seine Probleme eine Zeitlang ruhen lassen und zum Angeln gehen möchte.

– Das wird dir guttun. Bill Seiter hat ein Boot. Ihr beide solltet euch kennenlernen.

Bill Seiter soll bei ihrem nächsten Film: *Sons of the Desert*, Regie führen. Er hat noch nicht mit Bill Seiter gearbeitet, also fragt er herum. Bill Seiter hat den Ruf, nicht lächeln zu können. Irgendjemand vermutet einen angeborenen Defekt. Bill Seiter stellt auch Filme früher und mit geringeren Kosten als veranschlagt fertig, was erklären könnte, weshalb ihm Henry Ginsberg die Regie von *Sons of the Desert* übertragen hat. Bill Seiter stellt Filme früher und mit geringeren Kosten als veranschlagt fertig, weil Bill Seiter nie vom Skript abweicht. Bill Seiter misstraut jeglicher Improvisation.

Es könnte, wie Hal Roach vorschlägt, klug sein, Bill Seiter zu bearbeiten.

Bill Seiter besitzt eine Yacht, die *Victoria*, die Bill Seiter gekauft hat, um seine Frau zu beeindrucken, die Schauspielerin Laura La Plante, die ein großer Star bei Universal war, sich aber jetzt auf dem absteigenden Ast befindet. Laura La Plante fickt aktuell den Warner-Brothers-Geschäftsführer Irving Asher, weshalb Bill Seiter bald mit einer Yacht, aber ohne Ehefrau dastehen wird. Allerdings findet Bill Seiter Balsam für sein blutendes Herz darin, dass er Marian Nixon fickt, ebenjene Marian Nixon, die gerade dabei ist, sich ihres zweiten Ehemanns, Edward Hillman junior, zu entledigen.

Er zieht in Erwägung, Ben Shipman Bill Seiter vorzustellen,

vielleicht auch Marian Nixon, einfach des Geldes wegen, entscheidet aber, dass dies eventuell nicht gut für Ben Shipmans Verdauung sein könnte.

Er und Bill Seiter brechen zu einem Wochenendurlaub nach Catalina Island auf.

Weißt du, erklärt er Bill Seiter, bei unseren Filmen ist das Skript eine Art Leitfaden, aber es ist nicht in Stein gemeißelt. Babe und ich entwickeln auch gern Gags während der Arbeit. Wenn wir am Set neue Ideen haben, dann probieren wir gleich aus, ob sie funktionieren. Tun sie das, kommen sie in den Film.

– Ich halte mich lieber ans Skript. Ich denke, ein Skript ist wichtig.

– Selbstverständlich. Aber wenn dieser Film gut läuft und mir die Arbeit mit dir gefällt, dann könnten wir zukünftig noch mehr Filme zusammen machen.

Bill Seiter wird demnächst geschieden werden. Scheidungen sind teuer.

Bill Seiter kapiert.

Es ist immer gut, sagt Bill Seiter, neue Dinge auszuprobieren.

Trotz Ben Shipmans Rat hat er nicht vor, auf Catalina Island ein mönchisches Dasein zu fristen. Kein Mensch fährt übers Wochenende nach Catalina Island, um ein erbauliches Buch zu lesen. Man fährt nach Catalina Island, um zu trinken und zu ficken.

Er und Bill Seiter erspähen zwei Frauen an Deck der *Avalon*, der Fähre aus Wilmington. Während sie festmacht, warten er und Bill Seiter schon auf die Frauen. Sie laden sie zum Lunch auf die *Victoria* ein, die Frauen nehmen an, und zwei Stunden verstreichen einigermaßen unterhaltsam. Die Frauen heißen Gladys und Virginia, wie sie erfahren, obgleich Virginia lieber

Ruth genannt werden möchte. Bill Seiter bemüht sich um Gladys, und er bemüht sich um Ruth, doch weder die eine noch die andere geht darauf ein, noch nicht einmal, als die Frauen seine Identität herausfinden. Bill Seiter bemüht sich anschließend ebenfalls um Ruth, was ihm missfällt. Ruth missfällt es auch, und sie lässt es Bill Seiter merken.

Bill Seiter meckert auf dem ganzen Rückweg nach Los Angeles.

Da haben wir doch glatt die einzigen zwei Jungfrauen auf Catalina Island gefunden, sagt Bill Seiter.

Bill Seiter ist es nicht gelungen, Gladys ins Bett zu kriegen. Noch schlimmer: Er hat noch nicht einmal ihren Nachnamen herausbekommen.

Er hingegen weiß genau, wo er Virginia Ruth Rogers finden kann.

114

Die Dreharbeiten zu *Sons of the Desert* beginnen. Bill Seiter leistet bei dem Film gute Arbeit – keine so gute, dass er Hal Roach anflehen wird, Bill Seiter erneut zu engagieren, aber doch ziemlich gute.

Während des Drehs gibt Babe eine Meldung heraus, die seine Wiederversöhnung mit Myrtle bekanntgibt:

Wir fangen noch einmal von vorne an, weil uns beiden bewusst geworden ist, dass jeder seinen gerechten Anteil an Verantwortung für die Missverständnisse der Vergangenheit auf sich nehmen muss, mit der erklärten Entschlossenheit, unser neu gefundenes Glück zu pflegen und zu bewahren.

Der Rest der Verlautbarung liest sich genauso. Er muss den Text dreimal durchgehen, um ihn zu verstehen.

Du hast das nicht geschrieben, sagt er zu Babe.

– Ben hat das für mich zusammengezimmert.

Ein Sonettdichter, denkt er, wird Ben Shipman nie.

– Was ist mit Mary und dem Schlag auf die Nase?

– Alles Schnee von gestern.

Babe spielt mit seinem Fes.

Du wirst wahrscheinlich denken, ich spinne, sagt Babe.

– Ich denke nichts dergleichen.

– Ich liebe Myrtle. Du hast sie ja erlebt, wenn sie nicht trinkt. Dann ist sie eine andere Frau. Ich kann sie nicht im Stich lassen. Das wäre nicht anständig.

– Wo ist Myrtle jetzt?

– In Rosemead.

Zurück im Sanatorium. Zur Trockenlegung.

Babe hat also Folgendes beschlossen: Er wird nur nominell der in einer Ehe gefangene Gatte sein, in der er der Aufpasser einer Alkoholikerin ist, und durch diese selbstauferlegte Marter wird er Buße tun, weil er Myrtle mit anderen Frauen betrogen hat.

Viola Morse ist ihm während des Scheidungsverfahrens abhandengekommen. Sie und Babe haben sich vorübergehend entfremdet. Babe hat Viola Morse durch Lillian DeBorba ersetzt, die Mutter von Dorothy DeBorba, einem Kinderstar aus *Die kleinen Strolche*. Dorothy DeBorba kann aufs Stichwort weinen, was sie bei Hal Roach beliebt macht, der jeden Schauspieler bewundert, der auf Kommando liefert, besonders wenn der Schauspieler für wenig Geld arbeitet. Babe hat es fertigbekommen, Lillian DeBorba eine Statistenrolle in *Sons of the Desert* zu sichern, womit die beiden eine Ausrede haben, wenn sie zusammen gesehen werden.

Er geht inzwischen mit Ruth. Er besucht sie kurz nach der Rückkehr von Catalina Island in ihrer Boutique, kauft ein paar Krawatten und bittet sie um ein Rendezvous. Erst als es ihm gelingt, sie zu überzeugen, dass seine Scheidung unmittelbar bevorsteht – wobei er nicht der erste Mann ist, der so etwas behauptet, um eine Frau ins Bett zu kriegen, weshalb dieser Überredungsprozess einige Zeit in Anspruch nimmt –, willigt Ruth in eine Verabredung ein.

Genau wie Babe mit Lillian DeBorba, bringt er es fertig, Ruth eine Statistenrolle in *Sons of the Desert* zu sichern, womit die beiden eine Ausrede haben, wenn sie zusammen gesehen werden.

Er weiß von Lillian DeBorba, und Babe weiß von Ruth.

Sonst aber niemand.

Er ist wieder in Ben Shipmans Büro. Es ist der 9. Oktober. Es ist die letzte Besprechung für die mündliche Scheidungsverhandlung, die am darauffolgenden Tag stattfindet. Er ist sich nicht völlig sicher, warum seine Anwesenheit im Büro erforderlich ist. Er und Ben Shipman hätten noch offene Fragen auch telefonisch klären können.

Ben Shipman ist ein Mann der leisen Töne. Gegnerische Anwälte müssen sich oft vorbeugen, um zu hören, was Ben Shipman gerade sagt, was genau der Moment ist, in denen ihnen Ben Shipman einen unerwarteten Schlag versetzt.

So wie es Ben Shipman gleich mit ihm tut.

Wer genau, fragt Ben Shipman, ist Ruth Rogers?

115

Alle Zeitungen berichten ähnlich über die mündliche Scheidungsverhandlung und variieren letztlich nur den alten Spruch, der auch Babe auf unbehagliche Weise vertraut ist, wonach das Zusammenleben mit einem Komiker alles andere als lustig ist. Lois beschuldigt ihn wiederholter Phasen längerer Abwesenheit von zu Hause sowie der Weigerung, ihr nach der Rückkehr zu sagen, wo er gewesen sei; doch dies ist mehr oder weniger das Gravierendste, was sie gegen ihn vorzubringen hat. Es hätte, wie ihm Ben Shipman erklärt, viel schlimmer kommen können, besonders wenn irgendjemand dahintergekommen wäre, dass seine neue Freundin, die noch nicht einmal eine Schauspielerin ist, in seinem neuesten Film mitarbeitet. Am Vortag hat ihm Ben Shipman nachdrücklich dargelegt, wie unglaublich dumm es von ihm gewesen sei, einen so öffentlichen Umgang mit Ruth zu pflegen.

Noch nie ist er so leise angebrüllt worden.

Der Richter spricht das Urteil und verfügt die Scheidung. Es gibt keinen Grund, warum der Richter es nicht tun sollte. Schließlich bestreitet er nichts. Im Gegenteil habe er, wie Lois vor Gericht wiederholt, ihr vor kurzem gesagt, dass sie sich – nach seinem Geschmack – gar nicht schnell genug scheiden lassen könne, was der Wahrheit entspricht. Er bereut es jetzt. Als Privatmann hätte er sich gewünscht, dass man all diese im Zorn gesprochenen Worte dem Richter in einem weniger öffentlichen Forum hätte vortragen können, doch das Gesetz verlangt es auf diese Weise.

Es ist ein Ritual.

Es ist ein Theaterstück.

Lois bekommt das Haus und das Sorgerecht für die gemeinsame Tochter. Bezüglich der Unterhaltszahlungen wird noch ein wenig gefeilscht werden müssen, aber Ben Shipman warnt ihn, er dürfe sich nicht zu viel Milde erhoffen.

Das wäre also geschafft, sagt Ben Shipman. Du hast bekommen, was du wolltest. Ich würde vorschlagen, dass du jetzt nicht sofort mit deiner neuen Freundin durch die Stadt stolzierst, aber wann hast du schon jemals auf etwas gehört, das ich gesagt habe?

Sie nehmen einen Drink in Ben Shipmans Büro. Es ist später Nachmittag. Das Gebäude ist ruhig, abgesehen von einem leisen, übelkeiterregenden Summen, dessen Ursprung er nicht ausmachen kann, der aber, wie er befürchtet, in seinem eigenen Kopf liegen könnte.

Wie fühlst du dich?, fragt Ben Shipman.

– Was immer es ist, es ist nicht das, was ich gedacht habe, das ich fühlen würde.

– Hast du vielleicht Erleichterung erwartet?

– Ja.

– Dann will ich dir mal was sagen. Du und Babe Hardy, ihr seid liebenswerte Menschen. Ich mag euch beide, wirklich. Babes Probleme sind anders gelagert als deine, und mehr werde ich darüber nicht sagen. Du weißt wahrscheinlich genauso viel wie ich über Babes Privatleben, aber ich bin noch immer sein Anwalt, und ich werde seine Schwierigkeiten ebenso wenig mit dir diskutieren, wie ich deine mit ihm diskutieren würde.

Du aber, du hattest keine schreckliche Ehe. Lois war keine schlechte Frau, und du bist kein schlechter Mann. Ihr beide habt eine süße Tochter. Was mit eurem Sohn geschah, das war ein Unglück – ein schlimmes, das schlimmstmögliche –, aber das brauche ich dir nicht zu erzählen.

Also: Niemand wurde verprügelt. Niemand wurde um sein

Geld betrogen. Niemand hat getrunken. Niemand war süchtig. Zwei Menschen sind sich begegnet, sie haben sich gut verstanden, sie haben sich verliebt, sie haben sich nicht mehr verstanden, sie haben sich getrennt. Du bist nicht ohne Fehl und Tadel – du kennst selbst deine Schwächen, und ich werde sie dir jetzt nicht einzeln aufzählen, obgleich, weiß Gott, Frauen nicht sehr weit unten auf der Liste stehen –, aber auch Lois war nicht ohne jeden Fehler.

Was ich zu erklären versuche, ist, dass es keinen Grund für dich gibt, erleichtert zu sein, nicht in diesem Augenblick. Die Erleichterung kommt vielleicht später, wenn du es noch einmal probieren möchtest und dir keine Hinderungsgründe im Weg stehen. Aber für jetzt ist es ganz okay, etwas anderes zu spüren. Es ist okay, traurig zu sein, und vielleicht solltest du dich auch traurig fühlen. Eigentlich würde ich auch gar nichts anderes von dir erwarten.

Geh heim. Schlaf dich aus. Morgen ist es besser, und übermorgen noch besser. Ich rufe dich an, wenn es etwas Neues gibt, oder du kannst mich anrufen, wenn du reden möchtest. Ich werde dir dafür auch kein Stundenhonorar berechnen.

Aber er hat kein Heim, nicht mehr, also geht er zurück zum South Palm Drive. In einem Schlafzimmer, das nicht sein eigenes ist, starrt er auf die Scheidungspapiere. Als er damit begonnen hatte, sich regelmäßig mit Ruth zu treffen, hatte er versprochen, ihr die Dokumente als Bestätigung zu bringen, dass er ernsthafte Absichten habe. Über dieses Stadium sind sie bereits hinaus, aber irgendwann wird er sie ihr trotzdem zeigen.

Aber noch nicht gleich.

Aber nicht jetzt sofort.

Er beginnt zu weinen. Er weint um den Tod einer Ehe und um

den Tod eines Kindes. Er legt sich ins Bett, zieht sich die Decke über den Kopf und bleibt so liegen, während das Tageslicht schwindet. Er isst nichts und schläft schließlich ein.

Ben Shipman hat gelogen. Der nächste Tag ist nicht besser.

Aber der übernächste.

116

Im Oceana Apartment Hotel bewahrt er in seinem Schreibtisch einen Brief an Lois Neilson auf, seine Exfrau, einen Brief, den er schreibt und wieder umschreibt, aber nie abschickt. Er und Lois sehen sich noch gelegentlich, der gemeinsamen Tochter wegen. Für beide sind zu viele Jahre vergangen, als dass sie noch böse aufeinander wären.

Er kann nicht sagen, warum der Brief unvollendet bleibt und deshalb nicht abgeschickt wird. Es ist möglich, dass Lois bereits alles weiß, was er enthält. Falls das so sein sollte, dann schreibt er nicht für sie, sondern für sich selbst. Dann ist es ein fortlaufendes Gespräch mit seinem Kummer.

Der Inhalt des Briefes bleibt, in all seinen Formen, der gleiche. Nur die Wörter sind andere. Der Brief sagt Lois, dass er voller Zuneigung an sie denkt. Er sagt ihr, dass kein Tag verstreicht ohne einen Gedanken an ihren gemeinsamen Sohn. Er sagt ihr, dass er sich viele unterschiedliche Lebenslinien für ihr verlorenes Kind vorgestellt hat, dass der Junge aber in jeder einzelnen glücklich sei.

Er sagt ihr, dass es ihm leidtue.

117

Die Publicityabteilung der Hal-Roach-Studios sammelt Zeitungsausschnitte über jeden ihrer Stars. Die Babe und ihm gewidmeten Ordner sind umfangreicher als der Rest, und die Sekretärinnen geraten beim Ausschneiden der Artikel gelegentlich in Rückstand.

Die Studios schließen für die Dauer der Urlaubssaison, doch er will sich ein paar Notizen holen, die er braucht, und schaut deshalb bei der Publicityabteilung vorbei, um die aktuellen Kritiken zu *Busy Bodies* durchzusehen, der in der Woche seiner Scheidung in die Kinos kam. Er ist stolz auf den Film. Bliebe er sich selbst überlassen, würde er mit dem größten Vergnügen für den Rest seiner Karriere solche Zweiakter machen, auch wenn er weiß, dass Babes Erinnerungen an *Busy Bodies* weniger liebevoll sind. Die Dreharbeiten waren für alle Beteiligten körperlich anstrengend, besonders aber für Babe, der sich die Bänder in der linken Schulter so schlimm reißt, dass sein Golfspiel dadurch erheblich beeinträchtigt wird, was bei Babe für schlechte Laune sorgt.

Er setzt sich hin und schlägt den neusten Ordner auf. Dessen Inhalt bezieht sich nicht nur auf seine Filme; auch seine Scheidung wird an prominenter Stelle abgehandelt. Die Publicityabteilung archiviert alle Artikel, positive wie negative, und sogar in den obskursten Blättern werden ganze Seiten dem Klatsch aus Hollywood gewidmet. Wenn es keine Scheidungen gibt, um die Spalten zu füllen, oder keine neuen Filme zu rezensieren, dann nimmt die Presse alles, was man ihr anbietet. Aus der *Meramec Valley Transcript* aus Pacific, Missouri, erfährt er, dass Dolores Del Rio einen ultramodernen Hundezwinger für ihren Hund Mitchell errichtet hat, einschließlich Badewanne, Heißluftdusche und Ankleidekabine. Miriam Hopkins bestellt sich immer Chopsuey, wenn sie es auf einer Speisekarte findet. James Cagney trinkt nicht, raucht nicht und empfängt keine ungebetenen Gäste in seinem Haus. Alle oder keine dieser Behauptungen können wahr sein. Es reicht aus, wenn irgendjemand in einer Publicityabteilung – beispielsweise so einer wie dieser – behauptet hat, dass sie wahr sind, und selbst das könnte strittig sein. Er hat nicht vergessen, dass Hal Roach eine Erklärung abgesegnet hat, die seine Versöhnung mit Lois bekanntgab, obgleich Hal Roach konsequent jegliche Mittäterschaft abstreitet.

Für größere Bedenken sorgt bei vielen in Hollywood die Entscheidung von Präsident Roosevelt, eine Untersuchung der Gagen und Gehälter bei Schauspielern und Schauspielerinnen anzuordnen, angesichts der Tatsache, dass so viele Bürger des Landes arbeitslos sind und ums Überleben kämpfen. Neben einem Bericht über seinen Scheidungsprozess findet er in der *Daily Republican* von Monongahela, Pennsylvania, einen UP-Artikel, in dem die geschätzten Einkommen von Stars aufgelistet sind. Diese Liste ist länger als einige der anderen, die er gesehen hat, und erstreckt sich über zwei Seiten.

Janet Gaynor erhält 100 000 Dollar pro Film, bei drei Filmen jährlich.

Will Rogers erhält 150 000 Dollar pro Film, bei zwei Filmen jährlich.

Maurice Chevalier erhält 150 000 Dollar pro Film, bei zwei Filmen jährlich.

Mae West soll 500 000 Dollar nur für *I'm No Angel* erhalten.

Sogar das Baby LeRoy, das ein Jahr alt ist, erhält 2500 Dollar für eine Woche Arbeit in *A Bedtime Story*. Zwar ist er kein Mathematiker, aber wenn er die Wochengage aufs Jahr umrechnet, bekommt das Baby LeRoy mehr als er.

Die von Ben Shipman ausgehandelte Unterhaltsvereinbarung trifft ihn mit seinem vergleichsweise begrenzten Einkommen umso härter. Er ist zwar gewarnt worden, sich vom Gericht keine allzu guten Nachrichten zu erhoffen, aber dennoch ist der Urteilsspruch wie ein Schock für ihn: Zusätzlich zum Verlust seines Hauses muss er im ersten Jahr auch noch die Hälfte seines Gehalts an Lois abtreten, danach werden die Zahlungen reduziert. Die Hälfte seines Gehalts ist eine Menge Geld. Vielleicht, denkt er, sollte er einfach die Mutter des Babys LeRoy heiraten und vom Geld des Kindes leben.

Er kocht noch immer vor Wut, als man ihm ausrichtet, dass Hal Roach ihn sehen möchte. Er hat gar nicht mitbekommen, dass Hal Roach auf dem Gelände ist. In letzter Zeit scheint Hal Roach hauptsächlich damit beschäftigt zu sein, sein Flugzeug zu fliegen und Tiere zu töten, die nicht schnell genug laufen können, um Hal Roachs Gewehr zu entkommen.

Damit ist Hal Roach beschäftigt und – so scheint es – mit dem Versuch, die Karriere seines Stars zu hintertreiben.

118

Er kommt jetzt nicht mehr so gut mit Hal Roach aus wie zuvor. Ihr Verhältnis hat gelitten, seit er und Babe von ihrer Europareise zurückgekehrt sind und herausgefunden haben, dass die Unternehmensleitung – für ihn stets personifiziert durch Henry Ginsberg, der für Hal Roach die Drecksarbeit verrichtet – für die Dauer der Reise ihre Verträge und ihre Gehälter ausgesetzt hat. Später erfährt er, dass Hal Roach während der Kontroverse an MGM geschrieben und auf ein mögliches Auseinanderbrechen der Partnerschaft hingewiesen hat, woraufhin Felix E. Feist von MGM Hal Roach informiert hat, dass dies inakzeptabel sei und alles Nötige unternommen werden müsse, um das Team zusammenzuhalten.

Wobei alles Nötige bedeutet: alles, außer ihnen ihr Geld zurückzugeben.

Hal Roach bietet ihm keinen Drink an. Ihm macht das nichts aus. Er hat die ganze Zeit außerhalb des Studios genug getrunken, und an diesem Morgen ist sein Kopf sowieso noch benebelt. Seit seiner Scheidung ist sein Kopf morgens meistens benebelt. Eigentlich könnte sein Kopf sogar noch benebelter sein, aber Henry Ginsberg hat Richard Currier gefeuert, der ihm früher den guten Hochprozentigen in seine Garderobe zu liefern pflegte. Wenigstens ist jetzt die Prohibition zu Ende, sodass der Nachschub kein Problem mehr darstellt.

Der Konsum ist das Problem.

Bald ist Weihnachten, sein erstes ohne seine Tochter. Er weiß nicht, wie er das verkraften soll. Und gestern war Teddys Beerdigung. Teddy wurde im Forest Lawn Memorial Park begraben.

Lachgas. Der Bruder eines Komikers stirbt ausgerechnet an Lachgas.

Hal Roach spricht sein Beileid zu Teddys Tod aus.

Danke, erwidert er.

Hal Roach hat aus Respekt für seinen Verlust die Dreharbeiten für *Oliver the Eighth* ausgesetzt. Sie werden im Januar weitermachen. Bei aller Frostigkeit zwischen ihnen ist Hal Roach im Grunde doch ein anständiger Mensch.

Hal Roach mag auch Lois, seine Exfrau: nicht sexuell (obwohl: Wer weiß das schon?), sondern auf eine onkelhafte Weise. Hal Roach hält ihn für einen Dummkopf, weil er Lois verlassen hat. Hal Roach könnte da recht haben, denn auch er beginnt das zu denken, aber das wird Hal Roach nicht aus seinem Munde hören.

Wir müssen die Angebotsliste fürs nächste Jahr festlegen, sagt Hal Roach.

– Ich habe Mr. Ginsberg ein paar Ideen geschickt.

– Mr. Ginsberg hat mich informiert. Leider sind das alles Zweiakter, was du vorschlägst.

– Das ist doch genau das, was wir produzieren. Du hast dein Studio mit Zweiaktern aufgebaut. Wir sind Stars wegen der Zweiakter geworden.

– Ihr habt *Pardon Us* gemacht, und das war ein Spielfilm. Ihr habt *The Devil's Brother* gemacht, und auch das war ein Spielfilm. Ihr seid gerade mit *Sons of the Desert* fertig geworden, und der ist einfach großartig, vielleicht einer der besten Filme, die du und Babe je auf die Beine gestellt habt. Die Previews überschlagen sich. Kurzfilme bringen kein Geld mehr. Wenn die Studios welche haben wollten, könnten sie selbst welche produzieren. Sie brauchen sie nicht mehr von uns zu kaufen. Kurzfilme sterben aus.

In seinem Besitz befindet sich das Original der Schriftrolle, die die Academy den Hal-Roach-Studios für *The Music Box* verliehen hat. Der Film hat keine Oscar-Statue erhalten, sondern nur die Schriftrolle, aber Hal Roach hat entschieden, dass er sie behalten soll, was eine nette Geste war. Es könnte aber auch so gewesen sein, dass Hal Roach den Platz, den sie vielleicht beansprucht hätte, für weitere tote Tiere braucht.

Ein Kurzfilm hat dir einen Oscar eingebracht, sagt er zu Hal Roach.

– Du hörst mir nicht zu. Das mag ja alles richtig sein, und *The Music Box* ist ein feiner Film, aber ich versuche dir gerade zu erklären, dass Kurzfilme mir keine Oscars mehr einbringen werden, und mit Kurzfilmen kann ich keine Gehälter zahlen. Ihr müsst anfangen, in Spielfilmdimensionen zu denken. Ich kann nicht die Produktion eines Kurzfilmpakets finanzieren und andere dafür bezahlen lassen. Schau, ich lege doch Kurzfilme nicht generell ad acta, aber wir alle müssen begreifen, dass deren Zeit abläuft. Ich werde zukünftig mindestens einen Spielfilm pro Jahr von euch brauchen. Und der erste ist der hier.

Hal Roach reicht ihm ein Skript – eher einen Entwurf. Es wird klar, dass es sich um etwas handelt, an dem Hal Roach persönlich gearbeitet hat, weil seine Fingerabdrücke überall zu finden sind, im wörtlichen wie im übertragenen Sinn. Der Titel lautet *Babes in Toyland*.

Ist das eine Oper?, fragt er Hal Roach.

– Eine Operette. Eine kleine Oper – etwas Komisches. Ich habe die Rechte von RKO gekauft, und MGM wird sich mit einer Million beteiligen, vielleicht mit eineinhalb, wenn wir einen Sänger für die männliche Hauptrolle bekommen. Obwohl der Film – selbstverständlich – deiner und Babes ist. Nimm das Skript mit. Lies es während der Feiertage. Wir reden weiter, wenn du zurück bist.

Er erhebt sich und rollt beim Aufstehen das Skript zusammen. Hal Roach schaut gequält drein, als ob Hal Roach nicht mit ansehen könnte, wie auf diese Weise mit seinem Werk umgegangen wird. Entweder das – oder Hal Roach fürchtet, dass er damit eins auf die Rübe bekommt.

Ich würde dir ja gern frohe Weihnachten wünschen, sagt Hal Roach, aber ich weiß nicht, ob das so passend ist nach allem, was du durchgemacht hast. Wo wirst du die Feiertage verbringen?

– In South Palm.

– Bei deiner Schwägerin?

– Nein, ich glaube nicht. Wir haben beschlossen, dass es das Beste ist, wenn sie und die Kinder in ihr eigenes Haus ziehen. Ich habe etwas für sie gefunden.

– Wie geht es ihr?

– Nicht gut.

Hal Roach steckt die Hände in die Taschen.

Er wartet.

– Hast du Kontakt zu Lois?, fragt Hal Roach.

– Nein.

Und du?, möchte er fragen, verzichtet aber darauf.

Es ist eine verdammte Schande, sagt Hal Roach. Sie ist ein so liebes Mädchen. Aber man weiß ja nie. Um diese Zeit des Jahres fangen ja viele immer an, über Familie und so nachzudenken. Dabei sieht man dann manches mit anderen Augen.

Er will das nicht hören, nicht von Hal Roach.

– Du könntest doch eine Pressemitteilung herausgeben lassen: Die Pfade des Glücks sind vielleicht inzwischen von totem Laub gesäubert.

Hal Roach steckt den Schlag ein und landet im Gegenzug selbst einen.

– Solltest du deine Freundin noch einmal in einem meiner

Filme unterbringen, dann haben du und ich ein ernsthaftes Problem miteinander.

Ende der Besprechung.

119

Die Weihnachtsfeiertage bescheren ihm nur eine beunruhigende und andauernde Vorahnung eines Zusammenbruchs, über die er nicht sprechen kann, auch nicht mit Babe. Er weiß, dass sich Babe Sorgen um ihn macht. Babe sieht ihn nicht gern in diesem Zustand. Babe hat bereits eine Trinkerin am Hals und kann keinen zweiten Alkoholiker gebrauchen; dennoch kümmert sich Babe wie eh und je um ihn. Babe war in den Tagen für ihn da, als die Scheidung durchkam, und Babe war für ihn da, als Teddy starb.

Aber Babe kann den Zerfall nicht verstehen, den er gerade durchmacht. Lois und seine Tochter haben seinem Leben Struktur gegeben. Genau wie in seinem Arbeitsumfeld braucht er auch im Privatleben Ordnung, und eine Störung im einen zieht unweigerlich eine weitere im anderen nach sich. Die Tatsache, dass er selbst zum größten Teil für das endgültige Scheitern seiner Ehe verantwortlich ist, ändert daran nichts. Es war diese – wie fragil auch immer sie gewesen sein mag – Stabilität seines Privatlebens, die ihn in die Lage versetzte, fremdzugehen: eine Symmetriespannung. Nur in seinen Filmen ist er bereit, Chaos walten zu lassen. In der Realität meidet er es, er lässt sich aber zur gleichen Zeit dazu verleiten, seinem Instinkt zu folgen, ganz so, wie am Set eines Films die Skripts, über denen er brütet, den Rahmen für spontane Einfälle abgeben können. Doch das eine kann nicht ohne das andere existieren: Um künstlerisch Disharmonien zu kreieren, ist er auf den Trost häuslicher Harmonie angewiesen.

So liegt also die Lösung für den durch die Scheidung hervorgerufenen tiefgreifenden Umbruch in seiner Welt darin, einen Weg zu finden, so schnell wie möglich wieder ein Gleichgewicht herzustellen. Da nun seine Schwägerin und ihre Kinder sicher andernorts untergebracht sind, versucht er Ruth zu überreden, aus dem Haus ihrer Eltern in Watts aus- und mit ihm in South Palm zusammenzuziehen. Ruth achtet allerdings auf Wahrung des Scheins. Seine Scheidung wird erst in einem Jahr abgeschlossen sein, und sie möchte nicht Anlass zu Klatsch und Tratsch geben.

Wir können nicht zusammenleben, erklärt ihm Ruth. Die Leute werden reden.

Mit anderen Worten: Ruth wird ihn ficken, aber sie wird nicht unter einem Dach mit ihm leben, jedenfalls nicht ohne zusätzliche Gesellschaft, die für den Anschein von Schicklichkeit sorgt. Und Ruth hat das Recht, so zu argumentieren. Sie führt ein eigenes Geschäft und muss aus diesem Grund auf ihren Ruf achten.

Es ist eine verfahrene Situation.

120

Er trifft sich mit Babe auf einen Drink im Cocoanut Grove. Die Stimmung im Grove ist ausgelassen, und bei dem Trubel ist es leicht für sie, sich unbemerkt in ein ruhiges Eckchen zu verziehen. Babe plant, mit Myrtle wegzufahren und Weihnachten in Palm Springs zu verbringen. Babe sagt, er könne gern mitkommen, aber er erklärt Babe, dass er lieber in der Stadt bleibt. Er diskutiert Fragen von Ordnung und Stabilität nicht mit Babe. Er teilt die Brüche in seinem Wesen nicht mit Babe. Sie reden über seine Besprechung mit Hal Roach und das Skript für *Babes in Toyland*. Babe hat ebenfalls eine Kopie erhalten.

Ich finde es nicht besonders gut, sagt er.

Im Gegensatz zu ihm bewundert Babe die ambitionierte Zielsetzung des Stücks und freut sich, dass es ein Musical ist. Wenn Babe bei den Filmen, die sie zusammen machen, etwas bedauert, dann, dass er so selten Gelegenheit hat zu singen.

Aber wieso?, fragt Babe.

– Ich finde es albern. Ich will mich nicht als Märchenfigur verkleiden.

– Du hast dich schon als etwas Schlimmeres verkleidet.

– Und das möchte ich nicht noch einmal machen.

Babe hakt nicht weiter nach. Babe erkennt, dass es sinnlos ist, mit ihm über Arbeit zu reden, wenn er so eine Laune hat. Er erzählt Babe nicht, was er zusätzlich befürchtet. Einen Zweiakter hat er unter Kontrolle; er kann Regisseuren seinen Willen aufzwingen. Doch je länger der Film, desto weniger Kontrolle kann er ausüben. *Babes in Toyland* wird dieses Problem vergrößern, weil Hal Roach vorschlägt, den Film sowohl mit eigenen Stars zu besetzen als auch mit von anderen Studios ausgeliehenen Schauspielern. Da bei dem Film eine Million Dollar oder mehr an MGM-Geld auf dem Spiel steht, wird *Babes in Toyland* viele Herren haben, und wenn er Glück hat, ist er einer von ihnen. Dies bedeutet Unordnung im Gewand von Ordnung. Dies bedeutet ein Getöse von Stimmen in einer Zeit privater Disharmonie.

Wie geht es Lillian?, fragt er.

Babe antwortet mit einem Schulterzucken. Lillian DeBorba dient als zeitweilige Erholungspause von Myrtle, aber mehr nicht. Die Beziehung kann nicht von Dauer sein, vor allem deswegen, weil Dorothy DeBorba nicht mehr zur Besetzung von *Die kleinen Strolche* gehört, weshalb ihre Mutter keinen Grund mehr hat, sich auf dem Studiogelände aufzuhalten. Nur weil Babe und Myrtle jetzt wieder zusammen sind, bedeutet das keineswegs, dass Reporter nicht neugierig wären, was die in Myrtles ursprünglicher Scheidungsklage erwähnte mysteriöse Blondine angeht und ob es vielleicht noch andere Frauen in Babes Leben gibt.

Ich möchte, dass Ruth zu mir zieht, sagt er zu Babe.

– Kommt ein bisschen plötzlich, oder?

– Mir fällt es schwer, allein zu sein.

– Das macht die Jahreszeit. Das geht vorüber.

– Nein, das glaube ich nicht.

Thelma Todd schaut bei ihnen vorbei, um hallo zu sagen. Küsschen werden ausgetauscht. Thelma Todd hat ein Verhältnis mit einem Regisseur namens Roland West, mit dem sie vorhat, in Pacific Palisades ein Café aufzumachen, weil Thelma Todd absehen kann, dass ihre Karriere als Schauspielerin langsam zu Ende geht. Thelma Todd fickt auch manchmal Ted Healy, der eine Slapsticknummer managt, die sich Ted Healy & His Stooges nennt und bei MGM unter Vertrag ist. Ted Healy & His Stooges produzieren brachialen Klamauk und haben einen Spielfilm und einige Kurzfilme gemacht, wovon ihm keiner gefällt. Ted Healy ist ein schlimmer Säufer, und Thelma Todd ist zu gut für ihn, doch bei der Auswahl ihrer Männer war Thelma Todd noch nie sonderlich anspruchsvoll. Außerdem ist Thelma Todd noch mit Pat DiCicco verheiratet, der offiziell als Produzent firmiert, meistens jedoch als Lucky Lucianos Auge und Ohr in Hollywood fungiert, und der einmal Thelma Todd so schwer verprügelt hat, dass ihr Blinddarm gerissen ist, was bedeutet, dass jeder, der sonst noch Thelma Todd fickt, entweder mutig oder dumm ist – oder, im Fall von Ted Healy, einfach zu betrunken, um sich darum zu scheren.

Versteh mich nicht falsch, fährt Babe fort, nachdem Thelma Todd wieder ihres Weges gegangen ist. Ich finde, Ruth ist eine nette Frau, aber wie viel weißt du von ihr?

Er weiß, dass ihr Mädchenname Handsberger ist. Er weiß, dass Mr. Rogers, ihr Ehemann, nicht mehr Schritt halten konnte und jetzt tot und ungefährlich ist. Die beiden lebten eine Zeitlang getrennt, aber Ruth hat dennoch den Namen Rogers beibehalten, was verständlich ist, wenn man Handsberger heißt. Er weiß, dass sie hübsch und lustig und nicht dumm ist.

Er weiß, dass er nicht allein sein will.

Das Problem, erklärt er Babe, ist, dass ich nicht offen mit ihr zusammenleben kann, solange meine Scheidung nicht endgültig durch ist. Das heißt, ich könnte es wahrscheinlich schon, aber sie will es auf keinen Fall.

Und Hal würde es auch nicht gefallen, sagt Babe. Um dir gegenüber ehrlich zu sein: Ich wäre auch nicht besonders glücklich darüber. Jetzt, da Roscoe Arbuckle tot ist, ist die Stelle eines in Ungnade gefallenen Komikers frei, und zwei wären für den Posten genauso geeignet wie einer.

Babe spricht nie von Roscoe Arbuckle als «Fatty», nicht einmal posthum. Babe versucht, nie auf die äußere Erscheinung von jemandem in einer Weise anzuspielen, die verletzend sein könnte.

Was soll ich denn jetzt machen?, fragt er. Etwa wie eine alte Jungfer in meinem Haus herumgeistern?

– Das Haus ist doch groß. Warum lässt du nicht jemanden bei dir einziehen, jemanden, an dem keiner Anstoß nehmen kann, und dann fragst du Ruth, ob sie zu dir will?

Das, gibt er zu, sei keine schlechte Idee, doch wenn es eine Story für einen ihrer Filme wäre, müsste sie entsetzlich schiefgehen.

Sie werfen ein paar Namen hin und her.

Du magst doch Baldy Cooke, schlägt Babe vor, und ich weiß, dass Baldy und seine Frau kein Geld haben. Sie wohnen in einer Absteige.

Er kennt Baldy und Alice Cooke seit den Vaudevilletagen. Sie sind damals zusammen auf Tournee gegangen, und er hat immer sein Möglichstes getan, um Baldy Rollen in seinen Filmen zuzuschanzen. Baldy und Alice Cooke sind achtbare Leute, und das nicht nur nach den Maßstäben dieser Stadt.

Ich frag Baldy, sagt er.

Von einem kurzen, traurigen Treffen mit seiner Tochter abgesehen, trinkt er sich durch die Weihnachtsfeiertage. Am ersten bewirtet er Gäste in South Palm. Er informiert seine Besucher, dass man die Premiere von *Sons of the Desert* feiere sowie das erste Weihnachten seit dem Ende der Prohibition und dass man auch ein Glas auf seinen verstorbenen Bruder erheben wolle, der es sich wünschen würde, dass man seiner auf diese Weise gedenkt. Wie bei den Zeitungsberichten über Chopsuey und beheizte Hundehütten interessiert es keinen, ob irgendetwas davon wahr ist.

Baldy und Alice Cooke sind zur Feier eingeladen. Er führt sie durch die Wohnung und deutet die Möglichkeit an, sie könnten diese vielleicht besser finden als ihre momentane Bleibe. Als Gegenleistung brauchten sie nur die Anstandswauwaus für Ruth und ihn abzugeben, wobei allen Beteiligten stillschweigend klar ist, dass Baldy und Alice Cooke sich um ihre eigenen Angelegenheiten kümmern und ansonsten den Komfort ihrer neuen Wohnung genießen. Man trifft eine Abmachung. Man bekräftigt sie per Handschlag.

Am nächsten Tag fährt er mit Ruth in die High Sierras, um ihr die gute Nachricht zu bringen. Ihre Blockhütte im Urlaubsdomizil wird durch einen Holzofen beheizt und verströmt Tannenduft. Er dringt auf dem Bett in sie ein, den Kopf an ihren Brüsten vergraben. Sie zupft an seinen Haaren, will ihn dazu bringen, dass er sie anschaut, doch er küsst ihre Nippel, um sie abzulenken, damit er die Augen geschlossen halten kann. Er hört auf, durch die Nase zu atmen, weil ihr Duft falsch ist, und er hält seine Zunge in seinem Mund zurück, weil der Geschmack ihrer Haut falsch ist, und er verschließt seine Ohren vor ihren Geräuschen, weil ihre Schreie falsch sind, und ihr Gewicht auf seinem Körper ist falsch, und als er kommt, ist es ihm, als würde das Letzte von allem, was gut an und in ihm ist, von seinem Körper aus- und in die falsche Frau hineingestoßen werden und als hätte er sich eines neuen Aktes des Verrats schuldig gemacht, eines weiteren in einer Abfolge, die sich zurück bis zu Mae erstreckt und sich fortsetzen wird bei Frauen mit und noch ohne Namen, es sei denn, er kann einen Weg finden, um wieder mit Lois zusammen zu sein.

Er überlegt, ob er nicht die Blockhütte verlassen und Lois anrufen soll, aber in dem Ort gibt es nur ein einziges öffentliches Telefon, und man weiß ja nie, wer alles mithören könnte. Ruth, bereits kurz vor dem Einschlafen, liegt neben ihm, ein Bein über seinem Oberschenkel, einen Arm auf seiner Brust, und obwohl er eigentlich in der Lage sein sollte, sie problemlos von sich zu schieben, drückt ihn jetzt die Bürde nieder, die sie für ihn darstellt, und als sie das Licht löscht, lastet zusätzlich noch das Gewicht der Finsternis auf ihm.

Und in der Ecke glimmen rötlich im Ofen die letzten Glutreste wie die Brocken seiner zerborstenen Existenz.

121

Er hat die Nase voll.

Voll von Hal Roach.

Voll von Ruth.

Voll von Alimenten.

Oliver the Eighth ist fertig, *Babes in Toyland* harrt seiner, und währenddessen hat er zu viel Zeit zur Verfügung. Nachts fickt er Ruth. Sobald Ruth morgens zur Arbeit gegangen ist, schreibt er Briefe an Lois und bittet sie, ihn wiederaufzunehmen. Wenn er gerade nicht schreibt oder trinkt oder Ruth fickt, drangsaliert er Ben Shipman und verlangt eine Neuverhandlung seiner Unterhaltszahlungen.

Aus seiner Sicht arbeitet er für Lois und fürs Finanzamt, und er arbeitet, um Ben Shipmans Anwaltshonorar zu bezahlen. Folglich wird er, nachdem er bereits für diese drei Wesenheiten arbeitet, nicht für Hal Roach arbeiten, jedenfalls nicht auf einem niedrigeren Gehaltsniveau als dem von Baby LeRoy und nicht für einen Film, den er nicht mag. Es ist unerheblich, dass *Sons of the Desert* Zuschauermassen anlockt und Beifall findet. Es ist unerheblich, dass sogar Babe künstlerisches Potenzial in Spielfilmen sieht. Er hat seine Existenz in die Luft gesprengt, und kein einziger Teil davon will seinen angestammten Platz jetzt wieder einnehmen.

Er will nicht für Hal Roach arbeiten, aber wenn er nicht arbeitet, kann er keinen Unterhalt zahlen.

Er will keinen Unterhalt zahlen, aber Lois will ihn nicht zurückhaben.

Er will nicht mit Ruth zusammen sein, aber er muss mit jemandem zusammen sein.

Die Lösung für seine Probleme ist, zu Lois zurückzukehren.

Doch Lois will ihn nicht zurückhaben.

Und er will keinen Unterhalt zahlen.

Und und und.

Er schreibt einen neuen Brief an Lois.

Hal Roach fixiert Henry Ginsberg. Henry Ginsberg verursacht bei Hal Roach Unbehagen, weil Hal Roach glaubt, dass es Henry Ginsberg keineswegs unter seiner Würde fände, sogar ihn zu feuern. Zudem scheint Henry Ginsberg als Überbringer guter Nachrichten untauglich zu sein. Entweder ist Henry Ginsberg der geborene Unglücksbote, oder Henry Ginsberg liebt ganz einfach schlechte Nachrichten.

Er sagt, er hat die Nase voll, sagt Henry Ginsberg.

Er hat höchstens den Kanal voll, sagt Hal Roach, er hat höchstens eine Alkoholvergiftung.

– Er verstößt gegen seinen Vertrag.

– Ich weiß, wogegen er verstößt.

Hal Roach hat MGM am Hals wegen *Babes in Toyland*. MGM hat sich mit einer Menge Geld für den Film engagiert, und Hal Roachs guter Ruf hängt jetzt davon ab, dass er liefert. Aber Hal Roach liebt auch *Babes in Toyland*. Der Film ist zu Hal Roachs Lieblingsprojekt geworden und ein Symbol für die langanhaltende Leistungsfähigkeit seines Studios. Man wird für den Film Geld ausgeben, und das Publikum wird jeden einzelnen Dollar auf dem Bildschirm sehen. Aber Hal Roach kann nicht mit dem Dreh eines Films beginnen, wenn einer seiner zwei wichtigsten Stars die Arbeit verweigert. Dieser Mann, für den Hal Roach – trotz aller gelegentlicher Differenzen – Zuneigung empfindet und den Hal Roach bewundert, gefährdet nun Hal Roachs Unternehmen.

Und auch wenn Hal Roach es niemals zugeben wird, gibt es

auf seiner Seite ein Gefühl von Verletztheit. Hal Roach hat an diesen Mann geglaubt. Hal Roach hat ihn unterstützt und versucht, ihn zu lenken. Als Gegenleistung erwartet Hal Roach etwas anderes als das.

Was soll ich tun?, fragt Henry Ginsberg.

– Du sollst die Zahlungen an diesen Scheißkerl einstellen.

Somit hat er sich nun von einer Situation, in der er nicht genug verdient, in eine begeben, in der er überhaupt nichts verdient.

Babe kommt vorbei, um mit ihm zu reden. Babe hat keinen Streit mit Hal Roach und kein Problem mit *Babes in Toyland*, doch Babe wird sich bei allen Meinungsverschiedenheit mit dem Studio auf die Seite seines Partners stellen, weil das Babes Art ist. Er beginnt aber, Andeutungen darüber zu machen, dass er das Land verlassen und in Europa arbeiten will, dass er aus der Partnerschaft aussteigen möchte. Babe kann nicht glauben, dass daran auch nur im Geringsten etwas sein könnte. Babe ist gekommen, um sich bei ihm rückzuversichern, und er beruhigt ihn auch, allerdings nicht so eindeutig, wie Babe es gern hätte.

Hal wird das nie zulassen, sagt er zu Babe. Wir sind viel zu wertvoll für ihn. Es geht nur darum, Hal zu zwingen, ein besseres Angebot zu machen.

Hat Ben das gebilligt?, fragt Babe.

– Ben segnet nicht alles ab, was ich mache. Ben bringt noch nicht einmal eine anständige Alimentenvereinbarung für mich zustande. Wenn Ben das schafft, dann rede ich mit ihm über Hal.

– Aber würdest du das tun? Würdest du tatsächlich gehen?

– Ich weiß nur, dass ich so nicht weitermachen kann.

Babe ist der Ansicht, dass er sich noch einmal mit Hal Roach zusammensetzen müsse, in Hal Roachs Büro, bei einem Drink.

Ich brauche mich nicht mit Hal zusammensetzen, sagt er. Ich kann herausfinden, was Hal zu sagen hat, indem ich die Zeitungen lese.

Hal Roach trägt seine Rangeleien mit ihm über Louella Parsons Klatschkolumne im *Los Angeles Examiner* aus. 1925 erkrankt Louella Parsons an Tuberkulose und erhält den Befund, dass sie noch ein halbes Jahr zu leben habe, was sich jedoch als unrichtig herausstellt und nun eine Quelle großen Bedauerns bei vielen in Hollywood ist. Louella Parsons ist mit Hal Roach befreundet, und Hal Roach füttert sie mit Einzelheiten zu den privaten Problemen seines Stars, um ihn zurück zur Arbeit zu zwingen.

Er schätzt diese Verhandlungstaktik nicht. Er glaubt, dass sie ihn schlecht dastehen lässt, und das nicht nur beim Publikum. Er möchte nicht, dass Lois denkt, es gehe ihm nur um Unterhaltszahlungen. Hinzu kommt: Je öffentlicher der Disput, desto geringer die Wahrscheinlichkeit, dass Lois bereit sein wird, den privaten Status ihrer Beziehung zu ihm zu überdenken.

Hal droht, sagt Babe, uns von dem Film abzuziehen.

Auch das hat er in Louella Parsons Klatschkolumne gelesen. Hal Roach hat die Möglichkeit ins Spiel gebracht, Babe durch Wallace Beery zu ersetzen und ihn durch Raymond Hatton. Wallace Beery steht bei MGM unter Vertrag und ist angeblich der bestbezahlte Schauspieler der Welt. Wallace Beery und Raymond Hatton waren früher einmal ein Komikerduo, aber Wallace Beery spielt jetzt harte Männer, und Raymond Hatton spielt, was immer man Raymond Hatton zu spielen aufträgt. Falls Wallace Beery jemals komisch gewesen sein sollte, so hat Wallace Beery es schon seit langem aufgegeben, das zu sein, möglicherweise etwa zu dem Zeitpunkt, als Wallace Beery seine erste Frau, Gloria Swanson, in der Hochzeitsnacht vergewaltigt hat – so wird es jedenfalls erzählt. Wahr oder nicht: Niemand mag Wallace Beery, nur das Publikum.

Das Publikum liebt Wallace Beery.

Hal wird uns nicht ersetzen, sagt er zu Babe. Das ist alles nur Show.

Aber Babe ist sich da nicht so sicher. Babe hat Hal Roach nie so aufgebracht erlebt. Henry Ginsberg hat begonnen, Babe um seine Meinung zu potenziellen Partnern zu bitten, falls das Team auseinandergerissen werden müsse. Babe möchte keinen neuen Partner, aber Babe möchte arbeiten, und ein Mann kann ja nicht dauernd nur Golf spielen. Wenn Babe noch mehr Zeit im Lakeside Golf Club verbringt, werden die Leute anfangen, ihm als Glücksbringer über den Kopf zu streichen. Und nach Lillian DeBorbas Abgang und Viola Morses Rückkehr braucht Babe dennoch die kreative Betätigungsmöglichkeit, die ihm das Studio bietet, und auch die Gehaltsschecks, die damit verbunden sind.

Mach nur nicht alles noch schlimmer, sagt Babe.

– Ich bin pleite, geschieden, im Streik und lebe mit der falschen Frau zusammen. Wenn irgendjemand alles nur noch schlimmer machen kann, dann ist es Hal. Bei mir geht nicht mehr.

Aber er irrt sich, natürlich.

122

Hal Roach erfährt es von Louella Parsons, aber Hal Roach schenkt dem keinen Glauben, bis die Geschichte am nächsten Tag in der Zeitung erscheint.

Jesus Christus, sagt Hal Roach, er ist verrückt geworden.

Babe hört davon durch einen Anruf aus Mexiko. Babe ruft Ben Shipman an.

Ben Shipman greift zum Bromo-Seltzer.

Später wird er gegenüber Ben Shipman zugeben, dass sein Urteilsvermögen durch Alkohol und Depressionen beeinträchtigt gewesen sein könnte, was Ben Shipman zu der Nachfrage veranlassen wird:

– Wie viel Alkohol und wie depressiv? Weil es von beidem verteufelt viel gewesen sein muss.

Er tut Folgendes:

Seine Drohungen, nach Europa abzureisen, haben ihn Lois nicht nähergebracht.

Seine Briefe haben ihn Lois nicht nähergebracht.

Seine Anrufe haben ihn Lois nicht nähergebracht.

Also beschließt er, dass ihm nichts anderes übrigbleibt, als Ruth zu heiraten, was dazu führen werde, dass Lois bereut, woraufhin er Ruth verlassen und Lois wieder heiraten könne, bevor die ursprüngliche Scheidung rechtskräftig wird. Dies, so glaubt er zumindest, könnte die Logik hinter dem ganzen Unterfangen gewesen sein. Andererseits wiederum könnte er auch einfach entschieden haben: Hol's der Teufel, und sich gedacht haben, dass überhaupt mit irgendjemandem verheiratet zu sein wieder so etwas wie Ordnung in sein Leben bringen könnte. Die Tatsache, dass Ruth – nach einem Streit zu viel – nicht mehr mit ihm zusammenlebt, hat auf seine Entscheidung keinerlei Einfluss. Es ist schlicht ein Ansporn, die derzeitige Hängepartie zu beenden, um Lois zu beweisen, dass eine andere Frau ihn genügend begehrt, um ihn zu heiraten, weshalb Lois ihren Anspruch auf ihn so schnell wie möglich erneuern sollte, damit er nicht bei dieser anderen Frau sesshaft wird und anfängt, weitere Kinder zu zeugen.

Und falls Lois unbeugsam bleiben sollte, hätte er immer noch Ruth. Ruth ist kein schlechter Deal, auch wenn sie nicht Lois ist.

Am Morgen des 3. April 1935 ruft er Ruth an und macht ihr einen Heiratsantrag. Ruth nimmt an. Er drängt sie, ein paar Sachen einzupacken, und informiert Baldy und Alice Cooke, dass ihre Dienste benötigt werden und auch sie ein paar Sachen einpacken sollen. Dann lassen sich alle zusammen zum Bahnhof chauffieren, wo sie in einen Zug nach Tijuana in Mexiko steigen. Er mietet zwei benachbarte Zimmer, ruft einen Friedensrichter herbei, und noch vor Einbruch der Dunkelheit desselben Tages sind er und Ruth verheiratet. Sie genießen einen kurzen Honeymoon, ehe sie nach Los Angeles zurückkehren, um die Glückwünsche von Familie und Freunden entgegenzunehmen.

Nur dass Letzteres nicht ganz so funktioniert wie gedacht, da Ben Shipman ihn am Bahnhof erwartet und ihn sofort nach der Ankunft und mit nicht geringem Krafteinsatz auf die Seite und in eine Ecke zerrt, weg von Blitzlichtern und Reportern.

Was glaubst du eigentlich, das du da tust?, fragt Ben Shipman.

– Ich habe geheiratet.

– Das ist dir nicht gestattet. Deine Scheidung ist noch nicht rechtskräftig.

– Deshalb habe ich ja in Mexiko geheiratet.

– Dem kalifornischen Staat ist es egal, ob du auf dem Mond

geheiratet hast. Das Gesetz schreibt vor, dass du in Kalifornien in keiner ehelichen Gemeinschaft leben darfst, solange dein Endurteil noch nicht ergangen ist.

– Dann leben wir bis dahin eben nicht zusammen.

– Aber ihr habt bereits zusammengelebt, bevor ihr weggefahren seid.

– Wir hatten Anstandswauwaus, und es hat sowieso niemanden groß interessiert.

– Tja, aber jetzt interessiert es umso mehr. Und übrigens: Als wir das letzte Mal miteinander geredet haben, hast du mir erzählt, du wolltest wieder zurück zu Lois. Wie hilfreich ist deiner Ansicht nach diese jüngste Aktion, um ein solch glückliches Ergebnis zu erreichen?

Da er während der Zugfahrt Champagner getrunken hat, reagiert er begriffsstutziger, als ihm lieb ist. Zwar hatte er durchaus geplant, Ben Shipman seine Gedankengänge bei seiner Rückkehr darzulegen, doch die dazu erforderlichen Geisteskräfte verlassen ihn jetzt, da er dem Anwalt leibhaftig gegenübersteht. Er braucht einen klaren Kopf, um eine Angelegenheit von solcher Tragweite zu diskutieren.

Ich komme morgen vorbei, sagt er zu Ben Shipman. Dann unterhalten wir uns.

Und Ben Shipman erwidert:

– Ich kann es kaum erwarten.

Als ihn Hal Roach am nächsten Tag frühmorgens anruft, ist er verkatert. Seit Beginn ihres Disputs haben sie nicht mehr miteinander gesprochen. Hal Roach ist bereits einmal gezwungen gewesen, *Babes in Toyland* zu verschieben, und wird dies bald ein zweites Mal tun müssen. Aus diesem Anlass würde Hal Roach ihn am liebsten feuern und einen Schlussstrich ziehen, aber er bringt Hal Roach noch immer eine Menge Geld ein, auch wenn die Abrechnungen das Gegenteil besagen, und MGM will *Babes in Toyland* nicht mit Wallace Beery und Raymond Hutton machen. MGM will den Film mit Babe Hardy und ihm machen.

Beziehungsweise MGM wollte es, bis er beschloss, seine Freundin in Mexiko zu heiraten, während er formal noch mit seiner ersten Frau verheiratet war. *Babes in Toyland* soll sowohl Kinder als auch Erwachsene ansprechen, und mexikanische Eheschließungen lassen sich nicht mit Familienunterhaltung in Einklang bringen. Der Ruf von Hal Roach und seinem Studio beruht auf seinen Stars, und deren Verhalten fällt – im Positiven wie im Negativen – auf Hal Roach zurück.

Hal Roach führt mit ihm keine Unterhaltung. Hal Roach redet auf ihn ein, und danach, nur um sicherzugehen, dass die Botschaft angekommen ist, redet Hal Roach weiter auf ihn ein.

– Ich heiße das nicht gut, wie du dein Leben führst. Du gefährdest deinen guten Namen und deine Lebensgrundlage, und du gefährdest den guten Namen und die Lebensgrundlage von jedem, der bei deinen Filmen mitarbeitet, Babe Hardy eingeschlossen.

Ich glaube, dass es falsch von dir war, Lois zu verlassen, und ich habe alles in meiner Macht Stehende unternommen, um euch wieder miteinander zu versöhnen. Ich habe ihr sogar diese Alimentensache ausgeredet, damit sie nicht – Gott bewahre – zurück zum Richter geht und dich beschuldigt, dass du deinen gesetzlichen Verpflichtungen nicht nachkommst, insbesondere jetzt nicht, da du ja anscheinend gesundheitlich wieder so weit hergestellt bist, um in Tijuana zu heiraten. Wenn du gesund genug bist, um zu heiraten, dann bist du auch gesund genug, um zu arbeiten, und wenn du gesund genug bist, um zu arbeiten, dann kannst du auch deine Unterhaltszahlungen leisten.

Und jetzt hörst du ganz genau zu, was ich dir zu sagen habe, und da spreche ich als dein Arbeitgeber und als dein Freund: Das Studio macht eine Woche Frühjahrspause. Wenn die Produktion wiederaufgenommen wird, bist du besser auf meinem Studiogelände anwesend und arbeitsbereit, oder ich werde dich – so wahr mir Gott helfe – eigenhändig auf die Straße setzen, und ich werde dich mit deinem Vertrag so festnageln, dass du in dieser Stadt nie wieder arbeiten wirst, es sei denn für mich. Und bis dahin bringst du dein Privatleben in Ordnung und hältst diese Frau von deinem Haus und meinem Studio fern, bis deine Scheidung endgültig durch ist. Nimm ein bisschen Rücksicht auf Lois. Jesus, nimm ein bisschen Rücksicht auf dich selbst.

Er könnte, vermutet er, seine Sicht der Dinge vortragen, vorausgesetzt, Hal Roach ließe ihn zu Wort kommen, aber er versucht es gar nicht.

Weil Hal Roach recht hat.

123

Er kehrt zur Arbeit zurück.

Er erklärt sich bereit, eine Hauptrolle in *Babes in Toyland* zu übernehmen, aber nur, wenn er das Skript auf seine gewohnte Weise umarbeiten darf. Hal Roach stimmt zu, wenn auch widerwillig. Hal Roachs Skript zielt auf einen Familienfilm; die Namen seiner zwei größten Stars sollen über dem Titel erscheinen, doch umgeben von einer Menge nachrangiger Informationen drum herum. Hal Roach befürchtet, dass das, was er zurückbekommen wird, ein Karrierevehikel für seine Stars ist, maßgeschneidert auf deren Stärken, aber zugleich nachsichtig mit ihren Schwächen.

Babes in Toyland ist ein Erfolg, aber Hal Roach hat keine Freude daran. *Babes in Toyland* ist nicht das großartige Aushängeschild des Studios, auf das Hal Roach so hart hingearbeitet hat, und es ist befleckt mit den Streitigkeiten, die er mit einem der Stars ausgefochten hat. Schlimmer noch, dass ebenjener Star, der die Produktion des Films so heftig bekämpft hat, der dessen Verschiebung erzwungen hat, der Hal Roach Zeit und Geld und Mühen gekostet hat, der Hal Roach keine Dankbarkeit entgegengebracht hat, und zwar nicht die geringste, dass der diesen Film jetzt zum unterhaltsamsten aller ihrer Filme erklärt.

Und Hal Roach wird ihm niemals vergeben.

124

Im Oceana Apartment Hotel hört er Ida Gemüse für den Kochtopf schneiden und Musik, die aus einer der Wohnungen unter ihnen erklingt. Er hat die Balkontür geschlossen. Er spürt die Kälte. Er hat versucht, weitere Gags zu schreiben, doch die restlichen Seiten seines Notizblocks bleiben leer. Es gibt Tage, da muss man fortgehen und die Gags zu sich kommen lassen, anstatt ihnen nachzurennen wie jemand, der hinter einem vom Wind entführten Hut herjagt.

Er legt sich eine Decke über die Knie. Er argwöhnt, dass der Jahrestag eines Todesfalls bevorstehen könnte, doch Jahrestage von Todesfällen stehen dauernd bevor. Er ist jetzt in einem Alter, in dem kaum eine Woche vergeht ohne die Notwendigkeit eines Gedenkens.

Er hat nie Babes Grab besucht. Er ist noch nicht einmal zur Beerdigung gegangen. Er ist nie zu Beerdigungen gegangen: nicht zu der seines Sohnes, nicht zu Teddys, nicht zu Babes. Er hätte Babes Beerdigung nicht verkraftet. Er wäre nicht imstande gewesen, Babe loszulassen.

Und er hat Babe nicht losgelassen, denn er spricht jeden Tag zu ihm und schreibt jeden Tag Gags für ihn, und er glaubt tatsächlich, dass er manches Mal Babes Anwesenheit spüren kann, obgleich er weiß, dass das Einbildung ist. Sollte es hier einen Geist geben, dann hat er ihn nach seinem eigenen Bild erschaffen.

Als seine Tochter klein war, hat er sie immer zum Kindergottesdienst in die Beverly Hills Community Church gebracht. Es war ihm wichtig, dass sie ihr Dasein auf die Möglichkeit einer höheren Ordnung hinter dem Universum gründete, auch wenn er selbst seine Zweifel hinsichtlich eines solchen Bauplans hegte. Jetzt, da ihm die Kälte in die Knochen fährt, denkt er, dass für ihn die Akzeptanz eines Ordnungsprinzips vielleicht nur mit Bezug auf seine Kunst vorstellbar gewesen ist und dass so viele seiner privaten Probleme aus einem Unvermögen resultierten, den Unterschied zwischen diesen beiden Facetten seines Wesens zu erfassen.

Er wäre gern wieder zurück auf dem Studiogelände und in Hal Roachs Büro. Er würde Hal Roach gern darlegen, welche Schlussfolgerungen er gezogen hat. Er hat schon ewig lange nicht mehr mit Hal Roach gesprochen. Zwischen ihnen ist es auf eine ungute Art zu Ende gegangen, und wenn er ein Interview mit Hal Roach liest oder sieht, wie Hal Roach im Fernsehen gefeiert wird, dann begegnet ihm eine Version ihrer gemeinsamen Jahre, die ihm ganz und gar nicht vertraut vorkommt.

Doch sie sind jetzt beide alte Männer, und alten Männern spielt das Gedächtnis Streiche.

125

Er und Babe machen *Going Bye-Bye!*

Sie machen *Them Thar Hills.*

Sie machen *The Live Ghost.*

Sie machen *Tit for Tat.*

Sie machen *The Fixer Uppers.*

Sie machen *Thicker Than Water.*

Es sind ihre letzten. Keine Kurzfilme mehr. Hal Roach bekommt seinen Willen. Die Industrie bekommt ihren Willen.

Er spürt, wie seine Begeisterung erlischt. Er kann über Hal Roachs Vertragsmanipulationen hinwegsehen, über Hal Roachs Weigerung, ihm das zu zahlen, was ihm seiner Meinung nach zusteht, über Hal Roachs Distanziertheit ihm gegenüber – über all dies kann er hinwegsehen, solange er die Filme machen darf, die er machen möchte, solange er stolz auf das sein kann, was er erschafft, und solange er mit Babe zusammen sein darf. Babe ist der Einzige, der nachvollziehen kann, welchen Aufwand er für diese Filme betreibt und wie viel ihn dieser Aufwand kostet. Babe ist der Einzige, der nachvollziehen kann, wie wichtig es ihm eben ist, was nach ihren Namen auf der Leinwand erscheint.

Und währenddessen geht Hal Roach auf die Jagd.

Hal Roach fliegt sein Flugzeug.

Hal Roach plustert sich auf.

Hal Roach gibt Henry Ginsberg freie Hand für Hinterlist und Perfidie.

Weil es Hal Roach nicht wichtig ist.

126

Eine neue Runde von Vertragsverhandlungen steht bevor. Für ihn gleicht deren Näherkommen den Schritten von Gerichtsvollziehern auf der Treppe, die ahnen lassen, dass nichts Gutes bevorsteht.

Hal Roach hat einen Entwurf für ihren nächsten Film.

Schottland und Indien, erklärt ihm Hal Roach. Kilts. Vielleicht lassen wir ihn sogar unter diesem Titel laufen.

Er weiß, wovon der Film handelt. Er hat das Exposé gelesen.

Und?, sagt Hal Roach. Was denkst du?

Was er denkt, ist, dass es Hal Roach weiterhin zu verhindern weiß, dass er seinen Vertrag zur gleichen Zeit wie Babe abschließt.

Was er denkt, ist, dass der vorgeschlagene neue Vertrag schlechter ist als der alte.

Was er denkt, ist, dass dies auf ein Filmemachen per Dekret hinausläuft.

Was er denkt, ist, dass Hal Roach seit *Babes in Toyland* weiterhin einen Groll hegt.

Was er denkt, ist, dass er noch immer die Hälfte seines Gehalts an Lois zahlt und dass ihm die Hälfte, die übrig bleibt, nicht reicht.

Was er denkt, ist, dass er vielleicht bald – in einer zweiten Zeremonie und deshalb zum zweiten Mal – die falsche Frau heiratet.

Was er denkt, ist, dass Hal Roach ihn loswerden will.

Doch was er sagt, ist:

– Mir gefällt er nicht besonders.

Was Hal Roach denkt, ist, dass er sich das kein zweites Mal bieten lassen wird.

Tja, sagt Hal Roach, dann haben wir ein Problem.

Er berät sich mit Ben Shipman. Ben Shipman bedeutet ihm, dass Verweigerung vielleicht nicht die ideale Strategie sein könnte, um mit Hal Roach Verhandlungen zu führen. Er klärt Ben Shipman auf, dass er keine Verhandlungen führt.

Eine Verhandlung, erklärt er Ben Shipman, schließe Diskussionen ein. Sie beruhe auf Geben und Nehmen. Hal Roach verhandele wie Mussolini.

So schlimm ist Hal doch nicht, sagt Ben Shipman.

– Bist du Mussolini schon mal begegnet?

Ben Shipman räumt ein, dass er es nicht ist.

– Dann lass uns keine voreiligen Urteile fällen.

Er trifft auf dem Studiogelände ein und wird in Henry Ginsbergs Büro beordert. Seiner Ansicht nach sollte Henry Ginsberg eine Schüssel voll Wasser und ein Handtuch vor sich haben, damit sich Henry Ginsberg nach vollbrachter Tat die Hände waschen kann.

Wie Pilatus, nur dass Pilatus keine Freude am Ergebnis hatte.

Wir haben dir einen neuen Vertrag unterbreitet, sagt Henry Ginsberg.

– Er ist unannehmbar.

Henry Ginsberg ignoriert ihn. Wie Bill Seiter zieht es auch Henry Ginsberg vor, nach einem Skript zu arbeiten. Improvisationen werden nicht geduldet.

– Wir haben dir ebenfalls die Details für den nächsten Film unter deinem bestehenden Vertrag genannt.

– Genauso unannehmbar.

– Ohne eine langfristige Vertragsvereinbarung kann die Arbeit an dem Film nicht fortgeführt werden. Demzufolge und wegen deiner Weigerung, an dem fest eingeplanten Film mitzuwirken, betrachten wir dich als vertragsbrüchig gegenüber deinem bestehenden Vertrag.

Ein geschicktes Manöver, denkt er, kein Zweifel.

– Das bedeutet?

– Das bedeutet, dass wir dir kündigen. Du bist gefeuert. Bitte verlasse das Gelände binnen einer Stunde.

127

Dieses Mal hat sich Hal Roach vorbereitet, und Louella Parsons wird instruiert.

Was Hal Roach tut, ist, eine geschäftliche Meinungsverschiedenheit mit Rankünе zu infizieren. Hal Roach ist kein dummer Mann und braucht seine Stars. Aber Hal Roach ist auch ein stolzer Mann und braucht seine Würde.

Und Hal Roach ist nicht nur Chef eines Studios. Hal Roach ist auch ein schöpferisch tätiger Mann. Hal Roach entwirft Geschichten, und diese Geschichten präsentiert er den Schauspielern und Regisseuren in seinen Diensten. Hal Roach schätzt es nicht, dass diese Geschichten von einem Mann abgelehnt werden, der keine Ahnung hat, wie man Geschichten erzählt, und mag auch nicht zusehen, wie diese Geschichten von jemandem zerpflückt werden, der noch nicht einmal einen vernünftigen Plot für sein eigenes Leben erstellen kann.

Hal Roach teilt der Presse mit, dass das Studio den Vertrag mit einem seiner zwei größten Stars wegen Arbeitsverweigerung gekündigt habe. Dann teilt Hal Roach der Presse mit, dass dieser Star selbst seinen Vertrag gekündigt habe. Niemandem fällt der Widerspruch zwischen diesen beiden Erklärungen auf.

Schlussendlich, nachdem zur Zufriedenheit des Studios ausreichend Verwirrung gestiftet worden ist, gibt Hal Roach Louella Parsons grünes Licht. Louella Parsons enthüllt der Welt, dass er und Babe sich getrennt hätten, dass sie seit Jahren miteinander Privatfehden ausgefochten hätten, dass Hal Roach immer das friedenstiftende Element gewesen sei.

Bislang.

Er liest Louella Parsons Kolumne und ist fassungslos. Das ist eine Lüge. Es ist der wohlüberlegte Versuch, nicht nur seinen Ruf zu beschädigen, sondern auch Babes. Dass die diesbezügliche Information von Hal Roach kommt, steht außer Zweifel: Hal Roach wird in dem Artikel als Quelle genannt.

Ben Shipman ruft ihn an.

Die spielen unfair, sagt Ben Shipman. Und ich glaube, dass Hal es dieses Mal ernst meint und dich endgültig fallenlassen will.

Er macht sich jetzt Sorgen. Er möchte angemessen bezahlt werden und anspruchsvolle Filme machen, aber er möchte auch fest angestellt sein.

Und er möchte Babe nicht verlieren.

Mach dem Studio klar und jedem, der es hören will, dass du nicht gekündigt hast, sagt Ben Shipman. Ich rufe Louella Parsons an und sehe zu, ob wir unsere Sicht der Dinge unter die Leute bringen können. Und du – du redest mit Babe.

Er redet mit Babe. Babe zögert nicht. Babe ist auf seiner Seite.

Privat ist Babe immer sein Freund. Jetzt unterstützt Babe ihn auch öffentlich.

Und das Publikum hält zu ihnen. Sogar Louella Parsons erkennt das und mäßigt ihren Ton, obwohl es von ihr keine Entschuldigung gibt, und sie schafft es erneut, noch einmal in den Ascheresten seiner Scheidung herumzustochern.

Der Monat ist ein einziger Jammer für ihn.

Schließlich gibt Hal Roach nach. Hal Roachs Stolz ist den Preis nicht wert, den er dafür bezahlen müsste.

Aber jede dieser Auseinandersetzungen hinterlässt Wunden, und diese Wunden heilen nicht.

128

Im Oceana Apartment Hotel beobachtet er von seinem Fenster aus die Origami-Silhouetten der Segelboote auf dem Wasser. Er hatte selbst einmal ein Boot: sechsundvierzig Fuß, fünfunddreißig Knoten, Mahagoni auf Zeder, eine Schönheit. Er hat es Ruth L. genannt. Er hatte ein Boot, und einen großen Wagen, und einen Fahrer.

Er hatte einen Sohn.

Er hatte Babe.

Alles vorbei.

129

Ab und zu kommt Babe auf Angeltouren mit, obwohl Babe ein solches Erlebnis nicht in dem Maße genießt wie er. Für Babe ist Angeln nichts weiter als eine beliebige Freizeitbeschäftigung. Babe sammelt Hobbys wie andere Leute Briefmarken.

Babe geht auf die Jagd, legt das Gewehr aber aus der Hand, nachdem er in die sterbenden Augen eines Rehs mit Bauchschuss geblickt hat.

Babe kauft Pferde, die von Geburt an zum Verlieren verdammt sind, setzt dann aus Loyalität bei den Rennen immer wieder auf sie, sogar als sich Babe die Verluste nicht mehr leisten kann.

Babe züchtet Hühner und Truthähne und Schweine als Fleischlieferanten auf einer Farm im San Fernando Valley, aber Babe kann sich nicht dazu durchringen, sie schlachten zu lassen, und hält sie folglich als Haustiere.

Babe pflanzt Obst und Gemüse an.

Babe ist Zimmermann.

Babe kocht.

Er aber ist nicht wie Babe. Er macht nicht dies und das und jenes zum Zeitvertreib. Für ihn ist Angeln eine Flucht vor sich selbst.

Ich versteh das nicht, sagt Babe. Ich seh dich seit Stunden hier sitzen, und dann kehrst du mit leeren Händen heim.

– Es geht nicht darum, etwas zu fangen. Es geht um die Vorfreude. Oder vielleicht ermöglicht es mir, so zu tun, als würde ich etwas tun, während ich in Wirklichkeit gar nichts tue.

Babe denkt darüber nach.

– Das mit der Vorfreude gestehe ich dir zu. Ich schätze, das ist so wie auf der Rennbahn. Da geht es nicht um Gewinnen oder Verlieren. Es geht darum, dass man in der Spannung zwischen den beiden aufgehängt ist.

Manches Mal, denkt er, spricht Babe wie ein Poet.

Wenn ich dort bin, fährt Babe fort, vergesse ich in dem Augenblick alles. Ich vergesse Myrtle. Ich vergesse Viola. Ich vergesse sogar mich selbst. Ich werde schwerelos.

Er versteht das. Am Ende sind sie beide doch nicht so verschieden.

Na also, sagt er, darum geht es doch.

– Aber wenn ich gewinne, gewinne ich Geld. Wenn du gewinnst, gewinnst du einen Fisch.

– Andererseits, erwidert er, kann ich so gut wie überhaupt nichts verlieren.

– Nur Zeit.

Ja, sagt er, nur Zeit.

130

Im Oceana Apartment Hotel ruft er sich wieder Vera in Erinnerung, seine dritte Frau, denkt er an einen seltenen Augenblick der Verbundenheit, sogar der Zärtlichkeit inmitten des Elends jener Ehe, denn Vera beschäftigt ihn noch immer.

Sie liegen zusammen im Bett. Vera wendet sich zu ihm. Vera fragt:

– Was wirst du machen, wenn Babe tot ist?

Er zieht an seiner Zigarette.

– Ich versuche, nicht darüber nachzudenken. Wer weiß, vielleicht überlebt mich Babe ja.

Vera streckt die Hand nach ihm aus. Vera berührt seine Wange.

Nein, sagt Vera, und in ihrer Stimme liegt ein ungewohntes Mitgefühl. So dicke Männer leben nicht lang.

Sie zieht ihre Hand zurück. Sie nimmt ihm die Zigarette aus dem Mund und inhaliert tief.

Ich weiß, was passieren wird, wenn Babe stirbt, sagt Vera.

– Was wird passieren?

– Das Leben bleibt stehen, aber die Zeit geht weiter.

Vera hat unrecht.

Die Uhr tickt, und das Leben geht weiter.

Das macht ja alles so unerträglich.

131

Babe ist vergesslich.

Geburtstage verstreichen ohne Gratulation. Weihnachtsgeschenke werden voller Überraschung entgegengenommen, als hätten sich die Feiertage irgendwie unerwartet herangeschlichen wie der 29. Februar in einem Schaltjahr, wodurch sich Babe gezwungen sieht, loszulaufen und seinerseits etwas Vorzeigbares zu besorgen.

Ihn stört das nicht. Das ist Babes Art.

Babe schreibt nicht gern und vermeidet deshalb lange Briefe. Babes Rechtschreibung, Grammatik und Zeichensetzung sind jämmerlich und eine Quelle der Peinlichkeit für ihn. Längere Texte schreibt er nur an Myrtle. Dies könnte auch ein Grund sein, warum Babe es so schwer findet, sie zu verlassen. Babe hat Myrtle auf ihrem Tiefpunkt erlebt, und deshalb kann Babe sich nur vor ihr in all seiner mit Makeln behafteten Herrlichkeit präsentieren.

Nein – vor ihr und vor ihm.

Und vielleicht ist er der Einzige, der kein Urteil über Babe fällt.

Er und Babe können stundenlang schweigend beieinandersitzen, Seite an Seite, Babe mit einer Zeitung oder mit einem Buch, er mit einem Skript oder einem Notizblock, während eine Szene gerade umgebaut wird, Wolken das Licht verändern, Regen fällt, die Sonne scheint, bis alles wieder für ihren nächsten Auftritt bereit ist, und dann wendet sich Babe ihm zu, und Babe lächelt.

Was wirst du machen, wenn Babe tot ist?

Er wird Babe nicht loslassen. Er wird ihn fest in seiner Erinnerung verankern. Er wird in der Dunkelheit mit Babe sprechen, und aus der Dunkelheit wird ihm Babes Schweigen antworten, so wie es der Fall war, als es zu Ende ging, als die Sprache versagte und Worte ohnehin unangebracht waren.

Fangen wir an?, fragt Babe.

Er legt seinen Notizblock auf die Seite. Er klappt sein Skript zu.

– Ja, ich freu mich schon richtig darauf.

Und einträchtig marschieren sie zum Set.

132

Seiner Ansicht nach könnte es Mark Twain gewesen sein, der sagte, dass sich Geschichte nicht wiederhole, aber reime. So ist das auch mit ihm und Babe. Sie reimen sich. Sie bilden Verspaare aus ihren Erfahrungen. Sie formen dissonante Strophen aus den Frauen in ihrem Leben.

Bei ihm ist es der alte Tanz mit neuen Schritten. Er heiratet Ruth – keine mexikanische Hochzeit dieses Mal, sondern eine ordentliche Eheschließung. Er heiratet Ruth, weil das noch immer besser ist, als allein zu sein. Es schmerzt ihn, wenn er Lois sieht, und es schmerzt ihn, wenn er Lois nicht sieht, aber er weiß nicht, ob das, was er spürt, wirklich Liebe oder nur schlichtes Bedauern ist oder bis zu welchem Ausmaß sein Urteilsvermögen umwölkt ist von dem dringenden Wunsch, seine Tochter öfter zu sehen. Von der Frau getrennt zu sein heißt, vom Kind getrennt zu sein; er kann nicht das eine ohne das andere haben.

Er hat damit aufgehört, Lois überreden zu wollen, ihn wieder aufzunehmen. Lois erklärt ihm, dass er sie zu sehr verletzt habe und dass sie befürchte, eine Versöhnung wäre nur eine vorübergehende Angelegenheit.

Du hast dich nicht verändert, sagt Lois. Ich glaube nicht, dass du es kannst.

– Ich weiß nicht, was du meinst.

Lois lacht.

– Geh zurück nach Mexiko. Lass dir von jemandem den Kokolores übersetzen, der deine amtliche Heiratserlaubnis sein soll.

Also heiratet er Ruth zum zweiten Mal – er hört Jimmy Finlayson witzeln, dass etwas Falsches nicht richtig wird, wenn man es wiederholt; zuerst ist er verärgert, aber weniger wegen Jimmy

Finlayson, sondern wegen der ätzenden Wahrheit –, und er tauft sein Boot auf ihren Namen.

Auch wenn er die wahre Natur seiner Gefühle für Lois nicht ergründen kann, seine Gefühle für Ruth kann er benennen. Ihm ist klar, dass er sie nicht so liebt, wie er Lois geliebt hat oder noch immer liebt, und Ruth ist zu clever, um das nicht zu bemerken. Sein ganzes Wesen scheint gegen diese Beziehung zu rebellieren; seit der Hochzeit ist er krank.

Auch Babe sieht es. Er hat sich immer bemüht, vor Babe zu verbergen, wie unglücklich er ist.

Aber Babe wahrt Distanz. Babe ist zu sensibel, um sich einzumischen.

Währenddessen führt Babe den alten Tanz auf, mit den alten Partnern und den alten Schritten.

Myrtle rein, Myrtle raus.

Viola Morse raus, Viola Morse rein.

Babe versucht, sich von Rosemead fernzuhalten, solange Myrtle dort in Behandlung ist. Babes Besuche tun Myrtle nicht gut, weil Myrtle in ihrem Leid zu toben anfängt. Myrtle beschimpft Babe wegen der anderen Frauen in seinem Leben, wodurch Babes Schuldgefühle größer werden. Viola Morse bietet Babe Gesellschaft und Zuneigung und verlangt von Babe nicht, dass er Myrtle verlässt. Wenn der Stress für Babe oder Viola Morse zu groß wird, trennen sie sich für eine Weile, und Babe sieht sich woanders nach Gesellschaft um oder schafft es, ohne auszukommen, bis das Schicksal sie beide wieder zusammenbringt.

Auch er ist zurückhaltend bei Babes Gefühlen. Sie beide sind öffentliche Personen, aber private Männer. Nur selten spricht Babe seine Probleme direkt an.

Manchmal, sagt Babe, kann ich mich nicht entscheiden, was schlimmer ist: eine trinkende Myrtle um mich zu haben oder eine, die nicht trinkt. Wenn sie trinkt, ist es übel, aber wenn sie nicht trinkt, tja, dann ist es, als würde man mit einer Bombe im Haus leben. Die Bombe tickt, und du weißt, dass sie detonieren wird, also verbringst du deine Tage nur mit dem Warten auf den Knall. Und wenn es geschieht, bist du beinahe erleichtert.

Babe erkennt aus den Veränderungen in Myrtles Stimme und Gestik, wann sie wieder kurz davorsteht, mit dem Trinken anzufangen. Das zeigt, wie genau sich Babe auf die aus dem Takt geratenen Rhythmen seiner Frau eingestellt hat.

Während die Jahre vergehen, beobachtet er, welchen Tribut Myrtle von Babe einfordert und wie diese beiden Menschen in der immer chaotischeren Schrittfolge ihres Walzers gefangen sind. Babe glaubt, dass Myrtle nicht überleben kann ohne Babe, doch ist es ihre Ehe, die es ihr gestattet, sich so zu verhalten, wie sie es tut. Myrtle wird weiterhin abstürzen, weil Babe immer da ist, um sie aufzuheben. Am Ende wird Myrtle Babe vernichten, genau wie sie sich selbst vernichtet. Der Prozess hat bereits begonnen. Er kann es bezeugen. So kommt es, dass er mit Ruth und Lois tanzt und Babe mit Myrtle und Viola Morse tanzt und er und Babe einander umtanzen.

Er beschließt, Babe zum Dinner zu Musso & Frank einzuladen, damit sie reinen Tisch machen und ehrlich zueinander sein können. Sie werden essen und trinken, und er wird gegenüber Babe seine Bedenken wegen Myrtle ansprechen, und wenn Babe es möchte, kann Babe ihn zu Ruth und Lois befragen.

Und dann stirbt Thelma Todd.

133

Im Oceana Apartment Hotel unterbricht er seine Rückschau.

Hal Roach.

Henry Ginsberg.

Thelma Todd.

Sie sind nur Schlacken der Erinnerung. Sie glühen nicht mehr.

Nur im Gedenken an Babe liegt noch Wärme.

134

Thelma Todd besucht die Preview von *The Bohemian Girl* am 11. Dezember 1935. Sie kommt ihm zerstreut vor, mehr aber nicht. Er kann nicht nachvollziehen, wie – fünf Tage später – Thelma Todd zu Tode kommt, weil sie an Kohlenmonoxid in ihrem eigenen Auto erstickt, das in der verschlossenen Garage ihres Geliebten Roland West stand.

Selbstmord, sagt Jimmy Finlayson, aber Jimmy Finlayson bietet diesen Befund mit der Miene von jemandem an, der das Wort auf seinen Lügencharakter hin testet.

Nein, erwidert er, nicht Thelma.

– Sie hatte Blut im Gesicht. Hat mir ein Reporter erzählt.

– Wie kann sie Blut im Gesicht haben, wenn sie an einer Vergiftung stirbt?

– Vielleicht hat sie sich den Kopf angeschlagen, als sie das Bewusstsein verloren hat. Es sei denn –

– Es sei denn was?

– Der Reporter hat gesagt, es sei sehr viel Blut gewesen und es habe mehr als eine Wunde gegeben. Aber er kann sich geirrt haben.

– Was glaubst du?

– Ich glaube, es ist schwer, sich so zu irren.

– O Gott.

Thelma, schließt Jimmy Finlayson, hat bei Männern schon immer einen grässlichen Geschmack gehabt.

Hal Roach lädt zu einer Besprechung. Henry Ginsberg ist anwesend und James Horne und Charlie Rogers, die Regisseure von *The Bohemian Girl*. Babe ist ebenfalls da. Man sitzt in Hal Roachs Büro, umgeben von toten Tieren.

Hal Roach mochte Thelma Todd, aber Hal Roach hat vor, *The Bohemian Girl* am Valentinstag in die Kinos zu bringen. Hal Roach befürchtet, dass Gerüchte über einen Selbstmord – oder Gott verhüte, einen Mord – die Chancen des Films beeinträchtigen könnten; andererseits möchte Hal Roach nicht als jemand dastehen, der aus Thelma Todds Ableben Kapital schlägt, sollte das Gegenteil geschehen.

Man sagt, dass es DiCicco war, sagt Henry Ginsberg.

Wer sagt das?, fragt Babe.

– Leute. Leute, die ich kenne.

Babe ist skeptisch. Babe glaubt nicht, dass Henry Ginsberg überhaupt Leute kennt oder solche, die es wert sind, dass man sie kennt.

Dieser verdammte Gauner, sagt Hal Roach. Ich habe sie vor ihm gewarnt.

Die Staatsanwaltschaft des Bezirks sieht sich bereits öffentlichem Druck ausgesetzt. Sollte auf Selbstmord erkannt werden, würde das einen Schatten auf Thelma Todds Leben und Karriere werfen, was nicht wünschenswert wäre, aber die Chancen für eine Mordanklage sind so wahrscheinlich wie die Wiederkehr der Dinosaurier. Die Gerüchte bleiben Gerüchte, gestreut von Reportern und Henry Ginsbergs mysteriösen Leuten.

Wir können den Film nicht in der jetzigen Fassung zeigen, sagt Hal Roach. Sonst wird er zur Freakshow.

Damit, weiß er, hat Hal Roach recht. Keiner der Anwesenden wünscht sich, dass *The Bohemian Girl* zu einer Attraktion für Leichenfledderer wird. Aber Thelma Todd ist – als Zigeunerkönigin – das Liebesobjekt in dem Film. Ihre Szenen herauszuschneiden ist keine Option.

Wir müssen neu drehen, sagt er.

Wir könnten eine andere Schauspielerin einstellen, sagt Henry Ginsberg.

Hal Roach lehnt das ab. Thelma Todd zu ersetzen wird man als hartherzig wahrnehmen.

Geben wir einfach Mae mehr Text, sagt er. Wir machen sie zum Liebesobjekt, schneiden das meiste des Textes der Zigeunerkönigin heraus und schreiben sie zu einer Nebenrolle um.

Wie lange wird das dauern?, fragt Hal Roach.

– Zwei Wochen. Vielleicht sogar nur zehn Tage, wenn wir fix sind.

Hal Roach sieht Henry Ginsberg an. Henry Ginsberg kritzelt ein paar Zahlen auf einen Block. Babe seufzt auf.

Wir können uns eine Woche leisten, sagt Henry Ginsberg.

Wie steht's mit Blumen für die Beerdigung?, fragt Charlie Rogers. Können wir uns welche leisten, oder sollen wir einfach ein paar am Straßenrand pflücken?

Wir schicken einen Kranz, sagt Henry Ginsberg.

Das ist das Besondere an Henry Ginsberg: Henry Ginsberg ist immun gegenüber Sarkasmus.

Also abgemacht, sagt Hal Roach. Wir unterbrechen und drehen in der ersten Januarwoche neu. Haltet mich mit dem Skript auf dem Laufenden und auch mit Vorschlägen für eine neue Zigeunerkönigin.

Meine Herren, schöne Feiertage und auf Wiedersehen auf dem Friedhof.

135

Im Oceana Apartment Hotel wird ihm klar, dass Lois, seine Tochter, nun schon länger lebt, als Thelma Todd gelebt hat.

Er empfindet Reue wegen seines Versagens als Vater, auch wenn er kaum darüber spricht. Nach der Scheidung fand er Feiertage schwierig, vor allem Weihnachten. Es schmerzte ihn, nicht Teil seiner Familie und in den Tagen davor und danach von seiner Tochter getrennt zu sein. Um seinen eigenen Schmerz zu lindern, belog er sie. Er sagte immer, er werde über die Feiertage die Stadt verlassen, obwohl dies nicht der Fall war. Erst später in seinem Leben beichtete er ihr die Wahrheit, und selbst dann rang er noch um Formulierungen für die Gründe seines Betrugs.

Was für eine Idiotie.

All die verlorenen Tage.

136

Thelma Todds Tod hat die Wirkung von ins Wasser gehängten Angelhaken. Lange nachdem *The Bohemian Girl* schon vergessen ist, bohren sie sich noch immer in lebendes Fleisch.

Ted Healy, der Thelma Todd praktisch vor Pat DiCiccos Nase gefickt hat, ist nicht gewitzt genug, um Los Angeles zu verlassen. Ted Healy geht weiterhin in Clubs und betrinkt sich, aber irgendwie bringt es Ted Healy auch zuwege, zu heiraten und ein Kind zu haben. Ted Healy feiert gerade den Geburtstag seines Kindes, als Pat DiCicco, der weder vergibt noch vergisst, ihn im Trocadero am Sunset Strip erspäht. Pat DiCicco trinkt dort zusammen mit Wallace Beery, demselben Wallace Beery, den Hal Roach einst während der ersten Phase der Vertragsquerelen als Ersatz für Babe ins Spiel gebracht hatte.

Ted Healy mag Wallace Beery nicht. Wenigstens in dieser Hinsicht zeigt Ted Healy so etwas wie Verstand. Angesichts der Gesellschaft, in der sich Wallace Beery momentan befindet, sollte Ted Healy einfach weitergehen, doch ist Ted Healy irgendwie zu der Überzeugung gelangt, dass es nach Thelma Todds Tod keine Animositäten mehr gebe, die Pat DiCicco ihm gegenüber noch hegen könnte. Oder aber Ted Healy ist schlicht so einfältig zu glauben, dass Pat DiCicco überhaupt nie von ihm und Thelma Todd gewusst hat.

Ted Healy streitet sich mit Wallace Beery. Der Streit wird hitziger. Der Streit zieht vor die Tür, und Pat DiCicco zieht mit, wie ein Schatten der Sonne folgt.

Gemeinsam prügeln Wallace Beery und Pat DiCicco so auf Ted Healy ein, dass dieser zwei Tage später stirbt.

Was, so sinniert er, zumindest den schlüssigen Beweis liefert, dass an Wallace Beery nichts komisch ist.

Den Rest der Geschichte hört er Jahre später, als er zu Fox wechselt, wo sie MGM oder Louis B. Mayer in herzlicher Abneigung verbunden sind.

Zu dem Zeitpunkt, da Ted Healy im Krankenhaus stirbt, ist Wallace Beery wieder nüchtern und begreift, wie tief er in Schwierigkeiten steckt. Weil sich Wallace Beery im Allgemeinen nicht in Kreisen bewegt, in denen Mord und Totschlag zum Alltag gehört, ist es an Louis B. Mayer, seine Firma aus der von einem seiner größten Stars verursachten Bredouille wieder herauszumanövrieren. Wallace Beery macht einen außerplanmäßigen Europaurlaub. Louis B. Mayer schickt seine Soldaten Eddie Mannix und Howard Strickling los, um Anrufe zu tätigen und Geld zu verteilen. Ted Healys Frau Betty, eine Schauspielerin bei MGM, wird entlassen, weil sie mit der Presse über mangelnde Fortschritte bei den Ermittlungen zum Mord an ihrem Ehemann gesprochen hat. Andere, die sich beklagen, erhalten Besuch von Pat DiCicco, auch wenn solche unbotmäßigen Stimmen rar sind. Es trifft sich gut, dass – von seiner Frau abgesehen – nur wenige Menschen Ted Healys liebevoll gedenken, und wen in dieser Stadt kümmert es schon, was sie, ein Niemand, über irgendetwas denkt?

Ihn kümmert es.

Er kennt Betty Healy. Betty Healy spielt in *Our Relations* seine Ehefrau. In den Jahren danach ist er immer zu sprechen, wenn Betty Healy anruft, und hört ihr zu, wie sie liebevoll von einem Mann spricht, der von anderen größtenteils verachtet wurde.

Die sind ungeschoren davongekommen, erzählt ihm Betty Healy. Sie haben Ted umgebracht, und sind ungeschoren davongekommen.

Und darauf kann er nur antworten: Ja, sie sind ungeschoren davongekommen.

So ist das bei solchen Männern.

137

Im Oceana Apartment Hotel neigt er dazu, den Fernseher auszuschalten, wenn die Three Stooges erscheinen. Teils, weil sie ihn an Ted Healy erinnern, der ihn andererseits wiederum an Thelma Todd erinnert. Meist aber, weil er die Stooges nicht komisch findet. Er sieht keine Schönheit in den Stooges. Er sieht keine Behutsamkeit. Er sieht nur Gehässigkeit und Gewalt.

Dennoch empfindet er Mitleid mit ihnen. Hal Roach ist vielleicht knauserig gewesen, aber Hal Roach war kein Menschenfresser. Die Stooges litten bei Columbia unter Harry Cohn, der ein Menschenfresser war und sich mit Leuten einließ, gegen die Pat DiCiccio wie ein Priester dastand. Harry Cohn schloss mit den Stooges ausschließlich niedrige Einjahresverträge ab und ließ sie über das Ausmaß ihres Erfolgs im Ungewissen. Harry Cohn war auch ein Zechbruder von Harry Romm, dem Manager der Stooges, und zusammen beschissen sie die Stooges nach allen Regeln der Kunst.

Vielleicht war Harry Cohn doch nicht so viel anders als Hal Roach.

Er lernt einen der Stooges – Jerome Horwitz, fürs Publikum: Curley Howard – bei einer Spendenaktion für die Streitkräfte kennen. Jerome Horwitz hat den Ruf eines Schürzenjägers und Trinkers, doch liegt das alles schon weit zurück. Sein Bruder Moses Horwitz hat Jerome Horwitz bei ihren Gagnummern so oft auf den Kopf geschlagen, dass Jerome Horwitz' Gehirn ins Schädelinnere blutet. Infolgedessen schlurft Jerome Horwitz beim Gehen und spricht unartikuliert.

Aber Jerome Horwitz arbeitet weiter, weil Harry Cohn es ihm befiehlt, und Moses Horwitz fährt fort, Jerome Horwitz auf den Kopf zu schlagen, weil Moses Horwitz Angst hat, dass die Stooges sonst aus dem Studio fliegen. Schließlich erleidet Jerome Horwitz einen massiven Schlaganfall und –

Und geht wieder arbeiten, weil Harry Cohn es so verfügt, und Moses Horwitz beginnt von neuem, Jerome Horwitz auf den Kopf zu schlagen, nur jetzt nicht mehr so heftig, und Moses Horwitz versucht, stattdessen Larry Fine öfter zu schlagen, um seinen Bruder etwas zu entlasten. So schlurft Jerome Horwitz noch ein weiteres Jahr beim Gehen und spricht unartikuliert, bis ihn ein finaler Schlaganfall am Set von *Half-Wits Holiday* lähmt, woraufhin Jerome Horwitz den Rest seiner Tage in einem Sessel verbringt.

Alles nur, weil sich Moses Horwitz beim Zuschlagen nicht zurückhalten konnte.

Die einzige ernsthafte Verletzung während seiner Jahre mit Babe zieht er sich zu, als er sich am Set bei einem Schritt verschätzt und sich eine Sehne zerrt.

Babe hätte eher den Dienst quittiert, als ihn hart zu schlagen.

138

Babe vertritt die Ansicht, 1936 könne nur besser werden als 1935.

Babe ist Idealist, und die Götter lachen über Idealisten.

Doch 1936 beginnt gut, weil Henry Ginsberg abtritt.

Hal Roach steckt eine Menge Geld in Spielfilme, und Henry Ginsbergs einzige Funktion ist, Hal Roach davon abzuhalten, eine Menge Geld in irgendetwas zu stecken. Doch Spielfilme erfordern Investitionen, und Hal Roachs Geldgeber verstehen das, auch wenn Henry Ginsberg es nicht tut.

Jimmy Finlayson hat Geld für ein Abschiedsgeschenk für Henry Ginsberg gesammelt. Jimmy Finlayson hat Geld für ein Abschiedsgeschenk gesammelt, seit Henry Ginsberg seine Stelle im Studio antrat in der Hoffnung, dass, wenn man Henry Ginsberg ein Abschiedsgeschenk überreiche, Henry Ginsberg sich daraufhin verabschieden werde. Nun, da sich Henry Ginsberg tatsächlich verabschiedet, löst Jimmy Finlayson die Spendenkasse auf und gibt das Geld stattdessen für Schnaps aus.

The Bohemian Girl ist als Ganzes gerettet worden. Der Film enthält jetzt so wenig von Thelma Todd, dass sie genauso gut gar nicht hätte in Erscheinung treten können. Das Publikum kommt jedoch in Scharen, und sogar Hal Roach muss zugeben, dass die Story gut verknüpft wurde. Aber Hal Roach wird das ihm gegenüber nicht zugeben oder seinen Beitrag bei der Rettung des Films anerkennen. Sie beide, er und Hal Roach, pflegen weiter ihre jeweiligen Kränkungen und Gekränktheiten.

Ich möchte dir mal etwas erklären, sagt Hal Roach zu ihm, während er auf dem ausgebreiteten Fell eines neuen toten Tieres steht. Schau dir dieses Studio an. Ich habe es aufgebaut, mit meinem Geld. Schau dir die Filme an, die wir machen. Ich bezahle sie, von meinem Geld. Schau dir das Haus an, das du bewohnst, das Auto, das du fährst, das Boot, das dir gehört. Du hast für sie bezahlt, aber mit meinem Geld.

Das ist natürlich nicht zur Gänze richtig. Hal Roach macht Filme mit dem Geld anderer genauso wie mit seinem eigenen und gibt nichts von den Gewinnen ab.

Also: Wenn du dein Geld in ein eigenes Studio investieren möchtest, fährt Hal Roach fort, oder einen anderen Trottel findest, der es für dich tut – nur zu. Wenn du das tust, kannst du all die Entscheidungen treffen, die du möchtest, und du kannst all die Gags drehen, die du möchtest, und du kannst all die Anweisungen ignorieren, die dir nicht passen. Du kannst dein Studio gegen die Wand fahren, aber mein Studio, das fährst du nicht gegen die Wand. Mein Studio bleibt genau das Studio, das es jetzt ist. Weißt du, was dein Problem ist?

Er sagt Hal Roach, dass er es nicht weiß.

– Du willst sein wie Chaplin. Du willst eine Million Dollar pro Film verdienen. Du willst deiner Vision folgen. Aber niemand ist Chaplin außer Chaplin. Wenn Chaplin eine Million Dollar pro Film verdient, dann verdient Chaplin sie deswegen, weil Chaplin bei der Produktion sein eigenes Geld aufs Spiel gesetzt und gewonnen hat. Aber du willst mein Geld aufs Spiel setzen, was bedeutet, dass du nicht Chaplin bist.

– Ich weiß, dass ich nicht Chaplin bin.

– Dann hör auf, dich so wie er zu verhalten.

– Aber vielleicht wenn du mir mehr Geld geben würdest ...

Hal Roach lächelt. Es ist das erste Mal seit Wochen, dass Hal Roach ihn anlächelt.

– Vielleicht hättest du ja mehr Geld, wenn du mit ein und derselben Frau verheiratet bleiben könntest.

Er lächelt zurück. Es herrscht Waffenstillstand, wenngleich er nicht von Dauer sein wird.

– Ich werde darüber nachdenken.

– Wie geht es –?

Hal Roach gibt vor, nach dem Namen zu suchen, obwohl Hal Roach ihn sehr wohl kennt.

Ruth, souffliert er.

– Ja, Ruth.

Ruth geht es gut, lügt er.

139

Er verlässt das Studiogelände. Zwar hätte er Arbeit zu erledigen, aber die kann warten.

Der Chaplin-Seitenhieb hat ins Schwarze getroffen.

Chaplin bringt *Modern Times* in die Kinos. Der Film ist ein Wunderwerk. Er sieht ihn sich zweimal an, weil er ihn in seiner ganzen Schönheit beim ersten Mal nicht erfassen kann. Chaplin erschafft Kunst in *Modern Times*, während er sich in dem einen Film wie ein Idiot anzieht und eine Woche lang versucht, eine tote Frau aus einem anderen herauszuschneiden. Hal Roach glaubt, er habe Wahnvorstellungen bezüglich seiner Position am Firmament, aber er hat keine.

Er weiß, dass diese Filme, bei denen er mit einem solchen Übermaß an Konzentration und Phantasie zu Werk geht, Lückenfüller sind.

Er weiß, dass man sie wieder vergisst, kaum dass man sie gesehen hat.

Er weiß, dass Hal Roach recht hat, dass die Zeit der Kurzfilme vorbei ist und die einzige Möglichkeit, sie zu machen, darin besteht, so zu verfahren, wie Harry Cohn mit den Stooges verfährt, nämlich Wegwerfware so schnell und billig wie möglich zu produzieren, indem man eine endlose Kakophonie von Wahnsinn und Gewalt recycelt.

Aber er weiß auch, dass diese Filme seine Art von Kunst sind. Sie sind alles, was er gestalten kann, und er kann sie nicht so betrachten, wie Hal Roach es tut. Er kann sie nicht als unlogisch verwerfen. Er kann nicht sagen, dass sie unbedeutend seien, und gleichzeitig für ihre Erstellung immer noch mehr Geld, Zeit, Schweiß, Schmerz, Freude investieren als nötig ist, um Narreteien zu produzieren.

Das zu tun hieße, den Grund für seine Existenz zu leugnen.

Und was ist mit Ruth?

Ruth möchte ein Leben führen, das er ihr nicht bieten kann. Er ist nicht der Mann, den sie zu heiraten glaubte. Er ist ein Kerl mit Launen und verrückten Einfällen. Sein Lebenselixier ist die Unzufriedenheit.

Ruth andererseits ist nicht Lois beziehungsweise jenes Bild von Lois, das er vielleicht gerade in seinem Kopf beschworen hat, ein Wesen so unwirklich wie eine Meerjungfrau oder eine Waldnymphe. Ein Kind hätte ihn vielleicht Ruth nähergebracht – Ruth mag seine Tochter, und seine Tochter mag Ruth –, aber die Existenz seiner Tochter hat seine erste Ehe nicht gerettet, und erst vor ein paar Monaten hat er von Ruths Fehlgeburten erfahren.

Ruth fragt, ob er sie hasst, weil sie ihm kein Kind gebären kann. Er sagt ihr, dass er es nicht tut.

– Warum hasst du mich dann?

– Ich hasse dich nicht.

– Warum demütigst du mich dann?

– Ich verstehe nicht, was du meinst.

Aber er versteht es.

Weil es Abende gibt, an denen er spät heimkommt und nach Alyce Ardell riecht.

140

Im Oceana Apartment Hotel bringt ihm Ida einen leicht gezuckerten Tee in einer Porzellantasse. Er fühlt sich benommen. Er ist auf dem Weg zu seinem Schreibtisch gestolpert, und nur weil er sich an einem Stuhl festgehalten hat, ist es nicht zu einem schlimmen Sturz gekommen.

Ida streicht ihm über die Stirn.

Worüber denkst du gerade nach?, fragt Ida.

– Über mein Versagen.

Ida zieht eine Braue hoch.

– Und wie viel Zeit hast du deiner Meinung nach in etwa für solchen Unsinn?

– Nicht genug.

– Na siehst du.

Ida gibt ihm einen sanften Kuss.

– Du bist ein dummer Kerl.

Er sitzt in seinem Sessel und schlürft seinen Tee.

In jenen (ersten) letzten Tagen seiner (zweiten) Ehe begann er die Namensgebung seines Bootes zu bereuen. Es *Ruth L.* zu taufen war eine impulsive Geste gewesen, wie die ganze Heirat.

In seinem Kopf dreht sich alles. Er verschüttet den Tee. Fast hätte er Ida gerufen, aber er will sie nicht noch mehr beunruhigen.

Chaplin: irgendetwas mit Chaplin und der *Ruth L.*

Irgendetwas im Jahr 1936.

Er blickt wieder hinüber zu seinem Regal, wo die Ausgabe von Chaplins Autobiographie steht.

Er erinnert sich.

1936 nehmen er und Babe an der Nacht der 1000 Stars im Pan-American Auditorium teil; Chaplin ist einer der Stars. An diesem Abend ignoriert ihn Chaplin, oder vielleicht sieht Chaplin ihn einfach nicht. Er glaubt Ersteres.

Chaplin ist eine Diva.

Chaplin ist Chaplin.

Aber später im selben Jahr, während er mit der *Ruth L.* vor Catalina Island dümpelt, ruft ihn eine Stimme von einer Vergnügungsjacht, der *Panacea*. Es ist Chaplin. Ein Tau wird geworfen. Grüße werden ausgetauscht. Er und Ruth werden Paulette Goddard vorgestellt, Chaplins Co-Star in *Modern Times*, zugleich aber auch Chaplins neuste Geliebte. Er und Chaplin nehmen ein paar Drinks zusammen. Sie tauschen Erinnerungen an England aus und an Fred Karno.

Wir sind uns ähnlich, du und ich, erklärt ihm Chaplin. Wir sind beide Männer ohne festen Halt.

Es ist eine der glücklichsten Stunden in seinem Leben.

Sie verabschieden sich. Versprechen werden gegeben, man wolle in Kontakt bleiben. Aber Chaplin bleibt nicht in Kontakt, und es verstreichen Jahre, ehe sie wieder miteinander reden.

Weil Chaplin Chaplin ist.

In jener Nacht fickt Ruth ihn zum ersten Mal seit Wochen.

Ruth fickt ihn zum letzten Mal in dieser Ehe.

Am nächsten Morgen fragt Ruth ihn beim Kaffee, ob die anderen ihn auch so ficken wie sie.

Im Oceana Apartment Hotel fällt die Tasse zu Boden, und er schläft.

141

Babe ist manchmal empfindlich, sogar ihm gegenüber; er aber nutzt Babes Frustration aus, wo er kann, so wie er es immer getan hat. Babes auf Film gebannte Verzweiflung ist dann am besten, wenn sie nicht gespielt ist.

Babe verbringt jetzt mehr Zeit als je zuvor auf der Rennbahn von Santa Anita. Sie ist ein Zufluchtsort vor Myrtle, tut Babe aber nicht gut. Jegliches Vergnügen, das der Geruch von Pferden und Gras Babe früher bereitet hat, ist ihm nun vergällt durch das Wissen, dass sich gerade eine weitere Ehe auflöst, und das nach Babes Geschmack nicht schnell genug. Wenigstens bietet Santa Anita eine gewisse Sicherheit: Hal Roach ist einer der Investoren der Muttergesellschaft, des Los Angeles Turf Clubs, und Al Johnson, Bing Crosby und Harry Warner gehören zu den Aktionären. Babe sitzt im Aufsichtsrat.

Wo Stars sind, ist auch Geld, und das Geld muss, wie die Stars, beaufsichtigt werden.

Doch kein System ist perfekt.

Babe erzählt es ihm so:

An einem strahlenden Tag, der nur durch Babes Stimmung etwas getrübt ist, studiert Babe in Santa Anita gerade das Rennprogramm. Babe ist allein. Babe hört, wie sein Name gerufen wird. Babe schaut auf. Perry Fowler steht mit seinem Fotoapparat vor ihm, und wohin Perry Fowler geht, folgt Aggie Underwood ihm hinterdrein.

Aggie Underwood ist Reporterin für William Randolph Hearsts *Herald-Express*. Aggie Underwood bekommt ihre erste große Chance, als sie in die Büros von *L. A. Record* marschiert und sich weigert, wieder zu gehen, ehe man ihr nicht einen Job gibt, zuerst als Telefonistin und später als Reporterin. Kaum hat sie den Fuß in der Tür und einen Arbeitsplatz im Erdgeschoss, beginnt Aggie Underwoods Aufstieg. Gegenwärtig arbeitet Aggie Underwood als Polizeireporterin für den *Herald-Express*, zusammen mit Bevo Means. Bevo Means ist ein pünktlicher Mensch. Bevo Means beginnt jeden Tag um Punkt sieben mit dem Trinken, und Bevo Means hört mit dem Trinken nicht eher auf, als er ins Bett geht. Aggie Underwood ist hauptsächlich zuständig für Vergewaltigungen, Morde und Skandale, schaut frühmorgens routinemäßig bei den Gefängnissen vorbei, um nachzusehen, welche Fische sich in den Netzen der Nacht verfangen haben. Aggie Underwood verdient ihr Brot mit Elend und Unglück. Aggie Underwood ist der Begriff «Privatsphäre» unbekannt; sollte Aggie Underwood indessen je in Versuchung geraten, dessen Bedeutung herauszufinden, ist Perry Fowler stets zur Stelle, um sicherzustellen, dass sie in ihrer Entschlossenheit nicht nachlässt.

Aber Babe glaubt, dass, wenn man Perry Fowlers Absichten durchkreuzt, Aggie Underwood ihn vielleicht in Ruhe lassen wird. Babe auf der Rennbahn taugt als Nachricht nur mit einem Foto.

Perry Fowler bittet Babe um die Erlaubnis, ein Foto machen zu dürfen, was zumindest von guten Manieren zeugt. Babe geht davon aus, dass sogar Perry Fowler die Notwendigkeit gewisser Umgangsformen auf Santa Anita anerkennt.

Aber Babe möchte sich nicht fotografieren lassen, heute nicht.

Nein, sagt Babe, ich bin beschäftigt.

Die gottverdammte Aggie Underwood taucht auf, und jetzt heißt es zwei gegen einen.

Kommen Sie schon, Mr. Hardy, sagt Aggie Underwood, bloß ein Lächeln für den *Herald-Express*.

Babe denkt an Hal Roach. Das Letzte, was Hal Roach braucht, ist, dass jemand aus William Randolph Hearsts Büro anfängt, über die Unzugänglichkeit von Stars zu meckern, und dass anschließend jemand von MGM, mit denen William Randolph Hearst partnerschaftlich über die Metrotone Wochenschau verbunden ist, anfängt, über das Gemecker von William Randolph Hearst zu meckern. Wenn Babe ihnen ihr Foto gibt, werden sie gehen, und Babe kann sich wieder dem Geldverlieren widmen und die fortdauernde Tragödie seiner Ehe betrauern.

Bloß eins, sagt Babe.

Babe versucht, seinen Gesichtszügen einen Anflug von Fröhlichkeit zu verleihen. Dieser Prozess ist noch nicht abgeschlossen – unter den gegebenen privaten Umständen braucht dergleichen seine Zeit –, als Perry Fowler fragt, ob Babe in Begleitung seiner Frau oder Tochter sei, was bedeutet, dass Perry Fowler Babe mit seinem Partner verwechselt.

– Vielleicht möchten die auch gern mit aufs Bild, Mr. Hardy. So was wie ein Familienfoto.

Nicht diese Tour, denkt Babe. Nicht jetzt.

Stellen Sie nicht so viele verdammte Fragen, sagt Babe.

Was ganz und gar nicht Babes Art ist.

An einem anderen Tag würde Perry Fowler das vielleicht unter Berufsalltag verbuchen, das Foto machen und sich den nächsten suchen, den er belästigen kann. Aber es ist nicht dieser Tag, weil Perry Fowler es nicht leiden kann, von irgendeinem fetten Scheißkomiker angeknurrt zu werden.

Jetzt werden Sie deswegen nicht gleich patzig, sagt Perry Fowler.

Babe Hardy ist ein großer Mann. Bislang hat Perry Fowler das immer im abstrakten Sinn verstanden, weil der Sucher von Perry Fowlers Kamera jeden kleiner macht, aber als sich Babe vor ihm aufbaut, versteht Perry Fowler es auch im konkreten Sinn.

Jetzt hören Sie mir mal zu, sagt Babe. Ich habe die Nase voll von so gottverdammten Knipsheinis wie Ihnen, die einen keinen Augenblick lang in Ruhe lassen. Nehmen Sie die gottverdammte Kamera da weg.

Babes zorniger Blick fällt auf Aggie Underwood, deren Stift jetzt wie eingefroren über ihrem Notizbuch schwebt.

Ihr seid doch alle gleich, fährt Babe fort. Ihr habt keinen Respekt vor anderen Menschen. Ihr schreibt, was ihr wollt, knipst, was ihr wollt, ohne eine Sekunde darüber nachzudenken, was ihr treibt. Ihr solltet euch was schämen.

Perry Fowler ist gleichfalls wie eingefroren, was bedeutet, dass sein Fotoapparat weiter auf Babe gerichtet ist, eine Tatsache, die Babe jetzt wahrnimmt.

Also versetzt Babe Perry Fowler einen Stoß.

Es ist kein heftiger Stoß – mit der flachen Hand gegen die Schulter. Perry Fowler wird zwei Schritte zurückgeschubst. Perry Fowler ist schon zuvor gestoßen worden – das gehört einfach dazu –, aber noch nie von einem Komiker.

Babe spricht jetzt ruhig, aber klar zu Perry Fowler.

– Ich habe gesagt, Sie sollen diese Kamera wegnehmen, oder ich werfe Sie über das Geländer und breche Ihnen Ihr gottverdammtes Genick.

Das Geländer ist nur ein paar Fuß entfernt. Es wäre kein tiefer Sturz, aber eben auch kein nicht tiefer, und der Boden ist aus Beton. Der Sturz würde ziemlich sicher Perry Fowlers gottverdammtes Genick brechen, aber Perry Fowler hat nicht vor, dergleichen zuzulassen. Stattdessen macht Perry Fowler Anstalten, Babe Hardy eins überzuziehen.

Doch Aggie Underwood tritt zwischen die beiden und zerrt Perry Fowler weg, denn wenn ein Fotograf auf Santa Anita einen Star schlägt, dann wird ein solches Höllenfeuer über ihn hereinbrechen, dass nicht einmal William Randolph Hearst persönlich in der Lage wäre, die Flammen zu löschen.

Okay, okay, sagt Aggie Underwood, wir wollten sowieso kein Bild von Ihnen.

Warum habt ihr dann, donnert Babe nicht zu Unrecht, gottverdammt noch mal eins haben wollen?

Aber sie ziehen bereits weiter, und damit könnte die Sache ihr Bewenden haben, nur dass Babe wütend ist und Babes Tag ruiniert ist und Babe noch immer mit Myrtle verheiratet ist und die Glocke gerade das nächste Rennen eingeläutet hat und gottverdammt noch mal und gottverdammt alles.

Dreckskerl!, ruft Babe.

Und meint Perry Fowler.

Und meint, gibt Babe später zu, damit vielleicht sich selbst.

Aggie Underwood sagt zu Babe, er solle die Situation nicht dadurch schlimmer machen, dass er andere beschimpft.

Ich habe niemanden beschimpft, entgegnet Babe und rudert bereits zurück. Ich habe «Dreckskerl» gesagt, und dabei bleibt es.

Aber die Erregung legt sich wieder, und Babe bereut bereits, überhaupt den Mund aufgemacht zu haben. Der einzige Trost ist, dass die Auseinandersetzung ohne Zeugen stattgefunden hat. Aggie Underwood und Perry Fowler verlassen den Schauplatz. Babe widmet sich wieder seinem Rennprogramm, kann sich aber nicht mehr konzentrieren.

Babe hätte das Wort «Dreckskerl» nicht benutzen sollen.

Cappy Marek von der Lokalredaktion der *Herald-Express* ruft Babes Publicityagenten an. Cappy Marek stellt klar, dass William Randolph Hearst es nicht mag, wenn sein Personal von Stars beschimpft wird, und erinnert den Agenten daran, dass sie alle miteinander auskommen müssten, um selbst zurechtzukommen.

Babe wird in die Publicity-Abteilung zitiert. Babe streitet ab, Perry Fowler einen Dreckskerl genannt zu haben. Das mag wahr sein oder auch nicht, aber Babe hat zu der Überzeugung gefunden, dass es wahr ist. Falls Babe das Wort «Dreckskerl» ausgesprochen habe, dann sei dessen Gebrauch in einem allgemeinen Sinn gemeint gewesen, aber das Ganze ist jetzt ziemlich verpfuscht, und verpfuscht hat es im Wesentlichen Babe.

Sie sitzen sich in der Garderobe gegenüber, er und Babe. Babe sieht wie eine traurigere Version seines Leinwand-Ichs aus. Dadurch erscheint Babe sowohl mehr als auch weniger real. Babe hat an Cappy Marek geschrieben und ihm seine Sicht der Dinge geschildert. Es ist keine Entschuldigung, sondern mehr ein zähneknirschendes Eingeständnis von Fehlern auf beiden Seiten. Das wird genügen müssen. Mehr als das wird Cappy Marek nicht bekommen.

Ich wollte doch nur in Ruhe gelassen werden, sagt Babe.

– Ich weiß.

Er glaubt, dass das für Babe schwerer sein könnte, da Babe seiner angenommenen Leinwandpersona irgendwie nähersteht als er der seinigen. Für Babe gibt es da einen größeren Spielraum für Verletztheiten.

Ich werde bald eine zweite Exfrau haben, sagt Babe. Wie zum Teufel ist das passiert?

– Vielleicht möchtest du dir eine Kollektion zulegen. Du solltest sie in deinem Keller einlagern und auf Tournee gehen.

– Ich komme nicht dahinter, ob ich dauernd die falschen Frauen heirate oder sie dauernd den falschen Mann.

Und vielleicht, so denkt er, wird es im Lauf der Zeit immer

schlimmer werden, obwohl er das gegenüber Babe nicht äußert, weil es nichts nützen würde. Madelyn und Myrtle kannten Babe aus der Zeit, bevor seine Rollenmaske endgültig erstarrte, genau so, wie Lois ihn kannte. Aber was ist mit jenen Frauen, die danach kommen? Sie werden ihn und Babe von der Leinwand kennen, aber diese Männer können sie nicht heiraten und würden es auch nicht wollen; mit ihnen schlafen, möglicherweise, sie sogar eine Zeitlang bemuttern, aber nicht heiraten. Das, was sie heiraten, muss unausweichlich zu einer Enttäuschung werden, weil es fleischgewordene Leinwandwesen sein werden, mit all den Makeln des Fleisches; Männer ohne Unschuld, wie Adam nach dem Sündenfall.

Ich glaube, sagt er zu Babe, ich stecke vielleicht ebenfalls in Schwierigkeiten. Wegen Ruth, meine ich.

Er spürt, dass das ein vertrauter Refrain ist. Es scheinen sich nur die Namen zu ändern.

– Das hier ist kein Wettbewerb.

– Wohin du gehst, gehe auch ich.

Ja, sagt Babe. So muss es wohl sein.

142

Was sind das für Muster? Welchen Pfaden folgen sie, er und Babe? Es ist, als hätten sie Zwillingsfurchen in die Welt gegraben, von Wagenrädern geschaffenen Fahrrinnen gleich, nur ausgeprägter und tiefgründiger, weshalb der eine so dahinziehen muss wie der andere. Sie sind, von Mächten außerhalb ihrer Verträge und jenseits von Freundschaft, unter dasselbe Joch gespannt worden. Ihre Biographien sind zu Widerspiegelungen geworden, jedes Leben eine Reflexion des anderen, ein unendliches Echo.

Babe tröstet sich bei anderen Frauen über Myrtle hinweg.

Er tröstet sich bei anderen Frauen über Ruth hinweg.

Wenn die Ehe des einen in Schwierigkeiten steckt, dann ist das auch bei der Ehe des anderen der Fall.

Sie reimen sich. Sie sind Partner in einem Tanz.

Es könnte natürlich reiner Zufall sein. Bestimmt wird es das sein.

Und dennoch ist es das nicht. Die Seltsamkeit dieses Jahres wird etwas anderes erweisen.

Eine Überlappung, eine Schraffur in einem Mengendiagramm.

Babe.

O Babe.

143

Im Oceana Apartment Hotel sitzt er da und betrachtet das Spiel des Lichts auf dem Meer. Ida schläft. Sie hat das zerbrochene Geschirr aufgehoben und den verschütteten Tee aufgewischt. Er aber findet jetzt keine Ruhe. Er leidet unter Schmerzen.

Er leidet schon so lang, so unendlich lang.

Jenes Jahr, jenes außergewöhnliche Jahr: was für ein Elend. Aber er und Babe haben aus dem Elend etwas Schönes erschaffen.

Babe, flüstert er. Babe.

Ich hör dich singen.

144

You'd Be Surprised.

Tonight's The Night.

In The Money.

They Done It Wrong.

Dieser Film hat so viele Namen, sagt Jimmy Finlayson, dass man eine Serie daraus machen sollte.

Sie einigen sich auf *Way Out West*.

Die Figuren und Drehungen des neuen Tanzes, der im Wesentlichen der alte Tanz ist, aber mit einigen unerwünschten Variationen, gehen so:

Babe reiht sich ein.

Babe ist von Myrtle getrennt. Ein Gerichtstermin steht bereits fest. Ben Shipman sagt Babe, es sei zu erwarten, dass Babe als Zeuge aussagen müsse.

Das wird übel, sagt Ben Shipman, aber danach ist es vorbei.

Ruth reiht sich ein.

Zur gleichen Zeit trennen er und Ruth sich. Ruth klagt auf Unterhalt. Seine Finanzen werden offengelegt, bis hin zu den Kosten für jenes Apartment, in dem er gelegentlich Alyce Ardell fickt.

Hal Roach reiht sich ein.

Um seine Demütigung noch zu vergrößern, besteht Hal Roach auf einer ellenlangen Moralklausel in seinem neuen Vertrag. In Zukunft hat er in seinem Verhalten allgemeine Sitten und Gepflogenheiten gebührend zu beachten. Er hat alles zu unterlassen, was Hal Roach oder das Studio kompromittieren könnte.

Er liest Vertrag und Klausel in Ben Shipmans Büro durch.

Hal sei doch schon kompromittiert, sagt er zu Ben Shipman.

– Hal könnte noch stärker kompromittiert werden.

Ben Shipman kennt Hal gut, da er in der Vergangenheit für ihn gearbeitet hat, bevor er sich fast ausschließlich Babe und dem Mann widmete, der von ihm sitzt. Diese beiden Männer nehmen mit all ihren Zwangslagen, in die sie sich ständig hineinmanövrieren, Ben Shipmans Zeit so in Anspruch, dass Ben Shipman es kaum schafft, pinkeln zu gehen.

Was ist, wenn ich nicht unterschreibe?, fragt er Ben Shipman.

– Dann wird es den nächsten Grund geben, warum du in der Zeitung stehst. Ist es das, was du möchtest?

Es ist nicht das, was er möchte.

– Das hier ist erniedrigend.

– Das hier ist vielleicht erniedrigend, aber du bist nicht der Erste, der es unterschreiben muss, und du wirst auch nicht der Letzte sein, und ganz bestimmt bist du nicht der Schlimmste von allen. In dieser Stadt gibt es Männer, die nicht über eine Spalte im Gehsteig stolpern können, ohne mit ihrem Schwanz in einem anderen Menschen zu landen. Wäre ich nicht Anwalt, wäre ich Tripperarzt.

Hör zu: Wenn du den Vertrag unterschreibst, kriegst du vier weitere Filme plus das damit verbundene Geld. Wenn du nicht unterschreibst, wirft Hal dich hinaus, und du kannst es dir nicht leisten, hinausgeworfen zu werden, weil du – wenn ich mich nicht irre – gerade dabei bist, in weitere Alimentenbonds zu investieren.

Er sieht Ben Shipman mit großen Augen an, dann liest er die Moralklausel erneut.

– Ich weiß noch nicht mal, was das alles bedeutet.

– Es bedeutet: Wenn du jemanden fickst, sollte es deine Frau sein. Ist es nicht deine Frau, dann vergewissere dich, dass es nicht die Frau von jemand anderem ist. Ist es die Frau von jemand anderem, dann verriegle die Tür.

– Na, so wird die Sache schon viel klarer.

– Schön, dass ich behilflich sein konnte.

Hal Roach scheidet aus.

Okay, sagt Ben Shipman, das sind also die guten Nachrichten. Die schlechte ist, dass Ruth tausend Dollar pro Monat möchte, dazu die Übernahme ihrer Anwaltshonorare, dazu die Hälfte deines jährlichen Einkommens und die Hälfte aus der Gütergemeinschaft. Gleichzeitig versucht sie eine gerichtliche Verfügung wegen der *Ruth L.* zu erwirken, die sie problemlos bekommen wird. Richter mögen keine Männer, die sich während eines Unterhaltsprozesses von ihrem Vermögen trennen.

– Ich liebe dieses Boot.

– Dann hast du hoffentlich ein Foto davon gemacht, weil du nicht einmal mehr an Bord gehen darfst, bis alles vorbei ist. Danach würde ich vorschlagen, du gibst dem Boot einen neuen Namen, aber das ist nur meine private Meinung.

– Muss ich dich für diese private Meinung bezahlen?

Nein, sagt Ben Shipman, die ist kostenlos.

Es ist eine einzige Heimsuchung, jeder einzelne Moment.

Aber am Set von *Way Out West* singt Babe. Er hört Babe, als er eine Szene mit James Horne aufbaut, der bei dem Film Regie führt – Regie führt, insofern irgendjemand diese Männer überhaupt führt. Walter Trask von den Avalon Boys spielt Gitarre, um die Zeit zu vertreiben, und Babe, der von Musik generell angezogen wird, singt dazu.

Er unterbricht seine Arbeit. Er freut sich immer, wenn er Babe beim Singen zuhören kann.

Was ist das für ein Song?, fragt er.

Und Walter Trask sagt es ihm.

Mae reiht sich ein.

Ben Shipman bestellt ihn ins Büro. Ben Shipman zieht es vor, schlechte Nachrichten außerhalb des Sets zu verkünden. Ben Shipman weiß, ein wie heikler Prozess es sein kann, Filme zu machen.

Er setzt sich auf einen – inzwischen unangenehm vertraut gewordenen – Stuhl. Ben Shipman gießt ihm einen Drink ein.

Eigentlich möchte ich gar keinen Drink, sagt er.

– Falsch. Du glaubst nur, dass du keinen Drink möchtest, aber glaub mir, du tust es.

Er nimmt das Glas entgegen.

Was hat Ruth denn schon wieder gemacht?, fragt er.

– Ruth ist nicht das Problem. Mae ist es.

– Was für eine Mae?

– Genau die.

Mae benutzt den Nachnamen, den sie für ihn – für sie beide – erfunden hat, damals, als sie während der Vaudevilletourneen zusammen in harten Betten schliefen, damals, als er und Mae nur eine Nummer unter mehreren auf einem Plakat waren und ihre Initialen eine Kombination unter mehreren auf einem Kofferpaar: S. L. und M. L.

Mae, die er vor über zehn Jahren ausbezahlt hat, dafür bezahlt hat, dass sie aus seinem Leben verschwindet, dass er ein Star werden kann ohne sie als Bürde. Er weiß nicht, wo sie die ganze Zeit gewesen ist, hat sich nie bemüht, es herauszufinden.

Mae, seine Gattin aus eheähnlicher Gemeinschaft.

Eines habe ich gelernt, erklärt ihm Ben Shipman. Es ist eine schlechte Idee, jemanden auszubezahlen, weil jemand, der einmal ausbezahlt wird, davon ausgeht, dass man den Hahn auch künftig wieder aufdrehen kann. Wäre das nicht der Fall, wäre Erpressung kein Geschäft. Demzufolge hat Mae eine Unterhaltsklage gegen dich eingereicht.

– Was will sie?

– Ich bin mir bewusst, dass das jetzt wie ein schlechtes Echo klingt, aber sie will tausend Dollar pro Monat, dazu die Übernahme ihrer Anwaltshonorare und die Hälfte aus der Gütergemeinschaft.

Er vergräbt das Gesicht in den Händen.

Wenn du glaubst, dass du jetzt in Schwierigkeiten steckst, sagt Ben Shipman. Ich muss es noch Hal Roach sagen.

Hal Roach reiht sich wieder ein.

Herr im Himmel, sagt Hal Roach, wie viele Ehefrauen braucht ein einzelner Mann?

Ben Shipman versucht, sich nicht auf ein totes Tier zu stellen. Ben Shipman fürchtet, dass es Unglück bringt. Ben Shipman denkt, dass es momentan ein Übermaß an Unglück gibt.

Es hat den Anschein, als hätte er mehr Ehefrauen, als unbedingt nötig wären, gibt Ben Shipman zu. Oder als individueller Zufriedenheit tatsächlich zuträglich wäre.

– Ich verstehe noch immer nicht, warum er nicht einfach bei Lois bleiben konnte.

– Bei Wahrung der Grenzen meiner Verschwiegenheitspflicht gegenüber meinem Mandanten darf ich doch sagen: Ich glaube, er versteht es selbst nicht.

– In meinem ganzen Leben habe ich noch nie einen Menschen getroffen, der sich so zielstrebig alle Chancen versaut, die ihm das Leben bietet.

Hal Roach schüttelt ungläubig den Kopf.

Vielleicht hat er eine heimliche Freude daran, Geld an Frauen zu verteilen, schlägt Hal Roach vor.

Ben Shipman versichert Hal Roach, dass dies nicht der Fall sei. Ben Shipman setzt Hal Roach auch in Kenntnis, dass sein Mandant keinerlei Moralklauseln verletze, da dieser seit Unterzeichnung keinerlei Aktivitäten unternommen habe, aus denen man eine Vertragsverletzung hinreichend herleiten könne.

Es sei nicht sein Fehler, schließt Ben Shipman, dass diese Frau jetzt aus der Versenkung auftauche.

Eigentlich sei es, sagt Hal Roach, recht besehen doch sein Fehler. Außer er habe sie nie gefickt.

Ben Shipman gibt zu, dass er sie höchstwahrscheinlich doch gefickt habe, auch wenn sich Ben Shipman das nicht hat bestätigen lassen.

Kannst du dieses ganze Chaos noch vor April in Ordnung bringen?, fragt Hal Roach.

Die Premiere von *Way Out West* ist für den 16. April 1937 angesetzt.

– Möglicherweise, wenn nichts Unvorhergesehenes geschieht.

– Er hat sonst keine weiteren Exfrauen irgendwo versteckt?

– Er versichert mir, dass er das nicht hat.

– Weil, weißt du: Bei Babe Hardy habe ich so etwas wie Mitgefühl. Babe Hardys Frau ist Alkoholikerin. Er aber, er muss einfach lernen, seinen Schwanz in der Hose zu behalten. Wer glaubt er denn zu sein, Errol Flynn?

Ben Shipman hat nicht die Absicht zu spekulieren, aber Ben Shipman hat keine Einwände gegen Hal Roachs Gesamtbeurteilung der Situation.

Hal Roach seufzt.

– Wir sollten ihn kastrieren lassen.

Und trotz dieser Kümmernisse singt Babe.

Babe singt «The Trail of the Lonesome Pine». Und er denkt – während im Hintergrund Ben Shipman lauert und Hal Roach lauert und Ruth lauert und Mae lauert –, dass man das filmen muss. Sie müssen den singenden Babe filmen.

Aller Ärger fällt ab.

Alle Sorgen fallen ab. Nur Babe bleibt, Babe, der singt.

Auf seinen Notizblock kritzelt er Ideen für Gesangstexte, für Partituren. Er wird auch singen. Seine Stimme kann nicht mit Babes mithalten, aber ihm schwebt ein Gag mit einem Zusammenspiel von Visuellem und Akustischem vor. Ein Song, der aus seinem Mund kommt, aber nicht mit seiner Stimme: zuerst mit der eines Mannes, sehr tief; dann mit der einer Frau, sehr hoch.

Aber abgesehen von allem anderen werden er und Babe tanzen. Sie werden zusammen tanzen, und im Angesicht des Elends, das sie gerade verschlingt, werden sie sich verlieren in fröhlichen Figuren und Gags, die sie sich selbst ausgedacht haben.

Er wartet, bis Babe ausgesungen hat. Babe erhält spontanen Beifall von Schauspielern und Crew. Er ruft Babe zu sich und erklärt ihm, was er aus dem Hut zaubern möchte.

Und Babe versteht ihn, weil Babe ihn immer versteht.

– Es wird wunderschön werden.

Ja, sagt Babe, das wird es.

Myrtle reiht sich ein.

Zwar hat Ben Shipman Babe vorgewarnt, dass die Todeszuckungen seiner Ehe sich als unangenehm erweisen werden, doch hat Babe noch keine richtige Vorstellung und erkennt erst, wie unangenehm es wird, als der Fall schließlich vor einen Richter kommt. Myrtles Anschuldigungen wegen seelischer Grausamkeit, ihre Berichte von Vernachlässigung und psychischer Gewalt, ihre Andeutungen von Affären verletzen Babe zutiefst. Ja, Babe ist Myrtle untreu gewesen, und doch ist Babe ihr, auf seine Weise, treuer gewesen, als irgendwer hätte erwarten können. Babe hält zu Myrtle, während sie tagelang verschwindet, um so lange zu trinken, bis auch das letzte Geld, das sie zusammengekratzt hat, weg ist; während sie Autos zu Schrott fährt und mit Selbstmord droht; während sie im Sanatorium ein und aus geht; während sie kreischt und pisst und kotzt. Selbst in den Armen anderer Frauen hat Babe nur flüchtige Momente von Ruhe und Frieden erlebt. Babe trägt seine Schuld immer mit sich, weil Babe noch immer etwas an Myrtle liebt, den besseren Teil von ihr, der zu ihm aufschaut und ihn nach einer Woche der Fürsorge und Aufmerksamkeit anlächelt, wenn ihr Haar gewaschen und ihr Gesicht sauber ist, wenn ihr Körper sich vorübergehend entgiftet hat, wenn Myrtle beginnt, sich auf ihr besseres Ich zu besinnen.

Doch selbst dann beginnt sich die Spirale von Myrtles Alkoholismus schon wieder zusammenzuziehen, während sich das Uhrwerk aufzieht und das Ticken lauter wird.

Und während Babe versucht, all dies in einem Sitzungssaal vor dem Gericht und den Neugierigen darzulegen, fängt Babe selbst an zu weinen. Babe bricht zusammen. Eine Erinnerung, eine aus jüngerer Zeit, überfällt Babe jählings: Iris Adrian, eine Nebendarstellerin in *Our Relation*, aber schön und komisch und clever. Babe lädt Iris Adrian zum Dinner ein. Iris Adrian nimmt an. Sie macht sich hübsch für ihn, legt Parfüm auf, und dann ruft Babe an. Es wird kein Dinner geben.

Babe erklärt ihr Folgendes:

– Du solltest nicht mit einem wie mir ausgehen. Ich bin bloß ein alter, fetter Kerl.

Das ist es, was aus Babe geworden ist. Babe ist ein alter, fetter Kerl, der vor Gericht weint.

Der Richter entscheidet, dass Babe Myrtle tausend Dollar pro Monat zahlen muss.

Tausend Dollar pro Monat scheint der gängige Tarif für Elend zu sein.

Mae reiht sich ein.

Gott, wie lange hat er sie schon nicht mehr gesehen. Nur noch Spuren ihres früheren Ichs sind übriggeblieben, als bewohnte ihr Geist den Körper von jemand anderem – eine Wiedergängerin, zurückgekehrt in einem fremden Körper. Unterm Arm trägt Mae ein Sammelalbum ihrer gemeinsamen Jahre: Fotos, Programmzettel, Kritiken. Sie zeigt es jedem, der es sehen will: dem Richter, den Reportern, den Protokollführern, den Gaffern.

Sehen Sie, sagt Mae, das alles waren wir. Das alles war ich für ihn.

S. L. und M. L.

Mae stellt für die Reporter ihre Finger zur Schau. Sie sind zerstochen und zerkratzt. Sie verdient ihren Lebensunterhalt mit Näharbeiten in einem staatlich geförderten Programm, diese Frau, eine ehemalige Filmschauspielerin.

Er hat mich verlassen, sagt sie. Kaum ist er berühmt geworden, hat er mich auf die Straße gesetzt.

Ist das gelogen? Er kann es nicht mehr sagen. Er wollte sie nicht mehr in seinem Leben haben; so viel ist richtig. Der Rest sind unbedeutende Kleinigkeiten.

Im selben Gerichtsgebäude, in dem Babe kürzlich geweint hat, tritt er in den Zeugenstand und spricht über diese Frau aus seiner Vergangenheit, doch er streitet ab, dass sie verheiratet gewesen seien, dass ihre Beziehung durch irgendeine Zeremonie, konventioneller oder sonstiger Art, formalisiert worden sei.

Warum hatten Sie beide dann einen gemeinsamen Namen?, wird er gefragt.

Weil, erwidert er, man das als Gentleman so macht.

Er verlässt das Gerichtsgebäude mit Ben Shipman.

Es gibt keinen Beweis, dass es zwischen euch einen Ehevertrag gegeben hat, sagt Ben Shipman, während sie zusammen im Auto wegfahren. Jesus, die Frau hat wieder geheiratet, nachdem sie dich verlassen hat, und das Thema einer früheren eheähnlichen Gemeinschaft ist in der neuen Beziehung nie angesprochen worden.

Er entgegnet nichts. Er starrt hinaus auf die Straßen, sieht aber nur Mae mit ihrem Sammelalbum und den Nadelstichen an ihren Fingern und wie alt sie geworden ist.

Können wir einen Vergleich machen?, fragt er.

– Nur beim Kleingeld.

– Nein, ich will, dass sie versorgt ist.

– Weil man das als Gentleman so macht?

– Weil sie etwas Besseres verdient als das.

Hal Roach reiht sich noch einmal ein.

Hal Roach hat keine Freude an der Zeitungslektüre. Hal Roach liest von Stars, die im Zeugenstand weinen, und von Ehefrauen, die von angeblichen Affären und Zwangseinweisungen in Sanatorien reden, und von Ehen ohne Trauschein, bei denen Frauen Entschädigung dafür verlangen, dass sie verlassen wurden. Hal Roach vernimmt Berichte über Zocken und Saufen und Herumficken. Hal Roach hat Jahre seines Lebens damit zugebracht, diese Männer zu beschützen, und Hal Roach wird des Ganzen immer überdrüssiger.

Hal Roach ruft Ben Shipman an.

Wie sieht es aktuell aus?, fragt Hal Roach. Und erzähl mir keinen Scheiß.

– Die Sache mit Mae ist unter Kontrolle. Die Sache mit Ruth ist unter Kontrolle. Die Sache mit Myrtle ist unter Kontrolle. Was kann ich dir sonst noch sagen? Das Rad der Gerechtigkeit dreht sich. «Gottes Mühlen mahlen langsam, doch sie mahlen trefflich fein.»

– Was zum Teufel ist das?

– Das ist von Longfellow.

– Und wie viele Ehefrauen hat Longfellow gehabt?

– Zwei. Aber ich glaube, Longfellow hat gewartet, bis die erste starb, bevor er die zweite geheiratet hat.

– Was zum Teufel weiß dann dieser Longfellow schon?

Hal Roach legt auf.

Am Set von *Way Out West* erklärt er James Horne den Ablauf. Er und Babe haben alles einstudiert. Die Musikeinsätze sind vorbereitet. Die Sketche hat er klar im Kopf, und bald werden sie auf der Leinwand reproduziert werden. James Horne argumentiert nicht. James Horne spürt, dass diese kurzen Szenen, diese einfachen, eleganten Gags, seinen Stars etwas bedeuten, das man anderen nicht adäquat vermitteln kann.

Sollen sie singen. Sollen sie tanzen.

Es wird wunderschön werden.

Wenn ihr soweit seid, sagt James Horne, fangen wir an.

Also fangen sie an.

Und es ist wunderschön.

Roger Marchetti reiht sich ein.

Ruth hat Myrtles Anwalt beauftragt, ihre Interessen wahrzunehmen.

Roger Marchetti, Mister Tausend-Dollar-pro-Monat.

Er und Babe haben beide denselben Mann im Nacken.

Madelyn reiht sich ein.

Ben Shipman glaubt, dass Hal Roach womöglich kurz vor einem Schlaganfall steht.

Eine neue Ehefrau?, fragt Hal Roach, wenn auch mit sehr lauter Stimme.

Ben Shipman hält den Hörer ein Stück vom Ohr weg. Ben Shipman kennt einen Mann mit nur einem intakten Trommelfell. Dieser Mann stürzt regelmäßig auf dem Gehsteig, und Ben Shipman möchte nicht auf Gehsteigen stürzen.

Madelyn Saloshin ist Babes erste Frau, erklärt Ben Shipman, sobald sich Hal Roach beruhigt hat. Sie ist in New York aufgetaucht, verlangt eine Nachzahlung über dreißig Dollar wöchentlich für fünfzehn Jahre Unterhalt. Sie behauptet, sie habe Babe zu dem gemacht, der Babe jetzt ist.

– Schön, dann sollte sie das für sich behalten. Was hält Babe davon?

– Babe ist gekränkt.

– Was wirst du tun, um die Situation zu bereinigen?

– Ich schätze, wir werden ihr etwas zahlen, damit sie verschwindet.

– Dann tu's rasch. Und übrigens hast du mir versprochen: keine neuen Ehefrauen mehr.

– Das betraf den anderen Burschen. Bezüglich Babe habe ich nichts behauptet.

– So spricht ein wahrer Anwalt. Wie viel auch immer man dir bezahlt, es ist nicht genug.

Komisch, sagt Ben Shipman, das ist genau das, was ich immer zu den beiden sage, wenn es um Verträge mit dir geht.

Babe ist seit langem über Madelyn auf dem Laufenden. Madelyn geistert durch die Kulissen seines Lebens. Babe sieht Madelyns Namen auf den Labels von Grammophonplatten. Babe schwört, dass er Madelyns Tastenanschlag heraushören kann, auch wenn das Plattenlabel ihren Namen nicht nennt.

Einmal, in New York, hört Babe Madelyn im Radio, wie sie einen Tenor namens Prince Piotti begleitet. Prince Piotti singt Lieder mit Titeln wie «Where'd You Get Those Eyes», «Love Is Just A Little Bit of Heaven» und «If You Can't Tell The World She's A Good Little Girl Just Say Nothing At All». An dem Samstag, an dem Charles Lindbergh in Paris landet, singt Prince Piotti halbstündlich «Lucky Lindy» auf WMCA in New York, was für Babe gleichbedeutend mit Folter ist.

Babe kann Prince Piotti nicht leiden.

Madelyn benutzt noch immer seinen Nachnamen. Madelyn bleibt Madelyn Hardy.

Babe kann auch das nicht leiden.

Die Zwillingsechos aus seinem Leben und dem von Babe werden immer lauter. Madelyn ist pleite, genau wie Mae. Madelyn benutzt einen Namen, der nicht mehr der ihre ist, genau wie Mae einen Namen benutzt, für den nur er eine juristische Berechtigung hat. Babe fickt Viola Morse, so wie er Alyce Ardell fickt.

Diese Muster innerhalb von Mustern.

Diese unendlichen Permutationen von Schmerz.

Er und Babe treffen sich auf einen geruhsamen Drink in einer Hotelbar. Der Geschäftsführer teilt eine Ecke durch einen Vorhang ab, damit ihre Privatsphäre geschützt bleibt, allerdings erst, nachdem sie in ein Foto und ein Autogramm auf der Speisekarte eingewilligt haben.

Ich beginne zu glauben, sagt Babe, dass deine Existenz und meine wie zwei Schnurknäuel sind, die sich ineinander verwickelt haben, und jetzt kann ich das eine nicht mehr vom anderen unterscheiden.

– Wären wir äußerlich nicht so verschieden, könnte jeder von uns ins Leben des anderen treten, und wir könnten uns gegenseitig eine Pause verschaffen.

Er verschleift die Wörter. Seit kurzem spricht er immer undeutlicher. Hätte er die Energie aufgebracht und nicht so viel getrunken, hätte er Alyce Ardell anrufen und eine Verabredung zum Ficken treffen können. Stattdessen sitzt er jetzt hier mit Babe.

Es ist, wie es sein soll.

Ich habe mit Ben gesprochen, sagt Babe.

– Jedes Mal, wenn ich mit Ben spreche, kostet es mich Geld.

– Ben macht sich Sorgen um dich.

– Und du?

– Ich mach mir auch Sorgen um dich.

– Na schön, dann sind wir schon zu dritt. Zu viert, wenn ich die zwei Versionen von dir mitzähle, die ich jetzt vor mir sehe. Möglicherweise hatte ich ein Glas zu viel. Möglicherweise mehr als eines.

Und diese Wut. Meine Güte, diese Wut.

Er steht auf.

Wo gehst du hin?, fragt Babe.

– Raus. Fort.

Babe versucht nicht, ihn aufzuhalten. Er legt eine Hand auf Babes Schulter.

Es tut mir leid, sagt er.

145

Er wacht neben Alyce Ardell auf. Im Mund hat er einen sauren Geschmack. Er hat keinerlei Erinnerung, was ihn zu ihr geführt hat oder was sie eventuell zusammen getrieben haben. Viel kann es nicht gewesen sein, vermutet er, weil er noch seine Unterwäsche anhat.

Alyce Ardell raucht eine Zigarette. Alyce Ardell sieht ihn nicht an. Alyce Ardell fixiert einen feuchten Fleck an der Wand.

Du riechst schlecht, sagt Alyce Ardell.

Sie reicht ihm die Zigarette. Er raucht sie und würgt.

Du musst damit aufhören, sagt sie zu ihm.

– Aufhören womit? Aufhören, zu dir zu kommen?

– Du weißt, was ich meine.

– Vielleicht hätte ich dich heiraten sollen.

– Seh ich so dumm aus?

Nein, denkt er. Alyce Ardell sieht nicht so dumm aus.

Alyce Ardell steigt aus dem Bett. Sie ist nackt.

Er streckt den Arm nach ihr aus, aber sie ist bereits weg.

146

Er ist ein abendaktives Geschöpf, ein Wesen, das Licht und Schatten braucht. Er sinkt oder steigt in die Höhe je nach Stellung des Querruders seiner Stimmungen.

Seine Augen sind sehr blau. Die Intensität ihrer Farbe überrascht jene, die ihm zum ersten Mal begegnen. Sie kennen ihn nur als einen grauen Mann, als ein Flimmern im Dunkeln.

Er glaubt, dass diese Augen der Grund sind, warum er sich so oft unerkannt auf der Straße bewegen kann.

Er glaubt, dass diese Augen der Grund sind, warum Frauen ihn ficken wollen.

147

Babe ruft an, um ihm fröhliche Weihnachten zu wünschen, aber er bringt fast kein Wort heraus.

In der Hand hält er das vorläufige Urteil, das eine weitere Ehe in Asche verwandelt.

Er sollte bei seiner Tochter sein.

Er sollte bei Lois sein.

Er kann nicht allein sein.

148

Ruth steht vor ihm. Ihre Kleider sind planlos gepackt und quellen zu beiden Seiten aus dem Koffer wie Nachbemerkungen. Sie fragt:

– Warum hast du mir das angetan?

Was er ihr angetan hat, ist dieses:

Er hat Ruth mit nach New York genommen.

Er hat eine Versöhnung versprochen.

Er hat Ruth gefickt, wieder und wieder.

Und er hat Ruth ein weiteres Mal fallenlassen.

Warum hasst du mich?, fragt Ruth erneut.

Er ist von der Wiederholung verwirrt.

– Ich hasse dich nicht.

Aber vielleicht tut er es doch. Er kann es nicht mehr sagen. Ruth hat ihm sein Geld genommen. Sie hat gegenüber der Presse von Missbrauch gesprochen. Sie hat sich in seine Karriere eingemischt. Er hat Halbwahrheiten und Unwahrheiten gehört, alle in ihrem Namen geäußert in dem Bestreben, ihn bis aufs Mark auszubluten. Vielleicht hat er darauf reagiert, indem er sie ihrerseits verletzt hat, aber er glaubt es nicht. Mit ihr zusammen zu sein erschien ihm einfach besser, als allein zu sein.

– Aber so kann man doch nur jemanden behandeln, den man hasst.

Ruth weint nicht. Ihm wäre es lieber, sie täte es. Ihn bekümmert ihr Unvermögen zu begreifen, ihr Eifer, etwas verstehen zu wollen, was nicht verstehbar ist, weil es nicht erklärbar ist.

– Du hast mich wie deine Hure behandelt.

Er blickt auf die Lichter von Manhattan. Er wünscht, er könnte sie alle ersticken, eines nach dem andern.

Er sollte arbeiten. Er hat seit Monaten nicht gearbeitet.

Der gottverdammte Hal Roach mit seinen Verträgen, mit seiner Knauserigkeit, mit seinen faschistischen Freunden.

Der gottverdammte Hal Roach mit seinem Streben nach Klasse, mit seinem Gerede von Musicals und Salonkomödien, wo doch die einzigen Oscars, die Hal Roach gewonnen hat, die für Kurzfilme waren, von denen der beste *The Music Box* ist, den er für das Studio geschaffen hat – er und Babe.

Der gottverdammte Hal Roach.

All der Schweiß und all die Mühen, all die Kompromisse – nur, damit sein guter Ruf in Misskredit gerät, nur, damit diese Frauen in den Häusern leben, die er kauft, und das Geld ausgeben können, das er verdient.

– Wie viele andere hast du während unserer Ehe gefickt?

Er kann sich nicht erinnern. Keine, die wichtig waren, möchte er sagen, ausgenommen Alyce Ardell, und sie ist nur deshalb wichtig, weil sie nicht den Wunsch hegt, für ihn wichtig zu sein.

Ruth stellt sich zu ihm ans Fenster. Seine Anwesenheit in der Stadt hat sich herumgesprochen. Menschenmengen sind zusammengeströmt, um einen Blick zu erhaschen, um ein Autogramm zu ergattern. Sie starrt hinunter auf die Gestalten dort unten. Sein Gesicht hängt wie ein abnehmender Dreiviertelmond vor ihr.

– Was würden die von dir denken, wenn sie die Wahrheit kennen würden: dass nämlich der Mann, den sie lieben, ein Hurenbock ist; dass er abgesehen von einem Namen auf der Leinwand gar nicht existiert, abgesehen von einem Namen, der noch nicht mal sein eigener ist?

Ihre Stimme ist sehr leise, ein bitteres Flüstern.

– Warum sagst du es ihnen nicht?

– Ich glaube, dass dir das fast noch gefallen würde. Du bist ein viel zu großer Feigling, um dich selbst zu ruinieren. Du möchtest, dass jemand anderer das für dich tut.

Nein, sagt er, das ist nicht wahr.

Sie lacht.

– Deine Ichbezogenheit ist es, die mir so fremd ist. Ich sehe, wie du mich verletzt. Ich sehe, wie du deine Tochter verletzt. Ich sehe, wie du sogar Babe verletzt. Was bist du für ein Mensch, dass du allen solche Schmerzen zufügst, denen du etwas bedeutest?

Was er weiß, ist dieses: Babe wird die Kämpfe mit Hal Roach allmählich leid, diese ewigen Streitereien um Geld und Einfluss, darum, wer was macht und wer wem was schuldet. Babe hat kein Interesse, als Skriptautor genannt zu werden. Babe zerbricht sich nicht den Kopf über die Urheberschaft von Ideen. Babe will nichts weiter als arbeiten und anschließend schauspielern.

Aber er kann Babe einfach nicht böse sein.

Ruth geht zum Bett, zu dem Bett, in dem er sie erst vorhin gefickt hat, ihr die ganze Liebe aus dem Leib gefickt hat. Sie legt ihre Kleider ordentlich zusammen und macht den Koffer zu.

– Du möchtest mich los sein?

– Ja.

– Sag es.

– Ich möchte dich aus meinem Leben haben.

Sie hebt den Koffer hoch.

– Du bist wie ein kleines Kind. Du hast keine Vorstellung von dem, was du überhaupt möchtest.

149

Hal Roach ruft Ben Shipman an. Ben Shipman ist auf den Anruf vorbereitet gewesen, verspürt allerdings keine große Begeisterung. Ben Shipman hat sogar mit dem Gedanken gespielt, seine Sekretärin zu bitten, sie möge Hal Roach ausrichten, dass ihr Chef momentan indisponiert oder auf Reisen oder tot sei.

Du weißt schon, was er jetzt in diesem Augenblick tun sollte, oder?, fragt Hal Roach.

Ja, sagt Ben Shipman, doch Hal Roach fährt gleich fort, als hätte Ben Shipman nichts gesagt.

– Er sollte hier sein, auf dem Studiogelände, bei den Vorbereitungen zu *Swiss Cheese*.

Ben Shipman sagt Hal Roach nicht, dass *Swiss Cheese* ein schrecklicher Titel für einen Film ist. Ben Shipman sagt Hal Roach insbesondere deshalb nicht, dass *Swiss Cheese* ein schrecklicher Titel für einen Film ist, weil Ben Shipman befürchtet preiszugeben, dass es sein abwesender Mandant ist, der diese Meinung geäußert hat, und das mit einigem Nachdruck, obwohl sein abwesender Mandant soeben den neusten unvorteilhaften Vertrag unterschrieben hat (unvorteilhaft jedenfalls für ihn, weil jeder Vertrag mittlerweile symbolisch für eine größere existenzielle Querulanz steht), gemäß dem *Swiss Cheese* die erste Produktion von mehreren darstellt. Das ganz Spezielle an *Swiss Cheese* ist, dass Ben Shipmans abwesender Mandant mit seiner Unzufriedenheit über den Film nicht allein dasteht, denn sein abwesender Mandant und Hal Roach teilen diese Ablehnung. Hal Roach würde lieber *Rigoletto* als *Swiss Cheese* machen, aber Hal Roach hat, nach der Implosion seiner Beziehung zu Mussolinis Sohn, jede Hoffnung auf Filmopern begraben.

Somit ist Hal Roach bereits unglücklich, noch ehe Ben

Shipmans Mandant eine Reisetasche packt, um Vera Ivanova Shuvalova in Yuma, Arizona, zu heiraten, eine notorische russische Alkoholikerin, die nur aufs Geld aus ist, die unter ihrem Bühnennamen Illeana bekannt ist und mit einem Tanzlehrer namens Roy Randolph – der nicht viel mehr ist als ein Zuhälter und Kuppler – umherreist, zusammen mit einer Frau namens Sonia, die behauptet, eine Gräfin zu sein, und die, vielleicht oder vielleicht auch nicht, Vera Ivanova Shuvalovas Mutter sein könnte.

All dies, noch bevor die Tinte auf seinen jüngsten Scheidungspapieren vollständig getrocknet ist.

Warum ist er denn, fährt Hal Roach fort, in Yuma, um eine russische Säuferin zu heiraten?

Er ist in Yuma, weil Arizona, im Gegensatz zu Kalifornien, kein Gesetz hat, das eine namentliche Nennung der Heiratswilligen in der Lokalpresse vorschreibt, doch ist sich Ben Shipman darüber im Klaren, dass dies nicht die korrekte Antwort auf die Frage ist. Hal Roach interessiert Geographie nur insofern, als sie Aufschluss über die Herkunft von Vera Ivanova Shuvalova geben kann. Ben Shipman hat keine Ahnung, warum sein Mandant diese Frau geheiratet hat. Vielleicht war er zu lange in der Sonne und hat dabei Hochprozentiges getrunken, was sein Gehirn noch weiter vernebelt hat.

Ich weiß es wirklich nicht, sagt Ben Shipman.

– Und warum sagt seine Exfrau, seine *zweite* Exfrau, der Presse, sie sei noch immer mit ihm verheiratet?

– Auch das weiß ich nicht.

– Und überhaupt: Was macht denn seine zweite Exfrau eigentlich in Yuma?

– Ich glaube, sie ist ihm dorthin mit der Absicht gefolgt, die Eheschließung zu verhindern.

– Liebt sie ihn noch immer?

– Das halte ich für unwahrscheinlich. Ich bin der Ansicht, sie will ihm nur sein Leben verkomplizieren.

Hal Roach denkt über diese Möglichkeit nach.

– Warum sollte sich jemand die Mühe machen, ihm sein Leben verkomplizieren zu wollen, wenn er offensichtlich mehr als fähig ist, das selbst zu besorgen?

– Rachsucht. Es ist schwer, sich selbst gegenüber rachsüchtig zu sein.

– Also, wenn es einen gibt, der auch das fertigbringt, dann ist er es. Erkennt er eigentlich noch den Unterschied zwischen Film und Wirklichkeit?

– Ich habe meine Zweifel.

Ben Shipman hört das Geräusch umgeblätterter Seiten am anderen Ende der Leitung.

Weißt du, was ich mir gerade ansehe?, fragt Hal Roach.

Ich habe nicht die leiseste Ahnung, lügt Ben Shipman.

– Ich sehe mir gerade die Moralklausel in seinem Vertrag an.

Ben Shipman versucht, überrascht zu klingen.

Ah, sagt Ben Shipman.

– Hat er den Verstand verloren?

– Schon möglich.

– Dann sag ihm, er soll ihn suchen gehen, und zwar schnell.

150

Er heiratet Vera Ivanova Shuvalova am 1. Januar 1938. Er trinkt eine Menge, sowohl vor als auch nach der Zeremonie.

Er wird den größten Teil des Jahres 1938 mit Trinken verbringen, aus Gründen, bei denen nicht auszuschließen ist, dass sie mit dieser Eheschließung zu tun haben.

Er wird in seiner Flitterwochen-Suite im Hotel del Sol in Yuma vom Klingeln eines Telefons geweckt, das er kurzzeitig als das Läuten einer Türglocke in seinen Traum integriert, bis er feststellt, dass die Klingel nicht mit dem Gebimmel aufhört, wenn er die Tür öffnet.

Er nimmt den Hörer ab. Der Hotelmanager ist am Apparat.

Der Hotelmanager, der eigentlich perfekt englisch spricht, hat offenbar eine Wortfindungsstörung.

Hier ist, sagt der Hotelmanager, also, wir haben, ähm, hier ist eine beziehungsweise –

Der Hotelmanager entschließt sich, in den sauren Apfel zu beißen.

– Hier ist eine Dame, die behauptet, Ihre Ehefrau zu sein.

Er dreht sich im Bett um. Vera schnarcht leise neben ihm.

– Meine Ehefrau schläft gerade neben mir.

– Diese Dame scheint sehr hartnäckig zu sein. Sollen wir die Polizei rufen?

Ihm schwant Schreckliches.

– Vielleicht könnten Sie die fragliche Dame beschreiben?

Der Hotelmanager liefert eine, unter den gegebenen Umständen, höchst akkurate Beschreibung von Ruth, doch noch ehe weitere Worte gewechselt werden können, hört er Geschrei am anderen Ende der Leitung und die sich eilig entfernende Stimme einer Frau.

Ich fürchte, die Dame ist auf dem Weg nach oben, informiert ihn der Hotelmanager.

Er legt den Hörer auf. Er sieht wieder zu Vera. Vera sollte nicht bei ihm im Zimmer sein. Babe sollte, mit Mütze und im Nachthemd, bei ihm im Zimmer sein und ein Fenster öffnen, um nachzusehen, ob es irgendeine Möglichkeit gibt, dass sie den Sprung überleben.

Es hämmert an der Schlafzimmertür. Das Hämmern ist laut genug, um sogar Vera aufzuwecken. Er bemerkt, dass sie nach Schnaps riecht, vermutlich aber nicht stärker als er.

Was ist los?, fragt Vera. Wer ist an der Tür?

Ruths Stimme dringt vom Flur herein.

– Bigamist! Bigamist!

Ich glaube, du wirst möglicherweise gleich meine Exfrau kennenlernen.

Es heißt, dass Jimmy Finlayson – als er diese Geschichte hört – so sehr lacht, dass er sich fast eine Rippe bricht.

Hal Roach aber, wie Ben Shipman bezeugen kann, lacht nicht.

Und Babe lacht nicht.

151

Er und Vera feiern ein zweites Mal Hochzeit, dieses Mal standesamtlich. Er chartert ein Boot für die Flitterwochen. Er hat vor, mit Vera nach Catalina Island zu fahren. Erst in allerletzter Minute sagt er ihr, dass seine (erste) Exfrau mit von der Partie sein wird.

Der Flitterwochentörn nach Catalina Island wird gestrichen.

Babe und Ben Shipman sind im Gericht. Babe versucht, eine Reduzierung seiner Alimentenzahlungen an Myrtle zu erreichen, aber den größten Teil des Vormittags verbringen Babe und Ben Shipman damit, Reportern aus dem Weg zu gehen und über andere Sachen zu sprechen.

Ich verliere allmählich den Überblick darüber, wie oft er verheiratet gewesen ist, sagt Ben Shipman. Ich denke, er hat wahrscheinlich selbst keinen Überblick mehr.

Er redet von einer Tournee mit dieser Illeana, sagt Babe.

– Ich gehe davon aus, dass du dich ihnen nicht für ein Trio anschließen willst?

– Das ist nicht komisch.

– Nein, vermutlich nicht. Also, was hast du für ein Gefühl bei dieser Geschichte?

– Was glaubst du, was ich für ein Gefühl habe?

Babes Stimme bricht. Ben Shipman fragt sich, ob Babe jemals wirklich zornig auf seinen Partner sein kann.

Enttäuscht? Ja.

Frustriert? Ja.

Aber zornig? Nein, eher nicht.

Dies, so ahnt Ben Shipman, liegt im Wesen der Liebe, weil auch Ben Shipman diese zwei Männer liebt, in all ihrer Seltsamkeit und Sanftmut, mit all ihren Sorgen und Freuden.

Er trinkt jetzt schon am Set, sagt Babe.

– Weiß Hal das?

– Ich glaube, Hal hat einen Verdacht.

– Was ist mit Hals Sohn?

Hal Roach junior arbeitet beim jüngsten Film als Assistent mit.

– Hal junior rennt nicht zu seinem alten Herrn und petzt.

– Das ist doch schon was.

Aber Babe hört Ben Shipman nicht. Babe ist woanders, an irgendeinem zukünftigen Ort, wo er die Abwesenheit eines Schattens betrauert, auf ein Echo lauscht, das nicht kommt.

Was werde ich tun?, fragt Babe.

– Wann?

– Wenn er mich verlässt.

– Du wirst warten.

– Worauf?

– Dass er zurückkommt.

– Und wird er das?

Er wird immer zu dir zurückkommen, sagt Ben Shipman. Ich würde ja sagen, zwischen euch ist das wie eine Ehe, aber in seinem Fall wäre das eine unangebrachte Analogie.

152

Er baut ein neues Haus in Canoga Park, mit einer hohen Mauer rings um den Garten. Dieses Anwesen soll sein Zufluchtsort werden, seine Festung. Im Innern leisten ihm Vera und Gräfin Sonja und – mit irritierender Häufigkeit – Roy Randolph, der Tanzmeister, Gesellschaft, und die Gefängnistüren schließen sich. Um den Irrsinn auf die Spitze zu treiben, veranstalten er und Vera noch eine dritte Hochzeitsfeier, dieses Mal mit Father Leonid Znamensky von der Russisch-Orthodoxen Kirche und Zufallstrauzeugen.

Er glaubt, bei Father Leonid Znamensky eine Ähnlichkeit mit Rasputin festzustellen, ist aber zu verkatert, um darüber nachzudenken.

Ben Shipman besucht das Haus in Canoga Park. Schriftstücke sind zu unterzeichnen. Sie müssen wieder vor Gericht: erneute Streitigkeiten wegen Alimenten und Kindesunterhalt.

Eines der Fenster an der Vorderfront des Hauses ist zerbrochen, und eine kleine Bronzestatuette liegt auf dem Kies davor, inmitten von Glasscherben. Ben Shipman hebt die Statuette auf und nimmt sie mit zur Tür.

Er begrüßt Ben Shipman auf der Schwelle. Ben Shipman übergibt ihm die Statuette.

Ein Unfall, sagt er.

– Wenigstens hat sie dich verfehlt.

– Diese schon.

Von irgendwo im Innern des Hauses hört man Gesang. Vera singt oft. Wenn Vera nicht selbst singt, spielt sie Gesangsaufnahmen von sich ab. Ben Shipman ist sich nicht sicher, ob er eine von Veras Aufnahmen oder Vera leibhaftig hört. Ben Shipman ist bereits beidem ausgesetzt gewesen, und das eine ist so schlecht wie das andere.

– Möchtest du hereinkommen?

Ben Shipman möchte nicht hereinkommen. Wenn Ben Shipman eintritt, wird Vera ihm etwas vorsingen. Vera könnte auch versuchen, ihn zu umarmen. Von Vera umarmt zu werden ist, als würde man von einem in Franzbranntwein eingelegten Stück Fleisch erstickt werden.

Ich habe bei der Vermittlung Nachrichten für dich hinterlassen, sagt Ben Shipman.

– Ich hatte vor anzurufen.

Im Halbdunkel des Hauses taucht das Gespenst namens Roy Randolph auf, einen Drink in der Hand. Der Gesang bricht ab und wird durch zwei weibliche Stimmen ersetzt, die sich auf Russisch ankreischen.

Ben Shipman reicht ihm einen Stift. Er unterschreibt die Schriftstücke auf der Türschwelle, ohne sie zu lesen. Er ist unrasiert. Seine Hand zittert.

Das muss aufhören, sagt Ben Shipman. Komm mit mir.

– Ich habe Arbeit zu erledigen.

– Was für Arbeit? Glaubst du, sie können die nächste Flasche nicht selbst aufmachen?

– Komm mal irgendwann zum Dinner.

– Ich mag kein Dinner aus dem Glas.

Der Gesang wird wiederaufgenommen, aber mit größerer Lautstärke als zuvor.

Das sind bloß Kinderkrankheiten, sagt er.

– Kinder haben Probleme beim Zahnen, Haifische vielleicht auch. Was von beidem bist du? Oder genauer: Was ist sie?

– Ich kann nicht noch eine gescheiterte Ehe hinterlassen.

– Hör zu: Besser, du lässt sie hinter dir, als dass du sie für den

Rest deines Lebens überallhin mitnimmst. Du leidest. Wenn du leidest, leiden deine Filme. Wenn deine Filme leiden, leidet dein Gehaltsscheck.

– Ist das Hal, der da spricht, oder bist es du?

– Hal hat fast eine Dreiviertelmillion Dollar für *Swiss Miss* ausgegeben. Hal glaubt nicht, dass er mit dem Film auf seine Kosten kommt.

– Hal ist der Einzige von uns, der reich sterben wird. Hal kommt immer auf seine Kosten.

– Dieses Mal nicht. Der Film ist nicht gut genug.

– Hal hat ihn hinter meinem Rücken geschnitten. Wenn er nichts taugt, ist Hal schuld.

– Hal musste ihn schneiden, weil du nicht konntest.

– Das ist nicht wahr.

Aber er weiß, dass es wahr ist. Er wollte den Schnitt mit Bert Jordan zu Hause machen, doch zwischen Veras Aufdringlichkeit und ihren spontanen Gesangsdarbietungen, dem umtriebigen Gewerbe von Roy Randolph, dem Tanzmeister, und der ständig Schnaps anbietenden Gräfin Sonia zerfiel alles zu nichts. Er braucht Raum, um zu arbeiten, aber hier hat er keinen Raum. Er kann nicht denken.

Vera ruft von oben herunter und fragt, wer an der Tür sei. Sie spricht und singt zugleich vor sich hin.

Ich geh jetzt besser, sagt Ben Shipman. Du hast ein schönes Haus. Wenn du Glück hast, darfst du es nach der Scheidung vielleicht behalten.

153

Vera äfft ihn nach, wenn Chaplin anruft. Sie behauptet, seine Stimme verändere sich, wenn Chaplin am anderen Ende der Leitung sei. Sie sagt, sie könne an seinem Verhalten ablesen, ob er mit Charlie Rogers spricht oder mit Chaplin.

Oh, Charlie!, imitiert sie ihn. Danke für deinen Anruf. Vielen Dank, dass du dich an mich erinnerst, an deinen armen kleinen Freund von ganz früher.

Manchmal verabreden sich er und Charlie zum Dinner im Masquers oder bei Musso & Frank, aber das kommt selten vor. Also telefonieren sie miteinander, aber schwelgen dann ausschließlich in Erinnerungen an früher.

Ich hasse es, wie du bei ihm klingst, sagt Vera. So beschissen ... *servil*.

Er ist schockiert – nicht wegen Veras Flucherei, sondern dass sie die Bedeutung des Wortes «servil» kennt. Er fragt sich, ob sie eventuell eine Affäre hat, womöglich mit einem Lexikographen.

Aber Vera hat nicht recht. Er ist nicht nur dankbar, wenn er von Chaplin hört.

Er fühlt sich geehrt.

Er und Chaplin haben zusammengearbeitet, sie sind zusammen gereist, haben sich ein Zimmer geteilt, er und dieser Mann, der um so vieles größer ist als der Rest. Sie standen sich nahe, früher einmal. Sie hatten ein gemeinsames Band, was der Grund dafür ist, dass Chaplin ihn anruft, um über England zu sprechen.

Chaplin erinnert sich an ihn.

Für Chaplin ist er wichtig.

154

Im Oceana Apartment Hotel denkt er:

Aber wenn das Ganze doch wahr ist, warum hat Chaplin mich dann in der Schilderung seiner eigenen Lebensgeschichte so verletzt?

155

Roy Randolph, der Tanzmeister, führt, beschienen von der Morgensonne, vor dem Wohnzimmerfenster eine Nummer auf. Ohne Musikbegleitung. Roy Randolph bewegt sich nach seiner eigenen Melodie, das Tapp-tapp-tapp seiner Schuhe auf dem Boden ist die einzige Tonspur.

Roy Randolph ist der Hofnarr.

Roy Randolph ist der Hund, der am Fußende des Bettes schläft.

Roy Randolph ist nur einen Fehltritt von der Straße entfernt.

Aber Ben Shipman hat ihn mit halb vergessenen Geschichten über Roy Randolph versorgt.

MÄDCHEN VOR ZUSAMMENBRUCH ZEUGENAUSSAGE ÜBER BELÄSTIGUNG

Schluchzend und einmal kurz vor einem hysterischen Anfall stehend, schilderte gestern die 17-jährige Charlotte Sweet im Amtsgericht dem Vorsitzenden Chambers, wie sie in der Nacht des 27. Juni von dem Hollywood-Tanzlehrer Roy Randolph, 29, in seinem Apartment 9130 Beverly Boulevard angeblich attackiert worden sei.

Ans Gericht verwiesen

Am Ende der Voruntersuchung, bei der Miss Sweet und ihre Mutter, Mrs. Louise Sweet, die einzigen Zeugen waren, ordnete Richter Chambers die Überweisung des Falles Randolph an die nächsthöhere Instanz an und setzte den 2. August als Termin für die Anklageerhebung fest.

In der Klage gegen den Tanzlehrer wird behauptet, er habe dem Mädchen einen separaten Raum seines Apartments als Übernachtungsmöglichkeit angeboten, nachdem das Paar zuvor den ganzen Abend Hollywoodpartys und Nachtlokale besucht hatte. Doch während der Nacht habe er ihr Schlafzimmer betreten und sei übergriffig geworden.

Nicht zum Spaß im Zeugenstand

«Ich sage hier nicht zum Spaß aus», schluchzte das Mädchen und bat um ein Glas Wasser, während sie von den Verteidigern G. Bentley Ryan und Harold Davis zu der Frage ins Kreuz-

verhör genommen wurde, ob sie ihre Mutter angerufen habe, nachdem Frank Migueli, Randolphs Freund, das Apartment verlassen hatte, und ob sie unmittelbar nach dem angeblichen Übergriff gegangen sei. Das Mädchen verneinte beide Fragen.

Roy Randolph, wegen eines Sittlichkeitsdelikts vor Gericht und freigesprochen.

Roy Randolph, in seiner ganzen raubtierhaften Herrlichkeit.

Roy Randolph beendet seinen Tanz. Vera und Gräfin Sonia klatschen, wobei Gräfin Sonia Wodka über ihren Brüsten verschüttet. Sie wischt mit der rechten Hand über ihre Haut, mixt Parfüm mit Schnaps, ehe sie den so entstandenen Cocktail von den Fingerspitzen schleckt. Gräfin Sonias Zunge ist dick und blass mit einer rosa Spitze und quillt aus ihrem Mund wie ein schlaffer Pimmel.

All dies beobachtet er von einem Sessel in einer Ecke des Zimmers.

Komm, sagt Vera, mach mit.

Er schüttelt den Kopf. Er trinkt, und Vera trinkt, und Gräfin Sonia trinkt, und Roy Randolph trinkt, und es ist noch nicht einmal Mittag.

Er ist ein Miesepeter, sagt Roy Randolph. Er ist nur komisch, wenn er flimmert.

Vera und Gräfin Sonia lachen, folglich verwandelt Roy Randolph seinen Scherz in eine Eddie-Cantor-Persiflage. Roy Randolph produziert gereimte Wortspiele – *funny* und *money*, *flickers* und *pictures*. Roy Randolph wirbelt herum und wirft das Bein hoch. Roy Randolph kapriolt so wild, dass ihm Schweißperlen auf die Stirn treten, trüb vom Alkohol. Sie glitzern im Sonnenlicht, und Roy Randolphs Augen sind panisch und glänzen, während Roy Randolph tanzt, um der Verbannung zu entgehen.

Er reagiert nicht.
Er trinkt sein Glas aus und wünscht sich ans Meer.

156

Er ist pleite.

Wieder einmal.

Also steht er vor Gericht.

Wieder einmal.

Er sagt dem Richter, dass er Alimente und Kindesunterhalt zahlt, wenn er dazu in der Lage ist. Er zahlt Einkommensteuern für seine Exfrauen. Er bietet Vera und Gräfin Sonia – und Roy Randolph, dem Tanzmeister – Spirituosen und Logis. Am Ende eines jeden Monats bleiben ihm 200 Dollar aus einer Stiftung, und etwas mehr als zehnmal so viel liegt auf seinem Bankkonto.

Er wirft einen Blick in den Gerichtssaal und sieht, wie die Journalisten jedes Wort mitschreiben. Er sieht seine erste Frau, Lois, und seine zweite Frau, Ruth. Vera sieht er nicht, denn Vera ist im Krankenhaus, weil sie – bei einer Verfolgungsjagd mit der Polizei – ihren Mietwagen gegen einen Baum gesetzt hat. Ein UP-Reporter beschreibt – in einer denkwürdigen Formulierung – seine Frau und die Exfrauen als «dreifache Bedrohung für die Männerwelt».

Es werden viele Jahre vergehen, ehe er darüber schmunzeln kann.

Er wird gedemütigt. Sein einziger Trost ist, dass Richter Lester E. Still – gepriesen sei sein Name – zu seinen Gunsten gegen Lois urteilt, sodass er ihr nicht 1000 Dollar pro Monat an Kindesunterhalt zahlen muss. Aber Richter Lester E. Still – gepriesen etc. – denkt nicht daran, ihn davonkommen zu lassen, ohne ihm zuvor einen Tritt in den Hintern zu verpassen.

Der Richter liest Zeitung. Der Richter hört Geschichten von Streitereien in Restaurants, von alarmierten Rettungswagen, von Sirenen in der Nacht. Der Richter weiß möglicherweise sogar von dem Tanzmeister, der ihm daheim das Leben schwermacht, von dieser bleichen Kasperpuppe, die Vera und Gräfin Sonia belustigt und die, wenn alle ruhen, von Zimmer zu Zimmer huscht und Stück für Stück den Wert aller Besitztümer des Hausherrn abschätzt.

Der Richter sagt ihm, er sei ein Narr.

Und er kann nicht widersprechen.

157

Im Oceana Apartment Hotel lässt er das Jahr mit Vera Revue passieren.

Er erinnert sich, dass Vera eine Trinkerin war.

Er erinnert sich, dass Vera nicht singen konnte.

Er erinnert sich, dass Vera einen Sohn Bobby hatte, allerdings nicht von ihrem ersten Ehemann.

Er erinnert sich an den besonderen Farbton von Roy Randolphs Haar, der zu dem besonderen Farbton von Roy Randolphs Augenbrauen passte, beide von einer Schwärze, wie sie sich nur in Flaschen und den Seelen gewisser Männer findet.

Er erinnert sich, dass Gräfin Sonias Parfüm wie Katzenpisse roch.

Er erinnert sich, dass Vera nicht besonders gut im Bett war, obwohl sie sich so weich anfühlte, als würde man ein Marshmallow ficken.

Er erinnert sich, dass Vera den Mietwagen zu Schrott fuhr. Er erinnert sich, dass Vera nicht versichert war, und zwar aus dem sehr guten Grund, weil Vera keinen Führerschein hatte.

Er erinnert sich, wie er nur in Socken und Unterwäsche aus dem Haus geflohen ist.

Er erinnert sich, wie er in falscher Richtung den Reseda Boulevard entlanggefahren ist, betrunken und weinend, und dass nur Ben Shipmans juristische Finessen ihn davor bewahrt haben, ins Gefängnis gesteckt zu werden.

Er erinnert sich, dass Ruth böswillig Feuerwehr und Rettungswagen zu seinem Haus beordert hat, wo die Trupps imaginäre Brände bekämpfen und nicht existente Opfer retten sollten, alles nur, um ihn zu piesacken.

Er erinnert sich, dass er *Block-Heads* gemacht hat und wie glücklich er über den fertigen Film gewesen ist.

Aber.

Wenn er sich jetzt *Block-Heads* anschaut, kann er die Wirkung des Alkohols auf Augen und Haut erkennen und wie er gealtert ist und wie Babe gealtert ist. Er sieht Babe, der ihn in seinen Armen hochhebt, um ihn zu tragen, und zuckt zusammen, weil aus einer Metapher Wirklichkeit geworden ist.

Er erinnert sich, dass Babe ihn am Set beiseitegenommen und – ganz beiläufig – bemerkt hat:

Die ist doch verrückt.

– Wer ist verrückt?

– Illeana. Vera.

Eine solche Offenheit entspricht sonst nicht Babes Charakter und ist bezeichnend für die Ernsthaftigkeit des Problems.

– Ich dachte, du hättest Ruth gemeint.

– Die ist auch verrückt, aber auf eine gute Art.

– Du bist noch nicht um zwei in der Früh von Sirenen geweckt worden.

Hör zu, sagt Babe. Hal hat jetzt endgültig genug, Hal wird dich feuern.

– Sagt wer?

– Blystone.

John Blystone ist der Regisseur von *Block-Heads*. Hal Roach mag John Blystone, der an einem Herzinfarkt sterben wird, noch ehe der Film Premiere hat.

– Hal feuert mich schon die ganze Zeit.

– Nein, dieses Mal meint Hal es ernst.

Und dieses Mal meint Hal es ernst.

Er erinnert sich an Ben Shipmans Anruf.

Er erinnert sich, dass – in Abwesenheit von Henry Ginsberg – Hal Roach nicht so viel Anstand besessen hat, ihm die Kündigung persönlich auszusprechen.

Er erinnert sich, wie ihm das Parfüm der Gräfin Sonia immer mehr zu schaffen gemacht hat.

Er erinnert sich, wie Roy Randolph ihn von einer Couch angrinst, die Augen voller Angst und Habgier.

Er erinnert sich, wie Vera einen Drink für Gräfin Sonia eingießt und einen Drink für Roy Randolph und einen Drink für sich selbst, aber keinen Drink für ihn.

Er erinnert sich an das Gewicht des Telefons in der einen Hand und die Abwesenheit eines Glases in der anderen.

Er erinnert sich, wie ihm aufgegangen ist, dass er Aasgeier und Diebe in sein Leben gelassen hat.

Er erinnert sich, dass er überlegt hat, Vera zu begraben und sie mit Roy Randolph und Gräfin Sonia zu beschweren, für den Fall, dass sie aus der Grube zu kriechen versucht.

Wer war das?, fragt Vera.

– Das war Ben Shipman. Ich wurde gefeuert.

Es ist Roy Randolph, der als Erster spricht.

– Aber was machen wir denn jetzt?

Gräfin Sonia beschließt zu weinen.

158

Hal Roach will angeblich aus Babe und Harry Langdon ein neues Team machen.

Er ist derjenige, der Harry Langdon nach Jahren in der Wildnis dadurch eine Chance gab, dass er Hal Roach ermuntert hat, Harry Langdon als Autor für *Block-Heads* zu engagieren. Er sollte jetzt gekränkt sein, aber er ist es nicht. Er mag Harry Langdon. Er wünscht ihm alles Gute.

Aber nicht mit Babe.

Er kann sich nicht durchringen, es laut auszusprechen. Er wird es nur flüstern.

Nicht mit Babe.

Vera ist dabei, ihn zu ruinieren beziehungsweise ihn zum Komplizen seines eigenen Ruins zu machen – sie und Gräfin Sonia und Roy Randolph, der Tanzmeister, der verdammte Tanzmeister.

Alles, was er möchte, ist, Filme zu machen.

Alles, was er jemals sein wollte, ist, wie Chaplin zu sein.

In ihrem Zimmer singt Vera Arien. Er kann sich nicht mehr dazu überwinden, sie zu ficken. Er sieht sie neben Gräfin Sonia sitzen, und die eine verwandelt sich in die andere, sodass er – in seiner Betrunkenheit – die beiden kaum noch auseinanderhalten kann.

Nüchtern kann er ihre Gegenwart auch nicht ertragen.

Roy Randolph tritt auf. Der Tanzmeister stinkt nach Parfüm, doch genau wie die Erscheinungen von Vera und Gräfin Sonia austauschbar geworden sind, so ist auch das Duftwasser des Tanzmeisters eins mit ihren geworden. Sein Zuhause riecht jetzt nur noch nach Freudenhauskölnisch und verschüttetem Schnaps.

Roy Randolph hat die Tanzeinlagen für einen Gus-Meins-Film mit dem Titel *Nobody's Baby* gemacht und kann sich vorstellen, dass Gus Meins für weitere Aufträge in der Zukunft gut sein könnte. In seiner Phantasie kauft Roy Randolph bereits Villen in Italien und lässt sein Parfüm von Mönchen herstellen.

Gus Meins arbeitet eine Zeitlang bei den *Die kleinen Strolche*-Komödien für Hal Roach und führt Regie bei *Babes in Toyland*, aber Gus Meins gerät in Misskredit und verlässt das Studio.

Es gibt Gerüchte über Gus Meins.

Gus Meins ist verheiratet und hat einen Sohn namens Douglas. Im Jahr 1940 wird Gus Meins tot sein. Im Sommer jenes Jahres wird die Polizei Gus Meins am Esstisch seiner Familie festnehmen und ihn des sexuellen Missbrauchs kleiner Jungen in seinem Keller beschuldigen. Nach der Anklageerhebung wird Gus Meins nach Montrose Hills hinauffahren, einen Schlauch am Auspuff seines Wagens befestigen und sich selbst ersticken, und Roy Randolph wird nie mehr Tanzeinlagen für einen anderen Film machen.

Einstweilen jedoch schreitet Roy Randolph durch die Küche, summt Musicalmelodien und vollführt kleine Soft-shoe-Shuffles. Roy Randolph nimmt sich ein paar Weintrauben und gießt sich ein Glas Orangensaft ein. Roy Randolph schlägt eine Zeitung auf und liest sie über den Tisch gebeugt im Stehen.

Der Tanzmeister, denkt er, ist mehr in seinem Haus daheim als er selbst.

Vera geht von Arien zu «Beyond the Blue Horizon» über.

Gräfin Sonia ruft nach dem Fahrer, damit er sie zu Buffums in Long Beach bringt.

Roy Randolph öffnet ein Glas importierter Marmelade und beginnt mit einem Teelöffel davon zu essen.

Er muss zurück zur Arbeit.

Er braucht eine weitere Scheidung.
Er nimmt das Telefon und ruft Ben Shipman an.

159

Er sitzt in Ben Shipmans Büro. Sonnenstrahlen fallen durch die Jalousie. Er bewundert die Ordnung, die sie erzeugen, die perfekte Trennung von Licht und Schatten. Er streckt eine Hand aus und verwirbelt das Arrangement bei dem Versuch, Staubkörnchen mit den Fingerspitzen zu fangen.

Ben Shipman wartet darauf, dass er als Erster den Mund aufmacht. Wenn Ben Shipman Babe liebt, und das tut Ben Shipman, dann liebt Ben Shipman diesen anderen Mann zweimal. Ben Shipman könnte behaupten, dass dieser Mann unfähig sei, sich zu verstellen, doch seine Herumhurerei würde eine solche Aussage Lügen strafen. Aber in seinen Fehltritten könnte man auch die Taten eines verlorenen Kindes erahnen. Einerseits ist er beinahe unschuldsvoll, trotz der Verletzungen, die er denen zufügt, die ihn lieben, weil er sich so selten anschickt, überhaupt jemandem Verletzungen zuzufügen. Es handelt sich um Blessuren ohne Vorsatz, um Schmerzen ohne Absicht. Doch andererseits ist er ichbezogen, auch wenn diese Ichbezogenheit eine Funktion seiner Unsicherheit ist, und der Trümmerhaufen, den er hinterlässt, ist – trotz nicht vorhandener Böswilligkeit – nicht weniger schändlich.

Ben Shipman wird es leid, einem Mann zuzusehen, der Staub fängt.

Wenn du mir sagst, dass du wieder heiratest, sagt Ben Shipman, muss ich dich erschießen. Aber was für Eheschließungen sind eigentlich noch übrig, die du ausprobieren könntest: eine Hindu-Zeremonie oder irgendein Stammesritual mit einer Knochenklapper? Vielleicht konvertiert ihr ja auch, du und sie, werdet *ger* und *giyoret* und sucht euch hebräische Namen? Los doch, mach das Unmögliche: Schockier mich.

Er hat seinen Text im Kopf, während er hier vor Ben Shipman sitzt, aber er schafft es nicht, dieses neuerliche Lied mit dem altbekannten Refrain anzustimmen. Vielleicht sollte er den Tanzmeister damit beauftragen, ihn zu unterrichten. Da gäbe es vielleicht neue Schritte, die er noch nicht kennt.

Ben Shipman überlegt, einen Drink für sie beide einzugießen, aber Ben Shipman möchte nicht einen Teil des Gesamtproblems verschlimmern.

Ich habe dir jetzt Folgendes zu sagen, sagt Ben Shipman. Du bist wahrscheinlich mein bester Freund auf der ganzen Welt. Ich schwöre, dass ich mich manchmal elend fühle, wenn ich Geld von dir nehme, aber dann erhole ich mich wieder und mache weiter. Deshalb glaube ich, dass ich dir in aller Freundschaft sagen darf: Du machst dich selbst immer lächerlicher. In deinem Haus riecht es wie im King Eddy beim Kehraus, und es hört sich an wie eine Pension für einen Revuechor. Du ruinierst deine Gesundheit, gefährdest deine Karriere, und das alles wegen dieser Frau, die ihr ganzes Geschlecht in Verruf bringt. Solltest du dich entschließen, den Rest deines Lebens mit ihr zu verbringen, wird es ein kurzes sein, und ein jämmerliches dazu. Wenn du wissen möchtest, wie sie in zwanzig Jahren einmal aussehen wird, brauchst du nur einen Blick auf die Gräfin zu werfen, oder was immer sie ist, und das sollte jede Neugierde befriedigen, die du zu diesem Thema noch verspüren könntest. Um dir nicht mehr und nicht weniger als die Wahrheit zu sagen: Du benimmst dich wie ein gottverdammter Idiot. Das ist alles, was ich zu sagen habe. Und jetzt bist du dran.

Ben Shipman lehnt sich in seinem Stuhl zurück. Ben Shipman hofft, dass die Unverblümtheit seiner Worte keine katastrophale Fehleinschätzung ist.

Ich kann mir eine erneute Scheidung nicht leisten, sagt er.

– Du kannst es dir nicht leisten, dich nicht erneut scheiden zu lassen. Diese Frau bringt dich noch um. Sie bringt zuerst vielleicht sich selbst um, aber wir haben nicht die Zeit, auf diese Chance zu setzen.

– Was sollte ich also tun?

Als Erstes, sagt Ben Shipman, leiten wir das Scheidungsverfahren ein.

– Und als Zweites?

– Als Zweites verklagen wir Hal Roach.

160

Was folgt, ist nicht schön.

Vera, Gräfin Sonia und Roy Randolph, der Tanzmeister, bekunden allesamt ihre Absicht, nicht weichen zu wollen. Vera bemüht sich, ihn ins Bett zu kriegen. Als er sich weigert, versucht sie, ihn zuerst betrunken zu machen und dann ins Bett zu kriegen. Als dies fehlschlägt, betrinkt sie sich selbst und beginnt, russische Volkslieder der rührseligsten Art zu singen, während Gräfin Sonia und Roy Randolph mehrstimmig mit ihr wehklagen.

Doch im November 1938 trennen Vera und er sich. Es sieht so aus, als müsse er wieder vor Gericht, wo sein jüngstes Fehlverhalten an die Öffentlichkeit käme.

Babe ruft an. Babe dreht gerade den Film mit Harry Langdon. In der Zeitung steht, Hal Roach habe Harry Langdon einen Siebenjahresvertrag angeboten, und Babe und Harry Langdon sollen für eine Serie verpflichtet werden. Die Filme sollen, kündigt Hal Roach an, bedeutsame Romane zur Grundlage haben, was auch immer das heißen mag. Das Zeitalter der Slapsticks ist vorbei, und Hal Roach wünscht, wie Mussolini, ernst genommen zu werden.

Wie läuft's mit dem Film?, fragt er Babe.

– Sie haben den Titel geändert. Jetzt heißt er *It's Spring Again*.

– Wie hieß er zuvor?

– *This Time It's Love.*

– Das sind keine sehr guten Titel.

– Tja, es ist auch kein sehr guter Film.

– Dann ist alles in Ordnung. Solange du nicht irreführende Werbung dafür machen musst.

– Ich bin mir nicht sicher, ob ehrliche Werbung eine von Hals Prioritäten ist.

– Keine Sorge. Du wirst das schon großartig hinkriegen.

Ein Schweigen in der Leitung, das von Schmerz und Bedauern spricht.

Ich weiß, sagt er als Reaktion auf Unausgesprochenes. Ich vermisse das alles.

Diese Sache mit Harry –, beginnt Babe.

– Schau, ich verstehe das. Du musst deinen Lebensunterhalt verdienen. Ich mache euch beiden keinen Vorwurf.

– Nein, hör zu: Ich glaube nicht, dass das was wird.

– Was?

– Hal hat die ersten Kopien gesehen. Hal ist nicht glücklich. Auch United Artists ist nicht glücklich. Es gibt keinen Folgevertrag für Langdon und Hardy.

Dies ist die erste gute Nachricht seit Monaten. Zwar hat er sich nicht gewünscht, dass Babes Film scheitert, weil er nicht möchte, dass Babes Karriere leidet; wenn aber der Film ein Erfolg wäre, dann sähe er die Hal-Roach-Studios vielleicht nie wieder und würde vielleicht nie wieder mit Babe arbeiten. Die Hal-Roach-Studios sind vielleicht – genau wie Hal Roach selbst – nicht vollkommen, aber er ist dort zu Hause. Andererseits ist er gerade dabei, Hal Roach wegen Vertragsbruchs zu verklagen. Doch wenn es für Langdon und Hardy keine gemeinsame Zukunft geben sollte, könnte Hal Roach vielleicht eher geneigt sein, einem Vergleich zuzustimmen.

Danke, dass du es mich hast wissenlassen, sagt er.

– Bis bald.

– Ich hoffe es. Sogar sehr.

161

Im Oceana Apartment Hotel rekonstruiert er diesen Anruf im Geiste.

Babe, der mit einer kleinen Geste eine große Liebenswürdigkeit an den Tag gelegt hat.

Babe, bei dem in solchen Augenblicken der Südstaatencharakter noch deutlicher zutage trat und dessen natürliche Höflichkeit sich in seiner Stimme widerspiegelte.

Babe, der auch einfach hätte Ben Shipman anrufen, ihm die Probleme mit Harry Langdon erzählen können und wie unwahrscheinlich ein Erfolg dieser Partnerschaft sei.

Babe, der wohl irgendwann gezwungen gewesen wäre, früher oder später Ben Shipman zu kontaktieren, wenn auch nur, um künftigen vertraglichen Problemen aus dem Weg zu gehen.

Babe, der stattdessen ihn angerufen hat.

Babe, der subtil und anmutig in *Zenobia* gespielt hat, wie der Film mit Langdon letztlich betitelt wurde, nachdem er zuvor mehr Namen verschlissen hatte als ein notorischer Betrüger.

Babe, der besser war, als *Zenobia* es verdient hat, und der befreit spielen konnte, weil er zum ersten Mal seit Jahren nicht von den begrenzten Möglichkeiten seines Partners gezügelt wurde.

Babe: Was wäre aus dir geworden, wenn wir beide uns nicht begegnet wären?

Weil es nämlich diese Angst gibt, die er flüchtig als dunklen Schatten im Spiegel der Vergangenheit wahrnimmt:

Hat Babe ihn größer gemacht, als er war, und dabei zugleich sich kleiner gemacht, als Babe selbst hätte sein können?

Wenn ich das getan habe, spricht er zu dem in der Abenddämmerung unsichtbar Anwesenden, dann tut es mir leid. Nicht, dass ich dir begegnet bin. Nicht wegen all jener gemeinsamen Jahre.

Aber es täte mir leid für das, was sie dich gekostet haben könnten.

162

Von Vera loszukommen ist, als würde er sich aus einem Dornbusch befreien. Jede Bewegung führt zu einer neuen Misere, und bei jedem Manöver bleibt er an einem anderen Stachel hängen.

Vera will ihn aus seinem Haus entfernen.

Vera will 1500 Dollar Unterhalt pro Monat.

Vera will 25 000 Dollar für Anwaltshonorare.

Vera will einen Rechtsanspruch auf das Gesamtgut.

Vera beschuldigt ihn, sie geschlagen zu haben.

Vera beschuldigt ihn, sie mit einem Rasiermesser verletzt zu haben.

Vera beschuldigt ihn, mit einem geladenen Revolver vor ihr herumgefuchtelt zu haben.

Vera beschuldigt ihn, sie mit einer Schaufel geschlagen und versucht zu haben, sie lebendigen Leibes im Garten zu begraben.

Und währenddessen schleichen fortwährend Gräfin Sonia und der Tanzmeister im Hintergrund umher.

Er versucht, all dies vor Lois, seiner Tochter, geheim zu halten, aber er hat keine Vorstellung, wie viel sie weiß, wie viel man ihr erzählt oder sie mit angehört hat. Er wird gerade durch Presseberichte und lancierte Dokumente öffentlich demontiert.

Hast du sie tatsächlich mit einer Schaufel geschlagen und versucht, sie lebendig zu begraben?, fragt Ben Shipman.

– Ich habe vielleicht das Loch gegraben, aber ich habe nie wirklich vorgehabt, sie hineinzustecken.

Ben Shipman denkt über diese Antwort nach.

– Falls du dazu vor Gericht befragt wirst, sagst du, dass du im Garten gearbeitet hast. Sag aber niemandem, was du pflanzen wolltest.

Es ist November.

Ben Shipman erhebt in seinem Auftrag Klage gegen die Hal-Roach-Studios und verlangt 700 000 Dollar Schadenersatz wegen Vertragsbruchs.

Vera, Gräfin Sonia und Roy Randolph wittern Geld.

Es ist Dezember.

An ihrem ersten Hochzeitstag soll Vera eine fünftägige Haftstrafe wegen des Unfalls im letzten April antreten, bei dem sie den Mietwagen zu Schrott fuhr, jenen Mietwagen, als dessen Fahrerin sie nicht versichert war, weil sie keinen Führerschein hatte. Doch Vera weint vor dem Richter. Vera weint so sehr, dass der Richter weniger um seinen Ruf fürchtet, wenn er Vera hinter Gitter schickt, als vielmehr die Gefahr einer Überflutung seines Gerichtssaals.

Letzten Endes verbringt Vera nur fünf Stunden in einer Zelle. Er fährt sie zum Stadtgefängnis von Beverly Hills und kommt wieder, um sie nach Hause zu bringen, nachdem sie ihre Strafe abgesessen hat. Sie küssen sich. Sie posieren für die Kameras. Sie geben ihre Versöhnung bekannt. Er bekennt seine Liebe zu ihr.

Ben Shipman ruft ihn am nächsten Tag an. Ben Shipman verdaut noch die Presseberichte. Ben Shipman fürchtet um seine eigene Zurechnungsfähigkeit genau wie um die seines Mandanten.

Ben Shipman liest ihm laut aus der Zeitung vor.

Sie beschreiben dich hier als «ritterlich», sagt Ben Shipman. Seit wann ist denn «ritterlich» ein anderes Wort für «verrückt»?

Er versucht etwas zu sagen, aber Ben Shipman ist jetzt richtig in Fahrt.

– Laut AP habt ihr beide, und ich zitiere jetzt wörtlich, euch «geküsst und wieder vertragen ... Ihre Scheidung ist definitiv vom Tisch, und möglicherweise für immer.» Du hast ihr, sofern AP nicht lügt, «einen lauten Schmatz gegeben, als sie zu einer Zelle abgeführt wurde», und du hast sie «liebevoll begrüßt, als sie wieder herauskam». Zum Schluss, und diesen Teil des AP-Textes finde ich stilistisch besonders gelungen: «‹Die Scheidung ist vom Tisch. Ich werde dem Richter sagen, dass ich keine Scheidung will›, zwitscherte sie fröhlich.»

Ben Shipman legt eine wirkungsvolle Pause ein, bevor er die letzten drei Wörter wiederholt.

– «Zwitscherte. Sie. Fröhlich.» Diese Frau hat in ihrem ganzen Leben noch nie gezwitschert. Gejault, vielleicht. Gekreischt, ganz bestimmt. Aber gezwitschert, nein. Möchtest du hören, was die *Los Angeles Times* dazu zu sagen hat? Die *Times* hat es als Drama aufgemacht, wie eine Episode aus einem Cagney-Film. Hat sie tatsächlich gesagt: «Mein Gott, jetzt sag nicht, dass du mich allein in dem großen Haus zurücklassen willst?»

Er gibt zu, dass Vera es gesagt haben könnte.

– Sie sollte fünf Stunden in einem Country-Club-Gefängnis absitzen und nicht lebenslänglich in Alcatraz. Hat sie tatsächlich ihr Geburtsdatum als 24. September 1912 angegeben?

Er informiert Ben Shipman, dass dies das Geburtsdatum sei, das Vera immer angibt.

– Ohne eine Miene zu verziehen? Bist du ihr eigentlich schon einmal persönlich begegnet? Vermutlich schon, denn schließlich hast du sie geheiratet. Ich sehe mir gerade ein Bild von ihr an, auf dem du grinsend neben ihr stehst. Wenn diese Frau sechsundzwanzig Jahre alt ist, bin ich Mrs. Lincoln. Sogar die *Times* hatte Probleme, so zu tun, als glaubten sie ihr, und die lügen aus Prinzip über das Alter der Leute in Hollywood. Mein Gott, sogar du siehst jünger aus als sie.

Er versucht, Ben Shipman zu erklären, dass viele Frauen

– unter ähnlichen Umständen und umringt von Zeitungsleuten und Fotografen – gerne ein oder zwei Jahre von ihrem Alter abziehen.

– Wir reden hier nicht von ein oder zwei Jahren. Wir reden von einem ganzen Lebensabschnitt einer Erwachsenen. Wir reden von der Hälfte einer Person. Und hast du den Reportern gesagt: «Wir lieben uns. Als Illeana mich gestern angerufen und gesagt hat: ‹Schatz, ich will wieder nach Hause›, bin ich zu ihr geflogen. Dieses Mal ist es die wahre Liebe, die Scheidung wird abgesagt.»?

Er gesteht, dass er sich in jenem Augenblick hat hinreißen lassen.

Ben Shipman legt die Zeitungen beiseite. Ben Shipman möchte sie gern in Brand stecken, doch nicht, ehe er sie um einen Scheiterhaufen herum aufgeschichtet hat, um in dem anschließenden Inferno seinen Mandanten als Feueropfer darzubringen.

Ruf mich erst an, sagt Ben Shipman, wenn du wieder bei Sinnen bist.

Es ist Januar.

Er kommt wieder zu Sinnen.

Dazu braucht es nicht viel: nur ein weiteres Zusammensein mit Vera und Gräfin Sonia und Roy Randolph. Sie bestärken ihn in seiner Klage gegen Hal Roach; selbstverständlich tun sie das. Wenn Gräfin Sonia betrunken ist, verspricht sie, dass sie für ihn ein Begräbnis in der Familiengruft daheim in Russland arrangieren könne, wo er von Fürsten umgeben sei und sie alle im nächsten Leben zusammen sein könnten, genau wie sie in diesem Leben zusammenbleiben müssten. Er fragt nicht, ob auch Roy Randolph Teil dieses posthumen Arrangements sein wird. Auch Roy Randolph fragt nicht. Vielleicht fürchtet sich der Tanzmeister vor der Antwort.

In der Zwischenzeit singt Vera weiter, wenn sie betrunken ist, und bedient sich eines Repertoires, das ausschließlich aus Balladen über Enttäuschungen in der Liebe besteht.

Er aber hat kein Geld, und es sieht nicht so aus, als würde Hal Roach einknicken. Wenn er nicht beim Film arbeiten kann, muss er auf die Bühne zurückkehren. Selbst Ben Shipman stimmt zu, dass dies eine geschickte Weise sei, seine Finanzen aufzubessern. Er hat noch immer Kontakte zum Vaudeville-Theaterring. Das Roosevelt in Oklahoma wird für zwei Abende gebucht, und zwei weitere Termine werden für Seattle und Vancouver im Februar vereinbart. Er wird es schaffen, weitere Engagements zu bekommen; das hat er im Gefühl.

Er stellt ein billiges Programm zusammen: Commodore J. Stuart Blackton aus Yorkshire, der gegen Ende des letzten Jahrhunderts die Vitagraph Studios gegründet, aber im Börsenkrach von 1929 sein ganzes Geld verloren hat und jetzt nur noch mit sonorer Stimme Vorlesungen über alte Filme hält; Eddie Borden, ein Schauspieler für Nebenrollen, der vom Vaudeville kommt; und James Morton, ein Gentleman-Schauspieler alter Schule, der aber herzkrank ist und den Job gebrauchen kann. Das ist wirklich keine Starbesetzung, aber es muss reichen. Das Publikum kommt ja, um ihn zu sehen, nicht die anderen. Es fehlt nur noch ein Sänger: jemand, der nicht viel kostet, jemand, der froh über die Publicity sein wird.

Die Vorankündigung wird veröffentlicht

Er wird bei seiner Rückkehr auf die Bühne begleitet von *seiner berühmten Ehefrau* Illeana, die russische Balladen singt.

Ben Shipman bittet seine Sekretärin, ihm eine kalte Kompresse für die Stirn zu bringen, und flüchtet sich aufs Sofa.

163

Die Tournee dauert nur zwei Abende. Sie kommt nie über Oakland hinaus.

Er und Vera absolvieren den ersten Abend ohne größeres Drama, obgleich sich das Verlangen des Publikums nach russischen Volksliedern als begrenzt erweist, selbst wenn sie gut vorgetragen werden.

Was nicht der Fall ist.

Vera fasst das als einen persönlichen Affront auf.

Was der Fall ist.

Am zweiten Abend ist Vera bereits betrunken, noch bevor sich der Vorhang hebt. Er kann sie nicht davon abhalten, die Bühne zu betreten – ohne sie haben sie keinen Gesang –, aber er sagt klar und deutlich, dass schlechte Kritiken hier die Aussichten auf Engagements woanders beeinträchtigen werden.

Eine Menge Menschen werden zuschauen, um zu sehen, wie gut unser Programm über die Bühne geht. Einige von denen würden sich freuen, wenn wir scheitern.

– Ich denke, dass *du* dich freuen würdest, wenn *ich* scheitere.

Er versichert Vera, dies sei nicht der Fall, doch er weiß, dass Gräfin Sonia schon die ganze Zeit über Gift in Veras Ohr geträufelt hat. Gräfin Sonia und der Tanzmeister. Er sieht und hört sie, diese merkwürdigen Höflinge, wie sie flüstern und Pläne schmieden in den Nischen und Ecken seines Hauses.

Ich denke, dass du versuchst, meine Karriere zu sabotieren, sagt Vera.

– Ich brauche deine Karriere nicht zu sabotieren. Du schaffst das ohne fremde Hilfe. Aber ich werde nicht zulassen, dass du damit gleichzeitig meine sabotierst.

– Welche Karriere? Zeig mir diese Karriere. Du hast keine

Karriere. Du bist ein Nichts, ein beschissener Niemand. Geh und leck Chaplin die Stiefel. Geh und erzähl Chaplin von dieser Karriere. Vielleicht gibt dir Chaplin einen Nickel dafür.

Vera macht Anstalten, sich noch ein Glas Schnaps einzuschenken. Er versucht, sie davon abzuhalten. Sie rangeln; sie kämpfen. Vera schlägt ihn wieder und wieder, aber er schlägt keinmal zurück. Er wird es nicht tun. Er hat sich das selbst eingebrockt, und wenn es für die Wiedergutmachung seines Versagens erforderlich ist, hier in Oakland zu sein und wegen einer Flasche mit einer Betrunkenen zu raufen, dann soll es geschehen, und zwar bis zur bitteren Neige, damit die Schuld gesühnt werden kann.

Tiefer, so glaubt er, wird er persönlich nicht sinken können.

Vera geht und kehrt nicht zurück.

Endlich ist er von ihr geläutert.

Im Februar 1939 wird Vera wegen betrunkenen Absingens antikommunistischer Lieder im Balalaika Café auf dem Sunset Strip festgenommen. Vera beschuldigt dabei auch George M. Stout von der kalifornischen Monopolverwaltung für Branntwein, der sich zufällig im Balalaika aufhält, ein Bolschewik zu sein.

Er fände das unterhaltsam, wäre da nicht die Tatsache, dass Hal Roach auf seine Klage damit reagiert hat, dass er ihn – wegen seines Verhaltens mit Vera – seinerseits der Verletzung der Moralklausel in seinem Vertrag beschuldigt.

Das ist bloßes Blendwerk, erklärt ihm Ben Shipman. Hal will dich zurückhaben. Babe will dich zurückhaben. Aber das Problem ist deine Frau. Hal kann sich keine weitere negative Publicity leisten. Und offen gesagt: du dir auch nicht.

Im März verklagt Vera ihn auf Unterhalt, und Hal Roach bietet ihm einen neuen Vertrag an, vorausgesetzt, er trennt sich vollständig und endgültig von seiner Frau – eine Bedingung, die kaum zu den unerfüllbaren oder unangenehmsten gezählt werden kann. Im April wird die Öffentlichkeit informiert. Er und Babe sollen wiedervereint werden. Er würde sich zur Feier des Tages gern einen Drink genehmigen, doch er versucht, sich vom Alkohol fernzuhalten.

Babe ruft an. Er erkundigt sich bei Babe nach Harry Langdon. Er möchte nicht, dass Harry Langdon seinetwegen in der Poverty Row landet.

Harry hat keine Probleme damit, sagt Babe. Hal gibt ihm einen Vertrag als Autor.

– Und du?

– Ich habe auch keine Probleme damit.

In jenem Monat beginnt die letzte Verhandlung wegen der Alimente. Lois, seine erste Frau, wird in das Verfahren mit hineingezogen. Veras Anwalt legt dem Gericht Aussagen vor zu dem seinerzeit geplanten Bootstörn in die Flitterwochen nach Catalina Island mit Lois an Bord sowie über Abende, die er mit Lois in deren Haus verbracht habe, voller Erinnerungsseligkeit und Reue. Er kann nichts von alldem abstreiten. Er liebt Lois noch immer.

Er hat Lois geliebt, als er Alyce Ardell gefickt hat.

Er hat Lois geliebt, als er mit Ruth verheiratet war.

Er hat Lois sogar dann geliebt, als sie ihn wegen der gestiegenen Kindesunterhaltszahlungen verklagt hat, die er nicht aufbringen konnte.

Aber er hat schließlich auch nie behauptet, ein rationaler Mensch zu sein.

Er einigt sich außergerichtlich. Er weist Ben Shipman an, einer Regelung von Gütergemeinschaftsansprüchen mit Vera zuzustimmen. Das Einzige, was er sich wünscht, ist, dass sie aus seinem Leben verschwindet. Und Vera unterstützt ihn in dieser Hinsicht dadurch, dass sie immer wieder aufs Neue festgenommen wird; dass sie ihrem Image als Trinkerin gerecht wird; dass ihr auferlegt wird, zunächst Hollywood zu verlassen, und später auch den Staat Kalifornien, bei Strafe einer Gefängnishaft. Vera wird rechtzeitig im Dunkel der Nacht verschwinden, mit Gräfin Sonia im Schlepptau, und beide werden sterben, und er wird beider Dahinscheiden nicht zur Kenntnis nehmen.

Am 1. Mai 1939 ist er mit Babe zurück im Studio für *A Chump at Oxford*. Hal Roach hat ihnen einen Vertrag für vier Filme gegeben. Noch besser ist, dass ihre Filme ein neues Format erhalten sollen – *streamliner* ist der Begriff, den Hal Roach dafür gebraucht: vierzig Minuten Dauer, länger als ein Kurzfilm, kürzer als ein Spielfilm.

Für diese neue Chance bedankt er sich am ersten Drehtag persönlich bei Hal Roach. Seine Dankbarkeit kommt von Herzen. Zwar hat Hal Roach ihn gegenüber der Presse verleumdet, ihn einen Säufer genannt und Unwahrheiten über seine Arbeitswilligkeit verbreitet, doch hat er selbst zu jeder dieser Anschuldigungen durch sein eigenes Verhalten beigetragen.

Das war rein geschäftlich, sagt Hal Roach. Nichts Persönliches.

Das ist, wie er weiß, nicht wahr, aber er lässt es gelten. Hal Roachs Büro ist nicht mehr so großartig, wie es einmal war. Möglicherweise hat er den Verfall zuvor nur nicht registriert. Beschädigtes Mobiliar ist weder repariert noch ersetzt worden. Die toten Tiere liegen unter einer Patina aus Staub.

Oder vielleicht bildet er sich das alles nur ein, und das Ganze ist nichts weiter als ein Ausdruck seines eigenen langsamen Niedergangs, den er wahrnimmt.

Ich verstehe, sagt er.

– Diese Illeana, die hat dich ganz schön in die Pfanne gehauen.

– Ich habe mitgeholfen, wo ich konnte.

– Ich habe noch nie einen Mann getroffen, der das nicht getan hätte.

– Sogar du?

– Sogar ich. Los jetzt, zieh Leine. Mach mir einen guten Film.

Er wird es versuchen, aber beim Verlassen von Hal Roachs Büro bemerkt er, wie der Abend anbricht. Die Sonne verliert ihre wärmende Kraft, und die Konturen des Studiogeländes um ihn herum lösen sich auf, während er dahingeht, die Gebäude verlieren ihre Stabilität, das Personal verwandelt sich in Geister. Er ruft ihnen etwas zu, aber sie sind bereits verschwunden.

Und schließlich ist er allein.

164

Im Oceana Apartment Hotel zählt er die Toten an den Fingern ab.

Am 10. Mai 1939 stirbt Jimmy Parrott. Jimmy Parrott war ein Trinker und drogensüchtig, aber Jimmy Parrott war einmal mehr als das. Jimmy Parrott bringt sich um, aber das Studio etikettiert sein Ableben als Herzkrankheit und verkauft die Lüge an die Zeitungen.

Am 1. Juni 1940 stirbt Babes Halbschwester Emily Crawford. Sie war Aufseherin im Waisenhaus, eine freundliche, sanfte Frau, die unentgeltlich Unterricht erteilt hat. Babe übernimmt die Kosten für ihr Begräbnis.

Am 20. Juni 1940 stirbt Jimmy Parrotts Bruder, Charley Chase, der Trinker, aber nicht drogensüchtig war, an einem Herzschlag. Charley Chase stirbt ebenfalls von eigener Hand, indem er sich mit Schnaps ersäuft, was man aber nicht Selbstmord nennt, wenn es angemessen langsam geschieht.

Am 17. März 1941 stirbt Marguerite Nichols, die Ehefrau von Hal Roach, an einer Lungenentzündung. Schauspielerin.

Ehemalige Filmschauspielerin.

Aber es sterben ja so viele in jenen Jahren.

Und als die Toten weniger werden, erlebt er mit, wie Babes Leib schrumpft und wieder anschwillt, wie Diäten wirken und fehlschlagen. Er sieht, wie Babes Gesicht immer röter wird. Er hört, wie Babe nach Atem ringt.

Lass sie alle sterben, beschwört er das Schicksal, jeden Einzelnen von ihnen.

Aber nicht diesen Mann.

165

Er ist wieder einmal mit Alyce Ardell zusammen, denn auch dies ist eine Ballade mit immer wiederkehrendem Refrain, ein Tanz im Tanz. Alyce Ardell wohnt nun bei ihm. Dunkle Haare, dunkle Augen, dunkle Lippen, der Duft des Parfüms nicht hochprozentig vergällt, der Atem ohne den latenten Kotzegeruch einer permanent Abgefüllten. Sein Kopf ruht auf ihrem Bauch. Alyce Ardell summt ihm etwas vor, ihre Hand in seinem Haar.

Warum bist du traurig?, fragt sie.

– Bin ich doch gar nicht.

– Du bist oft traurig.

– Ich habe seltsame Zeiten durchgemacht.

– Seltsame Zeiten für einen seltsamen Mann.

– Bin ich seltsam?

– Ich glaube schon.

– Warum?

– Weil ich dich liebe und außer der Zeit, die wir zusammen verbringen, nie etwas von dir verlangt habe, und doch wirfst du ein Jahr deines Lebens weg für eine Frau, der du vollkommen gleichgültig warst und die dich lediglich ausnehmen wollte. Also, jawohl, du bist ein seltsamer Mann.

– Liebst du mich?

– Natürlich.

– Wenn ich dich bitten würde, mich zu heiraten, würdest du annehmen?

– Bittest du mich gerade, dich zu heiraten?

– Vielleicht bin ich mir erst sicher, wenn du mir eine Antwort gibst.

Alyce Ardell lacht.

– Das hier ist keine Szene in einem Film. So funktioniert das nicht.

– Du hast mich nicht gefragt, ob ich dich liebe.

Sie schweigt eine Zeitlang. Er drängt sie.

– Also?

– Ich habe nicht gefragt, weil ich Angst vor dem habe, was du erwidern könntest.

– So stehen wir also beide mit Fragen da, bei denen wir uns vor der Antwort fürchten.

Sie sprechen nicht mehr darüber. Irgendwann schlummert er ein. Als er aufwacht, beobachtet sie ihn.

Was ist?, fragt er.

– Wann bist du glücklich? Und antworte mir nicht mit irgendeiner Albernheit von wegen, wenn du hier bei mir bist. Sag mir die Wahrheit: Wann bist du wirklich glücklich?

Er überlegt.

– Am glücklichsten bin ich, wenn ich am Meer bin.

166

So wie er Alyce Ardell hat, so hat Babe Viola Morse.

Babe und Viola Morse sind schon so viele Jahre zusammen, dass sie sich viel eher wie ein verheiratetes Paar fühlen, als Babe und Myrtle es jemals waren. Viola Morse ist eine attraktive Frau, nicht so beeindruckend wie Alyce Ardell, aber von einer rücksichtsvollen Aufmerksamkeit, die Babes eigene Gutmütigkeit bestens ergänzt, und mit einem Sohn aus ihrer Ehe, den sie innig liebt. Viola Morse begleitet Babe nach Santa Anita und Agua Caliente und diniert mit Babe in Clubs und Restaurants. Doch wenn sie zusammen fotografiert werden, vermeidet Babe oft den Blick in die Kamera. Er glaubt, dass dies durchaus mit Babes Sinn für Anstand zu tun haben könnte, auch wenn er seinen Freund nicht dafür tadeln würde, dass dieser seine Privatsphäre schützt. Schließlich braucht Babe bloß einen Blick in seine Richtung zu werfen, um die Konsequenzen vor Augen geführt zu bekommen, wie es ist, wenn man zulässt, dass das eigene Privatleben zum öffentlichen Gut gemacht wird.

Alyce Ardell kommt ihn am Set von *The Flying Deuces* besuchen. Hal Roach hat Babe und ihn für den Film an Boris Morros ausgeliehen, weshalb Hal Roach kein Mitspracherecht hinsichtlich des Umgangs hat, den er pflegt. Das Skript ist nicht gut, aber es geht um einen Job, und er ist mit Babe zusammen. Boris Morros ist indessen ein russischer Emigrant, der zehn Jahre lang für die Sowjets spioniert, bevor er Abbitte leistet, und weitere zehn Jahre als Doppelagent für das FBI tätig ist. Niemand ist wirklich überrascht, das zu erfahren. Nichts in Hollywood ist echt, noch nicht einmal der Verrat.

Vielleicht, überlegt er, sollte Babe Viola Morse heiraten. Das Wort «Verlobte» wird oft von Viola Morse benutzt, gelegentlich sogar von Babe, obwohl zwischen den beiden keine förmliche Vereinbarung existiert. Aber er glaubt, dass es Viola Morses Schicksal ist, schon allzu lange Babes Geliebte und Begleiterin zu sein, weshalb sich Babe etwas anderes gar nicht mehr vorstellen kann. Für ihn ist das nachvollziehbar, weil er die gleichen Bedenken bei Alyce Ardell hat. Er und Alyce Ardell haben einander benutzt – für Sex, zum Trost, zur Linderung der Einsamkeit –, und obwohl es zwischen ihnen vielleicht so etwas wie Liebe gibt, haben die Jahre diese Liebe ihrer Tiefe und ihres Sinnes beraubt. Aber davon erzählt er Babe nichts, während sie in der Julihitze nach Abschluss des Mastershots herumstehen und auf ihre Nahaufnahmen warten.

Was macht die Große Mauer?, fragt Babe.

Er baut gerade eine noch höhere Mauer um sein Grundstück. Babe witzelt, er wolle sich mit der Mauer alle seine Exfrauen vom Leib halten, aber der Scherz ist mehr als nur ein lockerer Spruch.

– Ich glaube, es wäre billiger, einfach das Haus niedriger zu machen.

Eine Frau nähert sich ihnen. Sie ist nicht unhübsch. Wenn sie lächelt, erinnern ihre gewölbten Backen an ein Eichhörnchen im Herbst. Sie heißt Virginia, doch alle nennen sie bei ihrem zweiten Namen Lucille, also ist sie Lucille Jones. Sie ist das Skriptgirl und dafür verantwortlich, sicherzustellen, dass die Anschlüsse zwischen den einzelnen Aufnahmen korrekt sind. Sie möchte an Babes Kostüm kleine Korrekturen vornehmen, aber Babe ist immer vorbereitet und hat immer die letzte Szene im Kopf, und so überlässt sie Babe sich selbst. Wenn Babe am Set mit der Arbeit beginnt, ist alles so, wie es sein soll.

Er registriert, dass Babe Lucille hinterherschaut.

Er sagt nichts.

167

Im Oceana Apartment Hotel, eine ungute Erinnerung.

Ein Club in Kriegszeiten, es fließt der Champagner. Er ist da. Babe ist da. Babe in Begleitung von Lucille. Und er – so meint er, ist sich aber nicht sicher – in Begleitung von Alyce Ardell, aber falls dem so war, dann hatte sich ihre gemeinsame Zeit damals schon dem Ende genähert.

Er geht durch die Menge, beinahe unerkannt: ein Mann mittleren Alters in einem Smoking, der nicht mehr richtig sitzt, mit einem Gesicht, das ohne die Melone, die das lichter werdende graue Haar verbirgt, weniger vertraut ist.

Ein Arm erscheint vor ihm und versperrt ihm den Weg.

– Hey.

Jetzt erkennt er ihn: ein Schauspieler, einer von denen, die glauben, dass, wenn man tagsüber auf der Leinwand einen Gangster darstellt, dies dem Imitator die Aura des Originals verleiht. Die Gesichter der Begleiter des Schauspielers glühen vor Alkohol und Feindseligkeit, leuchten wie Warnbaken in der Düsternis. Sie halten Gläser in den Händen, aber diese Gläser sind nicht mit Champagner gefüllt. Was immer hier auch abläuft, eine Feier ist es nicht.

Hey, sagt die Stimme wieder.

– Ja?

– Bist du noch immer die komische Schwuchtel für Babe Hardy?

Sie lachen. Er drängt sich an dem ausgestreckten Arm vorbei.

– Hey, nimm's nicht so schwer.

Eine zweite Stimme erwidert etwas, die Wörter unverständlich, und sie lachen erneut.

Er gelangt zum Tisch. Babe hat die Konfrontation beobachtet, bei dem Geschrei und der Musik aber nicht gehört, worum es ging.

Was haben sie zu dir gesagt?, fragt Babe.

– Nichts.

Nichts, das es wert wäre, wiederholt zu werden.

168

Er engagiert einen Bodyguard und einen Privatdetektiv. Er lebt weiterhin in der Furcht vor Vera. Sie hat ihm in einer Weise Schaden zugefügt, die er noch nicht in vollem Umfang erfasst. Eine hohe Mauer ist ein ungenügender Schutz vor ihr oder vor jenen, die ihm in ihrem Auftrag nachstellen.

Manchmal nachts, wenn er allein ist, erblickt er flüchtig die Silhouette des Tanzmeisters, und gleich darauf ist sie wieder verschwunden.

Der Name des Bodyguards ist Martin Wolfkeil, doch der Schauspieler Will Rogers verleiht ihm den Spitznamen «Tonnage». Tonnage Martin ist Schiffsingenieur und war Bremser bei der Lehigh Valley Railroad Company.

«Tonnage» ist keine unzutreffende Bezeichnung. Tonnage Martin wiegt vierhundert Pfund.

Tonnage Martin wird neun Monate lang bei ihm wohnen. Es sind, wird Tonnage Martin später zugeben, die schlimmsten neun Monate in Tonnage Martins Leben. Sogar Tonnage Martin, der im Ersten Weltkrieg drei Torpedoangriffe überlebt hat, würde sich lieber wieder mit den Deutschen anlegen als mit Vera, weil die Deutschen damals wenigstens nicht verrückt waren, obgleich Tonnage Martin nicht für die neuen Deutschen sprechen kann, die sehr wohl verrückt sein könnten, wenn auch lange nicht so verrückt wie Vera.

Tonnage Martin scheidet aus seinen Diensten, als Vera endlich Kalifornien verlässt. Tonnage Martin verklagt ihn später auf 2700 Dollar und stirbt an einem Herzinfarkt in Ohio. Er wird, zu seiner großen Erleichterung, nicht eingeladen, als Sargträger zu fungieren.

169

Er und Babe machen *Saps at Sea*.

Mit siebenundfünfzig Minuten ist es kein *streamliner*, sondern eher ein Spielfilm. Zwar werden in ihrem Vertrag vier kürzere Filme genannt, aber zwei längere gelten so viel wie vier kürzere.

Sie haben ihren Vertrag mit Hal Roach erfüllt.

Es ist Dezember 1939.

Sie stehen im Begriff, Hal Roachs Studio für immer zu verlassen.

170

Er empfindet Mitleid mit Viola Morse, weil Babe jetzt in Lucille Jones verliebt ist. Es ist ein zartes Liebeswerben, das die beiden mit Blicken und wechselseitigem Umkreisen zelebrieren, so zart, dass sich Lucille Jones dessen anfangs so gut wie gar nicht bewusst ist.

Doch Viola Morse ist es sehr wohl.

Viola Morse ist kein naives Mädchen. Viola Morse hat eine Ehe hinter sich und hat allein einen Sohn aufgezogen. Viola Morse war gegenüber Babe geduldig und liebevoll. Viola Morse beobachtet, wie Babe sich verändert, entdeckt bald die Ursache dafür und begreift, dass sie zugunsten einer Frau abserviert werden soll, die fast zwanzig Jahre jünger ist als Babe.

Was Viola Morse am meisten quält, ist, dass sie Babe nicht einmal vorwerfen kann, eine Affäre zu haben. Babe hat nicht mit Lucille Jones geschlafen. Babe ist so ergriffen von Lucille Jones, dass Babe sich nicht dazu durchringen kann, ihr seine Zuneigung zu gestehen. Am Set von *Saps at Sea* achtet Babe darauf, jeden Morgen Lucille Jones zu begrüßen und sich nach ihrem Wohlbefinden zu erkundigen und nach dem Wohlbefinden ihrer Familie und womöglich auch nach dem Wohlbefinden der Kaninchen, die in ihrem Garten umherhoppeln, und nach dem der Drosseln, die von den Zweigen unterhalb ihres Fensters singen. Wenn Babe Lucille Jones einfach nur ficken würde, könnte Viola Morse es verstehen. Babe wäre dann weiter nichts als einer jener Clowns mittleren Alters, die den Geruch ihrer eigenen Sterblichkeit wahrnehmen und panisch dem Versprechen von Jugendlichkeit hinterherjagen. Babe wäre dann bedauernswert und idiotisch, aber nicht unbegreiflich.

Doch Babe hat Lucille Jones nicht gefickt. Babe hat Lucille

Jones auch nicht geküsst. Babe ist ein Himmelskörper in orbitaler Auflösung, der in einer immer schneller werdenden Umlaufbahn vom Apastron zum Periastron unausweichlich auf eine Fusion mit dem Licht seines Hauptsterns zustrebt.

Und, ja, da gibt es jene, die jetzt vielleicht der Meinung sind, dass es um die tatsächliche Natur von Babes Bemühungen um Lucille Jones noch bedauernswerter und noch idiotischer bestellt sei, weil sie – allem Anschein nach – auf jungfräulicher Unschuld beruht und das Objekt auf ein Podest stellt. Aber jene Personen kennen Babe nicht so, wie Viola Morse ihn kennt. Babes Seele kennt keinerlei Verderbtheit, und sein Herz ist offen. Babes Wesens ist sanftmütig. Babe ist ausnehmend zärtlich. Trotz seines erheblichen Gewichts hat Babe Viola Morse beim Liebesspiel nicht ein einziges Mal weh getan, auch nicht unabsichtlich.

Viola Morse erkennt, dass Babe Lucille Jones aufrichtig liebt. Und nach und nach erkennt Viola Morse, dass Lucille Jones ihrerseits Babe liebt. Das bedeutet, dass Viola Morse diesen Mann, der ihr so viel bedeutet, wohl oder übel verlieren wird.

Für Viola Morse ist der Schmerz unerträglich.

Babe macht Lucille Jones einen Heiratsantrag, und sie nimmt ihn an.

Sie sind noch nicht einmal gemeinsam ausgegangen.

Sie haben noch nie auch nur gemeinsam Kaffee getrunken.

Er und Babe teilen sich zur Feier des Tages eine Flasche Champagner. Er sollte wegen Babe besorgt sein, glaubt er. Schließlich heiratet Babe eine jüngere Frau, eine, von der Babe so gut wie nichts weiß. Er, andererseits, hat eine gewisse Erfahrung darin, wie man sich mit einer unpassenden Gefährtin selbst zum

Narren macht, aber bei Babe und Lucille Jones ist anscheinend alles – weil er nicht das geeignete Wort findet, entscheidet er sich für – «richtig». Sie sind die Richtigen füreinander. Er kann bei Lucille Jones keine Spuren von Falschheit ausmachen, und er weiß, dass Babe davon nicht viel hat.

Während die Jahre ins Land gehen, werden Babe und Lucille den Jahrestag ihrer Hochzeit nicht jährlich, sondern wöchentlich feiern und zusammen Filme in ihrem Heimkino anschauen und sich anstelle von Kindern eine Menagerie halten. Und Lucille wird für Babe sorgen, als er im Sterben liegt, ihm die Krankheit sogar die Sprache raubt, sodass Babe ihr seine Liebe nur mit Gesten und Blicken signalisieren kann.

Und Lucille wird es sein, die ihm am Ende sagt, dass Babe gegangen ist.

Doch die Verflechtung seines Lebens mit dem Babes hat erneut begonnen. Genau wie Vera sich nach einem Streit einmal in ein Auto gesetzt hat, das sie nicht beherrschte, und losgefahren ist, macht Viola Morse das Gleiche. Viola Morses einziges Kind, ihr geliebter Sohn, stirbt plötzlich, just als Babe Lucille heiratet. Viola Morse hat den besten Teil ihres Lebens zwei Männern geschenkt, und jetzt sind beide nicht mehr da. Viola Morse schluckt Schlaftabletten, steigt in ihren Wagen und kollidiert auf dem Wilshire Boulevard mit drei Fahrzeugen, darunter ein Streifenwagen. Viola Morse wird ins St. Vincent's Hospital gebracht und wird wieder gesund, aber er findet die Zufälle dennoch merkwürdig:

Die zu Schrott gefahrenen Autos, die ausgemusterten Geliebten.

Babes Schuldgefühle wegen Viola Morse entstellen Babes Körper. Sie verbiegen ihn zu ungewohnten Formen.

Sollte Babe die Hochzeit verschieben?

Nein, es sei denn, es wäre eine Verschiebung auf unbestimmte Zeit und würde anschließend die Heirat mit Viola Morse nach sich ziehen.

Fühlt Viola Morse sich von Babe im Stich gelassen?

Ja, genau wie sich Alyce Ardell von ihm im Stich gelassen fühlt. Es wird keine Heirat mit Alyce Ardell geben, und die einstmals gestellten Fragen werden unbeantwortet bleiben. Alyce Ardell wird aus dem Filmgeschäft entschwinden, wird aus seinem Leben entschwinden und nur noch als eine Fußnote in Erinnerung bleiben. Der Dreh von *Saps at Sea* markiert das Ende ihres gemeinsamen Tanzes.

Weil er Alyce Ardell nicht zur Preview von *Saps at Sea* mitnimmt.

Stattdessen nimmt er seine Exfrau Ruth mit.

171

Im Oceana Apartment Hotel entsinnt er sich eines Gefühls von Optimismus.

Er und Babe sind mit einer Revue auf Tournee gewesen – zwölf Städte, verzückte Massen. Die Eröffnungsshow war in Omaha, und ihnen wurde vorübergehend der Schlüssel der Stadt überlassen, ehe man sie bat, ihn wieder zurückzugeben, weil die Stadtväter von Omaha herausfanden, dass sie nur einen Schlüssel besaßen, und Wendell Willkie, der gerade für die Präsidentschaft kandidierte, erwartete, dass er ihn bekam. Aber die Revue brachte Geld ein und verschaffte ihnen somit eine Verschnaufpause. Er erhöhte die Mauern um sein Grundstück noch weiter, und Babe baute sich ein neues Haus am Magnolia Boulevard.

Und er hatte, wieder einmal, Ruth in seinem Leben.

Ich konnte es nie ertragen, allein zu sein, denkt er. Babe war ein Segen, die Frauen waren ein Fluch.

Eine Dialogstelle aus *The Flying Deuces* fällt ihm wieder ein: Er und Babe an den Ufern der Seine, Babe attackiert ihn wegen seines Versagens als Freund. Möglicherweise hat er den Text selbst geschrieben oder aus dem übernommen, was von den Autoren eingereicht wurde, aber da ist er sich nicht immer sicher. Das Gedächtnis trickst einen aus. Er könnte sich seine Aufzeichnungen holen, aber er ist müde, und er vertraut seinen Beinen nicht, dass sie ihn stützen. Das Wichtige ist, dass Babe die Worte spricht, und jetzt, in der Stille des Oceana Apartment Hotels, formt er sie seinerseits stumm mit den Lippen:

Ist dir klar, dass du, wenn ich tot bin, einfach allein weiterleben wirst?

Er lebt nicht allein. Er hat Ida.

Aber er ist noch immer allein.

172

Er geht sich Chaplins neusten Film ansehen, *The Great Dictator*. Vier Jahre ist es her, seit Chaplin *Modern Times* gemacht hat. Er bewundert den Mut des *Great Dictator*, selbst wenn das Politische darin für seinen Geschmack allzu offen zutage tritt. Einen Film wie diesen könnte er nicht machen, aber das würde er auch gar nicht wollen.

Flüchtig sieht er Alyce Ardell auf der Straße, als sie das Kino verlässt, aber sie sieht ihn nicht. Er hat seit seiner Versöhnung mit Ruth nicht mehr mit Alyce Ardell gesprochen. Kann sein, dass er nie wieder mit Alyce Ardell sprechen wird.

Ihm gefällt das Zusammensein mit Ruth. Sie haben die Möglichkeit einer Heirat diskutiert, und sie ist nicht abgeneigt. Doch wenn er heiraten möchte, sollten seine Finanzen in Ordnung sein. Ein neuer Vertrag wäre erforderlich. Er weiß, dass Babe mitmachen wird, weil Babe wegen nicht gezahlter Steuern Probleme mit dem Finanzamt hat. Ben Shipman hält zwar das Finanzamt einstweilen noch hin, aber irgendwann wird Babe bezahlen müssen.

Er lässt sich einen Termin bei Ben Shipman geben.

Ich würde gern wissen, welche Fortschritte es derzeit bezüglich eines neuen Deals gibt, sagt er.

Ben Shipman ist kein Agent, Ben Shipman ist Anwalt. Doch für diese beiden Männer wäre Ben Shipman bereit, auf Knien von Tür zu Tür zu rutschen und deren Tugendhaftigkeit zu preisen. Stattdessen haben seine Mandanten die Orsatti Agency beauftragt, die Verhandlungen in ihrem Namen zu führen. Die Orsattis haben eine Vergangenheit mit mafiösen Verstrickungen. Victor Orsatti war früher mit June Lang verheiratet, die sich von ihm hat scheiden lassen, um Handsome Johnny Roselli zu heiraten. Handsome Johnny Roselli bringt einen Typen in Sizilien um und führt die Schutzgelderpressung gegenüber den großen Studios ein. In der Zwischenzeit betätigt sich Frank Orsatti, Victors Bruder, ein ehemaliger Alkoholschmuggler, als Zuhälter und Vollstrecker für Louis B. Mayer. Die Orsattis machen Ben Shipman nervös. Ben Shipman ist überzeugt, dass sie auch seine Mandanten nervös machen, weshalb er jetzt hier ist und lieber Ben Shipman nach Fortschritten fragt, als die Frage den Orsattis direkt zu stellen.

Ich dachte, du hättest es nicht sonderlich eilig, wieder mit der Arbeit zu beginnen, sagt Ben Shipman.

– Die Umstände haben sich geändert.

– Wie geändert?

– Ich ziehe in Erwägung, wieder zu heiraten.

– Wen zu heiraten?

– Ruth.

Ben Shipman weiß, dass er sich seit einiger Zeit mit Ruth trifft. Ben Shipman hat gehofft, es würde sich nur um eine Phase handeln. Ben Shipman hat nichts gegen Ruth, solange es nicht um stundenlange Diskussionen mit ihrem Anwalt wegen der Alimente geht; aber sie noch einmal zu heiraten erscheint ihm als ein drastischer Schritt.

– Es ist erst ein Jahr her, dass du dich von Vera hast scheiden lassen.

– Es ist länger als ein Jahr her.

– Weißt du, es gibt Männer, die die meiste Zeit ihres Lebens verheiratet bleiben, aber normalerweise versuchen sie, mit derselben Frau verheiratet zu bleiben. Du scheinst entschlossen zu sein, dir so viele Ehefrauen wie möglich anzuschaffen. Nicht, dass ich mitzählen würde, aber bis jetzt bist du viermal mit drei Frauen verheiratet gewesen, und darin sind die russische Zeremonie und der Ausflug nach Mexiko nicht eingeschlossen. Hast du jemals in Erwägung gezogen, einfach nicht verheiratet zu sein? Versuch es. Wer weiß, vielleicht gefällt es dir. Den Frauen gefällt es vielleicht auch.

– Ruth und ich kommen einfach prima miteinander aus.

– Warum dann eine schöne Sache verderben?

– Wir würden es gern noch einmal versuchen.

– Jesus. Siebenmal. Dann wirst du siebenmal gesagt haben: «Ja, ich will.» Hältst du das für normal? Was bist du, ein Scheich?

– Ben …

– Schon gut, schon gut. Ein letztes Wort: Hättest du nie geheiratet, wärest du inzwischen ein wohlhabender Mann. Ich meine ja nur. Es ist nicht zu spät.

– Ich will wieder zurück zum Film.

Okay, sagt Ben Shipman. Ich mache ein paar Anrufe.

Am Ende haben sie bei Fox Glück. Fox ist zwar nicht für Komödien bekannt, aber sie haben ein großes Studio.

– Was bieten sie?, fragt er Ben Shipman.

– Fünfzigtausend Dollar. Ein Film, mit der Option auf einen zweiten. Einfache Lizenz. Dir und Babe steht es frei, auch anderswo zu arbeiten, wenn ihr wollt.

– Wie sieht's mit der künstlerischen Kontrolle aus?

– Steht nicht im Vertrag, aber sie haben zugestimmt.

– Sollte das nicht im Vertrag stehen?

– Ich kann mich noch einmal mit denen in Verbindung setzen und nachverhandeln, aber das wird Verzögerungen geben. Sie scheinen seriös zu sein.

Ben Shipman ist eine ehrliche Haut. Es liegt in Ben Shipmans Natur, das zu glauben, was man Ben Shipman sagt, außer im Gerichtssaal. Wenn die Fox-Chefs versichern, dass Ben Shipmans Jungs die gleiche Kontrolle über ihre Filme zugestanden wird, der sie sich unter Hal Roach erfreuten, sieht Ben Shipman keinen Grund, dies anzuzweifeln, und wenn die Orsattis irgendwelche Einwände gegen den Deal haben, dann ist Ben Shipman darüber nicht informiert worden. Es kommt Ben Shipman nicht in den Sinn, dass sich die Orsattis einfach um nichts scheren.

Und so liefert Ben Shipman seine Schützlinge, seine Freunde, der Schlangengrube aus.

173

Er und Babe machen *Great Guns.*

Sie machen *A-Haunting We Will Go.*

Sie machen *Air Raid Wardens.*

Sie machen *Jitterbugs.*

Sie machen *The Dancing Masters.*

Sie machen *Nothing But Trouble.*

Sie machen *The Big Noise.*

Sie machen *The Bullfighters.*

Fox und MGM sind ihre neuen Aufpasser; er aber schafft es nicht, dies mit Gleichmut hinzunehmen. Es wird keine künstlerische Kontrolle geben, und er wird keine Beiträge zu den Skripts liefern. Er wird nicht schneiden dürfen, und die Regisseure werden sich seine Vorstellungen nicht anhören.

Fox nimmt ihnen ihre Hüte und Anzüge weg.

Fox nimmt ihnen ihre Besonderheit weg.

Fox nimmt ihnen ihren Charakter weg.

Was sind wir noch?, fragt er.

Und Babe erwidert: Wir sind, was wir immer gewesen sind.

– Aber so wie die sind wir nicht. Ich erkenne diese Männer nicht wieder.

Sie sind Fremde unter Fremden. Sie sind sogar sich selbst fremd.

Niemand bei Fox wertschätzt sie, und sie werden in die B-Filmcrews zurückgestuft, dabei bringt ihre Arbeit dem Studio Geld ein. Ben Shipman zeigt ihm die Zahlen. Ben Shipman sagt ihm, dass Fox mit *Great Guns* 250 000 Dollar Gewinn machen könnte.

Ben Shipman liegt falsch.

Great Guns erwirtschaftet das Doppelte.

Die Filme sind also profitabel, aber sie sind profitabel, obwohl nur wenige Beteiligte vorgeben, Respekt vor dem zu haben, was man dem Publikum präsentiert. Budgetzahlen werden veröffentlicht, aber das Geld schafft es nie auf die Leinwand. Schauspieler werden besetzt, die aber nicht spielen können. Regisseure werden engagiert, doch die halten nichts von Zusammenarbeit. Sogar als er schließlich einmal bei der Regie assistieren darf, wird sein Name nicht aufgeführt, als wäre sein Beitrag eine Gefälligkeit, der den Ruf des Studios beschädigen könnte, würde man ihn als solchen förmlich anerkennen.

Weißt du, warum diese Filme Geld einspielen?, fragt er Ben Shipman.

– Sie spielen Geld ein wegen dir und Babe.

– Nein, sie spielen Geld ein, weil wir unser Vermächtnis verkaufen, Bild für Bild. Kein Mensch mag diese Filme. Das Publikum kommt, weil es uns mal geliebt hat.

– Das Publikum liebt euch noch immer, sonst wäre es nicht da.

– Nein, das Publikum liebt nur die Erinnerung an uns. Es liebt Männer, die nicht mehr existieren.

Es ist an Babe zu intervenieren, zu retten, zu überreden, zu trösten. Babe ist pragmatisch. Das Finanzamt will Geld. Myrtle, Babes Exfrau, will Geld. Was soll ein Mann da machen, außer zu arbeiten?

Die Zeiten ändern sich, sagt Babe. Vielleicht sollten wir uns mit ihnen ändern.

Und er versteht es. Babe nimmt es nicht gänzlich übel, dass man ihn von einer zu engen Jacke erlöst, von einem zu kleinen Hut befreit hat. Babe beherbergt in seinem Innern mehr als nur eine Persona. Er möglicherweise auch, doch hat er sich nie an dieser Beschränkung gerieben.

– Aber wenn wir uns verändern, was werden wir dann?

Und diese Filme geben ihm eine Antwort.

Sie müssen, wie alle alten Männer, Nebendarsteller im Leben anderer werden.

Sie müssen die Schatten ihrer selbst werden.

174

Er sieht wenig von Babe in diesen Jahren.

Er ist nicht beleidigt. Als einer, der sich eine hohe Mauer gegen die Welt gebaut hat, weiß er, dass Babe nur dadurch mit dem auf ihm lastenden Druck umgehen kann, dass sich Babe zusammen mit Lucille abkapselt. Da sind diese armseligen Filme, die zu machen sie aus Not gezwungen sind; die fortwährenden Quälereien durch Myrtle, die anscheinend von einer Art von Verrücktheit zerfressen wird, welche sich in einer Jagd nach Geld äußert, das ihr nicht zusteht; und die damit indirekt zusammenhängende Wachsamkeit des Finanzamts, das gleichfalls nach Geld sucht, aber ohne den Vorwand von Verrücktheit.

All dies hat Babe sich selbst eingebrockt.

Ich habe einen Fehler begangen, erklärt ihm Babe. Bei der Scheidung von Myrtle.

Babe, so stellt sich heraus, vergisst, das Schlussurteil abzuholen. Jahrelang liegt es irgendwo herum, bis Babe es anfordert, um Lucille zu heiraten. Das Finanzamt interpretiert das so, dass Babe und Myrtle noch immer verheiratet gewesen seien und in dieser Zeit unter einem Dach gelebt hätten, weshalb Babe die Steuern aus der gemeinschaftlichen Erklärung zahlen müsse, während Myrtle Babe die ganze Zeit über wieder und wieder vor Gericht zerrt, so oft, dass Ben Shipman vorschlägt, zusammenzulegen und sich einen Richter zu kaufen.

Ich verstehe nicht, warum Myrtle mir das antut, sagt Babe zu ihm.

Er hat keine Antwort. Er denkt an all die Jahre, die Babe damit zugebracht hat, Myrtles Scheiße und Pisse aufzuwischen, an all die Bars und Sanatorien. Er denkt an Babes Weigerung, Myrtle im Stich zu lassen, bis schließlich sie ihn verließ, weil ihr nichts anderes übrigblieb. Er denkt an Babes Schuldgefühle und Babes Einsamkeit.

Er denkt, der Alkohol könnte Myrtles Gehirn zerstört haben.

– Du bist glücklich, und sie ist es nicht. Vielleicht ist es so einfach.

Doch er weiß, dass möglicherweise nicht einmal das die vollständige Wahrheit ist. Babes Traurigkeit ist eine tiefe, eine noch tiefere als seine. Er sieht sie, wenn Babe in einen Garderobenspiegel blickt und einen großen Fleischlappen packt und wie ein zweiter Shylock versucht, sich selbst zu reduzieren. Er sieht sie, wenn Babe von Walter Brennan und Victor McLaglen liest, von Henry Travers und Charles Coburn und sich eine Karriere in Rollen vorstellt, die er hätte spielen können. Sogar Lucille spricht sie manchmal an bei jenen seltenen Gelegenheiten, wenn er und Ruth sich mit ihnen treffen.

Wenn Babe traurig ist, flüstert Lucille, höre ich, wie er sich selbst einen fetten alten Mann nennt. Babe fragt mich, warum ich ihn liebe. Und ich antworte immer: Wie könnte ich nicht?

Und er versteht es, weil auch er Babe liebt.

Wie könnte er nicht?

175

Im Oceana Apartment Hotel denkt er darüber nach, dass in all ihren gemeinsamen Jahren Ben Shipman ihm gegenüber nie die Formulierung gebraucht hat: «Ich habe es dir doch gesagt», obwohl Ben Shipman dazu reichlich Gelegenheit gehabt hätte. Stattdessen ist Ben Shipman ihm unaufgeregt von Krise zu Krise gefolgt wie ein Kammerdiener mit einer Kehrschaufel, stets bereit, die Scherben der Beziehungen seines Herrn aufzukehren.

Ben Shipman ruft ihn an, so wie es Ben Shipman jeden Tag tut. Es gibt immer eine geschäftliche Kleinigkeit zu besprechen, eine angebotene Arbeit abzulehnen: ein Drehbuch, ein Fernsehinterview, einen persönlichen Auftritt. Gibt es nichts Geschäftliches, dann geht es um auf der Straße getroffene gemeinsame Bekannte oder um eine freundliche Erwähnung in einer Pressekolumne in Peoria oder Des Moines.

Aber er ist in letzter Zeit in sich gegangen und hat viel nachgedacht: über Babe, über die Irrtümer seines Lebens. Auf diese Weise erkennt er, dass es mit ihm zu Ende geht.

Deshalb stellt er Ben Shipman die Ich-habe-es-dir-doch-gesagt-Frage.

Warum hätte ich so etwas sagen sollen?, entgegnet Ben Shipman.

Ben Shipman ist alt, aber Ben Shipman ist noch immer Anwalt und deshalb immer dann am glücklichsten, wenn er eine Frage mit einer Gegenfrage beantworten kann.

Ich wusste doch, dass ich es dir gesagt habe, fährt Ben Shipman fort, und du wusstest doch, dass ich es dir gesagt habe. Warum also hätte ich dir sagen sollen, dass ich es dir doch gesagt habe?

– Weil ich dann vielleicht meine Lektion gelernt hätte.

– Welche Lektion? Dass du kein Recht hattest, glücklich zu sein? Dass es dir besser gegangen wäre, allein hinter hohen Mauern zu sterben, mit einer Krankenschwester, die dich mit dem Löffel füttert? Was ist das für eine Lektion, die man einem Mann beibringen soll?

– Ich wäre reicher.

– Aber ich wäre ärmer. Würdest du mich lieber auf der Straße leben sehen? Sei nicht so egoistisch. Hättest du nicht dein ganzes Geld für Anwälte und Alimente ausgegeben, hättest du einen anderen Weg gefunden, es loszuwerden. Und es ist doch nur Geld. Man besitzt Geld nie. Man behält es eine Weile, man stirbt, und es wandert zu jemand anderem. Gibt man es jemand anderem, bekommt man etwas zurück und stirbt dann. Das sind die zwei Optionen. Was soll das Ganze überhaupt? Bereust du jetzt irgendwas? Du bist zu alt, um zu bereuen.

Sie unterhalten sich noch ein wenig. Ben Shipman verspricht, am nächsten Tag wieder anzurufen. Ben Shipman braucht das nicht zu versprechen, aber Ben Shipman tut es dennoch jedes Mal, genau wie Ben Shipman jedes Mal wieder anruft.

In der Vergangenheit wäre er, wenn er sich so gefühlt hätte, vielleicht angeln gegangen oder auf einen Trip nach Catalina Island; aber er hat nicht mehr die Kraft für solchen Zeitvertreib. Stattdessen sitzt er am Fenster und sucht Trost im schwindenden Licht. Er riecht das Meer und lauscht den Wellen, wie sie im Takt mit seinem gebrochenen Herzen schlagen.

176

Hinter den Mauern seiner Festung streiten und weinen er und Ruth, aber es ist nicht so wie früher. Die Abläufe sind vorhersagbar geworden, und er ist ihrer müde. Er möchte nicht mehr jemand anderen ficken, nicht einmal Alyce Ardell, selbst wenn sie ihn haben wollte, doch hat er auch keine große Lust, Ruth zu ficken. Binnen eines Jahres nach ihrer Wiederverheiratung sind sie erneut getrennt, und er ist wieder vor Gericht, dieses Mal der «allgemeinen Grausamkeit» beschuldigt, was immer das auch bedeuten mag.

Ich habe – erzählt ihm Ben Shipman, während sie auf den Beginn der Verhandlung warten – einmal einen Mann vertreten, dessen Frau ihn allgemeiner Grausamkeit beschuldigt hat, weil dieser Mann, ihr Ehemann, jeden Morgen darauf bestand, seinen rechten Schuh vor dem linken anzuziehen. Ihr Ehemann habe das weiterhin so praktiziert, obwohl ihr Ehemann wusste, dass sie das geärgert habe. Und dann habe ihr Ehemann immer gehustet. Immer der gleiche Husten. Ein kleines –

Und Ben Shipman führt seine Faust vor den Mund und gibt ein leises, höfliches Hüsteln von sich wie jemand, der eine Unterhaltung von Vorgesetzten unterbrechen möchte, ohne anmaßend zu erscheinen.

– Sie wies den Richter darauf hin, dass kein Mensch husten müsse, nachdem er seine Schuhe angezogen habe, jedenfalls nicht so. Vielleicht müsse ein Mann ab und zu einmal husten, nachdem er seine Schuhe angezogen hat, weil man manchmal eben husten müsse, ob dabei ein Schuh im Spiel sei oder nicht. Sie habe versucht, sich anderswo im Haus aufzuhalten, wenn ihr Mann gerade seine Schuhe anzog, aber dann behauptete sie, dass sie immer auf das Husten gewartet habe. Oder dass sie das

Husten gehört und gewusst habe, dass ihr Gatte seinen rechten Schuh vor dem linken angezogen habe, obwohl sie nicht dabei und Zeugin des Vorgangs gewesen sei.

Hat sie versucht, mit ihm darüber zu reden?, fragt er.

– Natürlich hat sie es versucht, aber ihr Gatte habe ihr erklärt, es handele sich hier nur um den Fall eines Mannes, der Schuhe anzieht, und ein Mann müsse Schuhe anziehen, weil ein Mann sonst nicht rausgehen und den Lebensunterhalt verdienen könne, es sei denn, der Mann wäre ein Penner und verdiene seinen Lebensunterhalt damit, ein Penner zu sein, wovon man nicht gut leben könne.

– Und das Husten?

– Ihr Ehemann sagte, dass ein Mann husten müsse, und manche Männer zögen es vor, ihren Husten loszuwerden, bevor sie zur Arbeit gehen.

– Als was hat ihr Ehemann gearbeitet?

– Ihr Ehemann war Vertreter.

– Was hat ihr Ehemann verkauft?

– Ihr Ehemann war bei einem pharmazeutischen Unternehmen angestellt und hat Hustenmittel verkauft. Ihr Ehemann brachte vor, dass niemand Hustenmittel von einem Vertreter kauft, der hustet. Was logisch ist.

– Und wie hilft das mir?

Ihr Fall wird aufgerufen. Sie erheben sich, um den Gerichtssaal zu betreten.

Es hilft ihm, weil allgemeine Grausamkeit ohne Bedeutung ist. Allgemeine Grausamkeit ist der normale Lauf der Welt. Die spezielle Grausamkeit ist das Problem.

177

So vieles hat 1945 ein Ende, wenn auch nicht zwangsläufig in der Reihenfolge persönlicher Relevanz.

Der Krieg endet.

Der Vertrag mit Fox endet.

Und seine jüngste Ehe mit Ruth endet.

In der nachfolgenden Scheidungsverhandlung macht Ruth eine Zeugenaussage zum Wesen dieses Mannes, dem gegenüber sie dreimal die Wörter «Ich will» ausgesprochen hat.

Wenn er etwas nicht hat, will er es, schildert Ruth dem Gericht. Aber sobald er es hat, will er es nicht mehr. Trotzdem ist er noch immer ein klasse Typ.

Ben Shipman denkt, dass dies die kürzeste und bündigste Beschreibung seines Mandanten aller Zeiten sein könnte.

Doch 1945 stellt auch einen Beginn dar, denn er hört eine Sängerin in einem russischen Nachtclub.

178

Am 6. Mai 1946 hört Ben Shipmans Sekretärin einen Schrei aus dem Büro ihres Chefs, als hätte dieser große Schmerzen, und befürchtet, Ben Shipman erleide gerade einen Herzinfarkt oder ein geliebter Mensch sei gestorben.

Als sie das Büro betritt, hält Ben Shipman eine Zeitung in der einen Hand, während er mit der anderen versucht, sich einen Drink einzugießen.

Mein Gott, sagt Ben Shipman, er hat schon wieder eine Russin geheiratet.

Er heiratet Ida Kitaeva Raphael nicht einfach so: Er brennt mit Ida Kitaeva Raphael nach Yuma durch. Es handelt sich, wie Reporter entzückt bemerken, um sein drittes Durchbrennen, seine vierte Braut und seine siebte Heirat – beziehungsweise seine achte Zeremonie, wenn man Rasputins geistliche Amtswaltung hinzuzählt.

Du bist ein sechsundfünfzigjähriger Mann, erklärt ihm Ben Shipman, als es Ben Shipman endlich gelingt, ihn im Grandhotel in San Diego, in das er sich mit seiner neuen Braut zurückgezogen hat, ans Telefon zu bekommen. Was fällt dir ein durchzubrennen? Es ist schlecht für deine Gesundheit. Schlimmer noch: Es ist schlecht für meine Gesundheit.

Ida Kitaeva Raphael ist neununddreißig Jahre alt, das Kind von Weißrussen. Vera, sinniert Ben Shipman, war gleichfalls Weißrussin von Geburt, aber bei ihr denkt er eher an White Russian, den Cocktail. Ida Kitaeva Raphael ist Witwe. Ihr erster Mann war Raphael, ein Konzertinavirtuose, von dem es hieß, keiner habe seinem Instrument solch zärtliche Klänge entlocken können wie er. Raphael ist vor Franklin Delano Roosevelt aufgetreten, vor dem König von England und dem Zaren von Russland. Raphael hat auch zum Nachmittagstee im Waldorf Astoria gespielt und Hugo Mariani's Tango Orchestra begleitet.

Das Durchbrennen sei eine spontane Entscheidung gewesen, erklärt er Ben Shipman.

– Was du nicht sagst. In der Zeitung steht, du hast um fünf Uhr morgens einen Friedensrichter aus dem Bett geholt.

– Wir hatten gehofft, früher einzutreffen, aber wir hatten uns verfahren. Und Richter Lutes betreibt seinen Trauungssalon im eigenen Haus. Er nennt ihn Cupid's Corner. Richter Lutes ist nach der Zeremonie gleich wieder ins Bett gegangen.

– Meinetwegen kann Richter Lutes nach der Zeremonie nach China geflohen sein. Du hast an einem Ort geheiratet, der Cupid's Corner heißt? Wo werden denn dann die Flitterwochen stattfinden, in der Lover's Lane?

– Das haben wir noch nicht entschieden.

– O Gott. Jetzt möchte ich nur noch eine Frage stellen.

– Schieß los.

– Und ich möchte eine ehrliche Antwort haben.

– Eine andere habe ich dir nie gegeben.

– Hand aufs Herz?

– Hand aufs Herz.

Ben Shipman atmet tief durch.

– Ich lese jetzt etwas aus der Zeitung vor. Hör genau zu. Hörst du zu?

– Ich höre zu.

– Okay. «Lutes» – Lutes ist übrigens der Mann, der dich und deine neue Braut getraut hat.

– Weiß ich. Ich habe dir doch gerade seinen Namen gesagt.

– Ich hatte nur Sorge, du könntest ihn schon wieder vergessen haben. Schließlich sind es so viele gewesen, dass du möglicherweise Probleme hast, den Überblick zu behalten. «Lutes sagte, von der blonden Frau, die als Alter neununddreißig und als Geburtsort Russland genannt habe, seien darüber hinaus keine weiteren Angaben zu ihrer Identität gemacht worden. Der Beschreibung nach sehe sie seiner dritten Frau, Vera Ivanova Shuvalova, der als Illeana bekannten russischen Tänzerin, ähnlich, von der er 1939 geschieden worden war.» Meine Frage ist also: Du hast nicht zufällig erneut Illeana geheiratet, oder?

Er legt einfach auf; allerdings ist er zu höflich, um nicht zuvor goodbye zu sagen.

179

Im Oceana Apartment Hotel schüttelt Ida seine Kissen auf und kontrolliert seinen Blutzucker. Sie fragt, ob er etwas benötigt, was nicht der Fall ist. Er hasst es, Diabetiker zu sein, doch die Krankheit hat ihn gerettet. Hochprozentiges ist immer seine große Schwäche gewesen. Der Schnaps hat ihn töricht gemacht. Ohne Schnaps ist er weniger töricht; trotzdem ist er, wie alle Männer, im Grunde seines Herzens ein Tor.

Er schaut Ida hinterher. Er denkt, dass Ida schön ist und er nur noch alt.

Warum bist du bei mir geblieben, wo doch alle anderen gegangen sind?

Warum hast du mich geliebt und nie damit aufgehört?

Der Tag geht zur Neige, die Dämmerung bricht an. Bald wird es dunkel sein.

Und deine Hand wird es sein, die ich halte, wenn es endgültig Nacht wird.

180

Was bleibt ihm und Babe noch?

Nichts.

Nichts als Filme, erdacht, aber nie gemacht.

Nichts als Filme, die nie gedreht werden.

Ben Shipman ruft ihn an.

– Uns liegt ein Angebot vor.

Er will es nicht hören. Welches Studio will sie beide jetzt noch nehmen? Republic? Monogram? Er will an seinen letzten Tagen nicht in der Poverty Row enden.

Keine Filme, sagt Ben Shipman. Liveauftritte.

– Der Theaterring?

Er ist sich nicht sicher, ob er in kalte Garderoben und abgedunkelte Bahnhöfe zurückkehren kann, in fremde Schlafzimmer mit den modrigen Hinterlassenschaften anderer Leute. Und die meisten der altvertrauten Schauplätze von früher gibt es jetzt nicht mehr; man hat sie zu Kinos umgebaut. Es würde ihm das Herz brechen, denkt er, wenn er in den Pausen zwischen den Filmen als Teil einer Varietényummer auftreten müsste.

Ehemaliger Filmschauspieler.

Und Nachtclubs oder Kabarettshows? Dafür hat er nicht mehr die Energie. Er kann noch nicht einmal mehr trinken wie in alten Zeiten. Noch bis vor kurzem beim Victory Caravan, der Kriegsspendenaktion, haben er und Babe und Groucho Marx nicht einen einzigen nüchternen Tag erlebt.

Nicht hier, sagt Ben Shipman. In England.

In Großbritannien habe der Krieg sie beide in Bernstein konserviert. Die Briten hätten die Fox-Filme nicht gesehen, auch nicht die MGM-Katastrophen. Die Briten hätten sie in Erinnerung behalten, wie sie einst gewesen sind. In seinem Heimatland habe es keinen Karriereabsturz gegeben. In seinem Heimatland seien sie beide nicht verblasst. Sie würden die Theater problemlos zehnmal füllen.

Sagt jedenfalls Ben Shipman.

Aber Babe ist fünfundfünfzig, und er ist noch älter. Er ist A. J. immer ähnlicher geworden, als würde er ein lange verweigertes Schicksal letztendlich als unausweichlich anerkennen und erfüllen. In England liebt das Publikum die Männer, die er und Babe einst gewesen sind, falls man sich denn tatsächlich noch an sie erinnert. Ansonsten würden sie einen weiten Weg gehen, nur um zu enttäuschen und selbst enttäuscht zu werden.

Aber er ist wieder einmal pleite. Er hat so wenig Geld, dass er sich bei der Hochzeitszeremonie mit Ida nicht einmal einen Ring leisten kann, weshalb sie den benutzt, den ihr einst Raphael, der Konzertinavirtuose, geschenkt hat. Er würde gern England wiedersehen, aber er besitzt nicht die Mittel, um ohne Unterstützung zu reisen.

Zwar sind Babes Taschen gleichfalls leer, aber andererseits bereiten lange Phasen des Müßiggangs Babe auch keine Freude. Arbeit ist Babes Rechtfertigung für die Stunden auf dem Golfplatz oder bei den Pferdewetten, und ohne einen Cent im Geldbeutel kann man nicht gentlemanlike einen Wetteinsatz für eine Runde Golf platzieren oder auf ein Rennpferd setzen.

Es ist gutes Geld, sagt er zu Babe. Wir werden in schönen Hotels übernachten, auch die Mädels. Sie werden die Kosten für uns alle übernehmen.

– Aber werden sie sich an uns erinnern?

– Ben sagt, dass wir dadrüben noch zu den Großen zählen. Vielleicht nicht mehr zu den ganz Großen, so wie früher, aber wir werden mehr verdienen als hier. Und soviel ich weiß, ist es Hitler nicht gelungen, alle Golfplätze zu zerbomben. Und dann ist da noch eins: Ich möchte meine Heimat sehen, aber ohne dich kann ich es nicht und werde ich es auch nicht tun.

Babe und Lucille mögen Ida. Zwei Monate lang zu viert auf die Reise zu gehen ist keine große Zumutung.

Dann freue ich mich darauf, sagt Babe.

Doch als alle Vorbereitungen schon getroffen sind, wird Lucille krank und muss sich einer langen Rekonvaleszenz unterziehen.

Die Ärzte erlauben ihr nicht zu reisen, erklärt ihm Babe.

– Was wirst du tun?

– Ich kann sie nicht allein lassen.

Babe gäbe lieber notgedrungen aus Armut sein Haus auf, als die angeschlagene Lucille im Stich zu lassen.

Kannst du ohne mich auftreten?, fragt Babe.

Er weiß es nicht. Er nimmt an, dass er ohne Babe nach England reisen könnte, aber die Nummer, an der sie am härtesten gearbeitet haben, der *Driver's License*-Sketch, funktioniert nur zu zweit. Selbst wenn man für Babe einen Ersatz fände, bezweifelt er, dass die Gage dieselbe bliebe. Er dürfte sich wohl glücklich schätzen, wenn er die Hälfte des zugesagten Geldes bekäme, und die Theater würden dementsprechend kleiner sein. Das bereitet ihm Sorgen. Er liebt Ben Shipman, aber er glaubt nicht daran, dass man ihn in England so begeistert empfangen wird wie früher, weder allein noch mit Babe an seiner Seite

Aber er wird nicht zulassen, dass Babe wegen Lucilles Unpässlichkeit in eine finanzielle Notlage gerät. Das ist nicht ihre Art. Das Geld, wie hoch auch immer der Betrag sich am Ende beläuft, wird an ihre Agentur bezahlt und gerecht zwischen ihnen aufgeteilt werden, ob Babe nun mit auf Tournee geht oder nicht.

Das ist ihre Art.

So informiert Babe also Lucille über seine Entscheidung, bei ihr zu bleiben, und Lucille hätte, müsste sie nicht wegen der Probleme mit ihren Lendenwirbeln liegen bleiben, darauf reagiert, indem sie Babe am Kragen gepackt und durchgeschüttelt hätte. Stattdessen zwingt sie Babe, sich ohne Umschweife mit Angelegenheiten wie Geld, seiner Karriere und ihrer gemeinsamen Zukunft zu befassen.

Im Februar 1947 schließt Babe sich ihm und Ida auf der *Queen Elizabeth* für die Reise nach England an.

181

Er steht mit Babe auf dem Deck der *Queen Elizabeth*, Ida schläft in einer Kabine darunter. Es ist die Nacht, in der sie planmäßig in den Hafen von Southampton einlaufen sollen. Auch wenn er sich, der Effekthascherei zuliebe, einer Änderung der Zeitschiene schuldig machen würde – in einem Film wäre der Ablauf so gewesen:

Sie können keine Sterne sehen, nur die Lichter eines zweiten Dampfers in der Ferne. Er trägt so viele Kleidungsstücke übereinander, dass sein Kopf wie der einer Stecknadel aus seinem Mantelkragen ragt. Babes Jackett ist offen. Babe spürt die Kälte nicht auf die gleiche Weise.

Ihn plagt der Gedanke, was sie am nächsten Tag zu Gesicht bekommen werden. Er hat die Fotografien gesehen, die Wochenschauberichte: ganze Straßenzüge zerstört, brennende Städte. Er weiß von Menschen, die bei Bombenangriffen gestorben sind oder die ihre Kinder verloren haben.

Was sollen da zwei ältere Männer, die in einem solchen Land aus vergangener Glorie Profit schlagen wollen, deren graues Haar eine Erinnerung an all das darstellt, was verloren gegangen ist?

Es ist nicht so wichtig, sagt Babe.

– Was ist nicht so wichtig?

– Wie viele kommen, wie groß die Theater sind.

– Für Bernard Delfont ist es wichtig.

Bernard Delfont ist der englische Impresario, der sie zu dieser Reise überredet hat. Er möchte nicht für Bernard Delfonts Verarmung verantwortlich sein.

Ich glaube, für dich ist es vielleicht wichtiger, sagt Babe.

– Ich will nicht den ganzen weiten Weg hierher machen, bloß

um vergessen zu werden. Wenn ich gewollt hätte, dass man mich vergisst, hätte ich daheim in Kalifornien bleiben können.

Er übertreibt. Ihre alten Filme haben es mehr und mehr ins Fernsehen geschafft und bringen Hal Roach Geld ein, wenn auch nicht ihnen. Das Fernsehen hat jedoch für ihn etwas Irreales. Er ist mit Publikum groß geworden. Er möchte sich keinen Film aus einem Kasten anschauen, allein.

Und wenn das Publikum nicht kommt, wenn die Theater leer bleiben, wer oder was ist er dann?

Dann ist er nur ein Mann in einem Kasten, allerdings nicht allein. Babe wird bei ihm sein.

Ich bin froh, dass ich nicht daheim in Kalifornien geblieben bin, sagt Babe. Ich vermisse Lucille, aber ich habe nie geglaubt, dass wir die Chance hätten, noch einen Trip wie diesen zu machen. Ich dachte schon, wir wären am Ende. Und wenn jemand uns partout auf ein Schiff hätte stecken wollen, dann ins Zwischendeck, hätte ich gedacht, und nicht in die erste Klasse.

– Wir hätten uns unsere Passage als Kesselheizer verdienen können.

– Bei dem bisschen, was wir hätten schaufeln können, wären wir noch nicht mal aus dem Hafen gekommen.

– Ich bin froh, dass du hier bist. Ich bin glücklich, dass du mich begleitest.

Babe klopft ihm auf den Rücken.

– Ich geh ins Bett. Morgen früh sind wir schon in britischen Gewässern.

– Träum nicht, dass du wach wärst, um dann beim Aufwachen festzustellen, dass du schläfst.

– Weise Worte.

Ja, sagt er, in der Tat.

182

Im Oceana Apartment Hotel geht er manchmal, wenn er in seinem Bett keine Ruhe findet und die Stille zu laut ist, ans Fenster, schaut aufs Meer hinaus und erinnert sich an Southampton 1947:

Wie das Dock aus dem Nebel auftaucht und im Halbdunkel flüchtig Gestalten sichtbar werden, so viele, dass er meint, sich zu täuschen; dass er dieses Land mit Gespenstern bevölkert. Vielleicht hat er sich kurzzeitig in sein jüngeres Ich verwandelt, hat den Arm nach einer Vergangenheit ausgestreckt, in der er noch voller Leben war. Doch er kann die Feuchtigkeit auf seiner Haut spüren, Idas heiße Hand in der seinen, und neben ihm Babe, der winkt und winkt, und jetzt winkt auch er, da sich der Nebel lichtet und Gesichter erkennbar werden, und er glaubt, noch nie so viele Menschen an einem Ort versammelt gesehen zu haben, und über das Wasser rollt eine große Woge menschlicher Wärme zu ihm hin, eine Sturzflut aus Emotion, und er lächelt und lächelt, und er möchte dieses Schiff nie verlassen, möchte, dass dieser Moment nie vergeht, mit Babe zur einen Seite, Ida zur anderen. Er vermisst nur seine Tochter und wünscht sich, dass sie hier bei ihm wäre und dies sehen würde und ein Teil davon wäre, sodass alles, was er liebt, an einem Ort wäre, für immer festgehalten in diesem einzigen Augenblick der Vollkommenheit.

Und dann erreicht sie ihn, so wie früher, wird lauter wie der Gesang unsichtbarer Vögel, der vom Dock und der dahinterliegenden Stadt aufsteigt und vom Wind dorthin getragen wird, wo er steht.

Eine gepfiffene Melodie.

183

Sie sind für sechs Wochen engagiert. Sie bleiben neun Monate.

Im Juni ist Lucille so weit wiederhergestellt, dass sie ihnen nachreisen kann.

Und Babe ist komplett.

Die ersten Wochen sind kalt. Das Publikum steht im Schneetreiben Schlange. Es herrscht Benzinknappheit. Kohle ist Mangelware. Sie füllen in gespenstischen Unterkünften bei Kerzenlicht Anmeldeformulare aus und tauschen Bezugsscheinhefte gegen kärglichste Kost. Die Eröffnungsveranstaltung ist in Newcastle, wo das Theater so schlecht geheizt ist, dass sich ihr Atem zu Wölkchen bauscht wie Rauch aus einem Schornstein, sogar unter den Scheinwerfern, und anschließend wärmen sie sich gemeinsam am einzigen Kamin des Royal Station Hotels.

Ihm macht das nichts aus. Er ist zu Hause.

Und so langsam erkennt er, dass in diesem veränderten Land mit seinen Trümmerfeldern und seinen Toten nicht zählt, dass sie alte Männer sind.

Dass sie jämmerliche Entscheidungen getroffen haben, um noch jämmerlichere Filme zu machen.

Dass ihr Privatleben Stoff für Klatsch, Tratsch und Zeitungskolumnen geliefert hat.

Was zählt, ist, dass sie zurückgekommen sind.

Das Tauwetter beschert London Hochwasser. Im Palladium hat sich Babe schon Stunden bevor der Vorhang aufgeht umgezogen. Babe kann nicht sitzen, Babe hat keine Ruhe. Die Bühne ist sein Zuhause, nicht Babes. Babe ist vor einem Liveauftritt immer nervös. Tausende warten, und weitere Tausende kommen noch. Babe schwitzt so sehr, dass Babes Kostüm durchnässt, sein Hemd durchsichtig geworden ist. Babe hat Gewicht verloren – die Entbehrungen tun ihm gut –, aber Babe bleibt ein stämmiger Mann.

Du musst dich entspannen, sagt er. Draußen haben sie schon ein Hochwasser.

– Ich kann mich nicht an meinen Text erinnern.

– Du kannst dich an deinen Text erinnern. Du hast bloß vergessen, dass du dich erinnern kannst.

Babe unterbricht sein Auf-und-ab-Gehen und starrt ihn an.

Es gibt Momente, sagt Babe, in denen ich nicht weiß, wo dein wahres Ich aufhört und dein anderes anfängt.

– Solltest du darüber Klarheit benötigen, kannst du ein paar meiner Exfrauen anrufen.

Als ob die helfen könnten, sagt Babe und geht weiter auf und ab.

Sie betreten die Bühne, und das Publikum erhebt sich. Einen solchen Lärm hat er nie zuvor erlebt. Das Publikum jubelt und applaudiert, der Beifall wird zu einem einzigen Bravoruf, zu einer perfekten Serie von hingebungsvollem Klatschen und Stampfen, das aus dem Dunkel pulst. Zuerst klingt es nach reiner Freude, dann wird es tiefer, elementarer. Es verwandelt sich, und die Verwandlung bewirkt eine Befreiung.

Es übertönt das Orchester.

Es übertönt ihre Stimmen.

Es übertönt Krieg und Schmerz und Angst und Verlust und Hunger und Kummer.

Es übertönt sogar den Tod.

184

Im Oceana Apartment Hotel entsinnt er sich, wie er England im Triumph verlassen hat, so erfüllt mit Freude wie seit vielen Jahren nicht mehr. England hat ihnen wieder Kraft gegeben. England hat ihnen Hoffnung gegeben.

Doch die Hoffnung ist eine Kerze.

Die Hoffnung brennt, und dann erlischt sie.

185

In England hat man ihm ein Buch mit einer Widmung für Chaplin mitgegeben. Er überlegt, es mit der Post zu schicken, entscheidet sich aber stattdessen dafür, die Bekanntschaft aufzufrischen. Er vereinbart einen Termin, wie man es bei einem Politiker oder Würdenträger tun würde, und trifft zur vereinbarten Zeit bei Chaplins Haus in Beverly Hills ein.

Chaplin begrüßt ihn herzlich. Sie setzen sich. Sie nehmen einen Drink. Sie schwelgen in Erinnerungen.

Sie sprechen über die Toten.

Und er erhascht einen flüchtigen Blick auf den alten Chaplin, auf jenes Wesen, das existierte, bevor Chaplin zum Gott wurde.

Wir sind uns ähnlich, sagt Chaplin, du und ich, und schon ist er wieder zurück in den Gewässern vor Catalina Island, zurück bei Chaplin und Paulette Goddard und Ruth.

Er ist, wieder einmal, ein Mann ohne festen Halt.

Keine zwei Kerle haben zusammen solche Abenteuer erlebt wie wir, fährt Chaplin fort. Wir sind Kinder Karnos und der Music Halls. Wer von unseresgleichen ist noch da?

Chaplin plaudert über feuchte Zimmer auf den Tourneen des Theaterrings, sie beide in gemeinsamen Betten unter einer Decke, über die Mahlzeiten in schäbigen Restaurants und über Frauen, deren Namen Chaplin längst vergessen hat. Er sitzt im Schein von Chaplins Licht, in der Wärme von Chaplins Zuneigung, und er registriert den Bann, in den er gezogen wird, aber er ist jetzt älter, und Chaplins Worte klingen wie eine hohle Knochenklapper, ohne Mark. Trotzdem kann er nicht umhin, Chaplin zu bewundern, auch wenn er ihn sich mehr zur Wahrheit fähig wünscht und mehr der Zuneigung würdig.

Sie verabschieden sich. Versprechen werden gegeben. Man

wird in Kontakt bleiben. Man wird sich treffen. Sie müssen das tun, sagt Chaplin, weil sie die Einzigen ihrer Art sind.

Er sieht oder spricht Chaplin nie wieder.

186

Nach seiner Rückkehr in die Vereinigten Staaten kann er nicht arbeiten. Sein Diabetes ist schlimmer geworden. Er schreibt Sketche und Gags und weiß, dass sie nie umgesetzt werden. Er fügt sie seinem Archiv hinzu, und manchmal erzählt er Babe, was er sich ausgedacht hat. Ihre Filme werden im Fernsehen gezeigt und polstern die untere Hälfte der Kinoplakate auf, doch das ist zu wenig. Es ist der Glanz früherer Zeiten, der ihn nur daran erinnert, dass seine Ära vorbei ist. Er ist sich nicht sicher, was er und Babe diesem neuen, ungemütlichen Zeitalter außer Nostalgie noch anzubieten haben, und deshalb fände er es passend, wenn man sich ihrer nur als derjenigen erinnerte, die sie einst waren.

Doch er vermisst die Filmarbeit und ist frustriert wegen seiner Krankheit. Während Ida ihn umsorgt, fühlt er sich weniger wie ein Ehemann als wie ein Patient. Er schaut in den Spiegel und erblickt einen verwelkenden Mann, eine Gestalt in einer abgenutzten Kopie eines Zweiakters, entstellt durch Kratzer und Schrammen, bei der sich alle Kontraste immer weiter auflösen, bis nur eine weiße Leere übrig bleibt.

Er fühlt sich in seinem Haus nicht mehr wohl. Die Mauern ringsum erdrücken ihn. Sie haben es nicht geschafft, ihn zu beschützen; sein eigener Körper hat ihn verraten. Die Mauern erinnern ihn außerdem an seine Fehler. Wenn er die Mauern betrachtet, hat er unwillkürlich die Umstände vor Augen, die zu ihrer Errichtung führten.

Er kann die Erinnerung an Vera nicht unterdrücken.

Gelegentlich erreichen ihn Nachrichten über sie aus dem Osten.

Vera, betrunken im Büro eines Theateragenten festgenommen, weil sie sich geweigert hat zu gehen, ehe sich der Agent nicht ihr gesamtes Repertoire angehört habe, und sie sang sogar noch, während die Polizei sie fortzerrte.

Vera auf der Anklagebank, wo sie – ungebeten – einem unbeeindruckten Richter eine Version von «When Irish Eyes Are Smiling» vorträgt.

Ein Reporter erbittet einen Kommentar zu Vera. Er hat keinen abzugeben beziehungsweise keinen, den zu artikulieren es der Mühe wert wäre.

Welchen Sinn haben Mauern für ihn, wenn sie das Einzige sind, das er betrachten kann?

Hier sollten wir nicht bleiben, erklärt er Ida.

– Wo möchtest du hingehen?

Ich wäre, sagt er, gern am Meer.

187

A. J. ist tot.

A. J. stirbt im Haus seiner Tochter Olga im Dorf Barkston in Lincolnshire.

Haben er und A. J. sich jemals richtig ausgesöhnt? Er kann es nicht sagen. Der alte Mann hat sich nie dazu durchringen können, seinen Sohn vorbehaltlos zu loben. Da gab es immer etwas Unausgesprochenes und einen nie erklärten Groll.

Was hat sich A. J. gewünscht: einen Sohn wie Chaplin?

Nein, das ganz bestimmt nicht.

Einen Sohn, der Furchen in die Erde pflügt von Stadt zu Stadt, von Music Hall zu Music Hall, auf immer weniger Tourneen, weil der Theaterring schrumpft, Tourneen, die immer weiter abnehmen, weil die Veranstaltungsorte sterben, sich die großen Bühnen in Kinosäle verwandeln und den Bingo-Conférenciers überlassen werden, sodass zum Schluss, wenn alle Lichter ausgehen, auch er dahinscheiden wird? Einen Sohn, der den Familiennamen beibehält und sein Brot nicht unter einem anderen verdient, als wären A. J.s Name und A. J.s Beruf für ihn nicht gut genug?

Möglicherweise.

Und jetzt ist A. J., der den Namen trug, den sein Junge verweigerte, gestorben.

Tot der Vater, tot der Sohn.

188

Der Regisseur John Ford organisiert gerade eine Wanderproduktion von *What Price Glory?*, um Spenden für den Tapferkeitsorden Purple Heart zu sammeln. Der Regisseur fordert Gefälligkeiten von all seinen alten Kumpanen ein: von Duke Wayne, Ward Bond, Harry Carey junior. John Ford besetzt Luis Alberni als den Gastwirt. Luis Alberni hatte damals in den Zwanzigern eine Hauptrolle in der Originalfassung von *What Price Glory?*, eine nette Geste also. Leider ist Luis Alberni inzwischen Alkoholiker. Luis Alberni sieht sich kurz das Set an, wird von Lampenfieber ergriffen und kehrt zurück zur Flasche.

Babe wird gefragt, ob er Luis Alberni ersetzen möchte. Babe gibt eine in ihrem komischen Timing brillante Vorstellung. Babe ist so gut, dass Jimmy Cagney hinterher persönlich zu Babe geht, um ihm die Hand zu schütteln, und Jimmy Cagney erklärt Babe, dass – wäre nicht jemand an seiner Seite gewesen, um ihn zu stützen – Jimmy Cagney vor Lachen zu Boden gegangen wäre.

Doch was Babe an diesem Erlebnis am nachhaltigsten beeindruckt hat und was Babe ihm schildert, als sie sich später zum Dinner treffen, ist eine Zugfahrt mit der Truppe nach San Francisco gewesen, wo Babe es sich einem Sessel im Salonwagen gemütlich gemacht hat, wo diese berühmten Schauspieler reihenweise zu seinen Füßen saßen und Duke Wayne große Augen bekam, während Babe Legenden aus dem alten Hollywood zum Besten gab, denn Babe ist ein großartiger Geschichtenerzähler.

Die haben mir zugehört, sagt Babe. Ist das zu fassen? Alle diese großen Männer haben zugehört.

Mir.

Einen oder zwei Monate später tritt Babe mit einem Anliegen an ihn heran. Babe tritt genau so an ihn heran, wie er das bei Lucille Jones tat, bevor er um ihre Hand angehalten hat. Babe steht kurz davor, an seiner Krawatte herumzunesteln.

Man hat mir einen Film angeboten, sagt Babe.

Er versucht, seine Bestürzung zu verbergen.

– Was für eine Art Film?

– Einen Western, für Republic, mit Duke Wayne.

Er denkt, dass Babe und Duke Wayne gut miteinander auskommen, weil Babe und Duke Wayne beide Angst vor dem Kommunismus haben. Babe glaubt, dass das Komitee für Unamerikanische Umtriebe gute und notwendige Arbeit leistet, indem es die Roten aussortiert, auch wenn er und Babe dergleichen Sachen selten diskutieren.

Diese Kommunisten wollen unsere Art zu leben kaputt machen, sagt Babe bei solchen Gelegenheiten, wenn das Thema zur Sprache kommt. Sie werden uns alle zu Bettlern machen.

Dich nicht, antwortet er immer. Du hast gar kein Geld. Wenn sie den ganzen Wohlstand umverteilen, bist du wahrscheinlich vorn dabei.

Babe ist von solchen Kommentaren nicht entzückt.

Es ist eine einmalige Angelegenheit, sagt Babe über den Duke-Wayne-Film.

Babe sagt zwar nicht, dass sich daraus weitere Einzelengagements ergeben könnten, aber er hört es dennoch heraus.

– Dann musst du den Film machen. Wie heißt er?

– *Strange Caravan*, aber wer weiß schon, welchen Titel er am Ende bekommen wird.

– *Strange Caravan* klingt wie ein Zigeunermusical.

– Die werden den Titel bestimmt noch ändern. Ich möchte eigentlich nicht bei noch einem Zigeunermusical mitmachen.

Ich bin mir noch nicht einmal bei einem Western sicher. Sie werden das Pferd versichern müssen.

– Ich freue mich sehr für dich.

Und das tut er.

Meine Gage wird an unsere Firma gezahlt, sagt Babe.

– Das ist kein Thema.

Aber er ist froh, das zu hören. Babe kann andere Rollen spielen, er aber nicht. Es sagt viel aus über Babe, dass der Vertrag so abgefasst wird, dass auch er davon profitiert.

– Wirst du eine Waffe tragen müssen?

– Eine Muskete, soviel ich höre.

– Dann pass auf, dass du nicht vorn und hinten verwechselst.

Danke für den Rat, sagt Babe. Keine Ahnung, wie ich ohne dich zurechtkommen würde.

Der Film erhält den endgültigen Titel *The Fighting Kentuckian*. Babe ist das Beste daran. Für Babe öffnen sich Türen. Babe brauchte nur ganz sacht zu drücken, um einzutreten.

Aber Babe drückt nicht.

Babe bleibt loyal.

189

Es ist das Jahr 1950. Sein Sohn wäre jetzt zwanzig.

Chaplins Sohn wäre jetzt einunddreißig.

Drei Tage hatte Chaplin mit seinem Kind, das mit einer Fehlbildung zur Welt kam. Ihm wurden wenigstens neun Tage mit seinem Jungen geschenkt.

Norman – das war der Name von Chaplins Sohn.

Und er sieht den Namen seines Sohnes jedes Mal, wenn er seinen eigenen schreibt.

190

Einen Film soll es noch geben, einen letzten gemeinsamen Auftritt auf der Leinwand.

Es *soll* ihn nicht geben, sondern es *gibt* ihn.

Die Hoffnung brennt, aber sie brennt langsam.

Wer könnte sie dafür tadeln, dass sie das Angebot angenommen haben? Ein Vierteljahr in Europa und so viel Geld auf dem Tisch, dass Babe das Finanzamt und Myrtle auf Abstand halten kann. Er benötigt die Einnahmen weniger. Seine Steuerangelegenheiten sind weniger kompliziert als die von Babe – obwohl es schwer vorstellbar ist, dass jemand kompliziertere Steuerangelegenheiten als Babe haben könnte –, und seine Exfrauen sind weniger rachsüchtig als Myrtle – obwohl es schwer vorstellbar ist etc.

Die Hauptsache ist jedoch, dass es ein Film ist und ein teurer obendrein: 1,5 Millionen Dollar, mehr als jemals zuvor für eine ihrer Produktionen ausgegeben wurde. Es gibt ein Set und eine Crew. Es gibt ihn und Babe als Team. Seine künstlerischen Beiträge sind willkommen. Es wird nicht so sein wie bei Fox oder MGM. Er wird integraler Bestandteil des Produktionsprozesses sein.

Er reist Babe voraus nach Paris, um am Skript zu arbeiten. Und er hat Ideen, viele Ideen. Die gelben Notizblöcke, vollgeschrieben in den Jahren seiner Krankheit, werden jetzt keinen Staub ansetzen.

Die Autoren haben wochenlang hart an dem Skript gearbeitet.

Das Skript ist schrecklich.

Wie kann es so schrecklich sein? Es ist deshalb so schrecklich, weil es das Werk von vier Autoren ist: von zwei Amerikanern, einem Franzosen, einem Italiener. Der Italiener spricht italienisch und ein wenig Französisch. Der Franzose spricht nur Französisch. Einer der Amerikaner spricht französisch, aber kein Italienisch. Einer der Amerikaner spricht nur Englisch.

Ihr sollt das Skript *schreiben*, macht er ihnen klar. Ihr sollt nicht das Skript *sein*.

Um alles noch weiter zu verkomplizieren, reichen er und Babe ihren Text auf Englisch ein, doch alle anderen antworten auf Französisch, eine Sprache, die er und Babe nicht verstehen. Der Regisseur, Léo Joannon, spricht kein Englisch, nur Französisch. Lediglich ein Mitglied der Crew spricht alle drei Sprachen fließend.

Das ist wie der Turmbau von Babel, bemerkt Babe, nur dass es weniger zu lachen gibt.

– Ich könnte das Ding noch retten, wenn die bloß zuhören würden.

– Zuhören ist nicht das Problem; Verständnis ist das Problem. Ich habe nicht die Zeit, Französisch zu lernen, bevor ich meinen Geist aufgebe.

Er tut sein Bestes. Er liefert Gags und schlägt Änderungen vor. Doch er ist krank, sehr krank. Zusätzlich zu seinem Diabetes zieht er sich die Ruhr zu. Er hat jedes Mal Schmerzen, wenn er pinkelt, aber aus seinem armseligen verschrumpelten Schwanz tröpfelt es nur. Seine Prostata ist voller Geschwüre. Er kommt ins Krankenhaus, aber auch dort spricht niemand Englisch.

Ida ist an seiner Seite. Ida übersetzt. Das Einzige, was er tun kann, ist, nicht zu weinen. Er glaubt, dass er hier sterben könnte, in Europa, und sein Tod in einer fremden Sprache vermeldet wird.

Auch Babe ist krank. Babes Herz macht Probleme. Babe legt an Gewicht zu, wohingegen er, von der Ruhr schwer mitgenommen, Gewicht verliert, ein unwillkommener Massetransfer zur Aufrechterhaltung eines teuflischen Gleichgewichts, als würde ihre Partnerschaft nach Kilogramm bezahlt werden.

Lucille ist besorgt.

Können wir nicht einfach heimfahren?, fragt Lucille, als sie ihn im Krankenhaus besuchen kommt.

Babe schont sich. Babe möchte ihn besuchen, aber die Hitze ist extrem, und Lucille will nicht, dass Babe sich überanstrengt. Die Hybris hat sie hierhergeführt, denkt er. Sie werden das versprochene Geld nie zu Gesicht bekommen, weil sie beide unter der Erde liegen werden.

– Wir können nicht weg. Wir haben einen Vertrag. Wenn wir gehen, verklagen sie uns.

– Sollen sie doch.

Reine Prahlerei. Babe geht es im Moment vielleicht nicht besonders, was nicht gut ist, aber der Stress eines weiteren Gerichtsverfahrens und einer weiteren Erschöpfung seiner Finanzen könnten für ihn tödlich sein. Babe wird seine Schulden nur begleichen können, wenn sie bis zum Ende der Dreharbeiten durchhalten. Der Film muss abgedreht werden, allen Beteiligten zuliebe. Abzubrechen würde mehr kosten, als weiterzumachen, sogar als das Budget sprunghaft ansteigt:

2 Millionen Dollar.

2,5 Millionen Dollar.

Er verlässt das Krankenhaus. Er wird mit Schmerzspritzen funktionstüchtig gehalten wie ein Rennpferd, das seine Glanzzeit hinter sich hat. Er erholt sich zwischen den Aufnahmen in einem Zelt, unter Aufsicht eines Arztes, unter fremdem Himmel. Man findet einen englischsprachigen Regisseur für ihre Szenen: Jak Szold, der inzwischen unter dem Namen John Berry bekannt ist. Jak Szold ist aus den Vereinigten Staaten nach Europa geflohen, nachdem man Jak Szold einen Kommunisten genannt hatte. Sollte Babe irgendwelche Vorbehalte haben, lässt er sie sich nicht groß anmerken. Babe ist einfach froh, Anweisungen von jemandem in verständlicher Sprache zu bekommen, und jede fertiggestellte Szene ist ein weiterer Schritt hin zum Ende aller Leiden.

Aus drei Monaten werden sieben, dann zwölf. Im April 1951 dürfen sie endlich gehen, doch seine Gesundheit ist unwiderruflich geschädigt.

Und Babe?

Babe geht schnellen Schrittes Richtung Grab.

Alles wegen der Eitelkeit eines alternden Mannes.

Alles wegen Geld, um eine rachsüchtige Frau auszubezahlen.

Alles wegen eines Films.

Wegen eines erbärmlichen, miserablen Films.

191

Jimmy Finlayson stirbt.

Jimmy Finlayson, der vielleicht sechsundsechzig gewesen ist oder neunundsechzig oder zweiundsiebzig oder vierundsiebzig, denn Jimmy Finlayson war zu eitel, um sein wirkliches Alter zuzugeben, oder er kannte es selbst nie; Jimmy Finlayson, dessen Markenzeichen ein Silberblick und ein angeklebter Schnurrbart waren, der ein *double-take* so perfektionierte, dass alle anderen, die sich später damit abmühten, nie aus seinem Schatten treten konnten; Jimmy Finlayson, der wenig Haare hatte und zu wenige Zehen, doch einst überzeugt war, ein Star werden zu können; Jimmy Finlayson, der eine mindestens elf Jahre jüngere Frau geheiratet hat, sich bald darauf scheiden ließ und kein einziges der vielen Male bereute, die er sie dazwischen gefickt hat; Jimmy Finlayson, der dadurch Karriere machte, dass er sich selbst spielte, der exzentrisch und mürrisch, aber der Erste war, der sich Babe angeschaut und die Schönheit in dessen Innerem erblickt hat.

Jimmy Finlayson ist nicht mehr.

192

Wer soll ihn und Babe besitzen dürfen? Keiner soll sie besitzen dürfen, jedenfalls keiner von denen hier.

Sie werden ärmer, je länger ihr Ruhm andauert. Er spricht darüber mit Babe und Ben Shipman, während ihn die Unterhaltszahlungen zwacken und das Finanzamt immer lästiger wird. Ihn hält man auf der Straße auf, oder Babe fragt man auf der Rennbahn aus, und von einer unfassbar jungen Person wird dem einen die Frage gestellt, ob er früher nicht berühmt gewesen sei, und dem anderen wird erzählt, man habe ihn in einem alten Film auf einem Fernsehbildschirm erspäht; und die Augen dieser unfassbar jungen Person starren diesen ausgemergelten, entkräfteten Kranken oder diesen schwerfälligen, dunkelroten Glücksspieler an, voller Verwunderung, wie jemand, der einst so berühmt war, so altern konnte.

Mit diesen Verträgen, sagt er zu Ben Shipman, mit diesen Schriftstücken, die wir unterschrieben, haben wir bloß alles verschenkt.

Er macht Ben Shipman keinen Vorwurf, weil das nicht seiner Natur entspricht, aber Ben Shipman kann dennoch nicht abstreiten, dass das die Wahrheit ist. Ben Shipman hat sein Bestes für diese Männer gegeben, hat stets sein Bestes für sie gegeben, auch wenn sich Ben Shipman zwischen Agenten und Produzenten immer überfordert gefühlt hat. Ben Shipman wurde 1892 in Polen geboren. Was weiß Ben Shipman über Filmarbeit? Vielleicht hat Ben Shipman, wenn es um Studios und Verträge ging, auch nur einen Anwalt gespielt.

Das Fernsehen, sagt Ben Shipman. Wer konnte das schon wissen?

Hal Roach, denkt er, oder Hal Roach hat es geahnt, oder Hal

Roach hat es kommen sehen, dass so, wie die Bühne dem Film Platz machen musste, auch der Film einer noch größeren Innovation Platz machen musste, und wenn mit so etwas Geld zu verdienen ist, steht Hal Roach mit einem wichtigen Warenangebot ganz vorn in der Schlange.

Doch waren ihre Verträge nicht schlechter als die von anderen und besser als die meisten. Wenn er nicht wohlhabend ist, ist das nicht ausschließlich Ben Shipmans Fehler. Es ist eigentlich ganz und gar nicht Ben Shipmans Fehler.

Er und Babe hätten unabhängige Produzenten werden können.

Wie Chaplin.

Er und Babe hätten die Kontrolle über jeden Teilbereich ihrer Arbeit ausüben können.

Wie Chaplin.

Er und Babe hätten die Rechte an ihren eigenen Filmen behalten können.

Wie Chaplin.

Er ist aber nicht Chaplin, und Babe wollte es nie sein. Wieder und wieder überfällt ihn die Erkenntnis. Sie wird der Refrain sein, der ihn vom Getöse dieser Welt in die Vergessenheit der nächsten befördert. Sie werden es auf seinen Grabstein meißeln:

Nicht Chaplin gewesen.

Chaplin hat etwas von Geld verstanden. Chaplin ist von Anfang an sorgsam damit umgegangen.

Er aber hat nie etwas von Geld verstanden, nicht mehr, als er von Frauen verstanden hat. Er hat unklug geheiratet, und das zu oft. Das war einzig und allein sein Fehler.

Was kann man machen?, fragt er.

– Wegen des Fernsehens? Nichts, außer wir kriechen auf allen vieren vor Hal Roachs Tür und betteln um einen Anteil.

Er wird das nicht tun, selbst dann nicht, wenn er unter einer Brücke schlafen müsste. Er weiß, dass ein Hund, der zu Hal Roachs Tür geht und nach Essensresten sucht, hungriger wieder umkehrt, als er gekommen ist.

– Ihr könntet zurück nach England, sagt Ben Shipman. Dann:

– Warum grinst du?

193

Im Oceana Apartment Hotel sinniert er über die Wiederkehr des Immergleichen nach.

A. J. hätte gelacht.

A. J.s Sohn, der große Hollywoodstar, ist ein weiteres Mal auf die Bühnen zurückgekehrt, die ihn geboren haben.

A. J.s Sohn ist gezwungen, nach Shillings zu buddeln in diesen Sälen, in denen der Geist des Vaters spukt.

A. J.s Sohn, zurück in England mit eingezogenem Schwanz.

194

Kein London dieses Mal, kein Palladium, kein Coliseum.

Sie bespielen Provinztheater.

Sie spielen in Dublin.

Sie spielen in Belfast.

Ein Jahr später sind sie wieder da, und die Glocken der Kathedrale von Cobh begrüßen sie mit Geläut, doch das Publikum kommt jetzt spärlicher, und keine Fernsehkameras zeichnen ihre Anwesenheit in zerstörten Städten auf. Eine Sommersaison in Blackpool kommt nicht zustande. Die Tournee muss zusammengestrichen werden.

Sogar hier, denkt er, sind wir nicht mehr die, die wir einmal waren. Sogar hier geraten wir in Vergessenheit.

Wir sind Zeugen unserer eigenen Vergänglichkeit.

Babe ist langsamer geworden. Babe schläft. Babe ringt nach Atem. Babe ist gereizt. Auf der Bühne quält sich Babe.

Ben Shipman stößt in England zu ihnen. Gemeinsam sehen sie sich an, wie Babe mit Hilfe von Lucille die Hoteltreppen erklimmt.

Und Ben Shipman sagt:

– Ist vielleicht gut, dass aus Blackpool nichts geworden ist.

195

Babe steht am Fenster seines Hotelzimmers. Babe starrt in den Regen hinaus, der heftig über die Mündung des Humber hinwegfegt.

Wo sind wir hier?, fragt Babe.

In Cleethorpes, sagt er.

– Wie sind wir hier gelandet?

– Es steht auf dem Tourneeplan.

– Nein, wie sind wir *hier* gelandet?

Und er weiß, dass es kein Comeback mehr geben wird.

Am 17. Mai 1954 treten sie zum letzten Mal gemeinsam auf.

Am 18. Mai 1954 hat Babe einen Herzanfall.

196

Mit mehr als tausend Mitreisenden sind sie in Europa angekommen, an Bord der *America*, des schönsten Linienschiffs, das je in den Vereinigten Staaten gebaut wurde, und ihr Erscheinen ist von Glockengeläut angekündigt worden.

Mit zehn Passagieren an Bord verlassen sie Europa auf der *Manchuria*, einem Handelsschiff mit Bestimmungsort Vancouver, und ihre Abreise bleibt unbemerkt.

So läuft es eben.

So endet es eben.

197

Im Oceana Apartment Hotel, nach dem Abendessen, fasst Ida seine Hände an.

Deine Finger sind kalt, sagt sie. Du zitterst ja. Was hast du gemacht?

– Mich erinnert.

– Du solltest ins Bett gehen. Dort wird dir wieder warm.

– Mach ich, gleich.

Ich bin fast fertig.

198

Wegen des Herzanfalls hat er Angst um Babe.

Ohne ihn bin ich wie eine verlorene Seele, erzählt er der Presse nach dem Rückzug aus England.

Ich bin vollkommen verloren ohne ihn, wiederholt er.

Ich bin verloren.

Babe ist im Lauf der Zeit für ihn zusehends wichtiger geworden, als Babe es je war, während sie noch in den Hal-Roach-Studios zusammen Filme drehten. In den Jahren damals war er von seinen eigenen Fähigkeiten und Begierden abgelenkt. Er hatte eine Karriere und eine Zukunft. Er hatte Frauen. Er führte Regie. Er war kreativ bis zum Schluss. Er ist als Künstler gereift, wie Chaplin.

Doch das ist Vergangenheit. Jetzt hat er nur noch Ida, und Lois, seine Tochter.

Jetzt hat er nur noch Babe.

Er möchte Babe so vieles sagen. Er möchte sagen, wie leid es ihm tut, dass er ihn in seinen Kontroversen mit Hal Roach als Pfand benutzt hat.

Dass er ihre Partnerschaft manipuliert hat.

Dass er mit deren Aufkündigung gedroht hat, um seine eigenen Ziele zu verfolgen.

Dass er seinen eigenen guten Namen durch Idiotie und Untreue besudelt und damit auch Babes Namen beschmutzt hat.

Dass er sie beide nicht zu wohlhabenderen Männern gemacht hat.

Aber vor allem möchte er sagen: Bleib.

Ben Shipman versteht das, Ben Shipman, der sie beide mehr als alle anderen Männer liebt, Ben Shipman mit seinem weißen

Haarschopf und seinen dicken Brillengläsern und seiner Unfähigkeit, als ihr Anwalt genauso gut zu sein, wie Ben Shipman als ihr Freund ist.

Babe weiß das, sagt Ben Shipman.

– Wie kannst du dir so sicher sein?

– Weil Babe in diesem Sessel da sitzt, genau wie du, und Babe mit mir spricht, genau wie du, und Babe es leidtut, genau wie dir.

– Was sollte Babe leidtun müssen?

– Dass er mit Geld kein bisschen besser umgehen konnte als du. Dass er keine Geduld mit dir hatte. Dass er manchmal lieber auf dem Golfplatz und in Santa Anita war als am Set eines Films. Und dass er nicht besser gewesen ist. Und ist es nicht das, worauf letztlich alles hinausläuft? Ihr beide wünscht euch, bessere Menschen gewesen zu sein. Hättet ihr vielleicht sein können, auch wenn das jeweils nur für jeden Einzelnen von euch zuträfe. Aber ich stehe euch nun schon länger zur Seite als irgendjemand sonst, und ich glaube nicht, jemals das Privileg gehabt zu haben, zwei bessere Männer meine Freunde zu nennen. Ihr habt mich frustriert; ihr habt mich gequält; ihr habt mich wütend gemacht; ihr habt mich ignoriert, aber ihr habt mich nie enttäuscht. Ich habe nie erlebt, dass ihr etwas Gemeines getan hättet, und mit euren Dummheiten habt ihr euch selbst mehr geschadet als jemand anderem. Die Leute lieben euch sehr, aber am meisten liebt ihr euch gegenseitig. Gestattet euch ein bisschen Vergebung.

Aber er grämt sich noch immer wegen Babe, und er ist mit seinem Gram so beschäftigt, dass er, als er einen Schlaganfall erleidet, lediglich so überrascht ist wie ein Coach in der Ringecke, der seinen Boxer antreibt, nur damit dieser zum falschen Zeitpunkt von einem Punch niedergestreckt wird. Jetzt ist es

Babe, der ihm etwas zuruft, und Babe, der an seiner Seite steht, und Babe, der ihn zum Lachen bringt. Der Schlag führt bei ihm zu Hinken und unartikuliertem Sprechen.

Er hat die ganze Zeit an Skripts für eine Fernsehshow gearbeitet. Er legt die Skripts beiseite.

Und der Tod ruft zum Reigen.

199

Im Oceana Apartment Hotel nimmt er, zum allerletzten Mal, seine Ausgabe von Chaplins Memoiren aus dem Regal. Er redet sich ein, dass er die Abschnitte über Chaplins frühes Leben noch einmal lesen möchte, was der Wahrheit entspricht, zum Teil. Er staunt weiterhin über die Hindernisse, die Chaplin überwunden hat. Er hat Chaplins Größe nie in Frage gestellt.

Er liest ein wenig, jedoch lustlos. Er erkennt, dass er ein Gefühl von Verletztheit nicht leugnen kann, weil ihm nur die Schlussfolgerung bleibt, dass Chaplin ihm absichtlich Schmerzen zufügen wollte.

Von Chaplin nicht erwähnt zu werden, überhaupt nicht erwähnt zu werden.

Er verlangt kein Lob von Chaplin für seine Arbeit oder seine schauspielerische Leistung, oder auch nur eine Anerkennung ihrer früheren Freundschaft. Doch dass die Tatsache seiner Existenz von diesem Mann, den er angebetet hat, bewusst ignoriert wird, dass er vollständig aus der Geschichte von Chaplins Leben herausgeschnitten wurde – ein solches Ausmaß an Gefühllosigkeit ist für ihn unbegreiflich.

Er wünscht sich, wie er es so oft tut, Babe möge da sein, damit er ihn um eine Antwort auf diese Frage bitten könnte:

Wie kann ein so großer Mann so kleingeistig sein?

200

Der Tod kommt für Babe nicht schnell. Der Tod stibitzt sich Babe stückchenweise, pfundweise.

Doch erst nachdem Babe zu seinem eigenen Zerfall mit dem Tod konspiriert.

Babe öffnet die Tür, und der Tod tritt ein.

Babes Ärzten bereitet Babes Gewicht Kummer. Babe wiegt dreihundertfünfzig Pfund. Auch Babe ist besorgt. Der in England erlittene Herzanfall hat Babes Bewusstsein fokussiert, und seitdem hat es einen weiteren Herzanfall gegeben. Babe hat Probleme mit der Gallenblase und eine Niereninfektion.

Und Babe ist von seinem eigenen Erscheinungsbild angewidert. Babe ist schon immer unfähig gewesen, seine eigene Schönheit wahrzunehmen. Im Spiegelbild sieht er nur einen fettsüchtigen, unsympathischen Mann.

Auf den Rat eines Quacksalbers beginnt Babe 1956, Rüben zu essen.

Nichts als Rüben.

Babes Gewicht sinkt.

Dreihundert Pfund.

Zweiachtzig.

Zweifünfzig.

Zweizwanzig.

Zweizehn.

Babe freut sich über diese Erleichterung, auch wenn sein Körper geschockt reagiert, auch wenn seine Bekannten es nicht ertragen, ihn anzuschauen, weil Babe nicht mehr jenem Menschen gleicht, den sie verehrt haben. Als Babe sieht, wie sie reagieren, kapselt Babe sich ab. Nur er darf ihn besuchen und Ben Shipman und eine Handvoll weiterer alter Freunde.

Zweihundert Pfund.
Hundertsiebzig.
Hundertfünfzig.
Ein Krebs bildet sich aus.
Babe gehört jetzt dem Tod.

September 1956: ein neuer Herzanfall.
Schlaganfall.
Lähmung.
Babes Sprache
hat sich
davongestohlen.

Wenn Babe möchte, dass Lucille zu ihm kommt, muss er schreien. Babes Augen, die einst so ausdrucksvoll und vielleicht der Grund dafür waren, dass sich Lucille in ihn verliebte, sind durch die Krankheit trüb geworden. Lucille bemüht sich, Babe so in Erinnerung zu behalten, wie Babe einmal gewesen ist. Babe gleicht für sie nicht mehr seinem früheren Selbst.

Lucille bringt Babe ins Haus ihrer Mutter. Lucille duldet nicht, dass Babe in ein Genesungsheim überwiesen wird. Lucille hofft, Babes Zustand werde sich bessern; falls er dies nicht tut, wird sie ihm jedoch nicht gestatten, inmitten fremder Menschen zu sterben. Myrtle schickt einen neuen Gerichtszusteller, um ihre schikanösen Ansprüche durchzusetzen, doch der Bote schämt sich zu sehr, die Schriftstücke einem Sterbenden auszuhändigen, und kehrt wieder um.

Babe dämmert vor sich hin. Babe hat Schwierigkeiten, Gesichter zuzuordnen. Doch am schlimmsten ist die sich immer mehr ausbreitende Stille. In lichten Momenten kämpft Babe darum, sich zu artikulieren. Babe hat noch so vieles zu sagen.

Er kommt zu Besuch, wann immer Babe bei klarem Verstand ist. Lucille ruft ihn dann herbei, und er kommt. Er ignoriert seine eigenen Schmerzen. Er setzt sich an Babes Bett und hört zu. Er nimmt Babes Hand, hebt sie so sachte auf, wie ein Mensch einen kleinen Vogel in die hohle Hand nimmt, und antwortet auf jedes Wort, jeden Satz, die Babe flüsternd herausbringt. Er möchte nicht weggehen. Er möchte keinen Augenblick verpassen. Als Babe schließlich in Bewusstlosigkeit fällt, spielt er auf der Heimfahrt noch einmal alles durch, was gesagt wurde, jede Geste von Babe, und vertraut jeden Gedankenaustausch dem Schatzkästchen seiner Erinnerung an.

Und als Babe später überhaupt nicht mehr sprechen kann, beschließt er, selbst auch nicht mehr zu sprechen, und so verbringen sie ihre letzten Stunden schweigend. Lucille und Ida überlassen die Männer sich selbst, und sie beide sind, was sie einst auf der Leinwand waren: zwei Männer, die nur durch ihre Blicke all das mitteilen, was sie empfinden, und immer empfunden haben – füreinander.

Er steht auf und geht und kann nicht mehr aufhören zu weinen. Im Auto vergießt er jede Träne, die er hat, für Babe.

Diese vielen Male, sagt er zu Ida. All die Zeiten, die ich bei ihm hätte sein können, aber mich entschieden habe, es nicht zu tun.

Alle diese Momente, die es hätte geben können.

In der Nacht des 6. August 1957 erleidet Babe einen Schlaganfall nach dem anderen, und sein Körper verkrümmt sich in Krämpfen. Lucille legt sich zu ihrem Mann ins Bett und wiegt ihn in ihren Armen, dieses Kind von einem Mann, wiegt ihn in seiner Hinfälligkeit, ungeachtet des Gestanks der Sterblichkeit, während sie ihr Gesicht in sein Haar und in seine Haut drückt und nur weiß, dass dies der Kern seines Wesens ist, das Beste von ihm im Stadium der Edelfäule, und jedes noch so kleine Wahrnehmungspartikel ist für sie eine Gedankenübertragung, und so behält sie ihn in ihren Armen, bis Babe am nächsten Morgen stirbt, und sie empfindet sein Hinscheiden wie ein Ausatmen, wie einen Ausruf, als hätte Babe in seiner Agonie zuletzt etwas für ihn nie Fassbares, doch seit langem Geahntes erkannt.

In der Nacht, in der Babe stirbt, schläft er nicht. Er wirft sich im Bett herum, während Ida ihn tröstet, und er möchte ihr sagen, dass er das für Babe tun würde: sich neben ihn legen, wenn es gestattet wäre, und dass er versuchen würde, Babes Qual als seine eigene auf sich zu nehmen, auf dass Babes Leiden dadurch gemindert werde; und er würde flüstern, dass er ihn geliebt hat und nicht ohne ihn sein möchte; und er würde fragen, mit wem er in Babes Abwesenheit reden soll, weil er weiß, dass in jedes einzelne Wort Ungesagtes mit einfloss, und mit wem er schweigen soll, weil er weiß, dass sein Schweigen immer verstanden wurde.

Er möchte nicht, dass dieser Katalog von Fehlern und Irrtümern als ein Leben bezeichnet wird.

201

Der Anruf kommt.

Er weiß, was er bedeutet. Seine Hand schwebt über dem Hörer, als könnte er – indem er sich der Aufforderung zum Abheben widersetzt – Babe behalten. Und sogar in dieser Geste imitiert er Babe: Babe, der nicht ans Telefon ging aus Angst vor dem, was es vielleicht übermittelt; Babe, dem die Welt zu viele Verletzungen zugefügt hat.

Er lauscht der Nachricht.

Er legt auf.

Er kann nicht sprechen. Es gibt keine angemessenen Worte.

Sekunden verstreichen. Minuten.

Aussprechen heißt, Wirklichkeit zu schaffen. Formulieren heißt, sie zu akzeptieren.

Ida tritt näher, und ihre Gegenwart löst seine Zunge.

– Mein alter Kumpel ist tot.

202

Allein in seinem Büro, im Schein einer Schreibtischlampe, die Tür geschlossen, die Vorhänge gegen die Leere dieses neuen Zeitalters vorgezogen, gegen all die tristen Tage, die kommen werden, sitzt Ben Shipman, das Gesicht in den Händen, die Brille vor sich auf dem Schreibtisch, und Ben Shipman weint um zwei Männer und wegen allem, was Ben Shipman getan und was Ben Shipman zu tun versäumt hat.

Dann nimmt Ben Shipman, der Anwalt, das erste der Dokumente aus der Akte auf seinem Schreibtisch und schickt sich an, diesen Fortgang aus dem Leben in Papier zu verwandeln.

Ben Shipman wird Lucille als Berater zur Seite stehen.

Ben Shipman wird die Details abwickeln.

Ben Shipman wird alle betreuen.

Und keiner darf mit Ben Shipman über seinen Verlust sprechen.

Keiner, außer einem.

203

Im Oceana Apartment Hotel ist, während sich die letzten Tage ihrem Ende zuneigen, Babe im bleichen Mondlicht der Erinnerung bei ihm und in ihm, so wie Babe es immer gewesen ist, selbst in den Tagen vor ihrer Bekanntschaft, als Babe ein nicht näher benennbares, abwesendes Geschöpf war; selbst in den Tagen nach Babes Hinscheiden, als Babe die Leere im Herzen gewesen ist, so wie es das Schicksal von jeher für den jeweils anderen bestimmt hat, weil ihre Charaktere so festgelegt waren, dass nichts und niemand etwas daran ändern konnte, noch nicht einmal der Tod, und so gibt es auch keinen Plot, weil es keine Logik gibt, und so gibt es auch keine Auflösung, weil es keine Änderung geben kann, nur das Verrieseln der Augenblicke und das allmähliche Verblassen des Lichts, und den Rauch, der durch flackernde Strahlen aufsteigt, und Schritte, die sich langsam im Takt fortbewegen und unaufhaltsam in einen Gleichklang übergehen, und er empfindet nur Dankbarkeit, dass er nicht allein tanzen musste, dass jeder Schritt sein Echo hatte, jeder Schatten seinen Zwillingsbruder, und während die Reise aus der Stille in die Stille ihren Abschluss findet, während sich die Kameralinse verengt und sich die Irisblende schließt, weiß er, dass er diesen Mann geliebt hat und dass dieser Mann ihn geliebt hat, und das ist ihm genug, mehr als genug.

Und die Wellen rauschen heran: Applaus, Applaus.

NACHWORT / DANK

Der Keim für dieses Buch wurde 1999 gelegt, als mich Sheldon McArthur, der damalige Geschäftsführer des Mysterious Bookstore in Los Angeles, bei meiner ersten Lesereise durch die Vereinigten Staaten einlud, sein Gast zu sein. Shelly führt heute ein Buch- und Antiquitätengeschäft in Oregon, doch schon lange davor war sein Haus in Malibu mit Kuriositäten vollgestopft, von denen er manche verkaufte und manche behielt.

Falls die inzwischen verstrichenen Jahre nicht dazu geführt haben, dass mich meine Erinnerung vollkommen täuscht, hat Shelly während einer Unterhaltung erwähnt, eines jener Dinge, denen er am meisten nachtrauere, sei eine Melone, die er als Jugendlicher von Stan Laurel geschenkt bekommen und die er verloren habe. Was mich angeht, so hatte ich Laurel & Hardy schon immer geliebt; sie waren Teil meiner Kindheit gewesen, und meine Zuneigung zu ihnen ist im Erwachsenenalter nicht geringer geworden. Doch konnte ich mir nicht vorstellen, dass jemand, den ich kenne, nicht nur eine persönliche Begegnung mit einem der beiden hatte, sondern im Verlauf dieser auch noch einen Hut geschenkt bekommen hatte. Für mich waren die beiden Gestalten aus einer fernen Vergangenheit, die sich in einer monochromen Welt bewegten; Stan Laurel starb jedoch erst 1965, nur drei Jahre vor meiner Geburt, und er ließ seine Nummer im Telefonbuch von Malibu, weil er sich über Besuch freute und keine Scheu vor denen hatte, die den Weg zu seiner Tür fanden.

Aber er arbeitete nicht mehr. Er wollte ohne Babe nicht mehr arbeiten. Und ich staunte über diese beiden Männer und über den Kummer des einen, der übrig geblieben war. Nach und nach legte ich mir Fachliteratur zu und machte mir Notizen, obgleich ich noch keine klare Vorstellung von dem hatte, was ich damit machen könnte: eine Monographie verfassen, vielleicht, oder irgendeine andere Form von Sachbuch. Je mehr ich aber las, desto mehr bekam ich den Eindruck, dass so vieles aus dem Leben dieser beiden Männer schon dokumentiert worden war: von Biographen; von Fans; von jenen, die sie, wie Stan Laurels Tochter Lois, persönlich gekannt hatten; und von Stan Laurel selbst, der einen überbordenden Schriftverkehr führte und dessen Briefe man beim wunderbaren Stan Laurel Correspondence Archive Project einsehen und unter www.lettersfromstan.com aufrufen kann. Doch versteckt hinter diesen Wörtern, die einen hohen Stellenwert haben, und hinter Stan Laurels eigener Reserviertheit – denn trotz seiner scheinbaren Offenheit war er ein Geschöpf des Viktorianischen Zeitalters, und seine Briefe offenbaren nicht mehr, als sie seiner Ansicht nach sollten –, schien es noch eine eher schwer fassbare Existenz zu geben, ein Lebewesen von großer emotionaler Komplexität, voller Schmerz und Verlustgefühle, voller Liebe und Reue. Dieses Buch ist ein Versuch, diese Existenz zu erfassen.

Mit meiner Entscheidung, dass *Stan* ein Roman sein würde, war mit Stan Laurels Leben die Grundstruktur vorgegeben, und ich bediente mich an diversen Stellen bei den Arbeiten von insbesondere vier Autoren. Der erste war John McCabe, der die frühsten seriösen Abhandlungen über Stan Laurel und Oliver Hardy verfasste: *Mr. Laurel and Mr. Hardy: An Affectionate Biography* (Doubleday, 1961); *The Comedy World of Stan Laurel* (Doubleday, 1974); und *Babe: The Life of Oliver Hardy* (Citadel Press, 1990). Der zweite war Simon Louvish, dessen *Stan and Ollie: The Roots of Comedy* (Faber and Faber, 2001), die – nach meinem Dafürhalten – noch immer beste allgemeine Einführung in Leben und Werk der beiden für den Gelegenheitsleser ist. Der dritte war

A. J. Marriot, der in *Laurel & Hardy: The British Tours* (A. J. Marriot, 1993) und *Laurel & Hardy: The U. S. Tours* (Marriot Publishing, 2011) gewissenhaft die Routen rekonstruiert hat, auf denen die Schauspieler im Rahmen ihrer Werbeverpflichtungen umhergezogen sind.

Schlussendlich ist da allerdings noch Randy Skretvedt, auf den ich erst sehr spät gestoßen bin, nachdem ich mich bereits für die literarische Form von *Stan* entschieden und mit der Arbeit begonnen hatte. Auf Skretvedts Forschungen wird häufig von all jenen Autoren zurückgegriffen, die sich seriös mit Laurel & Hardy befassen, und mir ist er zum ersten Mal in Louvishs Buch begegnet; ich glaube aber, dass ich damals vor seinem monumentalen *Laurel & Hardy: The Magic Behind the Movies* deshalb zurückgeschreckt bin, weil ich befürchtete, dass alles, was ich sagen wollte, von ihm bereits gesagt worden sein könnte. Erst nachdem *Stan* als Entwurf vorlag, konnte ich mich ruhigen Gewissens Skretvedt zuwenden, der 2016 die dritte Ausgabe seines Werks bei Bonaventure Press verlegte, wovon ich ein Exemplar besitze. *Laurel & Hardy: The Magic Behind the Movies* ist ein außergewöhnliches Werk der Filmforschung, und vermutlich hätte ich mir eine Menge Zeit und Mühe ersparen können, hätte ich es früher gelesen. Meine eigenen Forschungen haben jedoch dazu geführt, dass ich Skretvedts Arbeit desto mehr zu schätzen wusste, und *Stan* wäre als Buch ärmer, hätte ich nicht den von Skretvedt zusammengetragenen Detailreichtum zur Verfügung gehabt.

Enorm hilfreich waren auch: *A History of the Hal Roach Studios* von Richard Lewis Ward (Southern Illinois University Press / Carbondale, 2005); *The Big Screen* von David Thomson (Allen Lane, 2012); *The Comedians: Drunks, Thieves, Scoundrels and the History of American Comedy* von Kliph Nesteroff (Grove Press, 2015); *Larry*

Semon, Daredevil Comedian of the Silent Screen von Claudia Sassen (McFarland, 2015); *Charlie Chaplin* von Peter Ackroyd (Chatto & Windus, 2014); *Chaplin: The Tramp's Odyssey* von Simon Louvish (Thomas Dunne Books, 2009); und *My Autobiography* von Charlie Chaplin (Simon & Schuster, 1964). Ich habe auch Dick Cavetts Erinnerungen an sein Zusammentreffen mit Stan Laurel zu Rate gezogen (*The New York Times*, 7. September 1992), während Oliver Hardys Begegnung mit Aggie Underwood detailliert in Derangedlacrimes.com beschrieben wurde als Teil der Bemühungen, das Interesse an Underwoods Leben und Werk neu zu wecken. Inzwischen glaube ich allerdings, dass ich den Überblick über einige der vielen Bücher und Artikel verloren habe, die im Großen wie im Kleinen in *Stan* eingeflossen sind. Für alle Fehler und Irrtümer bin allerdings ich verantwortlich, ungeachtet der unschätzbaren Bemühungen von Jenny Ridyard und Ellen Clair Lamb, mir entsprechende Peinlichkeiten zu ersparen.

Dennoch ist *Stan* letztlich ein Werk der Fiktion. Die Art, in der Stan Laurel auf diesen Seiten dargestellt wird, ist ein Konstrukt, das – wie ich in Kauf nehme – wohl nicht auf einhellige Zustimmung stößt. (Das Gleiche gilt möglicherweise für die Darstellung Chaplins, über den ein schlechtes Wort zu verlieren Stan Laurel sich entschieden gewehrt hat, auch wenn das, was man sagt, nicht notwendigerweise dasselbe ist wie das, was man vielleicht empfindet.) Alles, was ich sagen kann, ist: Nachdem ich dieses Buch fertiggeschrieben hatte, liebte ich Stan Laurel und Oliver Hardy mehr denn je, mit all ihren Makeln, in all ihrem Menschsein, und meine Bewunderung für ihre Kunst war nur noch größer geworden.

Mein Dank gilt Sue Fletcher, meiner Lektorin bei Hodder & Stoughton, sowie Jamie Hodder-Williams, Swati Gamble, Kerry Hood, Lucy Hale, Alice Morley, Susan Spratt, Alistair Oliver, Jim Binchy, Breda Purdue, Ruth Shern und Siobhan Tierney, die allesamt diesem Buch mit Rat und Tat zur Seite standen, und auch den Verlagsvertretern, die sich meine Versuche anhören mussten, das Werk zu erklären, damit sie ihrerseits ein Weg finden konnten, um Buchhändler davon zu überzeugen, den Titel auf Lager zu nehmen. Kate O'Hearn, meine Autorenkollegin, hat freundlicherweise bei der Korrektur mitgeholfen, während Mark Cubin, heute Leiter des Ulverston's Laurel and Hardy Museums, liebenswürdigerweise bei der Arbeit mit Dokumenten behilflich war, ebenso wie mein Sohn Cameron.

Nicht zuletzt gelten meine Liebe und Dankbarkeit Jennie, Cameron und Alistair.

MIX
Papier aus verantwortungsvollen Quellen
FSC® C083411

Das für dieses Buch verwendete Papier ist FSC®-zertifiziert.